高等院校电子商务类新形态系列教材

网络营销

——基础、策略与工具

（视频指导版 第3版）

□ 何晓兵 主编

□ 何杨平 王雅丽 张记红 陆焰 副主编

人民邮电出版社

北 京

图书在版编目（CIP）数据

网络营销：基础、策略与工具：视频指导版 / 何晓兵主编. -- 3版. -- 北京：人民邮电出版社，2023.11

高等院校电子商务类新形态系列教材

ISBN 978-7-115-62835-0

Ⅰ. ①网… Ⅱ. ①何… Ⅲ. ①网络营销－高等学校－教材 Ⅳ. ①F713.365.2

中国国家版本馆CIP数据核字（2023）第189839号

内 容 提 要

本书以理论与实践的有机结合为基本原则，分三篇对网络营销基本理论、网络营销策略及网络营销工具等相关知识进行了介绍。本书根据理论和实践要求，每章均设计了案例、示例、想一想等栏目，并且每节都设计了实训任务，以突出实用性。全书共 15 章，具体内容主要包括网络营销基础、网络广告营销、网络公关营销、网络口碑营销、基于位置的网络营销、社交网络营销、场景化营销、内容营销、数据营销、跨境电商营销、搜索引擎营销与 App 营销、网络视频营销、网络直播营销、自媒体营销、网上平台营销。

本书配有电子课件、电子教案、教学大纲、授课视频、视频案例、习题与参考答案、实训项目、模拟试卷等教学资料，索取方式参见书末的"更新勘误表和配套资料索取示意图"（咨询 QQ：602983359）；本书配套网课网址见人邮教育社区本书页面。

本书可作为高等院校电子商务、市场营销、物流管理、经济学、数字经济等专业的教材，也可供网络创业者、电子商务从业人员、网络营销爱好者阅读和参考。

◆ 主　　编　何晓兵

副 主 编　何杨平　王雅丽　张记红　陆　焰

责任编辑　万国清

责任印制　李 东　胡 南

◆ 人民邮电出版社出版发行　　北京市丰台区成寿寺路 11 号

邮编　100164　 电子邮件　315@ptpress.com.cn

网址　https://www.ptpress.com.cn

山东百润本色印刷有限公司印刷

◆ 开本：787×1092　1/16

印张：15　　　　　　　 2023 年 11 月第 3 版

字数：443 千字　　　　 2024 年 8 月山东第 5 次印刷

定价：59.80 元

读者服务热线：(010)81055256　 印装质量热线：(010)81055316

反盗版热线：(010)81055315

广告经营许可证：京东市监广登字 20170147 号

前　言

自 2020 年本书推出第 2 版后，网络营销持续发展，为教学提供了很多新的素材，很多高校同行和电商界人士也对本书的编写提出了许多很好的建议。基于此，我们对上一版内容进行了全面、细致的修订。得益于各方支持，第 3 版修订工作终于完成。

本次修订保持了第 2 版的优势和特点，对有关章节内容进行了调整，更新了数据和案例，增加了新的网络营销知识。主要调整如下。

（1）增加新知识，完善体系结构。将原来的 17 章调整为 15 章，对部分内容进行了补充、精简和调整；增加了跨境电商营销、网络直播营销、自媒体营销三章；内容更加全面、系统，也更能反映网络营销实务工作的新动向、新发展。其中，第一篇基础篇精简为一章，即第一章。第三章增加了网络软文营销和网络公益营销，删去网络新闻公关，其部分内容并入网络软文营销。第七章内容调整较大，更面向场景化营销实务。第十一章将搜索引擎营销与 App 营销合并为一章。第十二章增加了视频博客营销。删去传统网络营销工具、IM 营销、移动营销三章，IM 营销部分内容并入自媒体营销，移动营销部分内容并入搜索引擎营销与 App 营销以及自媒体营销。第十五章增加了京东营销工具和拼多多营销工具。

（2）引入新数据和新案例。根据网络营销新的发展动态，引入了大量新数据和新案例。

（3）增加实训任务、归纳与提高、综合练习题板块。每节增加实训任务板块，渐进式培养读者的实践能力。每章增加了归纳与提高板块、综合练习题板块，以带动读者对每章内容进行进一步的思考，为读者检查学习情况提供便利。

（4）丰富配套资料。进一步丰富了电子课件、电子教案、教学大纲、授课视频、视频案例、习题与参考答案、实训项目、模拟试卷等配套教学资料。资料下载方式可参考书末的"更新勘误表和配套资料索取示意图"（咨询 QQ：602983359）。

为了更好地落实立德树人这一根本任务，编者团队在深入学习党的二十大报告后，制作了素质教育指引等教学资料。

参与本次修订工作的人员还有何杨平、王雅丽、张记红、陆焰、李青松、丁杰浩、王俊辉、郑怡然、庞远雯、李伟梅、唐潇、丁翰文、孙宇、林正豪等同志。

在编写本书的过程中，我们参考和引用了大量的文献，在此谨向有关作者和译者表示深深的谢意，并对所有支持本书编写和出版的同仁表示感谢！由于编者水平有限，书中难免存在不足之处，敬请各位专家和广大读者批评指正。

目　　录

第三篇　工具篇

第一篇　基础篇

第一章　网络营销基础

快手《我不是英雄》记录普通人

2022 年 5 月，快手连发 5 集纪录片《我不是英雄》。片中五位主人公都是快手的代表性用户，也是亿万用户的缩影。纪录片中的他们，一面扎入生活的泥土，一面仰望梦想的星空。随着《我不是英雄》的发酵，快手社区的温度也"破圈"弥漫到了全网。

第一集《相逢在路上》记录了古道热肠的卡车司机黑哥；第二集《中国式父亲》记录了重庆朝天门"棒棒"冉光辉勤勤恳恳肩挑背扛地在重庆为孩子扛出一套房的故事；第三集《宝妈梦工厂》记录了专门招收宝妈的服装厂创立者向京艳与宝妈们在相互扶持中的探索与追寻；第四集《弹钢琴的搬运工》记录了能在钢琴上舞动手指，弹出优雅动人旋律的啤酒搬运工波波；第五集《双面理发师》记录了既能修剪出时尚发型又为老人免费理发的爱心理发师。这五位在各自道路上砥砺前行的主人公出于对自我生命意义的探索和对未来生活的希望，活成了自己的英雄。

系列纪录片上线的时间节点也颇为巧妙：卡车司机的故事上线于国际劳动节，阐述的是如卡车司机般千千万万普通劳动者的故事；《宝妈梦工厂》上线于母亲节，既是对母亲的赞颂，也是对独立女性价值理念的有效传达；而两对父子的故事和走遍大山的爱心理发师的故事碰上"5·20"这样一个特殊的时间，具有针对性意味。

启发思考：（1）快手为什么推出系列纪录片？（2）快手的系列纪录片会带来什么营销效果？

网络营销是企业走出营销瓶颈期、全面开拓市场的重要途径。从上述案例中可以看出，快手从自身平台用户中获取灵感，借助真实的用户生活故事，实现了品牌与用户的沟通。快手通过真实的声音打动用户的心，既实现了平台实力的进一步夯实，又为用户提供了有效的流量转化变现窗口，在持续与用户沟通的过程中实现了品效合一。企业在竞争中求生存、求发展，如果忽略网络这一重要营销渠道，那么失去的将不仅仅是客户群体，还有在新一轮经济整合中抢先一步的绝佳机会。

第一节　网络营销概述

网络营销以现代电子技术和通信技术的应用与发展为基础，带来了市场竞争以及营销观念和策略的转变，创造出全新的市场机会。随着互联网技术的不断发展，网络营销已经成为社会组织、团体和个人必备的营销方式。

一、网络营销的内容

网络营销，又名互联网营销、线上营销等。网络营销目前还没有统一的定义，综合各种阐释，可以将网络营销定义为：以现代营销理论为基础，利用数字技术和网络技术、工具或媒体实施营销活动的模式、策略和过程。

互联网的全球性、广泛性、无时空限制等特点，使网络营销呈现出与传统营销不一样的特点：跨时空、交互性、人性化、整合性、高效性、经济性等。网络营销的这些特点使其迅速成为受企业青睐的营销策略和手段，也成为最有活力的营销领域。网络营销的具体内容如下。

（1）网上市场调查与数据挖掘及分析。网上市场调查是指利用互联网交互式的信息沟通渠道来实施调查活动，包括通过网络问卷调查等方法收集一手资料以及直接在网上收集需要的二手资料。在大数据时代，基于数据是网络营销的新特点，利用数据挖掘和分析工具研究网络市场已成为网络营销市场研究的重要内容。

（2）网上消费者行为分析。网上消费者行为分析是制定网络营销策略的重要依据。要开展有效的网络营销活动，必须深入了解网上消费者这一群体的需求特征、购买动机和购买行为模式，基于大数据分析网上消费者心理和行为已成为其核心内容。互联网已成为许多兴趣、爱好趋同的群体聚集交流的平台，一个个特征鲜明的网上社区与社群随之出现，了解这些虚拟群体的特征和偏好也是网上消费者行为分析的重要内容之一。

案例 1.1

美团外卖的"可爱营销"

图 1.1　美团外卖的袋鼠小黄车

2022 年"五一"期间，美团外卖在海南的线下活动推出了袋鼠小黄车（见图 1.1）以供游客们拍照看海。美团外卖的这辆袋鼠小黄车，用美团的经典黄配上圆润的车身，车子的副座正面是袋鼠的眼睛和大鼻子，挡风玻璃上还贴着袋鼠耳朵。凭借软萌的外表，袋鼠小黄车迅速在小红书上"出圈"。

美团外卖早就开始了"可爱营销"。第一次"出圈"是外卖小哥"傲娇"的袋鼠耳朵走进了大众视野。在获得了一定的话题度后，2020 年 7 月，美团外卖和饿了么打响了一场"皮肤大战"。同时，美团外卖在袋鼠耳朵"出圈"后，顺势推出了与袋鼠相关的周边产品。2021 年 11 月，美团外卖彻底更新了品牌 Logo，使其变得软萌可爱。美团外卖在更换 Logo 的海报中，强调了"萌"的标签。一步步来看，不管是袋鼠耳朵，还是美团外卖的新 Logo，抑或是品牌袋鼠形象的变化，都能让人从中感觉到美团外卖在努力变萌。

从社交平台上频繁使用的软萌表情包，到床上、桌子上、包包上摆放的各式各样的玩偶、玩具、用具等，各种可爱元素融入了人们的生活中。如今可以说是个"全民卖萌时代"，可爱也渐渐成为品牌做营销的法宝。

启发思考：（1）为什么"可爱营销"可以吸引消费者？（2）社交媒体对"可爱营销"有哪些作用？（3）除了"可爱营销"，还有哪些新兴的网络营销策略？

（3）网络营销战略制定。不同企业在市场中处于不同地位，在利用网络营销实现企业的营销目标时，必须制定与企业的营销目标相适应的网络营销战略。网络营销虽然是一种非常有效的营销方式，但企业在开展网络营销时既需要有所投入，又需要承担一定的风险，因而必须进行长远和全面的规划。

（4）网络产品和服务策略制定。互联网改变了传统产品的营销策略，已成为一些无形产品（如软件和远程服务）的传输载体。在制定网络产品和服务策略时，必须结合网络特点重新考虑产品的设计、开发、包装以及品牌塑造。

（5）网上价格策略制定。网络作为信息交流和传播的载体，从诞生起就实施自由、平等和信息免费的策略。因此，在制定网上价格策略时不仅要考虑互联网对企业定价的影响和互联网本身独特的免费思想，同时也要考虑互联网所带来的价格信息的透明化以及定价的灵活性。

（6）网上渠道建立。网上渠道对企业营销的影响比较大。如网上直销模式解决了传统渠道多层次的选择、管理与控制等问题，最大限度地降低了营销费用。但企业建立网上渠道必须进行一定的投入，同时还要改变传统的经营管理模式。

（7）网上促销活动。互联网是开展促销活动有效的平台，特别是新媒体的迅速发展为网上促销提供了广阔的活动平台。但开展网上促销活动必须遵守网络信息交流与沟通规则，特别是网络礼仪。

（8）网络营销管理与控制。网络营销会遇到许多传统营销不曾遇到的新问题，如网络产品质量保证问题、消费者隐私保护问题以及信息安全与保护问题等。这些都是在开展网络营销时必须重视和进行有效控制的问题，否则网络营销难以达到预期效果，甚至会产生很大的负面效应。

二、网络营销的发展趋势

根据互联网发展的特点以及营销环境的变化，可以预测网络营销将会有以下发展趋势。

1. 利用大数据分析进行精准营销

大数据营销已成为企业发展中必不可少的战略之一。随着科技的不断驱动，线上与线下资源的整合将成为大数据营销的发展趋势。企业要善于综合运用数据挖掘技术、网络技术、新媒体技术，以及心理分析技术等，洞察消费者需求和情绪、情感反应，实现精准营销，提升营销效果。

示例

度假酒店的大数据营销

为了吸引更多游客，澳门威尼斯人酒店推出了多重优惠活动，并与个灯（一家大数据营销平台）展开合作。依托独有的冷数据、热数据和温数据技术引擎，个灯提供了精准的用户画像和地理位置服务。

第一步：冷数据——精准人群筛选。根据大数据分析，筛选出每天出现在澳门关闸口岸、莲花口岸1千米范围内的人（珠海常住居民除外）。

第二步：热数据——设立地理围栏。在地图上圈定要投放广告的澳门关闸口岸、莲花口岸，设立地理围栏，目标受众一旦进入地理围栏，便即时触发广告推送，以此实现广告实时精准投放。

第三步：温数据回溯——摒弃盲目推送，实现精细化运营。根据大数据分析，筛选出过去30天内去过澳门中高消费购物商城的高收入人群，精准推送优惠广告。

系统在合适的地点、合适的时间、合适的场景，把澳门威尼斯人酒店的优惠广告精准推送给目标受众，最终酒店的点击率远超预期，获大量用户点赞。

2. 内容营销的重要性日益凸显

在互联网时代，企业必须借助高质量的内容吸引和打动消费者。企业应加大在移动内容方面的投入力度，包括制作易于在移动设备上阅读的短小内容、了解目标消费者使用移动设备的习惯，并将更多的精力放在制作消费者可以通过移动设备轻松消费的视频和可视化内容上。随着5G技术的发展，超高清的视频画质更具吸引力与冲击感，内容传播体验更强，视频将成为内容营销传播的主要载体。

示例

京东的《二十公里》

2023年春节京东推出了微电影《二十公里》，它讲述了一个关于京东"春节也送货"的故事。主人公原本计划好感受一番衣锦还乡的滋味，却因为汽车发生故障而半路抛锚，机缘巧合之下他搭上了一辆京东快递"顺风车"，但京东小哥却坚持先送货。主人公只能跟随快递员踏上"回途"。在经历了给电力工人送货、帮老乡抓猪事件之后，京东小哥及时将主人公送到家。在这个过程中，原本傲慢、虚荣的主人公也逐渐意识到，过年的真正意义是与家人团聚。短片以幽默的风格，用插科打诨的故事从侧面展现了京东"春节也送货"的品牌主张，巧妙地把京东重视"每一份对家的寄托"的形象呈现了出来。

3. 移动终端场景化营销持续升级

移动终端距离消费场景更近，越来越多的企业开始把移动终端策略纳入网络营销的各方面。许多企业意识到实施移动社交媒体战略的必要性，于是开始研究移动终端用户的消费模式、消费

课堂讨论

大家在网购中见过哪些新颖的营销手段？其营销效果如何？

场景及其与社交媒体推送内容进行互动的方式。

 示例

抖音×泡泡玛特：大大的年，小小的热闹

2023年春节期间泡泡玛特与抖音联名营销，在抖音上线"召唤你的新春守护神"主题活动，潮玩用户可以进入抖音App领取电子版的新春守护神玩具，还可以通过兔子奔跑游戏抢盲盒、猜灯谜、抢精美头像装扮等，并有机会得到实体盲盒奖励。泡泡玛特与抖音还同期推出短片《大大的年，小小的热闹》，短片既体现了泡泡玛特与抖音"温暖和陪伴"的品牌理念，又与过年回家的团圆情愫结合起来，戳中了年轻人的泪点。短片选择了"真人+动画"的呈现方式，根据泡泡玛特的用户画像，拓展出四个"小热闹"场景，以除夕当天踏上回家之路的女白领为主线人物，在现实世界中根据时间线讲述了不同城市里不同内涵的"小热闹"。短片最后一句"潮玩的温暖陪伴，我抖音你"，让短片成了抖音互动活动的引流入口。

4. 网络广告理念和模式推陈出新

网络广告朝原生广告、程序化购买广告等新模式发展。社交媒体和工具类App推出了与场景相融合的原生广告。原生广告不同于传统的推销性质广告，它更加关注用户的需求，用一些诱人的内容直击用户内心，使他们产生需求。与传统的购买方式相比，广告主对网络广告更青睐程序化购买。广告主通过需求方平台能轻松找到目标人群，有针对性地投放广告，从而充分利用广告资源。

 示例

原生广告的娱乐式嵌入

综艺节目本身就是供观众娱乐消遣的，所以其中的原生广告不能太古板，否则就会和有趣的节目氛围产生冲突。《奇葩说》称得上是情感体验原生广告的范本，不管是主持人、嘉宾巧说广告，还是辩手说段子，抑或是情景剧嵌入的广告形式，都巧妙地与节目的娱乐氛围相融合，不仅没有让观众反感，反而为节目增加了笑点，让观众惊喜连连。

5. 社交媒体营销更受重视

随着社交媒体的发展，企业主与用户的信息发布和获取成本都大大降低，这为社交媒体营销提供了更多的可能性。社交媒体因其信任度高、口碑效应、多级传播、门槛低等特点成为新媒体中最活跃且最有发展潜力的领域，社交媒体营销也因此成为企业青睐的营销模式。

 示例

小米200万元换Logo的话题营销

2022年年初小米换新Logo的话题在社交媒体引发了热议，并不是因为设计奇葩，而是传闻耗时三年、花费200万元的设计，只是将Logo由直角变成了圆角。一时之间，小米被群嘲：花200万元却没有改变什么。实际情况是，当网友自以为这是骗局，提醒雷军报警时；当网友嘲讽小米被收智商税，拼命输出段子时；当网友愉快地"吃瓜"围观，点赞、评论、转发时，小米已经凭借这个话题，多次上了热搜榜，更带动了小米新手机和造车话题的传播。

6. 利用私域流量实现变现

公域流量已趋于饱和状态，竞争企业仍在不断增加，大品牌占据了主导地位。随着大平台掌控能力的增强，流量成本越来越高。建立私域流量池，是应对获客成本高涨的行之有效的办法。随着直播行业的发展，越来越多的企业使用直播"引爆"私域流量。通过直播，商家可以获得用户的关注，拉近距离。直播可以直接、全方位展示产品的特点，商家可以不断强化产品的特点价值，从而更容易获得用户的信任，刺激用户消费，提升购买率。另外，私域流量运营将更加趋于让品牌 IP（Intellectual Property，知识产权）化，企业可以对私域流量进行品牌人格化运营，打造出自己的私域流量品牌IP。

完美日记的私域流量运营

完美日记针对年轻女性这一用户群，在微信、微博、抖音、小红书等平台上，投放了大量的 KOL（Key Opinion Leader，关键意见领袖）和 KOC（Key Opinion Consumer，关键意见消费者）内容进行产品"种草"（指分享推荐某一商品的优秀品质，以激发他人购买欲望的行为），引导用户进入小程序商城购买。用户在消费后，通过产品附赠的卡片可以添加客服，进入完美日记的微信生态。完美日记在私域流量运营上，建立了公众号矩阵，同时开设了海量的"小完子"客服和社群。企业可以通过公众号、社群、"小完子"朋友圈等向用户推送美妆教程和产品优惠信息，引导其进入小程序商城购买。通过社群和客服号，用户也可以随时交流和咨询产品的相关问题。在微信生态中，通过内容和社群运营，用户对品牌的忠诚度不断提升。

7. VR、AR、AI 等新型营销方式增速提升

随着 5G 技术的正式商用与广泛普及，直播、VR（虚拟现实）、AR（增强现实）等强体验、高观感的内容传播方式将会得到广泛热捧。在电商领域，VR、AR 这种打破空间限制的设备，可以让用户在购买产品时，得到全方位、鲜活立体、如临其境的超强体验感，从而高度刺激用户购买欲望，促使用户完成购买决策。

AI（人工智能）开辟了营销新格局，元宇宙、数字人、数字藏品等得到用户和企业的广泛关注，AI 营销已成为企业最期待的营销方式。随着人机交互方式的演进发展，从智能语音交互、智能搜索，到智能出行、智能家居、智能办公等场景，AI 在用户生活中的全面渗透，为营销创造了更多的触点，对于众多品牌而言，这是实现突破增长的新机会。

示例

元宇宙汽车产品发布会

2022 年 3 月 18 日，一汽奔腾打破传统新车上市的固定模式，在百度希壤元宇宙世界打造了第一场汽车产品发布会，任何用户都可塑造个人角色并进入元宇宙会场，360°全场景观赏发布会。奔腾 B70S 以 1∶1 的仿真比例进行了实车还原，用户可进行虚拟试驾。同时，奔腾大楼也正式"入驻"希壤元世界，用户可自行前往奔腾数字展厅，了解更多品牌及产品信息。这次发布会让用户从观看者变为参与者，自行驱动内容获得体验，不仅拉近了品牌与年轻群体的距离，而且还提升了年轻用户对品牌的认知度及好感度。

8. 关键节点链路营销将受到关注

在网络营销中，企业要让消费者在有限的时间内快速认识品牌，认同企业输出的品牌价值，从而直接或间接地完成消费者转化，是非常不容易的。链路营销可以通过在消费者接触产品或品牌的关键节点进行连接，在这些关键节点上对消费者进行潜移默化的影响，环环递进，最终形成对消费者的强转化。

实训任务——熟悉网络营销策略

1. **实训目的：**了解常用的网络营销策略，并总结归纳，完成网络营销策略思维导图。

2. **实训内容：**①通过搜索引擎，搜索了解淘宝、天猫、京东、唯品会、拼多多等电商平台常用的网络营销策略并记录，搜索了解微博、微信公众号涉及的网络营销策略并记录；②将了解到的网络营销策略分为几大类，并分析各类营销策略之间的关系；③利用 XMind 或其他思维导图工具制作网络营销策略思维导图。

第二节　网络消费心理与购买行为

网络营销正在改变人们的消费心理和购买行为，同时，人们的消费心理和购买行为也对网络营销提出了新要求。企业要想很好地把握网络市场，就必须正确分析消费者的网络消费心理和购买行为，把握其变化，明确影响网络消费心理与购买行为的主要因素，为消费者打造个性化产品和服务，

提升消费者的网络购物体验。

一、网络消费心理的特点

分析消费者的网络消费心理是网络营销中的一个重要环节。在网络环境条件下，消费者的心理状态与以往相比呈现出新的特点和趋势，具体体现在以下六个方面。

1. 个性化的消费心理

目前网络用户以年轻人为主，他们拥有独特的思想和喜好，有独立的见解和想法，对自己的判断能力也比较自信。他们的消费需求越来越独特、多变，对自己选择的商品不只是注重其本身具备的使用价值，更重要的是想通过商品表现出自己的与众不同，以此来体现个体价值，个性化消费越来越明显。网络营销的双向沟通、实时、超越时空、便捷等特点，给网络消费者追求个性、张扬自我提供了技术基础，满足个性化定制信息需求和个性化商品需求成为营销的发展方向。

2. 实惠化的消费心理

价格是影响消费者消费心理和购买行为的重要因素之一，消费者大多存在着追求廉价的心理特征。消费者在寻求符合自我标准的商品的同时，还追求物有所值和物美价廉，都希望以尽可能低的价格买到称心如意的商品。与线下销售渠道相比，线上销售渠道较短且降低了人工成本和场地费用，使其销售的商品具有较大的价格优势；与此同时还可以更详细、更全面地让消费者了解商品的信息和性能，消费者可以在几个商家之间进行比较和挑选，确定自己认为实惠或者心仪的商品。网络销售降低了销售成本，网上商品大多比实体店销售的商品价格要低，能更好地满足消费者追求实惠的消费心理。

3. 便捷化的消费心理

现代生活节奏日益加快，人们在繁重和忙碌的工作和生活中，越来越趋向于方便快捷的购物方式，以节约时间成本和其他成本。网络销售形式可以提供全天候的服务，消费者可以随时通过网络购买需要的产品和服务。并且网络化操作日渐便捷和简化，很多商品足不出户就可以轻松采购。此外，快递公司送货上门，免除了消费者自取自提的麻烦，极大地满足了消费者对购物省时省力的要求。

4. 好奇的消费心理

网络信息的丰富性、快速更新性为网络消费者提供了各种新奇、颇具特色的信息。这些信息又进一步激发了消费者的好奇心和求知欲。网络消费者往往爱好广泛，无论是对新闻，还是对网上娱乐、产品或品牌信息都具有浓厚的兴趣，并且对未知的领域有强烈的好奇心。企业应主动为网络消费者提供具有知识性、趣味性或娱乐性的信息，以吸引他们的注意力。同时，企业也要审慎地发布宣传内容，应结合社会要求对信息进行监管，正确引导消费者的兴趣，注重营造充满正能量的社会氛围。

 想一想
病毒营销和饥饿营销分别迎合了网络消费者的哪些特征？

5. 好胜的消费心理

网络消费者以年轻人为主，很多年轻人好胜心强，但比较缺乏耐心。他们搜索信息时往往会比较关注搜索所花费的时间，一旦网络连接、传输的速度比较慢，就会马上离开当前页面或站点。另外，对于限量版商品，部分网络消费者存在好胜心理，因而更愿意花时间、精力去购买，购买成功对他们来说是一种"隐性的炫耀资本"。企业应仔细分析网络消费心理这方面的特点，在网页、App 或网店等的设计中优化页面的转换和加载速度；或者改进加载等候的界面，使其变得更生动有趣、更人性化。同时，企业也应策划针对网络消费者好胜心理的营销活动，以吸引和留住他们，如品牌利用饥饿营销策略限量发售新款产品，正是迎合了消费者的好胜心理。

6. 求安全的消费心理

网络消费者非常关注包括个人隐私信息和重要支付记录等在内的安全问题。网络消费者购物的支付环节是对信息安全性要求最高的环节。这一环节如果出现问题，企业就会失去消费者的信赖，引发信任危机，造成交易失败。因此，企业必须加强网络交易支付过程、消费者个人隐私记录的安全性，通过多方合作为消费者提供健康安全的购物环境。

二、消费心理学理论在网络营销中的运用

结合网络消费心理的上述特点，可将心理账户、锚定效应、比例偏见、损失规避、沉没成本等经典消费心理学效应灵活运用于网络营销领域。

1. 心理账户

心理账户是人们在心里无意识地把财富划归不同的账户进行管理，不同的心理账户有不同的记账方式和心理运算规则。心理账户有三种情形：一是将各期的收入或者各种不同方式的收入分在不同的账户中，不能相互填补；二是对不同来源的收入有不同的消费倾向；三是用不同的态度对待不同数量的收入。

心理账户效应在网络营销中得到广泛运用，主要的策略是转移心理账户。如当收到从网店购买的商品时发现商家附赠了小礼物，消费者会感觉特别愉悦，从而提升购物体验，这是使消费者的注意力从必须开支账户转移到令人愉悦的免费获得账户上。又如商家宣称"998 元就可以送家人一份舒心，送爱人一份爱心"，巧妙地将生活必须开支账户转移到情感维系账户上。再如在线健身课程，如果只是单纯告诉用户课程很好，用户往往会觉得贵，或者因网上有类似课程而觉得没有必要；如果同时传达健身课程也是对自己的投资，使用户将注意力从大额开支账户转移到个人发展或家庭建设账户上，或许就乐意接受了。

2. 锚定效应

锚定效应是指当人们需要对某个事件做定量估测时，会将某些特定数值作为起始值，起始值像锚一样制约着估测值。在做决策的时候，人们会不自觉地给予最初获得的信息过多的重视。

在网络营销中巧设价格锚点就是运用了锚定效应。避免极端、权衡对比是消费者在不确定价格时最常用的原则，设置价格锚点，就是让消费者有一个可以对比的价格。如网店商品标价"¥178 元（原价 809 元，2.2 折）"，这样的标价对消费者比较有吸引力。又如在线培训课程只有 1 399 元和 2 288 元两个价位的时候，1 399 元较畅销，而当特意推出 4 399 元的课程后 2 288 元的课却开始畅销了，价格锚点在此起了重要作用。

3. 比例偏见

比例偏见效应是指在很多场合，本来应该考虑数值本身的变化，但是人们更加倾向于考虑比例或者倍率的变化。也就是说人们对比例的感知，比对数值本身的感知更加敏感。

网店促销中的换购、打折促销、组合套餐、抽奖、降价等都可以运用比例偏见效应。如与买 500 元的锅送 20 元的勺子相比，买 500 元的锅加 1 元换购 20 元的勺子更能打动人，前者给消费者的感觉是优惠了 4%，后者会让消费者有一种花 1 元买到 20 元商品的感觉。又如网店经常用的打折促销，1 件九折，2 件八折，3 件七折，消费者因为递增的折扣，可能选择多买几件。再如砸金蛋是很多电商平台使用的促销手段，10 个里面有 1 个大奖，中奖概率是 1/10；100 个里面有 10 个，中奖概率仍是 1/10，比例并没有变化，但给人感觉是第二种情况更容易中奖。

网络营销中运用比例偏见效应可以通过放大促销价值、巧设参照对象和善用搭配销售等方式实现。一般来说，当商品价格低于 100 元时，折扣比优惠金额更能吸引消费者；当商品价格高于 100 元时，则优惠金额更加吸引人。适当地转移参照对象，在消费者心中形成新的比例，会让消费者觉得自己少花钱多办事了。把相对廉价的商品搭配在较贵的东西上卖，相比单独卖廉价商品，更容易让消费者有价值感。

📖 示例

比例偏见效应中的商机

一块 10 元的巧克力，打八折便宜 2 元，在海报上写"立减 2 元"，消费者可能无动于衷，所以在这种情况下，海报上最好写上"打八折"；但售价 1 万元的古驰（GUCCI）包，打九折便宜 1 000 元，这时候写"直降 1 000 元"，就比"九折促销"看起来更吸引人。当年当当与京东在图书领域大打价格战，当当采取"打折"策略，大部分图书打六折甚至五折，而京东则采取"满减"策略，给消费者发放大量"满 299 元减 100 元"的优惠券。算下来，其实当当的优惠更划算也更实在，但京东抓住了消费者比例偏见的心理，其策略更胜一筹。

4. 损失规避

损失规避效应是指人们往往在遭受损失时所产生的痛苦远大于获得收益时所带来的快乐。损失带来的负效用为收益正效用的 2～2.5 倍。损失厌恶反映了人们的风险偏好并不是一致的，当可能获得收益时，人们表现为风险厌恶，即倾向于选择低风险；当可能遭受损失时，人们则表现为风险寻求，即更倾向于选择高风险。

网络营销中运用损失规避效应就是帮助消费者规避损失。如线上家具商场要收取 20 元的配送费，直接收取可能会触发消费者对损失的厌恶心理，那么可以换一种方式，将 20 元的配送费增加到产品的价格中，不需要配送，则可以便宜 20 元。

5. 沉没成本

沉没成本是一种历史成本，对现有决策而言是不可控成本，会在很大程度上影响人们的行为方式与决策。

在网络营销中应善于利用沉没成本效应。如网店进店可以领取 38 元优惠券，可能的情况是很多用户领取了优惠券，但是购买的用户却很少；如果换一种方案，进店的用户，可以用 9.9 元购买价值 38 元的优惠券，有效期 7 天，购买优惠券的用户则大部分可能会转化为现实用户。又如线上课程 1 元上课（价值 589 元的课程），但要收 10 元定金，上课可退，不上课不退还；还有充 100 元抵 300 元，预交 1 000 元抵 4 000 元，这些营销策略都是利用了沉没成本效应。

三、网络消费需求与行为特征

随着网络市场的发展，消费理性决策依据和引发冲动消费的网络场景都越来越丰富，网络消费者的消费观念、消费需求发生了重要的变化，其个性化、多元化的需求给企业带来了挑战和机遇。

1. 消费需求的个性化

工业化和标准化生产方式的发展，使消费者的个性需求被低成本、标准化的产品"淹没"。网络营销发展起来后，产品选择范围全球化、产品设计生产多元化、信息沟通渠道便利化使产品定制成为可能，使营销回归个性化，个性化消费成为消费的主流，个性化营销也成为网络营销的特色和核心。

 示例

王老吉的"姓氏+图腾"罐营销

在众多领域的消费报告中，"个性化""定制化"成为被反复提及的词汇，这反映出消费者关注重心的转移。消费者不再将重心完全放在产品功能上，而是更侧重情感和附属价值的体验。王老吉凉茶 2022 年春节期间推出的"姓氏+图腾"罐一经面世就迅速"出圈"，"李老吉""宋老吉"等"姓氏+图腾"罐吸引了消费者的眼球。这种营销方式非常贴合时下消费趋势，将"姓氏"作为个性化和定制化的部分，突出了专属性和独一无二。这次王老吉凉茶百家姓罐将 2021 年春节定制姓氏罐的创意进行了升级，添加了图腾关联元素，用家族文化与图腾文化双重"召唤"，唤起消费者内心的情感共鸣。

2. 消费需求的差异性

一方面，消费需求的个性化使网络消费需求呈现出差异性；另一方面，不同的网络消费者因所处的环境不同，会产生不同的需求且不同的网络消费者即使处于同一需求层次，他们的需求也不同。企业在从产品的构想、设计、制造到产品的包装、运输、销售的整个过程中，都应认真考虑消费需求的差异性，进而采取相应的措施和方法。

 示例

满足150cm小个子的时尚需求

淘宝店铺"好在 HOZA 小个子设计师品牌女装"为三皇冠店，粉丝数达 26.9 万。其女装的图案和版型都做到了恰到好处，贴合小个子的风格。该品牌的模特也是 150cm 的小个子，店里主打法式风，衣服目前不算很多，但如果偏爱简约法式风，那就值得去逛一逛。

3. 消费目的的多元化

网络营销使人们消费心理的稳定性降低、转换速度加快，直接表现就是消费品更新换代的速度加快。与此同时，这种情况又使消费者求新、求变的欲望进一步得到加强。由于网购的便利性，消费者在满足购物需求的同时，又希望能获得网购的种种乐趣。因此，消费者在进行网购时，对消费结果和消费过程的关注并存。网络消费者既有以购买产品、享受服务为目的的，又有以享受购物过程为目的的。面对消费目的不同的消费者，企业应提供不同的服务，采取不同的营销策略。

4. 购买行为的主动性

在社会分工日益细化和专业化的背景下，消费者的消费风险感随着他们选择的增多而增强。在许多大额或高档的消费中，消费者往往会主动通过各种可能的渠道获取与商品有关的信息并进行比较和分析，以便从中得到心理平衡，减轻消费风险感或购买后的后悔感，增加对商品的信任和心理上的满足感。购买行为的主动性还表现在网络消费者主动表达对商品及服务的需求，根据自己的需求主动上网寻找合适的商品，或者通过网络主动向企业表达自己对某种商品的欲望和要求。针对购买行为的主动性特点，企业不应再对消费者进行填鸭式的宣传，而应通过和风细雨式的影响，让消费者在主动比较与分析中做出购买决策。

5. 消费沟通的互动性

在网络环境下，消费者能直接参与企业产品的生产和流通，与生产者直接进行沟通，主动表达自己的需求，为企业进行产品设计提供灵感；同时，买卖双方在消费过程中的互动与沟通也降低了市场的不确定性和信息的不对称性。

6. 需求弹性的显性化

从消费的角度来说，价格虽然不是消费者决定购买商品的唯一因素，但一定是消费者购买商品时要考虑的因素。网上销售的很多商品价格都比较低，这极大地刺激了消费需求的增长。尽管企业都倾向于以各种差别化来减弱消费者对价格的敏感度，以免发生恶性竞争，但价格始终对消费心理产生着重要影响。相比传统市场，网络市场的需求弹性更为显性化。

> **课堂讨论**
> 根据近两年"双11"的销量，分析价格对网络需求的影响。

四、影响网络消费者购买行为的主要因素

网络消费者购买行为是指网络消费者在寻找、购买、使用、评估和处理满足其需求的商品或服务的过程中所做出的反应或行动。网络消费者购买行为受到诸多因素的影响，这些影响因素可以分为内在因素和外在因素。内在因素包括心理因素和个人特征因素，心理因素包括动机、知觉、学习、信念和态度、风险感知等因素，个人特征因素包括网络消费者的年龄、性别、所处的家庭生命周期阶段、个性、生活方式、网络购物经验以及自我观念等因素。外在因素包括商品特性、商品价格、购物的便利性、购物的安全性与可靠性等因素。与传统购物相比，本书仅对有特色的影响网络消费者购买行为的因素进行阐述。

1. 商品特性

在网上销售商品，一般要考虑其新颖性、个性化、消费者的购买参与程度等。

（1）商品的新颖性和个性化。追求商品的新颖性和个性化是许多网络消费者主要的购买动机，他们特别重视商品的款式、格调、流行趋势或自身个性化需求的满足，不太关注商品的价格高低。这类商品一般是个性化商品、新式高档消费品，如新式家具、时髦服装等。

（2）消费者的购买参与程度。一般来说，要求消费者参与的程度比较高，消费者需要现场体验，并需要很多人提供参考意见的商品，不宜在网上销售。这类商品可以采用网络营销推广的方式来扩大宣传，以辅助传统的营销活动；也可以采用新零售模式，整合线上线下资源开拓市场。

2. 商品价格

价格虽然不是消费者决定购买商品的唯一因素，却是非常重要的影响因素，消费品的需求弹性一般比较大。互联网的起步和发展都依托于免费和低价策略，因此消费者对网络商品或服务拥有免费和低价的心理预期，网络商品或服务普遍具有价格优势是网络销售的生命力所在。

3. 购物的便利性

消费者网络购物的便利性表现在如下两个方面。

（1）时间和空间的便利性。消费者可以减少传统购物过程中逛街购物所花费的时间和精力，不会受到天气、交通等外界环境因素的限制和干扰。没有时间限制，消费者可以 24 小时随时购买需要的商品。同时也不受地域限制，消费者坐在家中就可以购买全国各地甚至国外的商品。许多研究表明，方便和节约时间是许多消费者选择网上购物的首要因素。

（2）挑选商品的便利性。消费者在进行网络购物时可以突破地域限制，足不出户地货比多家，挑选商品的余地非常大。消费者挑选商品通常有两种方法：一是消费者可以通过网络提供的众多检索途径，方便快速地搜寻全国乃至全世界的相关商品信息，挑选自己满意的品牌和商品；二是消费者可以通过电商平台、社会化媒体等主动发布自己所需要的商品或服务，吸引商家与自己联系，从中筛选出能满足自己需求的商品或服务。

4. 购物的安全性与可靠性

购物的安全性与可靠性会影响消费者的网络购物行为。对个人隐私及交易安全的担心是影响网上购物的两大因素，加上对产品质量的怀疑等，这些因素都会阻碍消费者的网络购物行为。

基于互联网进行的电子商务活动一般都需要消费者向注册网站或 App、小程序等提供相关的个人信息。然而对于这些用户信息，很多网站、App、小程序等并没有像事先承诺的那样采取保密措施，存在私人信息泄露的漏洞。

网上交易的付款和收货一般是分离的，让人有一种失去控制的感觉。安全与可靠的购物环境，如网购平台作为中介提供七天支付期限，保障了消费者权益，增强了消费者的网络购物信心，满足了消费者对购物安全的基本需求。

另外，网上购物的虚拟特性很强，消费者通过网络与商家进行交流，购买商品。消费者在获得商品之前没办法像传统购物方式那样亲自触摸、感觉商品，一些比较保守、谨慎的消费者会对网络购物产生怀疑，甚至打消网络购物的念头。

5. 消费者的风险感知

风险感知理论在解释消费者购买行为方面，主要是把消费者行为视为一种风险承担行为。消费者在考虑购买时并不能确定产品的使用效果，因而消费者承担了某种风险。消费者在网上购物过程中感知到各种风险，这些风险感知严重地影响了消费者的网络购物行为。网络消费者一般会选择公众影响力较大、声誉较好的网站和商家的商品。

6. 消费者的网络购物经验

由于网络购物的虚拟性，消费者网络购物经验对其重复购买行为有非常重要的影响。很多网络消费者会在自己熟悉的电商平台、网店、直播间等进行购物，同时对网店信誉、商品、在线评论等有自己的判断标准和方法，这些都会在很大程度上影响消费者的重复购买行为。

7. 参照群体

参照群体也称相关群体，是对个人的信念、态度和价值观产生影响并作为其评价事物标准的群体。网络信息传播的便捷性和广泛性使人们更易受到别人的影响。

（1）在线评论的影响。网络消费者的购物行为会在很大程度上受到他人评价的影响，特别是初次在网上购物或网络购物经验不丰富的消费者受影响的程度更大。如消费者在对提供同类商品的两家或多家网店做选择时，网店的好评率会起到很大的作用，有时甚至会直接影响消费者的购买决策。

（2）KOL 与 KOC 的影响。KOL（如网红、主播、"UP 主"等）和 KOC 对消费者网络购物行为有显著影响，他们的影响主要体现在三个方面：一是为网络消费者展示出新的行为模式和生活方式；二是影响网络消费者对某些商品和品牌的选择，促使其行为趋于某种一致性；三是影响网络消费者对某些事物的看法和对某些商品的态度。

想一想
网红对网络消费者购买行为有哪些影响？

~~~ 案例 1.2 ~~~

"卖故事"的奢侈花店

诞生于微博的野兽派花店，从2011年12月底开通微博到2023年4月，已吸引了100多万名粉丝。和传统的花店相比，野兽派花店绝对算得上是奢侈花店。野兽派花店出售的花卉礼盒售价少则三四百元，多则近千元。然而售价如此高的商品仍然受到了众多消费者的追捧。

野兽派花店在虚拟的网络平台上，以一种鲜活的形象存在，更重要的是富有人情味。它最有特色的服务是"故事订花"，用花将顾客的故事表达出来，一束束带有故事的鲜花既需要顾客的积极参与，也充分满足了顾客的个性化需求。对于许多野兽派花店的粉丝来说，成为故事的男女主角，围观寻常生活中有趣的细节，已经成了购买花卉等商品之外的惊喜。当然除了故事，商品本身始终是这一花卉礼盒店最大的卖点。设计、包装、价格、定位等和商品相关的因素才是真正促进花卉礼盒店形成优势的关键。

启发思考：（1）为什么野兽派花店没有价格优势，却能被消费者接受？（2）基于野兽派花店的理念和定位，请分析影响消费者购买行为的主要因素。

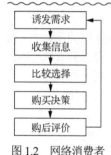

图 1.2　网络消费者的购买决策过程

五、网络消费者的购买决策过程

网络消费者的购买决策过程可以分为五个阶段：诱发需求、收集信息、比较选择、购买决策和购后评价，如图1.2所示。

1. 诱发需求

网络消费者购买决策过程的起点是诱发需求。消费者的需求是在内外因素的刺激下产生的，这是消费者做出购买决策不可缺少的基本前提。在网络环境下，诱发需求的动因主要是视觉和听觉，但仅靠这些吸引消费者有一定的难度。进行网络营销的企业要注意了解与自己商品有关的需求，了解这些需求在不同时间、空间的程度和水平，了解诱发这些需求的因素，巧妙地设计促销活动以吸引更多的消费者上网浏览企业信息，诱发他们的需求和欲望。

诱发需求阶段的营销任务主要包括两个方面：一是了解引起与企业商品有关的现实需求和潜在需求的因素，即了解引起网络消费者购买企业商品的原因；二是设计让网络消费者对商品产生需求的诱因，刺激他们的需求，促进他们做出购买决策。

课堂讨论
你知道哪些诱发网络消费者需求的经典案例？

 示例

"邮氧的茶"，来一杯吗？

中邮资本管理有限公司旗下中邮恒泰药业有限公司跨界做奶茶。2021年6月4日，"中国邮政成立奶茶店"登上微博热搜榜，有网友爆料自己家楼下中邮大药房成立奶茶店，名为"邮氧的茶"。"邮氧的茶"的名字充分体现了中国邮政的品牌形象，融合了贴近生活的元素，暗示喝这种茶饮会让您感到清新和充满活力，就像呼吸新鲜的空气一样。奶茶店的品牌设计也相当出色，奶茶杯与"邮"字的造型巧妙结合，黄绿配色与中国邮政Logo相得益彰，整体视觉效果非常惊艳。而且"邮氧的茶"所售新茶饮价格非常亲民，包括纯茶、水果茶、奶茶、果奶四大品类，纯茶甚至不足10元。"邮氧的茶"这些元素无不吸引着人们前去"打卡"。

2. 收集信息

网络消费者在购买过程中收集信息的渠道主要有内部渠道和外部渠道两种。内部渠道指以购买商品的实际经验（经验渠道）、对市场的观察以及个人购买活动的记忆等作为信息来源的通道。外部渠道包括个人渠道、商业渠道和公共渠道等。收集信息阶段的营销任务主要包括：①了解不同信息来源对网络消费者购买行为的影响程度；②注意在不同文化背景下收集的信息的差异性；③有针对性地制定合理的信息传播策略。

案例 1.3

三星堆一醒惊天下

沉睡数千年，一醒惊天下，刷屏 2022 年的话题必须有三星堆国宝。先是沉睡数千年一口气上新绝美金面具、青铜神树、象牙、大口尊、丝绸遗痕等，引起全民惊叹。随后三星堆博物馆开启疯狂跨界传播，从表情包到出盲盒、玩说唱、卖冰淇淋、卖彩妆、卖月饼……让年轻人无法抵抗。为了使高冷的国宝吸引年轻人的注意力，三星堆博物馆首先通过表情包、段子等能够快速传播的社交元素，让年轻人感到有趣；然后通过出盲盒、玩说唱这类年轻人喜欢的形式，拉近与当下年轻人的距离；再通过三星堆冰淇淋引领假期"打卡"热潮；最后通过彩妆、月饼等常规跨界的文创产品不断释放 IP 影响力，沉淀 IP 势能。

启发思考：（1）三星堆一系列的跨界传播起到了什么作用？（2）针对年轻人市场，博物馆应如何有效传递信息？

3. 比较选择

为了使自己的购物需求与购买能力相匹配，比较选择成为网络消费者购买决策过程中必不可少的环节。在选择商品时，消费者主要考虑商品属性、品牌信念、属性权重、效用要求、售后服务等因素。

4. 购买决策

网络消费者的购买决策主要有商品种类决策、商品属性决策、品牌决策、购买时间及购物平台和商家决策等。网络消费者在决定购买某种商品时，一般必须满足三个条件：①对企业有信任感；②对支付和物流有安全感；③对商品有好感。所以，树立企业形象、改进货款支付和物流方式、全面提高商品质量、提供更加优质的售后服务是进行网络营销的企业必重点抓好的工作。

5. 购后评价

购后评价是指消费者在购买商品以后产生的某种程度的满意或不满意所引发的一系列行为表现。商界流传着这样一句话："最好的广告就是满意的顾客。"网络市场更能体现满意的顾客的重要性，因为消费者的在线评论能得到迅速且大范围的传播，进而影响其他消费者的购买行为。

满意度是商品的价格、质量和服务与消费者期望值的匹配程度。企业对消费者期望值的管理非常有必要，消费者对商品的期望值越高，不满意的可能性就越大。企业在进行网络营销时，如果盲目地提高消费者的期望值，虽然在短期内会增加商品销量，但极易引起消费者心理失衡，导致投诉、退货等问题增加。长期来看，这样有损企业形象，影响网络消费者以后的购买行为。

购后评价阶段的营销任务包括三个：一是采取有效措施降低或消除网络消费者的购后失调感，如及时处理消费者的意见、为他们提供多种消除不满情绪的渠道；二是采用的广告宣传等促销手段要实事求是，引导网络消费者形成合理的期望值，提高他们的满意度；三是建立与网络消费者的长期沟通机制，积极主动地与他们联系和沟通。

实训任务——对消费者购买意愿做在线问卷调查

1. 实训目的：练习运用问卷调查法分析网络市场和网络消费者，完成调研计划的拟订、调查问卷的设计、问卷调查的实施、调研报告的写作。

2. 实训内容：

（1）拟订调研计划：计划内容包括主题、目的、研究模型、抽样方案（包括研究对象、抽样方法、样本量、实施措施）、时间进度和人员安排。

（2）设计调查问卷：根据研究问题及研究模型设计调查问卷，并进行试调查及问卷修改。问卷内容包括主题、说明语、主体、感谢语。

（3）实施问卷调查：采取随机抽样方法进行问卷调查。

（4）撰写调研报告：内容包括封面（主题）、摘要与关键词、目录、调研设计（研究背景、研究框架、调查方法）、统计结果、结论与管理策略（或建议）、附录（问卷）。

 归纳与提高

本章介绍了网络营销的内容与发展趋势、网络消费心理特点、消费心理学理论在网络营销中的运用、网络消费需求与行为特征、影响网络消费者购买行为的主要因素、网络消费者的购买决策过程等内容。

基于新技术和新理论、新理念，网络营销在精准营销、内容营销、场景化营销、新媒体营销等八个方面出现新的动态，展现出网络营销绚丽多彩的发展蓝图。消费者依然是网络营销的出发点和核心，分析网络消费者的消费心理、需求、行为是网络营销的重要内容。

 自测题

 综合练习题

一、填空题

1．随着互联网技术的不断发展，＿＿＿＿＿已经成为社会组织、团体和个人必备的营销方式。

2．在大数据时代，＿＿＿＿＿是网络营销的新特点，利用数据挖掘和分析工具研究网络市场已成为网络营销市场研究的重要内容。

3．网络营销的双向沟通、实时、超越时空、便捷等特点，给网络消费者追求个性、张扬自我提供了技术基础，＿＿＿＿＿信息需求和个性化商品需求成为营销的发展方向。

4．随着网络市场的发展，网络消费者的消费观念、消费需求发生了重要的变化，其个性化、＿＿＿＿＿＿的需求给企业带来了挑战和机遇。

5．很多网络消费者会在自己熟悉的电商平台、网店或直播间等进行购物，同时对网店信誉、商品、在线评论等有自己的判断标准和方法，这些都会在很大程度上影响消费者的＿＿＿＿＿行为。

二、简答题

1．简述网络营销的具体内容。

2．简述网络营销的发展趋势。

3．简述网络消费者心理状态呈现出的新特点和趋势。

4．简述心理账户在网络营销中的运用，请举例说明。

5．简述网络购物为消费者带来的便利。

第二篇　策略篇

第二章　网络广告营销

引导案例

微信上线朋友圈出框式广告

2022 年 4 月 "微信广告助手" 公众号表示，"5·20" "6·18" 等营销节点将至，为助力品牌在新品上市、节日营销等场景快速抢夺用户注意力，微信广告推出全新朋友圈出框式广告。这种广告总互动点击率高。根据官方展示的 vivo X Fold（一款手机）朋友圈出框式广告来看，vivo X Fold 突破了视频边框，有一种看室外裸眼 3D 大屏的感觉，这是微信朋友圈广告首次以出框式出现。

微信广告是基于微信生态体系，整合朋友圈、公众号、小程序等多重资源，结合用户社交、阅读和生活场景，利用专业数据算法打造的社交营销推广平台。目前朋友圈信息流拥有标签式卡片广告、常规式广告、基础式卡片广告、行动式卡片广告、全景式卡片广告等。微信朋友圈广告提供 CPM（按千人展现成本计费）、oCPM（按优化后的 CPM 计费）两种售卖方式。前者为按每千次曝光付费；后者以展示计费，即选择特定优化目标，并提供期望平均转化成本后，系统预估每一次展示的转化价值，自动出价，按照展示扣费。

启发思考：（1）分析微信朋友圈出框式广告的优势。（2）结合使用微信朋友圈的经历，分析微信朋友圈信息流广告的特点。

网络广告在网络营销中占有举足轻重的地位。网络广告的本质是向网络用户传递营销信息的一种手段，是对用户注意力资源的合理利用。技术的进步给网络广告的理念、形式、内容、投放、计费方式等带来了深刻的影响，也极大提升了网络广告的效果。

第一节　网络广告概述

网络广告是广告主以付费的方式，通过网站、App 等网络媒介，以文字、图片、音频、视频或者其他形式，直接或者间接地向网络用户传递企业、品牌、产品或服务信息，以吸引网络用户，从而提升企业、品牌知名度或实现某一商业目的的一种营销活动。

一、网络广告的特点

与传统媒介广告相比，网络广告以互联网为载体，独具特点，主要体现在以下几个方面。

（1）广泛性和开放性。网络广告可以把广告信息 24 小时不间断地传播到世界各地，其效果是传统广告无法达到的。传统媒介展示的广告具有很大的强迫性，以便千方百计地刺激公众的视觉和听觉；而网络广告具有广泛性和开放性，网络用户可以根据自己的意愿选择浏览或关闭。

（2）实时性和可控性。网络广告可以根据用户的需求被快速制作并通过程序化购买实时进行投放，也可以根据用户的后续需求及时加以调整和变更；而传统媒介广告的制作成本高、投放周期固定，且难以根据后续需求更改。

（3）直接性和针对性。用户只要通过网络广告看到自己感兴趣的商品，点击即可进入该企业网站，搜寻商品或企业的具体信息。网络广告可以实现精准投放，即根据不同来访者的特点，灵活地进行时间定向、地域定向、频道定向，完成对用户的清晰归类，从而在一定程度上保证广告的到达率与有效率。

（4）双向性和交互性。网络广告突破了传统媒介广告单向传播这一局限，实现了供求双方信息流的交互。点击网络广告中的链接，用户可以从企业的相关站点中得到更多信息。用户还可以通过广告直接填写并提交在线表单信息，使企业快速得到反馈。网络广告还可以提供进一步查询商品的服务，以便企业与用户进行互动与沟通。

🦜 **课堂讨论**

网络广告与传统媒介广告的差异是什么？

（5）易统计性和可评估性。一支网络广告的相关信息，如点击次数、点击者浏览的时间和 IP 地址等，都可以被详细地统计与分析。发布网络广告的媒体会建立用户数据库，记录用户的地域、年龄、性别、收入、职业、婚姻状况、爱好等信息。这些统计资料可帮助广告主统计与分析自己的市场和受众，根据其特点有针对性地定点投放广告，并进行跟踪分析，最后对广告效果做出客观准确的评估。

🖳 示例

可以边看边买的视频信息流广告

边看边买首先解决了广告渠道问题。视频画面中有大量可投放的内容元素，比如主演身上的服饰、数码产品、生活用品、汽车等，边看边买使得视频内容结构化，所有画面中出现的内容都可以变成广告位。边看边买的形式众多，常见的有：贴片式、标签式、弹出式、隐藏跟踪式、虚拟植入式。

边看边买也给直播平台创造了巨量广告市场。网易游戏在战旗 TV 上进行边看边买的广告投放，经过主播进行口播宣传后达到了良好的曝光效果。综艺直播《女神经常来》中也加入了边看边买植入广告，主持人出场后直播画面出现其同款服饰的信息窗口，观众可以跳转至电商平台进行购买。

二、网络广告的类型

根据网络广告发展现状，结合咨询公司发布的近年中国网络广告发展报告，本书从五个角度对网络广告进行分类：①按广告目标不同，可分为品牌广告和效果广告；②按广告媒介不同，可分为视频广告、直播广告、动画广告、音频广告、图文广告、关键词（文字链）搜索广告、富媒体广告；③按广告媒体平台不同，可分为视频平台广告、电商平台广告、社交平台广告、搜索引擎广告、新闻资讯平台广告、分类广告、游戏广告、工具类 App 广告、垂直平台广告、电子邮件广告；④按用户操作方法不同，可分为点击广告、展示广告和投递广告；⑤按广告呈现方式不同，可分为软性植入广告和硬性植入广告，软性植入广告如原生广告，硬性植入广告如视频贴片广告、开屏（插屏）广告、OTT 广告（也称为流媒体电视广告）、激励视频广告等。下面仅介绍部分广告类型。

1. 品牌广告与效果广告

品牌广告是以建立品牌知名度为目标的网络广告，一般比较注重曝光量、覆盖人群、互动情况等。为了能够深入人心，给用户留下好的印象，品牌广告重视广告创意，强调企业的品牌形象，广告的展示对视觉的要求较高。广告过程的曝光、收视、覆盖率等都会影响品牌广告效果，因而一般会选择优质且曝光度高的媒体，如开屏广告，常采用 CPM、CPT（按展示时长计费）方式计费，通过追求曝光率和曝光时长树立品牌形象。

效果广告是以达到一定效果为目标的网络广告，广告主需要为广告效果买单，比较注重能够引导用户转化行为的创意，一般采用多组合创意。其重点是完成广告主的 KPI，因而需要精细化的运营、专业的服务综合体系。效果广告采用各种流量变现平台，如搜索引擎、腾讯的广点通、今日头条等，常采用 CPC（按点击计费）、CPA（按激活、注册、购买等行为计费）方式计费。

2. 富媒体广告

富媒体指具备动画、音频、视频、图片、文字、超链接等多媒体组合的媒介形式，而以此技术设计的广告即为富媒体广告。这种新型的广告具有极强的视觉、听觉表现力和大容量、交互性等优势，颇受广告主青睐。

3. 工具类App广告

工具类App，如相机、安全优化、天气、日历、输入法/浏览器、应用市场、搜索引擎等App，是起步比较早的App类型，其广告投放量仅次于手游App与电商App。因为搜索引擎是一种重要的平台类型，因此本书未将搜索引擎广告归入本类。工具类App常用到的具体广告形式包括横幅广告、插页式广告、原生广告、激励视频广告和开屏广告。

4. 点击广告、展示广告与投递广告

点击广告是指通过点击可进入相应页面的网络广告，如按钮广告、横幅广告等。展示广告指只传递信息而不能通过点击进入新的页面、不包含交互页面，如以企业的品牌形象为内容主题的广告。投递广告是一种特殊形式的广告，主要途径是利用电子邮件发送广告，也包括下载文件或程序时携带的广告。

5. 原生广告

原生广告和信息流广告的植入和呈现不会破坏页面本身的和谐，而且能够为用户带来有价值、有意义的内容，使用户乐于阅读、乐于分享、乐于互动，是一种软性植入方式的插入广告。

原生广告是从网站和App用户体验出发的广告形式，由广告内容驱动，并整合了网站和App本身的可视化设计，即原生广告是融合了网站、App本身的广告，这种广告会成为网站、App内容的一部分，如今日头条、腾讯新闻中的广告。这种广告形式容易被用户接受，既能满足用户需求，又能让用户留有印象。

信息流广告是仅在部分资讯、社交App平台投放的一种原生广告（见图2.1）。常见的信息流广告如出现在社交媒体用户好友动态中的广告，以自然的方式融入用户所接收的信息当中，用户触达率高。信息流广告不会改变展示内容形式，而是以自然的状态植入，根据用户所处地域、年龄、性别、兴趣等主动推送广告，如微信朋友圈中平台推送的广告。

6. 视频贴片广告、开屏（插屏）广告、OTT广告、激励视频广告

视频贴片广告指视频正片的片头、片中、片尾播放的广告，贴片分为前贴、中贴、后贴，时长分为5秒、15秒、30秒、60秒甚至更长。前贴是视频播放前出现的广告，中贴是视频播放中途出现的广告，后贴是视频播放结束后出现的广告。广告主可选择的视频贴片广告包括前/中/后贴片广告、暂停广告、浮层广告、角标广告和弹窗广告等。

图2.1 朋友圈信息流广告　图2.2 App开屏广告

开屏广告是在App启动时出现的广告（见图2.2），一般展示固定时间（如5秒），展示完毕后自动关闭并进入App主页面，计费方式大都是CPC，也支持CPT和GD（Guaranteed Delivery，按购买所需展示量计费）两种购买方式。很多App都有开屏广告，这种广告在App刚刚开启时展示，此时用户的注意力非常集中，特别适合广告主进行品牌曝光宣传。开屏广告是插屏广告的主要形式，插屏广告包括在App开启、暂停、退出时以半屏或全屏形式弹出的广告，展示时机巧妙，保留了用户对App的正常体验，具有强烈的视觉冲击效果。

OTT是指通过互联网传送的任何类型的流媒体内容。它可以提供基于订阅的流媒体服务，用户可以通过这些服务按需访问内容，而无须依赖传统的卫星或有线电视提供商。观众可以在手机、游

戏机和平板电脑等各种设备上观看 OTT 内容，但大多数观看行为发生在联网电视上。OTT 广告则指通过互联网在流媒体设备上投放的广告，广告主可以利用流媒体和购物信息来帮助品牌在整个消费者行为历程中触达相关受众。随着用户注意力回归家庭大屏，电视大屏将连接更多的用户与场景，OTT 广告也将越来越受到广告主的关注。

激励视频广告是指将短视频融入 App 场景当中，成为 App "任务"之一，引导用户观看短视频，在观看中用户可选择退出，即放弃奖励，也可以选择看完视频获得应用内奖励的广告形式。激励视频广告通过应用内的奖励吸引用户主动选择观看全屏视频广告，其优势是能在不损害用户体验的同时巧妙地提升转化率。本质上，当用户有某一强需求或高频需求时，用户通过观看视频广告这种简单的途径就可以满足需求。从这一本质可以看出，激励视频广告可以广泛用于游戏类、资讯类、视频类、工具类、电商类等各类 App 中，因为这些 App 都不乏用户的强需求、高频需求。

 实训任务——网络广告策划

1. 实训目的：通过分析一家企业的网络广告类型及其网络广告类型组合的优缺点，为该企业提出网络广告类型优化建议，达到熟悉各种网络广告并能进行网络广告类型策划的目的。

2. 实训内容：①选择某企业为研究对象，尽可能全面搜索其网络广告并进行分类；②在对该企业网络广告分类的基础上，分析其类型组合的优缺点并提出优化建议；③撰写企业网络广告类型组合优化报告，内容包括企业简介、企业网络广告类型分析、企业网络广告类型组合优缺点分析、企业网络广告类型组合优化建议。

第二节　网络广告策划与创意

网络广告策划是网络广告经营单位对广告活动进行整体的规划。网络广告创意是广告人员对确定的广告主题进行的整体构思活动，是广告活动的灵魂。

一、网络广告策划

网络广告策划是对网络广告的筹划与谋划，是网络广告经营单位根据广告主的网络营销计划和广告目的，在进行了充分的市场调查和研究的基础上，对其网络广告活动进行全面筹划和部署的一系列行为。网络广告策划的主要内容包括以下几个方面。

（一）确定广告目标

企业在不同的发展阶段有不同的广告目标，具体包括提供信息、诱导购买和提醒使用等。

（1）提供信息。企业通过网络广告向目标对象提供信息，包括新品上市时间、新品的用途或用法及其价格调整等。这类广告被称为告知性广告，其目的在于建立并引导市场对某类商品的需求。

📇 **示例**

不输相机，用iPhone拍摄微电影

自 2018 年开始，苹果公司每年春节都会推出用新款 iPhone 拍摄的微电影，以向人们展示新款 iPhone 的拍摄功能，到 2023 年已推出的微电影有《三分钟》《一个桶》《女儿》《阿年》《卷土重来》《过五关》。2023 年，苹果公司用 iPhone 14 Pro 拍摄了《过五关》。此次 iPhone 14 Pro 的镜头瞄准了中国国粹艺术与传统文化的代表之一——京剧，使京剧以别开生面的形式出现在观众面前，令人耳目一新。iPhone 14 Pro 强大影像系统的各种功能在微电影中轮番登场。全新的运动模式、升级的电影效果模式以及优秀的低光拍摄能力带来了稳定的画面和惊艳的画质，使观众能够身临其境，沉浸式体验京剧的独特魅力与内涵。

（2）诱导购买。企业通过开展网络广告活动树立自身品牌，以改变消费者对本企业产品的态度，鼓励消费者放弃竞争对手的产品转而购买本企业的产品，劝说消费者接受推销，诱导消费者立即购买。以劝说、诱导、说服为目标的广告，称为诱导性广告或说服性广告。这种广告的目的在于建立选择性需求，使目标对象从需要竞争对手品牌转向需要本企业品牌。

示例

五芳斋新春广告《小福气》

2021 年春节，五芳斋推出了新春周边产品，并推出一支可爱的贺岁影片——《小福气》。广告以周边产品为卖点，包括"福抱"抱枕、"黏黏有福"福字、"满眼都是福"眼镜、"敲有福"敲背锤、"兜有福"福兜，但核心产品依然是汤圆。短片采用动画与真人演绎的双视角，将汤圆拟人化，用动画进行演绎，这种表达方式充满童趣。另外，双视角的运用，让观众作为第三者，在观看过程中玩猜谜游戏，多次经历迷惑不解和恍然大悟，五个周边产品重复出现，既增强了消费者的记忆，也使其不断积累兴趣点。每一个周边小视频结尾还以说着四川方言的可爱童声带出广告信息："来五芳斋门店购买汤圆，就有机会获得'福抱'抱枕（'黏黏有福'福字/'满眼都是福'眼镜/'敲有福'敲背锤/'兜有福'福兜）一个，瓜分现金大奖"，以此将消费者对五福周边产品的兴趣点，转移到购买核心产品上。

（3）提醒使用。企业通过开展网络广告活动提醒消费者在不远的将来（或近期内）用得着某产品（如秋季提醒人们不久后将要穿御寒的衣服），并提示他们可到何处购买该产品。以提醒、提示为目标的广告，称为提示性广告。这种广告的目的是使消费者在某种产品生命周期的成熟阶段仍能想起这种产品。例如，可口可乐公司在淡季耗费巨资在媒体上做广告，其目的就是提醒广大消费者不要忘记可口可乐。另外，还有一种与此关联的广告形式，即加强性广告，其目的在于使现有客户确信他们所做的选择是正确的。例如，美国汽车制造商常常通过广告描述其客户对自己购买的汽车很满意，以强化人们的购买意愿。

（二）确定广告对象

通过市场调研，对市场进行充分细分，确定商品的目标市场。

对目标市场的消费者群进行调查，如年龄构成、性别构成、文化构成、收入构成、消费习惯、上网时间与长短、喜爱网站和频道等，以确定网络广告对象。另外，网络广告不仅能够直接影响网络消费者，而且经过网络消费者的传播，还可以影响线下消费者。在确定网络广告对象时不能局限于网络消费者群体，还要深入研究潜在的消费者。

（三）确定广告策略

网络广告策略是对广告标题、广告信息、互动功能、时间策略、广告费用、广告方案等方面的策划。

1. 明确有力的标题

网络广告的标题应带有概括性、观念性和主导性语言，以快速吸引消费者。

2. 简洁的广告信息

网络广告中的信息要简洁明晰，以免消费者抓不住重点。

3. 设计互动功能

在网络广告中设计互动功能，用户可以直接试玩、试用，与广告内容发生交互。例如，可在网络广告中增加游戏功能，激发访问者对广告的兴趣。

4. 制定合理的网络广告时间策略

网络广告时间策略主要包括网络广告发布的时机、时段、时序、时限等内容。

（1）网络广告时机策略。网络广告时机策略就是抓住有利的时机，发起网络广告攻势的策略。一些重大文娱体育活动、节假日，如奥运会、春节、"双 11"等，都是发起网络广告攻势的良机。

（2）网络广告时段策略。为了吸引更多的目标受众点击或浏览，保证点击的有效性，以及节约费用，要考虑网络广告的时段安排。只有在目标用户习惯上网的时间段播放广告，才能达到预期效果。

（3）网络广告时序策略。网络广告时序策略就是网络广告发布与商品上市谁先谁后的策略。网络广告时序策略包括提前策略、即时策略、置后策略三种。提前策略就是在商品上市之前发布网络广告，引起目标用户的注意，为商品进入市场做好舆论准备或需求引导。即时策略就是网络广告发布和商品上市同步，这是最常采用的策略。置后策略就是把网络广告放在商品上市以后，根据商品上市初期的市场反应，及时调整事先拟订的某些不合适的网络广告策略，使网络广告宣传的诉求重点、诉求方式、目标市场更准确，且符合实际。

（4）网络广告时限策略。网络广告时限策略是指在一次网络广告活动中，确定网络广告宣传时间长短的策略。网络广告时限策略与网络广告频次有着极为密切的关系。网络广告时限策略分为集中速决型和持续均衡型两种。集中速决型策略的目的是在短暂的时间里，利用各种媒体向目标市场发起强大的网络广告攻势，进行高频率的密集传播，对目标用户产生强刺激。这种策略适用于新商品或流行商品的引入期，也适用于一些季节性很强的商品。持续均衡型策略的目的是不断地用信息刺激用户，使用户对商品保持持久记忆，适用于商品成长期、成熟期。如果对信息一直进行密集传播，不仅花费太大，久而久之还会引起用户的逆反心理；如果信息传播频次太低，又可能让用户遗忘企业品牌。广告人员常常综合运用或交替运用集中速决型策略和持续均衡型策略。因此，网络广告时限策略又可分为集中式、周期式、闪光式、连续式和脉冲式等。

课堂讨论

网络广告策划与网络广告创意之间有什么关系？

5. 科学预算网络广告费用

企业要先确定整体的促销预算，再确定用于网络广告的预算。整体的促销预算可以运用量力而行法、销售百分比法、竞争对等法或目标任务法来确定。而用于网络广告的预算则可依据目标用户的情况及企业所要达到的目标来确定。

想一想

网络广告与传统广告在创意原则方面最大的区别是什么？

6. 科学设计网络广告方案

为网络广告设计切实可行的综合性方案，是网络广告成功的前提。

（四）选择网络广告发布渠道

网络广告的发布渠道较多，主要包括门户网站、搜索引擎、社交平台、视频平台、电商平台等，企业应根据自身情况或目标消费者情况来合理选择。

二、网络广告创意

网络广告创意是广告人员对确定的广告主题进行的整体构思活动，其基本原则包括目标性原则、独创性原则、简洁性原则、互动性原则、实效性原则、艺术性原则等。网络广告创意以研究商品概念、目标用户、广告信息和传播媒介为前提，是广告活动的灵魂，也是广告成功的关键。网络广告创意策略包括以下几种。

1. USP 策略

USP（Unique Selling Proposition，独特的销售主张）策略认为广告创意人员应当挖掘并放大隐藏在商品中的独特性。这种独特性就是与其他商品的差异，必须能够满足消费者某方面的需要，符合消费者的利益，然后以一种消费者乐于接受的方式传达出来。USP 策略的核心要素如下。

每一则广告都必须向消费者强调一项销售主张：①所强调的主张必须能够给消费者带来具体的利益；②所强调的主张必须是广告商品独有而竞争对手做不到或无法提供的；③所强调的主张必须是强而有力且能够促进销售的。

该策略的本质是建立在广告商品或品牌独特的物质特性或利益基础上的优先权声明，适用于存在明显竞争优势或区别性优势的商品或品牌。

养生堂天然维生素C之《一起VC吧　开启针叶樱桃之旅》

2021 年"双 11"期间，养生堂与国内定格动画制作公司蒸汽工厂合作，推出首支 3D 樱桃小丸子动画视频《一起 VC 吧　开启针叶樱桃之旅》。该广告片讲述了樱桃小丸子进入巴西彼得罗利纳针叶樱桃林寻找樱桃的故事，传递了"针叶樱桃不是普通樱桃，VC 含量约等于等量普通樱桃的 244 倍"的产品知识，从而在受众心中建立起"养生堂天然维生素 C，100%来自巴西针叶樱桃"这一产品认知。首支 3D 樱桃小丸子动画视频以精良的制作、可爱的画面精准匹配樱桃小丸子 IP 受众，其匠心精神博得了年轻人群的好感。养生堂天然维生素 C 的核心卖点"100%来自巴西针叶樱桃"和《樱桃小丸子》，与目标受众"80 后""90 后"高度匹配。在深度挖掘 IP 内容后，养生堂借助 3D 樱桃小丸子的亲和力，让年轻受众回忆起童年时光，拉近了与年轻人群的距离。

2022 年春节，养生堂再次联合《樱桃小丸子》动画原班人马，制作了 IP 品牌定制化动画片，用熟悉的画风描绘了樱桃小丸子和 100%来自巴西针叶樱桃的养生堂天然维生素 C 的新故事，其中自然地融入产品优势信息，潜移默化地在受众心中树立了养生堂年轻化的品牌形象。

启发思考：（1）该广告片所传达的产品 USP 是什么？（2）分析广告片所传达的产品 USP 对消费者的吸引力。

2. 优先权声明策略

优先权声明策略的要旨是通过宣传品牌或产品的独特之处战胜竞争对手。与 USP 策略不同的是，这种策略适用于预计到竞争品牌或产品可能提供相似的产品功能或具有相似的属性，但竞争对手还没有宣传这些产品功能或属性的时候。通过优先权声明向消费宣告自己的产品具备某项功能或属性，可以给消费者留下一种品牌独有的印象。在某种产品的某些功能或属性被优先声明后，其他同类产品如果再跟进宣传，就会在市场上处于劣势，扮演市场追随者的角色。

小度智能巨屏电视的"大"海报

2021 年小度智能屏家族再添新成员，上线了一款 86 英寸（1 英寸约等于 2.54 厘米）的电视大屏产品。这款电视机推出后，不少用户表示产品"好大、真大、怎么这么大"。对此，小度以"86 英寸究竟有多大"为主题，推出一系列海报回应。海报聚焦不同场景，选取卷帘门、床、停车位、乒乓球台、广告牌等人们日常生活中常见、又与电视产品尺寸相对应的场景或物品，并加上"注意！别×××我的广告"的句式对每张海报加以注释，同时标上主文案"小度智能巨屏电视 V86，86 英寸就是这么大"来突出产品核心卖点——大。有些海报还有小字文案，图 2.3 中的"图是 P 的，卷帘门还是卷帘门""注意，别卷起我的广告！"让人看了会会心一笑。

图 2.3　小度智能巨屏电视 V86 海报

小度智能巨屏电视系列海报推出后，微博话题突破 7 000 万次阅读，讨论量超 2.5 万条，微信公众平台曝光量超 50 万次，被十余家知名行业网站、公众号主动收录转发，并多次被主动收录至精品案例及周榜，获得 9 分以上的高分，极大地助力了小度电视新品认知更加深入地渗透到人群当中。

86 英寸电视除了小度，还有其他品牌，如小米、创维、长虹等，但是小度率先从尺寸切入进行广告创意，不同于一般电视广告的画面、色彩、音响等角度的创意，可以说是独辟蹊径。

启发思考：（1）其他品牌的巨屏电视广告可以模仿小度的广告创意吗？（2）分析优先权声明策略的优势。

3. 品牌形象策略

品牌形象策略是建立在消费者心理差别基础上的销售主张，即通过塑造良好的品牌形象和个性来引发消费者展开象征性联想，使消费者对品牌产生良好的情绪情感反应，形成良好的印象，从而提升品牌商品的心理附加值。该策略最适用于那些很难产生实质性差别的商品，或者尽管能产生实质性差别但可能很快就会因同类商品的跟进而失去差别的商品。

蜜雪冰城主题曲

自 2021 年 6 月 3 日蜜雪冰城品牌官方号在 B 站发布主题曲《蜜雪冰城》以来,《蜜雪冰城》凭借简单欢快的旋律、不断重复的歌词,迅速"出圈",而且还出现了粤语版、英语版、俄语版、黄梅戏版、京剧版……蜜雪冰城主题曲因此拥有了极高的传唱度。这首主题曲旋律来自民谣"oh, Susanna",这是一首由斯蒂芬·福斯特于 1847 年写的乡村民谣,流传至今已有 170 多年的历史。蜜雪冰城选用了其中韵律感强、旋律简单的一段,进行了简单改编,短短几十个字的歌词,配合蜜雪冰城"雪王"的表情包,实现了快速传播。

4. 定位策略

定位策略是指在对目标消费群体、广告商品、竞争商品进行深入分析的基础上,确定广告商品与众不同的优势和与此相联系的在消费者心中的独特地位,并将它们传递给消费者的策略。定位策略的实质是按照不同需求对消费者进行划分,在充分研究并了解消费者心理和需求的基础上,使广告商品或品牌在消费者心中占据独特的位置。这是一种将广告商品和品牌与竞争对手区别开来的有效方式,特别适用于新品牌或者希望提高市场份额并赶上优势品牌的品牌。

案例 2.3

艺术菜花的《受伤的天鹅与她的红丝绒》

艺术菜花,一名专拍广告的抖音视频博主,她为阿玛尼口红创作的广告片《受伤的天鹅与她的红丝绒》在抖音获点赞量超 600 万次。该视频在对称的基础上为每个物件的画面配上框架,使画面具有精致感,加了边框的场景除了让画面更加清晰,也让广告在镜头中的表达具有更多的创造力。色彩的变化也让人能直接从中观察到人物的内心变化:最开始对自己脖子上的疤痕自卑的作家,其衣服的色彩以黑灰等深色为主,呈现出人物因疤痕而自卑的心理,不愿意把自己的形象公之于众;后来自信起来的作家,穿上红色丝绒裙代表对疤痕的释然,呼应了故事的主题。

虽然艺术菜花的粉丝总量在抖音众多博主中稍微偏低,但她的广告视频的创意却让人倍感惊喜,看过的人无不称赞,称之为"广告界天花板"。从广告定位的角度来说,艺术菜花的主要客户群体是阿玛尼、赫莲娜等一线护肤/化妆品牌。她的广告拍摄风格充满了美学成分,画质精良,并能实现与目标群体的沟通,优质的视觉效果和明确的定位吸引了女性用户群体。

启发思考: 广告片《受伤的天鹅与她的红丝绒》运用了哪种广告创意策略?请分析运用该创意策略的好处。

5. 共鸣策略

共鸣策略强调广告通过怀旧等方式,引导目标对象想起珍贵而难忘的生活经历、人生体验和深刻感受,唤起其内心深处的记忆,同时赋予品牌相关的含义和象征意义。其关键是要构建出与目标对象所珍藏的记忆相匹配的氛围或环境,能够与目标对象真实或想象的经历联系起来,其主题内容侧重于儿时的回忆,纯真的爱情,温馨的亲情、友情等。

案例 2.4

《你好新生活》

2021 年 5 月 19 日,天猫为"6·18"预售推出的短片《你好新生活》,在形式上巧妙创新,用一条贯穿 20 世纪七八十年代到当下的时间线,把镜头一一拉过每个时代的新事物、新生活。观众犹如坐上了一趟时光列车,首先沉浸式地感受了二八杠自行车、"大哥大"等父辈当年使用过的新兴事物,接着穿过复古溜冰场、迪厅,随后又见证了神舟五号升空,以及无人机、飞机、高铁等科技产物,最后来到当下,并对未知的未来进行了展望。不管是哪个年代出生的人,都能在这支短片里找到共鸣。

启发思考:(1)天猫的这支广告的创意策略是什么?(2)天猫为什么要采用这样的广告创意策略?

6. 情感策略

情感策略注重品牌和消费者之间的情感联系，通过广告的情节、音乐、语言或者充满感情和象征意义的形象来激发消费者内心深处美好的情感，并将这种美好的情感和品牌联系在一起。这种情感上的认同和好感，会对消费者采取相应的购买行为产生积极的推动作用。这种策略适用于在市场上与竞争品牌区别不大的品牌，或者依赖于消费者的情感联系取得成功的品牌。

案例 2.5

《一首歌的距离》

《一首歌的距离》是快手专门为 2021 年春节定制的 MV。歌词没有华丽的辞藻，直白的字句里却充盈着最真实的情感："走过你的湖海山川，回来我的锅碗瓢盆，你和我都平凡……谢谢你给我的陪伴，就忘了生活的难，转眼又是春天……"这些朴素动人的歌词唱出了人们心底最饱满的情感。对于很多中国人来说，歌曲还有一层意义：我们中的许多人可能因为内敛，不习惯于直接把爱对家人、朋友说出口，但通过转发一首歌的方式，我们可以更自然地把爱表达给对方。

启发思考：快手的这支广告片是如何运用情感策略的？

实训任务——App 开屏广告策划

1. 实训目的：通过策划 App 开屏广告，了解 App 开屏广告的策划内容，并能灵活运用网络广告创意策略。

2. 实训内容：

（1）选择某 App 并观看其开屏广告，分析广告主在此 App 投放开屏广告的原因。

（2）通过搜索和调查获取此 App 开屏广告时长、特色、费用和计费方式等基本情况，作为开屏广告策划的基础。

（3）选择某品牌作为本项目策划对象，假定此品牌决定在所选择的 App 投放开屏广告。策划内容包括广告目标、广告对象、广告标题、广告信息、互动方式、预算、测试方案等。

（4）运用广告创意策略对品牌开屏广告进行创意策划。

（5）为品牌制作图文并茂的开屏广告，并注意互动方式的设计。

（6）撰写 App 开屏广告策划方案，内容包括选择的 App 与广告主简介、App 开屏广告特点分析、策划广告主品牌开屏广告（广告目标、广告对象、广告标题、广告信息、互动、预算、测试方案等方面的策划）、广告展示与创意说明。

第三节　网络广告投放与效果评估

网络广告有很多种投放方式，不同的投放方式有不同的计费方式，也会呈现出不同的效果。掌握网络广告投放的计费方式和效果评估方法，对选择合适的投放方式至关重要。

一、网络广告投放

网络广告投放的主要任务是分析和选择适当的信息投放及发布渠道，以便在适当的时机、适当的场合把广告信息传递给适当的受众。网络广告投放及发布费用在网络广告投入总费用中占很大比重，网络广告的信息投放及发布计划必须遵循效率最大化原则，明确对信息投放及发布终端的选择，有针对性地进行媒体购买，保证以有效的费用投入达到设定的广告目标。

1. 网络广告投放的方式

目前，网络广告投放的主要方式有以下几种。

（1）自有媒体投放。企业在自己的网站、App，或社交媒体的企业账号、企业社群等进行广告投放，可对广告的内容、画面结构、互动方式等在遵守相关法律法规、规章制度的基础上进行全面的、不受约束的策划。

（2）直接投放。企业选择合适的媒体来投放自己的广告。选择媒体的基本原则如下。①选择访问率高的媒体。互联网上有许多访问流量很大的媒体，包括搜索引擎（如百度）、导航网站（如360导航）、较有影响力的门户网站及其App（如今日头条）。这些媒体受众覆盖面广，访问流量大，可吸引成千上万从未造访过企业自有媒体的用户。②选择受众定位明确的媒体。互联网上还有许多专业性垂直媒体，其特点是访问人数较少，覆盖面也较窄，但访问者可能恰恰是广告的目标受众。

（3）网络广告代理商投放。网络广告代理商面向的网络媒体众多且类型不一，通过对它们进行横向比较，能更客观地分析判断每种网络媒体的资源，进而科学地选择，最终实现比较理想的广告效果。

（4）网络广告联盟投放。网络广告联盟投放又称联盟营销，是指集合中小网络媒体资源组成联盟，通过广告联盟平台帮助广告主投放广告，并对广告投放的数据进行监测统计，广告主则按照网络广告的实际效果向联盟会员支付广告费用的网络广告投放方式。网络广告联盟包括三个要素：广告主、联盟会员和广告联盟平台。

（5）网络广告交换。网络广告交换是指网站之间通过友情链接、交换文字或横幅广告改善宣传效果的方式。拥有网站、App的广告主通过相互交换广告或者加入广告交换网的方式来实现对广告的双向乃至多向登载。网络广告交换的途径有两种：一是广告主间网络广告的直接交换，这种方式互惠互利，能为广告主节省大量的开支；二是网络广告交换网，即网络广告交换的中介机构，网络广告交换网具有免费、提供即时统计功能、接触面广等优点。

2. 网络广告投放的计费方式

（1）CPC（Cost Per Click，按照广告点击付费），是网络广告最早采用的一种计费方式。广告点击容易造假，采用CPC可能生成大量虚假点击欺骗广告主。如果不考虑这一缺点，单从效果角度来看，CPC比CPD更加有利。例如，百度竞价广告采用的就是CPC方式。

（2）CPD（Cost Per Day，按天付费），参考电视广告的计费方式。采用CPD的平台很多，很多App的开屏广告采用的就是这种方式。采用这种方式时，广告主选择投放日期、确定广告创意素材及投放平台以后，在广告投放期间，只要用户打开App或登录平台就能看到广告主投放的广告。

（3）CPM（Cost Per Mille，按千人展现成本计费），指广告主为其广告展现1 000次所支付的费用。CPM与CPD的核心区别在于按量投放、按量计费。目前在很多平台CPM都是主流的计费方式，这种形式的广告以品牌展示、产品发布为主。一般情况下，视频贴片、门户网站Banner等优质的广告位通常采用CPM方式，CPM也是今日头条、抖音中常见的广告计费方式。

（4）CPA（Cost Per Action，按每行动成本计费），指根据每个访问者对网络广告所采取的行动收费的计费方式。它对用户行动有特别的定义，包括完成一次交易、获得一个注册用户、产生一次下载行为等。

（5）CPS（Cost Per Sale，按销售计费），这是基于广告引入及用户所完成的交易而收取一定比例佣金的计费方式，是CPA的一种特定形式。当投放了广告且因此获得订单时，广告公司才会得到推广费用。CPS有两种收益计算方法：一是按照订单额的比例计算；二是不区分订单额，每个订单有其固定价值，订单的固定价值乘以订单量即为广告公司的收益。

（6）ROI（Return On Investment，按投资收益率计费），即按投资收益率或投资回报率计费。ROI是CPS的另一种表现形式，其一般计算方法是广告产生的收益额除以投放额。电商网站和联盟合作时，会用CPS结算，一般比例在10%以下；当和门户网站以及有一定品牌价值的媒体合作时，也会用ROI结算，一般为1∶2或者1∶1，甚至1∶0.8。例如，如果合作ROI是1∶2，则意味着广告主愿意将其广告产生的订单额的50%支付给网站或媒体。由此可以看出广告主让利比例非常大，因为其中包括品牌宣传费用。

（7）CPT（Cost Per Time，按展示时长计费），是指针对大品牌广告主开展特定的广告活动，将某个广告位以独占方式交给某广告主，按独占的时间段计算费用的方式。严格来说，这是一种销售方式。这种方式主要适用于一些具有强曝光属性及定制性的广告位。

课堂讨论

网络广告投放还存在哪些计费方式？

（8）CPK（Cost Per Keyword，按搜索引擎广告的关键词定价），是指搜索引擎广告中媒体机构为每个关键词确定的销售价格。

（9）oCPX（Optimezed CPX），即基于投放目标和出价效果自动进行优化的计费方式。目前主要有 oCPM 和 oCPC 两种。以 oCPM 为例，oCPM 是优化后的 CPM 广告，即以优化为目标，同时以展示作为收费依据的一种计费方式。在 oCPM 广告中，广告主可以选择目标，例如指定广告目标是让用户下载 App，或是让用户完成某个表单等，然后将广告展示给符合该目标的用户。广告主需要预先指定每个目标的收益值，即当用户触发特定目标时，广告主期望的收益值是多少。基于每个目标的收益值和广告主的出价，系统会自动向最有可能带来最大收益的目标用户展示广告。

二、程序化广告

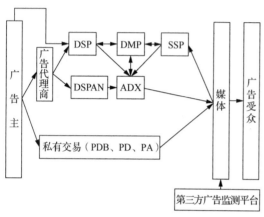

图 2.4　程序化购买广告实现流程

程序化广告，又称为程序化购买广告，是指利用技术手段进行广告交易和管理。广告主可以程序化采购媒体资源，并利用算法和技术自动实现精准的目标受众定向，只把广告投放给对的人。媒体端可程序化售卖跨媒体、跨终端的媒体资源，并利用技术实现广告流量的分级，进行差异化定价。它与常规的人工购买广告方式相比，可以极大地改善广告购买的效率、规模和投放策略，它的出现让营销方式从"买媒介"向"买人群"转变。程序化购买广告按照交易是否公开可以分为公开交易和私有交易，其实现流程如图 2.4 所示。

公开交易主要为实时竞价模式（Real Time Bidding，RTB），具体流程为：广告主需要投放广告时，借助自己的数据管理平台（Data Management Platform，DMP）首先委托需求方平台（Demand Side Platform，DSP）或委托广告代理商通过 DSP 负责投放，媒体向供应方平台（Supply Side Platform，SSP）提供媒体资源数据，数据管理平台把分散的 DSP 与 SSP 数据进行整合，DSP 在广告交易平台（Ad Exchange，ADX）采取实时竞价模式实现精准投放广告。其中，DSPAN（DSP+Ad Network）为扩展型 DSP，是 Ad Network（广告网络平台）在转型为 DSP 过程中混合经营的一种形式。Ad Network 介于想出售广告资源的 Web 网站、App 资源与有发布广告需求的广告主之间，一方面能帮助媒体将广告位资源按照受众类型进行整合，打包出售；另一方面还能通过行为定向、频次定向、内容定向等技术帮助广告主精准定位目标人群。

私有交易主要包括三种竞价方式：私有程序化购买（Programmatic Direct Buy，PDB）、优先交易（Prefereed Deal，PD）、私有竞价（Privated Auction，PA），这三种竞价方式的区别在于是否竞价以及广告位是否预留。PDB 是把广告主常规购买的保量优质媒体资源，利用程序化购买的方式进行多维度定向广告投放。PD 与 PDB 的区别在于广告资源具有一定的不确定性，广告位的展示量不能预先保证。PA 是媒体把受广告主们欢迎的广告位专门拿出来，放在一个半公开的市场中进行售卖，供有实力的广告主们竞价，价高者得。

📠 示例

腾讯广告的计费模式

腾讯广告提供了多种广告投放方式供用户选择，分别是微信广告、QQ 广告、腾讯视频广告、腾讯新闻广告、QQ 浏览器广告、腾讯音乐广告、优量汇广告。其中微信广告包括朋友圈广告、视频号广告、微信搜索广告、公众号广告、小程序广告、看一看广告等。下面以微信朋友圈广告为例介绍腾讯广告的计费模式。

朋友圈广告的计费模式主要有 CPC、CPM、oCPM 三种。CPC 计费的朋友圈广告主要面向高度敏感的直接购

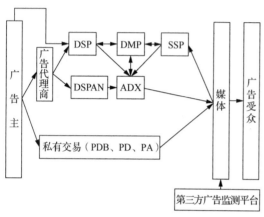

买型产品，如出行、美妆类产品等。针对这些产品，消费者的决策速度往往很快，CPC模式让广告主和用户都能获得较好的体验。CPM更关注广告的曝光度，对转化率的要求并不高。对于注重增强品牌知名度的广告主来说，CPM模式非常适用，如男女装品牌、手机制造商等。在oCPM模式中，广告主需要承担广告投放所需要的费用，同时还需要支付达成每个目标的成本，即当目标转化成功时，广告主需要支付达成该目标的费用。因此，广告主可以更准确地根据自己的业务目标和每个目标的收益值进行广告出价，从而确保自己的广告投放能够达到期望目标。

三、网络广告效果评估的内容及指标

网络广告效果包含两方面的含义，一方面是网络广告活动的效果，另一方面是网络广告本身的效果。这里仅对网络广告效果第一方面的含义进行探讨，它是指网络广告作品通过网络媒体投放后所产生的作用和影响，即目标受众对广告宣传的结果性反应。网络广告效果具有复合性，包括传播效果、经济效果、社会效果。网络广告效果的评估包括传播效果评估、经济效果评估和社会效果评估。

（一）网络广告传播效果评估的内容及指标

广告主可以利用 AIDA 模式评估网络广告传播效果。AIDA 模式可以理解为潜在客户从接触广告开始，一直到完成某种消费行为的四个阶段：A（Attention，注意）、I（Interest，兴趣）、D（Desire，欲望）、A（Action，行动）。AIDA 的每一个阶段都可以作为网络广告传播效果评估的内容，其与评估指标的对应关系如表 2.1 所示。

1. 广告曝光次数

广告曝光次数是指网络广告所在的网页/页面被访问的次数。在运用此指标时，应该注意以下问题：①广告曝光次数并不等于实际浏览广告的人数；②广告刊登的位置不同，每个广告曝光次数的实际价值也不同；③通常情况下，一个网页/页面中不可能只刊登一则广告，

表 2.1　网络广告 AIDA 评估内容与评估指标的对应关系

网络广告 AIDA 评估内容	网络广告传播效果评估指标
Attention（注意）	广告曝光次数（媒体平台）
Interest（兴趣）	点击次数与点击率（媒体平台）
Desire（欲望）	网页/页面阅读次数（广告主平台）
Action（行动）	转化次数与转化率（广告主平台）

而是会刊登几则广告，用户浏览该网页/页面时会将自己的注意力分散到几则广告中。因此，得到一次广告曝光并不等于得到一个广告受众的注意，广告曝光次数只是对广告受众注意的大体反映。

2. 点击次数与点击率

点击次数是指用户点击网络广告的次数，它可以客观、准确地反映广告效果。点击次数除以广告曝光次数，即为点击率（Click-Through-Rate，CTR）。如一则广告的网页/页面曝光次数是 5 000，网页/页面上广告的点击次数是 500，点击率即为 10%。点击率是衡量广告吸引力的一个指标，也是反映网络广告效果最直接、最有说服力的量化指标。一旦浏览者点击了某个网络广告，就说明他已经对广告中的商品产生了兴趣。与曝光次数相比，点击率对广告主的意义更大。

3. 网页/页面阅读次数

浏览者点击网络广告之后，即进入介绍商品信息的主页或者广告主平台。一个浏览者对该页面的一次浏览阅读称为一次网页/页面阅读，所有浏览者对该页面的总阅读次数就称为网页/页面阅读次数。这个指标也可以用来衡量网络广告效果，它从侧面反映了网络广告的吸引力。广告主的网页/页面阅读次数与网络广告的点击次数实际上是存在差异的，这种差异表现为浏览者点击了网络广告却没有浏览阅读打开的网页/页面。很多时候假定浏览者打开广告主的网站或 App 后进行了浏览阅读，因而网页/页面阅读次数也可以用点击次数来估算。

4. 转化次数与转化率

转化是指受网络广告影响而形成的购买、注册等行为或者信息需求。转化次数指受网络广告影响而产生购买、注册等行为或者信息需求的次数。网络广告的转化次数包括两部分，一部分是浏览并且点击了网络广告所产生的转化行为的次数，另一部分是仅仅浏览而没有点击网络广告所产生的转化行为的次数。转化次数除以广告曝光次数得到转化率。点击率与转化率不存在明显的线性关系，

出现转化率高于点击率的情况不足为奇。监测转化次数与转化率在目前的实际操作中还有一定的难度。通常情况下，可将受网络广告影响而产生的购买行为的次数视为转化次数。

（二）网络广告经济效果评估的内容及指标

网络广告经济效果评估的内容及指标具体如下。

1. 网络广告收入

网络广告收入是指消费者受网络广告的影响产生购买行为，从而给广告主带来的销售收入。其计算公式为：网络广告收入=网络广告所宣传的商品的价格×所有消费者在网络广告的影响下购买该商品的数量之和。这一计算方式看似很简单，但是要想得到准确的统计数字具有相当大的难度，主要原因如下。

（1）商品销售影响因素的复杂性。商品销售是诸多因素共同作用的结果，网络广告只是影响商品销售的其中一个因素，除此之外还涉及商品的质量、价格、难以计算的消费者消费习惯等，以及其他形式的促销等因素。因此，很难界定哪些销售收入的变化是由网络广告所引起的。

（2）网络广告效果的长期性。网络广告对商品销售的影响是长期的，有些网络广告的影响要经过一段时间才能体现出来。如果不考虑网络广告的这个特点，只通过商品销售的数据来评估网络广告的效果，则是不科学、不准确的。

2. 网络广告成本

目前，有以下几种常用的网络广告成本计算方式。

（1）千人展现成本。千人展现成本是指在网络投放过程中，平均每一千人分别听到或看到某广告一次一共需要的广告成本。通常以广告所在页面的曝光次数为依据。其计算公式为：千人展现成本=总成本÷广告曝光次数×1 000。

（2）点击成本。点击成本是指点击某网络广告1次，广告主所付出的成本。其计算公式为：点击成本=总成本÷广告点击次数。

（3）行动成本。行动成本是指广告主为每个行动所付出的成本。其计算公式为：行动成本=总成本÷转化次数。

示例

在一定时期内一个广告主为某商品投入的网络广告费用是6 000元，这则网络广告的曝光次数为600 000，点击次数为60 000，转化次数为1 200，则计算公式如下。

$$每千人展现成本=6 000÷600 000×1 000=10（元）$$
$$每点击成本=6 000÷60 000=0.1（元）$$
$$每行动成本=6 000÷1 200=5（元）$$

（三）网络广告社会效果评估的内容及标准

网络广告的社会效果主要是指网络广告在社会文化、教育等方面产生的作用。无论是广告构思、广告语言，还是广告表现，都要受到社会伦理道德的约束。在评估网络广告的社会效果时，会受到一定社会意识形态下的政治观点、法律规范、伦理道德及文化艺术标准的约束，应使用法律规范标准、伦理道德标准和文化艺术标准来评估。

实训任务——撰写视频广告投放方案

1. 实训目的：通过撰写视频广告投放方案，熟悉各种网络广告投放方式的优缺点，能根据视频广告、企业和品牌情况，以及营销环境情况组合投放方式，掌握各种投放方式的计费方式及其效果评估等内容。

2. 实训内容：

（1）选择某品牌的一支视频广告，分析该广告的基本情况，包括视频主题与内容、时长、创意、目标人群等；该视频广告投放情况，包括已投放平台、传播效果、投放存在的问题。

（2）筛选出其他优质视频广告投放平台，分析各种平台的特点、上传视频程序和要求、成本及传播效果。

（3）可以从三个环节策划平台组合：①上传，选择第一梯队视频上传平台，一般选择流量高的视频平台；②扩散，可以利用自媒体平台或论坛等进行广泛传播；③深度扩散，根据需要可以进一步利用网络新闻源进行报道。

（4）策划视频广告投放时间和预算。

（5）撰写视频广告投放方案，内容包括视频广告简介及其目前投放情况分析、其他投放平台选择、视频广告投放平台优化组合、投放时间、投放预算。

 ## 归纳与提高

本章介绍了网络广告的特点与类型、策划与创意、投放与效果评估、程序化广告等内容。

网络广告类型繁多，可以从广告目标、广告媒介、广告媒体平台、用户操作方法、广告呈现方式等角度进行分类。网络广告策划包括目标和对象策划、策略选择、发布渠道及方式选择等内容，其中创意是网络广告活动的灵魂。企业应在综合考虑网络广告各种投放方式的特点和效果，以及自身能力和资源的基础上，选择合适的网络广告投放方式。网络广告计费方式也是网络广告的特点之一，多按效果计费。程序化广告已经成为网络广告投放的主流形式。网络广告效果评估应综合考虑传播效果、经济效果和社会效果。

 ## 自测题

 ## 综合练习题

一、填空题

1．与传统媒介广告相比，网络广告以_____为载体，独具特点。

2．品牌广告是以_____为目标的网络广告，一般比较注重曝光量、覆盖人群、互动情况等。

3．广告活动的灵魂是_____，是广告人员对确定的广告主题进行的整体构思活动。

4．网络广告不仅能够直接影响网络消费者，而且经过网络消费者的传播，还可以影响线下消费者。在确定网络广告对象时不能局限于网络消费者群体，还要深入研究_____消费者。

5．广告主可以程序化采购媒体资源，并利用算法和技术自动实现精准的_____，只把广告投放给对的人。

二、简答题

1．简述网络广告的特点。

2．简述企业的广告目标的具体内容。

3．简述网络广告的时间策略。

4．简述主要的网络广告投放方式。

5．简述转化率的概念，以及利用转化率评估网络广告效果的方法。

第三章　网络公关营销

引导案例

"3·15土坑酸菜"事件

2022年央视"3·15晚会"曝光了五家企业酸菜生产的质量问题，脚踩酸菜的画面给消费者带来了巨大的心理冲击。事件曝光后，"3·15 老坛酸菜"很快成为热门话题，与这些企业合作的统一、康师傅、肯德基等知名品牌也备受关注。一旦消费者在记忆中将品牌与"土坑酸菜"联系起来，该品牌就会被贴上不健康和不安全的标签。

土坑酸菜事件曝光后，白象官方微博只发布了一句话："没合作，放心吃，身正不怕影子斜。"这句话让白象冲上微博热搜榜，成为网友眼中的"国货之光"。同时有媒体传出白象长期从事社会福利事业，三分之一的员工是残障人士。许多网民转向了白象，让白象赢得了热度和销量的双重收获。

启发思考：评价白象在此次危机中的公关策略。

想一想
网络公关与传统公关的构成要素有什么区别？

　　网络公关是组织为达到特定目标，借助互联网在组织与公众之间开展的各种有计划的以达到信息传播、关系协调和形象管理目的的一系列传播与沟通活动。网络公关的构成要素包括主体、客体和手段。网络公关的主体包括社会组织和个体，客体主要指网络公众，手段主要为新媒体及其与传统媒体相结合的传播活动。相对于传统公关，网络公关具有主体的主动性增强、客体的能动性提高、成本低、效果佳、更容易实现量化评估的优势。

第一节　网络公关的主要方式与面临的挑战

　　由于互联网信息的海量性、缺少把关人、传播速度快而且无法把控等特点，网络公关面临着多方面的挑战。同时，互联网也为开展各种方式的网络公关提供了技术、形式和内容的基础。

一、网络公关的主要方式

1. 创设公关型的企业自有媒体

企业自有媒体是帮助企业树立形象的最佳工具之一，包括企业网站、App、微信公众号、微信小程序、企业微博、企业社群，以及其他各种社会化媒体上的企业账号。企业可以通过自有媒体源源不断地向用户传播企业简介、商标、广告语、经营理念、企业视觉形象识别系统等公关信息元素。用户也可以通过企业自有媒体提供的联系方式提出自己的疑问、咨询及投诉，并快速得到企业的回复。

课堂讨论
网络公关与网络广告有什么关系？

2. 借助网络媒体发布公关软文

网络媒体包括综合性门户网站/App、行业性门户网站/App、新闻媒体的网络版、网络出版物等，通过这些网络媒体发布关于企业的软文，是行之有效的公关方法。此外，企业还可以通过论坛等发布软文。

3. 通过在线沟通工具向公众提供个性化的信息服务

面对不同的信息需求者，企业可以通过在线沟通工具，如电子邮件、IM（即时通信）工具等，为他们提供各种类型的信息服务，使他们及时了解企业的新闻、产品、销售政策；同时公众也可以通过在线沟通工具将对企业的要求、建议反馈给企业。

4. 维护企业与传统大众媒体的关系

传统大众媒体和网络媒体是相互渗透、相互融合的。企业公关人员可以进入相应的公共新闻组或论坛，通过论坛或 IM 工具与记者、编辑交流，也可以利用社交媒体向他们发送新闻稿、提供新闻线索，这都将帮助企业公关人员与媒体人员建立良好的沟通渠道。

5. 刊登网络公关广告

公关广告是企业推销自身的一种特殊形态的广告，也是一种特别的公关活动方式。网络广告具有超时空、低成本、内容可扩展等优势，是一种理想的公关工具。在网络上投放的形象广告、公益广告、观念广告，能有效加强用户对企业的理解，使企业与用户的关系更加融洽。

6. 赞助公益事业

企业在网上赞助公益事业，可以在推动公益事业发展的同时赢得良好的声誉，是一种有效的网络公关手段。

7. 开展网上社会服务活动

企业在网上举办各种专项社会服务活动，无偿地为相关的公众提供服务，以行动和实惠吸引公众，获得公众对企业的好感，也是一种较好的网络公关活动方式。

8. 召开网上新闻发布会

在传统公关活动中，新闻发布会是组织和公众沟通的例行方式。它是一种两级传播方式，即先将消息告诉记者，再通过记者所在的媒体告知公众。企业举行线上或线上线下结合的新闻发布会可以直达用户，可大大降低新闻发布会的成本，提升其效果。

二、网络公关面临的挑战

1. 海量信息给企业的宣传推广增加了难度

网络的开放性使任何人或组织都可以利用网络媒体发表言论和意见，尽管有搜索工具，但人们有时还是很难找到需要的信息。网络信息的海量性容易使企业宣传的声音难以被公众听到。

2. 网络的匿名性造成了信息的片面化

网络相较于传统媒介，具有匿名的特性，并且往往缺少把关人。这一特性使网络既有可能为企业提供更加真实的信息反馈，也有可能使企业的潜在受众受到某种特定目的的虚假信息的误导。

3. 需要更快速、更全面的反应

在网络时代，关于企业的负面报道可能会在非常短的时间内遍布互联网的各个角落，使网络公关人员的应对时间被极大地压缩。如果不能及时对负面信息进行很好的处理，这些负面信息对企业造成的消极影响在短时间内有可能被迅速放大，以致无法控制，给企业带来巨大的灾难。对企业来说，网络公关危机主要来自两个方面：一是网络上的恶意攻击行为，如竞争对手对组织形象的恶意丑化、散布流言，黑客入侵并对组织网站的信息进行恶意篡改等行为；二是组织的负面事件对其形成的不利影响。

4. 草根声音的对抗

互联网既为企业提供了开展公关活动的手段和渠道，也可能使草根（一般指基层民众）声音与企业的公关传播进行对抗。网络互动使用户从单纯的信息接收者转变为信息传播者，他们不仅是公关的对象，有时也会有意或无意地参与网络公关活动。用户可以轻松地从网上了解企业产品质量、服务质量、用户评价等信息，这些由消费者口碑形成的对企业或企业产品的评价，往往比企业进行的公关宣传更能让用户信服。用户对企业公关行为"免疫力"不断增强，容易产生排斥心理，甚至会对企业的公关宣传进行背道而驰的口碑传播。

🏊 实训任务——网络公关方式组合策划

1. 实训目的： 通过为特定企业策划网络公关方式组合，熟悉各种网络公关方式，能根据企业现状和环境情况为企业策划网络公关组合方式，以达到公关目的。

2．实训内容：

（1）选择某企业为策划对象，搜集该企业当前网络公关信息，分析其网络公关方式组合的优缺点。

（2）对企业网络公关方式组合进行优化，并说明优化的理由，策划其实施措施。

（3）对优化后的企业网络公关方式组合制定预算。

（4）拟订企业网络公关方式组合效果评价方法和指标，设计时应注意对不同网络公关方式采用不同评价指标和方法。

（5）撰写网络公关方式组合策划方案，内容包括策划背景、策划目的与意义、网络公关方式组合的规划与实施、资源的组织、经费预算与效果评价、人员安排与时间安排。

第二节　网络软文营销

网络软文是基于特定产品的概念诉求与问题分析，对网络消费者进行针对性心理引导的一种文字模式。软文相对硬广告而言，其精妙之处在于"软"，它追求的是一种春风化雨、润物无声的传播效果。网络软文营销指通过特定的概念诉求，以摆事实、讲道理的网络软文及其传播使网络消费者走进企业设定的"思维圈"，即认同某种概念、观点和分析思路，以强有力的针对性心理引导达到品牌宣传、树立企业形象目的的营销模式。

一、网络软文营销的优势

1．内容的价值性和引导性

网络软文营销是一种通过创作内容来宣传企业、品牌、产品或服务的营销模式。相较于硬广告，它更侧重于通过有价值的内容来吸引关注，内容丰富多样，可阅读性强。除少数禁忌话题外，软文在内容上几乎没有限制，题材可以是自述、笔记、影评、吐槽等，精彩的标题、内容是软文营销的利器。这种有价值的内容具有很强的心理引导作用，容易引导受众走进企业的"思维圈"并认同企业。软文营销注重创意，令人耳目一新、温情清新的文字比硬广告更能打动人。网络软文营销基于大数据技术，能更精准地定位目标消费者的消费习惯和浏览习惯，根据他们的习惯推送适合的信息，引导其消费行为。

2．形式的多样性和灵活性

网络软文营销往往以新闻资讯、管理思想、企业文化、教程、评论，以及包含文字元素的游戏、音频、视频等文字资源形式润物无声地表达企业理念、品牌价值、产品或服务的特性等内容，呈现内容的形式多样而灵活，可以根据受众的喜好灵活地运用一种或几种内容表达形式。

3．传播的广泛性和复用性

网络软文可以在各种平台发布，包括微博、微信、知识平台、视频平台、新闻资讯平台等，在社交媒体及自媒体上具有巨大的生命力，成为很多自媒体的主营业务，其广告价值与内容发布合二为一，可为自媒体带来额外的流量。由于其内容的价值性，不仅吸引受众关注，受众也乐意主动分享，进行软文的二次传播。网络软文复用性极佳，能实现多点多源头传播。软文一次生产，通过多点多源头发布，可以形成矩阵式传播，其产生的效果远超单次单点发布。

4．成本的低廉性

网络软文营销通过文案及策划就可以完成内容搭建及传播，其成本费用相较于广告来说具有价格优势。由于其成本低廉、效果较好，深受企业欢迎，尤其是对中小企业来说，网络软文营销是一种有效的营销方式。

5．营销效果的长期性和可控性

网络软文具有自传播效应，营销效果相比硬广告具有长期性。有价值的软文常常被长期反复传播，并且在社交或自媒体中具有很高的渗透率，常能深入每个细小的传播空间。而且网络软文内容容易标准化，能够体现品牌及产品的统一形象及功能、性能，容易统一宣传口径，具有一定的可控性。

 示例

"雪莲冰块"抖音官方账号上的软文

"雪莲冰块"在山东临沂，是一个有着长达27年历史的老品牌，突然被人记起，起因是2022年6月底的乌龙爆料。有网友爆料称，一款雪糕的生产车间脏乱不堪，冰块任意散落地面。因其外形包装酷似平价国产品牌雪莲，被传"雪莲冰块'塌房'了"。对此，雪莲官方迅速于2022年6月29日注册抖音官方账号进行回应，澄清自家工厂干净又卫生、网上的图片并非雪莲，并晒出车间照片，配文"净化车间内已全自动生产，5毛钱的情怀，安全食品，没有'塌房'。雪莲抖音官方账号连续推出的视频及软文得到广大网友的点赞和分享。网友发现，原来是大家错怪了雪莲，雪莲不仅没有"塌房"，还默默无闻地筑起了良心的大厦：13年没有涨过价，一直只生产"雪莲冰块"单项产品，售价5角。

案例 3.1

只有一句话的高校"招生简章"

西北工业大学发布消息称：2022年7月4日，由西北工业大学航天学院空天组合动力创新团队牵头研制的"飞天一号"火箭冲压组合动力在西北某基地成功发射，国际首次验证了煤油燃料火箭冲压组合循环发动机火箭/亚燃、亚燃、超燃、火箭/超燃的多模态平稳过渡和宽域综合能力，突破了热力喉道调节、超宽包线高效燃烧组织等关键技术，飞行试验圆满成功。这则消息全文只有一句话，网友纷纷点赞祝贺"了不起的西工大""必须圈粉无数"，这则消息也被网友称为"西工大的招生简章"。

启发思考：分析本消息在西北工业大学2022年招生中的作用。

二、网络软文的类型与写作

（一）网络软文的类型

网络软文营销常用的软文可以按照内容划分为如下类型。

1. 情感型软文

情感型软文最大的特点就是容易打动人，容易走进消费者的内心。情感是软文的一个重要媒介，软文的情感表达信息传达量大、针对性强，容易引发读者的心理共鸣。江小白的"早知道"系列文案如"早知道很多人走散就不会再见，就该说出那句吞回肚里的话，给出本该给予的拥抱""早知道老同学很难再聚，寝室熄灯后的故事多说一点，新朋旧友的邀约更多一点"等，直戳人心，让人回想过往，引起共鸣。

 示例

小米《爱的箴言》

2022年7月，小米特别邀请罗大佑为"'2022中国影像辞典'小米徕卡影像大赛"重新演绎的《爱的箴言》推广曲视频得到网络媒体的争相报道。歌词"我将真心付给了你，将悲伤留给我自己；我将青春付给了你，将岁月留给我自己；我将生命付给了你，将孤独留给我自己；我将春天付给了你，将冬天留给我自己。爱是没有人能了解的东西，爱是永恒的旋律，爱是欢笑泪珠飘落的过程，爱曾经是我也是你。我将春天付给了你，将冬天留给我自己，我将你的背影留给我自己，却将自己给了你。"深深打动了网友，他们纷纷评论："听见他的声音眼泪在打转""歌词好感人，父母把青春给了我们，自己却在慢慢老去"……作为罗大佑重新演绎的版本，相比原版节奏更为缓慢、柔和的钢琴音色搭配罗大佑沧桑的嗓音，仿佛一个老人在深夜时分为我们讲述他一路走来的感悟。该视频中展示了33张用小米与徕卡联合研发的小米手机拍下的照片，诗歌与影像相映成趣。照片是对日常平凡生活的记录，让看到的人不仅能从中感受到朋友之爱、亲子之爱、隔代之爱，还有时光、守护、奔赴乃至孤独之爱，而这平凡的一幕幕与罗大佑的吟唱共同讲述出新的故事，让该视频有了极强的情感冲击力。

2. 故事型软文

故事型软文有着极强的感染力和渗透力，人们看故事、听故事时常常会陷入情节里，或把自己代入某个人物角色中，情绪会随着故事的情节而变化。只要故事好，不管是虚构的，还是撰写者自己、企业、产品的真实故事，都可以激发读者的情绪共鸣。好的故事型软文应具有感染力、易引起共鸣等，故事的知识性、趣味性、合理性是软文成功的关键。但应注意讲故事不是目的，故事背后的产品线索才是文章的关键。讲述一个完整的故事继而带出产品，会使产品的光环效应或神秘性对消费者心理形成强暗示，从而引导消费者购买。

> **📺 示例**
>
> **护肤品品牌"女儿"的宣传文案**
>
> 护肤品品牌"女儿"是一个有故事的品牌。本来工厂不打算开了，后来因为女儿的鼓励，父亲决定做下去。于是就有了这样的品牌故事和理念——"想做好的东西给女儿，用最好的原料、有效的比例""希望你也捧个场，来当我女儿""我会给你最好的""不偏心"。在产品文案上也是以父亲对女儿的关心为视角，如卸妆水的文案"自然就好，自然就美了""回到家，用最温和的方式，彻底地把妆卸下，也把你的逞强卸下"。

3. 悬念型软文

悬念型软文也可以叫设问式软文，即提出一个问题，然后再围绕这个问题自问自答。例如"什么使她做出了决定""真的可以遨游星际吗"等，通过设问引起讨论和关注是这种方式的优势。使用悬念型软文时应注意把握时机，提出的问题要有吸引力，答案要符合常识，不能作茧自缚、漏洞百出。

> **📺 示例**
>
> **《爱的相望》**
>
> 天猫在 2022 年七夕发布了一支爱情电影《爱的相望》，里面有 6 个故事，是 6 组相爱的日常，也是 6 种相爱时的眼神。视频文案的第一句话"爱情会骗人吗？"，采用悬念形式开场，一句话就抓住了观众的心，让观众忍不住继续往下看由此句话引出的由 6 位艺人配音的 6 个爱情故事。这次天猫没有放大艺人们的身影，而是让她们以"爱情声援官"的身份传递品牌气质和演绎天猫用户的真实爱情故事，这些故事都不属于惊天动地的类型，但故事里展现的每一种眼神、每一次凝望，都让人回味悠长。

4. 威胁型软文

威胁型软文属于反情感式诉求，可直击消费者的软肋，如培训机构的软文"您来，我们培养您的孩子。您不来，我们培养您孩子的竞争对手"。值得注意的是威胁形成的效果往往要比赞美和爱更具有记忆力，但是一定要把握好度，不要过火。

5. 揭秘型软文

揭秘型软文往往可以引来很多流量，获得很高的点击率，但是也很容易被读者认定为广告文，无法达到预期的效果，如"揭秘投资理财十大骗局"。因此撰写此类软文前一定要注重对资料的收集、对背景知识的掌握等。

6. 炒作型软文

炒作型软文是目前最具有效果和最热门的软文类型。它一般不以第一人称来介绍产品，而是采用第三方角度客观评论的方式，这种写作方式能提高可信度，还可以很好地与用户互动，提高用户黏性。炒作型软文操作前应具有完美的策划，并且能够正确引导用户的话题，操作平台主要是论坛、问答社区等互动性平台。其关键是打动用户，让用户产生兴趣，并参与到软文互动中。

7. 新闻型软文

新闻型软文分为新闻通稿、新闻报道、人物访谈三类。写作时首先应明确目标，根据目标选择新闻稿类型。同时要善于抓住热点，将热点与企业、品牌和产品结合起来。还应特别注意标题，标题是新闻稿成功的关键，标题可以添加行业热度关键词或热点词，使软文更容易被搜索到；标题要实事求是，要让用户感觉到实在、踏实，这样才能更容易赢得更多用户的喜爱。

8. 诱惑型软文

诱惑型软文分为实用性、能受益、占便宜三种，无论哪种都应让读者从内容中感受到实实在在的利益，诱发读者继续关注和阅读，如给读者解答一些问题或者告诉读者一些对他有帮助的知识等，如"B站是一个没有书的图书馆，也没有架子"。

9. 促销型软文

促销型软文常常在上述几种软文见效时跟进。"买1享10礼""每满200元减30元，可跨店""会员价，快来购买"，这样的软文或是直接配合促销，或是利用饥饿营销方式造成产品供不应求的表象，运用影响力效应等多种技巧使人们产生购买欲。

（二）网络软文题材的选取

网络软文题材可以从以下几个方面切入。

1. 产品

如果企业开发了非常有价值的新产品，或者产品具有某种别具一格的特点，而且这个特点能解决消费者某方面的痛点，或者产品能与某种情感关联等，这些也许就是重要的新闻素材或引人入胜的故事，从产品切入写作软文是很多企业的选择。产品是推动社会进步的物质基础，从产品切入写作软文也要从这个角度来考虑，以便从中找出具有新闻性、故事性的素材。

2. 领军人物

很多新闻媒体都辟有人物专栏，用于介绍各界人物的成功或失败经历及其思想。写作软文时要善于发掘企业领军人物的亮点，这也是媒体需要的极好素材。企业的领军人物往往各具特色，其性格、业绩、经历等都可能引人注目，这些就是亮点、新闻点。从领军人物切入写作软文，可以弥补"企业没有人格"的缺失，把重点转向人。在读者眼里，这样的文章往往可读性强，阅读率也高。

3. 行业地位

有的企业处于比较受人瞩目的行业里，由于媒体对该行业的关注，这些企业也免不了被报道。企业应抓住媒体的这一特点，及时将一些行业动向、资料编成软文，提供给媒体，以宣传自己的企业。这样的例子在技术行业中尤为多见。在技术行业里，行业标准变化速度快，一些企业本身就是行业标准制定的参与者，它们往往掌握着最新的信息。一些媒体往往会通过某企业了解信息而发表关于该行业的报道，在报道中这个企业经常能够占据比较主动的地位。

4. 事件

有时发生在企业的事件很有新闻价值。比如某小型企业突然被某著名跨国公司收购，媒体对该跨国公司的关注使得这个小型企业也备受关注。当这类事件发生时，企业应及时与媒体联系，借媒体之力，把企业要传播的信息告诉大众。

5. 活动

有特点、有影响力的活动往往会引起媒体的关注和报道。要注意的是企业赞助或策划某活动时，要站在媒体的角度，充分挖掘活动的社会意义，从而为媒体报道和评论做好资料上的准备。

6. 知识

企业可通过科普宣传，将企业、品牌、产品、服务相关的知识传递给消费者，使消费者不仅知其然，且知其所以然，从而建立新的产品概念，萌发对产品或服务的需求。从知识切入撰写软文应注意挖掘企业文化、产品文化、服务文化的内涵，注重其与消费者的价值共鸣。

7. 企业管理方法

一些成功企业的管理方法很容易引起人们的关注，因此许多媒体非常重视这类话题，如央视的《经济半小时》节目和一些调研企业的报纸（如《21世纪经济报道》《中国企业家》），经常对企业进行深度报道。因此，软文运营商可以总结出有特色的企业文化和有效的管理方法，这是非常有价值的。

网络软文设计更加灵活，只要想得到的表现形式都可以在网上呈现出来，可以采用精美的彩色图片、文字、声音、Flash动画、视频等各种元素。如果软文的确有价值或很有趣，读者往往会借助社会化媒体将其传播给更多的朋友，从而实现口碑营销。

案例 3.2

暴龙眼镜，陪你好好看

2022年父亲节，暴龙眼镜推出了一支感人的广告片《老程》，在这支短片里，围绕眼镜，能看见最寻常、最真实的父子关系。视频文案：这是老程，我爸，老派、固执、爱安排人。记忆中，老程好像总是那样，喜欢唠叨说教。有时，口是心非。急了，也会对我发脾气。他不爱笑，也不爱表达。直到忽然有一刻，我发现他，变老了，我才慢慢看懂了他。在那些他带给我的快乐时光，在不露声色的眼神里，在平淡的寥寥数语，也在我不曾看到的角落。他的爱很小，小到都能在眼里；他的爱很大，大到要用一生好好看。看见父爱，BOLON陪你好好看。

《老程》根据真实故事改编，像短片中的老程一样，很多父亲都是这样老派、固执、不爱表达、口是心非，但那些细微的关心与照顾，让父亲的爱被看在眼里。暴龙这支短片的故事情节选取了父亲陪儿子配眼镜的片段，洞察细致，且与品牌紧密关联，易让观众产生联想和共情。

启发思考：（1）分析暴龙眼镜2022年父亲节广告片文案的切入点。（2）分析以此切入点撰写文案的优势。

（三）网络软文的写作技巧

1. 明确、精准的定位

网络软文的目的是宣传和推广，但是广告色彩浓厚的软文很难为受众接受。软文为受众而生，只有受众接受并理解，才能达到推广效果。要想写好软文，首先应明确软文的目标对象，精准定位受众。一篇软文很难做到投所有人所好，应根据产品和品牌定位确定软文的受众群，针对这些有效人群投放信息。接着进行软文内容定位，分析软文目标对象的信息需求，洞察其信息偏好，这样才能吸引众多目标对象关注和阅读。从某种程度上来讲，目标对象的信息偏好会决定软文能否达到较好的推广效果。

2. 具有吸引力的标题

标题是整篇软文的点睛之笔，也是读者决定是否继续阅读文章内容的重要依据。好的软文标题具有如下特点。①有个性、有创意。个性和创意能够激发人们内心的潜在需求，这样的标题更具有吸引力。②有思想、有内涵。有思想、有内涵的标题能让人看一眼就知道软文要表达什么，从而激起人们进一步阅读的欲望，如果标题能与热点关键词相关，效果将会更好。③传神生动。标题是对文章的高度概括、是浓缩的精华，一定要生动传神才能够吸引人们关注软文。④具有真情实感。真实的标题往往更具有感染力。

设计软文标题时应注意以下几点。①简短明了。长句标题会让人有一种冗余的感觉，过度冗余的标题，会让读者反感，无法产生阅读软文内容的兴趣。软文标题应尽量简短，但简短的前提是必须做到通俗明了，若读者无法理解软文标题，那么其对内容的兴趣可能就会很低。②为内容点睛。标题应是对内容进行概括和提炼的结果。③插入具有吸引力的词。一是感情色彩强烈的词，如"免费""惊爆""秘诀"等；二是疑问词，软文标题可以多用疑问句以引起读者的好奇心；三是设置关键词，很多软文的主要读者来自搜索用户，所以在设计软文标题时应注意设置关键词，以便搜索引擎更好地判断软文的主题与相关性，也方便用户通过标题更精确地找到所需的内容。④注意标题与内容的相关性。写作软文时需透彻理解主题内容，并以此命题，让软文标题与内容能够紧密相连。

应特别注意标题中关键词的设置，总的原则是，不能从已有的标题中直接找关键词，应熟悉文章，从文章里提炼关键词。设置关键词的方法如下。①核心话题法。要抓住语段中代表核心话题的词语。记叙类语段要抓住叙述的对象（人、事），议论类语段要抓住中心论点或中心话题，说明类语段要抓住说明对象。②关键语句法。要筛选出语段中的关键语句，如针对核心话题的核心陈述句或总起及总结的概括性中心句，抓住这类关键语句就容易筛选出关键词。③结构层次法。任何语段都会表现出一定的思路和层次，如并列式语段的关键词通常出现在多层次中；递进式语段的关键词通常出现在最后层次中；转折式语段的关键词通常出现在转折句中；总分语段的关键词通常出现在总起或总结句中。④词频法。语段中高频出现的词语可以考虑设置为关键词。

🖥️ **示例**

网络软文标题类型

网络软文标题类型非常多，常见的类型有以下几种。

（1）数字型标题。人们对数字非常敏感，易直观感受到软文的核心，留下深刻的印象，而且数字往往可以使软文更具说服力和可信度，如"谷歌 Pixel 7a 手机宣传图曝光：90Hz 屏幕刷新率，支持无线充电，6 400 万像素主摄"（谷歌手机软文标题）。

（2）借势型标题。可以巧妙地借用名人、艺人、流行剧、流行综艺节目等热点自然地传递要表达的信息，如"中国国家地理×利郎×韩寒，用好看的样子看中国"（利郎与《中国国家地理》IP 联名广告软文标题）。

（3）利益型标题。"利"往往能够吸引到一些对利益敏感的用户，这种类型的标题在网上经常可以见到，如"9.9元清仓""你被一个微信红包砸中"。

（4）提问式标题。标题可通过提出问题引起读者关注，从而使读者产生兴趣、引发思考、产生共鸣、留下深刻印象，标题一般带有"如何""为什么""怎样""哪些"之类的疑问词。如"自主与合资豪华 MPV，到底谁更胜一筹？"。

（5）新鲜式标题。人们总是对新鲜的人和事物感兴趣，把握住这个特征，创作出具有新闻价值的软文，往往会引发轰动，特别是在网络传播的时候，可以获得更多的转载。这类标题常用的词语包括"惊现""首度""首次""领先""创新""终于""风生水起"等，如"HTC 神秘新机现身，支持蓝牙 5.2 和 Wi-Fi 6E"（HTC 手机软文标题）。

（6）情感式标题。软文标题可抓住一个"情"字，如亲情、友情、爱情等，用情来打动读者，如"光是遇见，就很美好"（光·遇首部玩家情感故事片主题）。

3. 撰写优质的内容

有了引人注目的标题后，文章内容是进一步影响读者的重要因素。撰写内容时应注意以下几点。

（1）逻辑条理清晰。软文营销带有很强的目的性，是为了使读者接受某一事物或者认可某一种观点，将读者带入创作者自身的写作逻辑中去。文章内容需要主干清楚、枝叶分明。要清楚地知道哪一段放什么内容、放多少内容，明白每一段应该表达的观点、段与段之间的联系是怎样的。

（2）文字流畅。好的软文，无一例外文字都如同流水一样一气呵成。

（3）观点鲜明。一篇软文一定要讲好一个观点，且这个观点必须是与标题紧密相连的。标题已经定好所要讲述的观点，与标题无关的尽量不要写。

（4）内容有价值。内容本身价值如何，决定了软文营销的效果。好的内容对读者来说应有用或者有趣。

（5）抓住时事热点。以热门事件和流行词为话题。新鲜、热门的新闻非常具有吸引力。网络流行词如"打工人""yyds（永远的神）"等，往往能捕捉读者的心理，引起其关注。

（6）利用搜索引擎。撰写软文时应注意从搜索引擎优化的角度出发思考问题，按照搜索引擎的喜好来操作，有的时候会取得很好的效果。

内容写作常用的叙事方式主要有以下三种。

（1）产品描述。通过对产品的参数介绍让读者产生兴趣。这种文章有一定难度，要求作者专业度高，对产品了如指掌，而且还能将专业的内容写得生动有趣，让读者既能看明白又觉得可读性强。

（2）科普产品。通过对产品的描述，包括对产品的使用方法、储存方法等进行描述，让读者有一个更清楚的认识，同时科普类的文章也能让读者学到知识，有一定的价值。

（3）叙述体验和感受。作者从自身的体验和感受去写文章是容易把握的，每个人的感受和想法不一样，写出来的东西也是独特的。这种文章会给读者耳目一新的感觉，往往会提升转化率。

4. 合理采用二次创作

原创软文具有增强用户信任、提升发稿媒体人气、便于搜索引擎抓取和被转载后形成自然链接等优势，因此必须重视软文的原创性。但如果时间有限，可以在原有文章的基础上合理采用二次创作的方法。二次创作的常用技巧有以下两点。①形式方面，可以打破原有文章形式，改为问答形式、书信形式等，也可以在格式、风格、语调、图片等形式方面进行改变。②内容方面，二次创作中的内容主要来源或方式包括：一是翻译产品相关文章；二是对网络文章或观点进行点评；三是对网络文章进行整理归纳，形成自己的观点；四是对网上的产品知识、评论、使用心得进行总结，形成专题内容；五是凭自己对产品的了解，进行原创性的写作。

在二次创作的过程中，需要注意：①标题很重要，标题最好能原创；②开头和结尾的 200 字左右的内容往往是读者最关注的部分，对于搜索引擎来说，文章的开头和结尾如果是原创内容，这篇文章大概率会被收录；③文章字数一般为 300～500 字或 500～800 字较好。

5. 巧妙进行营销

成功做好软文营销的关键在于一个"巧"字。一篇高质量的软文应自然地将广告内容融入进去，既让读者读起来没有广告味，读完之后受益匪浅，认为文章为他提供了不少帮助，又能达到宣传推广的目的。写作软文前就应策划好营销的目的和内容。如果软文写作能力不是很强，可以把广告信息放在第二段，使读者被第一段吸引之后能够继续阅读，切勿将广告信息放在最后，因为如果文章内容吸引力不够，读者可能还没有读到最后就会放弃阅读。如果软文写作能力强，可以把广告信息放在后面，读者发现是广告时已经看完内容，由于前面的内容确实精彩有用，读者这时往往不会产生反感情绪。广告信息的嵌入，要巧妙、自然，能够和内容完全相融，达到完美结合。

三、网络软文的发布

（一）选择发布平台

1. 自行选择发布平台

企业可以自行选择软文发布平台，选择时应从收录、新闻源、转载率等方面进行考虑。常见的软文发布平台包括门户网站、新闻、微博、博客、问答社区、自媒体、百科等平台。

2. 选择专业软文发布平台

软文发布平台非常多，企业不可能也没有必要找到每个平台的编辑对接，选择有资质、有资源的专业软文发布平台可以起到事半功倍的效果。选择专业软文发布平台时，应从如下方面进行全面考察。

（1）运营合法。专业软文发布平台运营的合法性是企业与之长期合作的先决条件。公司性质的软文发布平台一般会比个人性质的更可靠，正规软文发布公司不仅拥有固定的发布路径、发布平台，还拥有一定数量的读者群体，这些因素保证了软文能够发挥最大的传播效应。平台不仅要做 ICP（Internet Content Provider，互联网内容服务商）备案，还需要在公安部门备案，以保证资金安全。

（2）媒体资源丰厚。平台是否拥有足够的合作媒体资源直接决定了软文发布的宣传推广效果。选择软文发布公司要注意其媒体资源和口碑。评估软文发布公司的媒体资源，不能局限于其与门户网站的合作，更多地要关注其能否综合运用自媒体与互联网而发挥信息传播的辐射效应。不同软文发布公司的媒体资源各有侧重，企业一定要结合自身的特点选择最契合的公司。

（3）实时发布与播报。软文的推广具有时效性，选择的软文发布平台应能及时地把客户要求的软文推广出去，并实时播报软文发布进程，清晰呈现媒体接单、发布成功、退稿理由等信息。

（4）发布价格稳定且具有优势。平台不会随意抬高发布价格，其后台能够清晰展示所有媒体资源动态及价格，做到媒体一对一发稿。

（5）不设起点。平台对客户发稿数量、充值金额无强制要求。

（6）服务一对一。无论客户充值多少、发稿数量多少，平台都应和每个客户充分沟通。因此企业在选择平台时应注意分析平台沟通渠道及其有效性。

（二）新闻源发稿

新闻源是指符合搜索引擎种子新闻站标准，站内信息第一时间被搜索引擎收录，且被网络媒体转载成为网络海量新闻的源头媒体。一般搜索引擎有资讯的整合栏目，各类新闻可以在其中呈现。而有新闻源，可以理解为一种能够登上搜索引擎资讯栏目的资格，这种资格通常只有搜索引擎认可的媒体才有，如新浪网、腾讯网、新华网、人民网、中国新闻网等，个人类、企业类网站很难获得这种资格。新闻源在网络领域地位举足轻重，具有公信力与权威性，也是辐射传播至国内媒体网络的原点。

推广新闻源软文的价值之一就是能大大提升软文的权威性、可见度和流量，使软文营销的效果被无限放大。但是对比自媒体平台发稿，新闻源发稿审核比较严格，发布成功之后新闻网站就能给这篇文章做背书，所以选择新闻源发稿优势比较明显。

✹ 实训任务——网络软文营销策划

1. 实训目的： 通过为特定品牌撰写并发布软文，熟悉网络软文营销流程，掌握基本的软文写作与发布技能。

2. 实训内容：

（1）选择品牌：选择某品牌为策划对象，搜集品牌背景资料及市场背景资料。

（2）确定软文目标对象和目的：分析软文营销的目标对象及其信息偏好，确定此次软文营销的目的。

（3）软文话题策划：软文话题的策划一是要准确把握目标对象的特点，二是要注意营销的导向性。如果是初创企业，应该注重用户信任的建立；如果是成熟的企业，应该侧重活动和特色产品的推广，以直接带动销售；如果是品牌推广，话题应侧重企业的公关传播，突出企业的社会责任感。

（4）写作品牌推广软文：字数在500~800字。

（5）软文媒体策划：分析发稿需求，制订软文发布方案。

（6）软文发布：将软文发布到计划好的目标媒体上。

（7）软文效果评估：可以综合品牌销售情况、网站/App流量来进行评估，同时注意软文发布后网络口碑与推广的持续效果。本部分只需提交阅读、点赞或转发等数据及总体评估方案。

（8）撰写软文营销报告：内容包括品牌与市场分析、目标对象与目的、话题策划、软文正文、软文媒体策划、软文发布与效果评估。

第三节　网络公益营销

公益营销是将企业利益与企业社会责任相结合的一种营销模式，是企业以关心人的生存发展、社会进步为出发点，借助公益活动与消费者进行沟通，在产生公益效果的同时，使消费者对企业的产品和服务产生偏好，并由此提高品牌知名度和美誉度的营销模式。公益营销可以使企业、非营利组织或公益组织、消费者实现三方共赢，是企业树立良好形象、提升品牌知名度的重要途径，也是企业实施差异化战略的重要工具。

一、网络公益营销的作用

网络公益营销特指在网上开展的公益营销活动。网络公益营销具有如下作用。

1. 有利于提升品牌价值与情感认同

菲利普·科特勒曾指出，当营销进入 3.0 时代，与之前将消费者视为被动营销对象不同，营销 3.0 是价值驱动营销时代的兴起。公益营销能体现企业具备更远大的服务世界的使命、愿景和价值观，其营销理念也提升到关注人类期望、价值和精神的新高度，将情感营销与人文精神营销结合，使其营销目标上升到让世界变得更好，从而全面提升品牌价值。

公益营销很容易让品牌获得情感身份，如果品牌进入消费者感兴趣的公益事业领域，消费者往往会对品牌持有正面肯定的态度，消费者通过这种情感身份获得品牌的记忆点。获得目标群体的情感认同后，企业应逐步适应消费者的公益需求，进而吸引消费者的关注与支持，最终充分展现触及人们内心深处的品牌魅力，并利用社交平台进一步扩大公益营销活动的影响力，从而提升品牌价值。

> **示例**
>
> #### 银联诗歌POS机
>
> 2019 年至今，中国银联持续发起"银联诗歌 POS 机"公益行动，银联诗歌 POS 机公益行动搭建了一座连接山区与城市的桥梁，以帮助大山里的孩子，让更多人"听见"山里孩子的才华，让更多人参与银联诗歌 POS 机的活动。2019 年 7 月，中国银联上海联劝公益基金会和华扬联众基金会在上海陆家嘴地铁站推出的诗歌 POS 机打动了无数人。之后中国银联对"银联诗歌 POS 机"这一 IP 不断深挖，在国内和国外持续推出该主题系列公益活动，贯彻"让山里的才华被看见"的公益初心。2020 年 8 月，中国银联携手中国宋庆龄基金会在湖南张家界发起 2020 年"中国银联诗歌 POS 机"公益行动，向中国宋庆龄基金会捐赠 300 万元善款，用于为欠发达地区少年儿童修建公益图书馆及开设艺术素养教育课程。2021 年 2 月 11 日至 28 日，在新加坡滨海湾金沙购物商城一层的银联诗歌 POS 机上，点击打印 POS 小票，即可阅读歌词与祝福。人们可通过银联卡及银联二维码进行捐助，支持新加坡本地公益事业。2022 年中秋节前"诗歌长城——让山里孩子的才华被看见"的公益行动拉开帷幕，一座"诗歌长城"绵延在福建省宁德市柘荣县的鸳鸯草场上。2023 年 2 月，中国银联和大连交通集团在大连地铁文化驿站联合举办"让山里孩子的才华被看见，银联诗歌 POS 机公益行动"活动。配合系列主题活动，中国银联还推出了《大山里的小诗人》《万物有诗》等出版物，以及《三千尺》《诗的童话》等公益影视作品，进一步深化了主题活动，也推动了主题活动的传播。

2. 有利于强化品牌差异化优势

随着市场同质化竞争愈发激烈和消费者社会责任意识的增强，承担社会责任成为企业品牌差异化战略的一部分。品牌长存的根基是要有利民的建树，企业应有"企业公民"的意识，应有以地球环境和人类福祉为出发点的意识，坚持为顾客提供优质产品和满意服务的基本原则，自觉承担社会责任，实现全面、协调、可持续发展。品牌积极参与公益活动，能够有效建立品牌差异化优势，为企业带来长期稳定的经济回报。正面的公益形象传播有助于扩大品牌的市场份额，品牌在推广公益理念过程中可以形成独具特色的品牌优势，提升品牌影响力，进而增加品牌的市场份额。

> **示例**
>
> #### 蕉内参与共青团中央的"伙伴计划"
>
> 国货品牌蕉内通过镜头聚焦山区贫困孩子心理上难以走出大山的困境，撬动消费者内心世界，以立场鲜明的发声和硬核的品牌价值，实现品牌影响力的跨界传播，为企业形象做了一次非常有特色的温暖上色。2021 年 12 月，蕉内公益营销固定项目"红色计划"与共青团中央"伙伴计划"联合出品公益片《记住了吗》，公益片以青年与孩子的对话作为贯穿全片的线索，聚焦易地搬迁孩子的困境。在青年社会工作者的帮助下，孩子们从不适应到爱上城市生活，真正从心理上走出了大山。公益片没有任何华丽的镜头，却能让人感受到其中的涓涓暖意。

3. 有利于打造品牌强势传播力

公益性质的活动往往拥有广泛的群众基础，其以社会普遍认同的价值观为根基，内核是向善向上的力量，容易引发大众的情感认同，有利于品牌赢得消费者的认可，容易激发公众分享、转发、点赞等自主宣传行为，能帮助品牌获得更好的传播效果。公益营销中蕴含的正能量价值观有利于企业树立良好的品牌形象，尤其是在以强关系为链接的社交平台网络当中，更容易激发消费者主动参与品牌公益活动的意识，使品牌公益营销化身为一场公众广泛参与的积极社会仪式。

示例

蚂蚁森林的绿色行动

"每天叫醒我的不是闹钟，是蚂蚁森林。"蚂蚁森林是蚂蚁金服旗下支付宝平台上的一个小应用，是基于绿色金融概念衍生的公益产品，它将消费者的低碳行为在平台上设置为虚拟树的成长能量，虚拟树能量经过不断积累就可以养成虚拟大树，获得一个大树编号，蚂蚁森林联合阿拉善等公益组织为消费者在西部荒漠地区种下与这个编号对应的真正的树。消费者通过日常消费就可以在西部地区种下一棵树，成为环保大军的一员。这一活动吸引了消费者的广泛参与和转发。蚂蚁森林的用户人数已超过 5 亿。

二、网络公益营销的类型与原则

（一）网络公益营销的类型

依据不同的标准可以将网络公益营销区分为不同的类型。

1. 按照公益行为的持续时间划分

按照公益行为的持续时间不同，网络公益营销可分为持续性网络公益营销与一次性网络公益营销。持续性网络公益营销的核心是培养与塑造企业的品牌，有益于企业的长远发展。持续性网络公益营销一般适用于资金雄厚的企业，常用的形式是冠名捐赠。一次性网络公益营销的优势是活动本身具有可控性，弊端是由于曝光时间较短，所带来的利益较少，且短期的公益行为易于让消费者怀疑企业的动机。

2. 按照公益行为的主体数量划分

按照公益行为的主体数量不同，网络公益营销可分为合作型网络公益营销与单一主体型网络公益营销。合作型网络公益营销是企业与其他企业、机构、组织合作开展的网络公益营销，其他机构、组织包括政府及其部门、非政府性组织、国际机构等。单一主体型网络公益营销是一家企业独自组织的网络公益营销活动。相比单一主体型网络公益营销，合作型网络公益营销具有更广泛的影响，可以实现双向或多向共赢，有益于提高企业的社会知名度、展现企业及其品牌的价值、提高消费者参与程度、使企业显得与众不同等。

3. 按照公益行为的出发点划分

按照公益行为的出发点不同，网络公益营销可分为人性化网络公益营销、宣传性网络公益营销、参与性网络公益营销、社会性网络公益营销。

（1）人性化网络公益营销。其出发点是体现企业的温情和人性化。现代社会，人们的工作日趋繁忙、工作压力渐增，人与人的交往、沟通越来越少，人情也越显淡漠。针对这种社会现象，人性化网络公益营销通过网络媒体和网络渠道体现企业的温情和人性化，体现企业对人的关怀。这种网络公益营销活动最常见的如线上义卖活动将其所得捐助给敬老院、孤儿院；举办或者参与线上线下的社群社区公益活动，提高企业在社群社区的知名度和美誉度。

（2）宣传性网络公益营销。其出发点是宣传公益事业。通过宣传促进公众对某项公益事业的了解和关心，如为某项公益事业募捐、为志愿者招募提供支持等；或是把握公众普遍关心的新闻事件契机，对新闻事件中的人物或事件予以支持和关注，进而通过网络媒体进行进一步的新闻报道，以扩大公益活动的影响。如对媒体披露的失学儿童进行捐助和宣传。

（3）参与性网络公益营销。其出发点是吸引公众的参与。站在顺应民心的角度，对某种社会现象提出建议或批评，唤起公众的参与意识，以达到关心社会、回馈消费者的目的。如针对假冒伪劣产品，一些知名品牌及电商平台或网店开展悬赏等营销活动，号召消费者积极参与并受益。

（4）社会性网络公益营销。其出发点是履行企业责任。企业积极开展符合社会发展趋势和潮流、符合社会道德、符合公众利益要求，以及改善社会福利和保护环境等一系列的内部和外部活动，以达到改善公众健康、公共安全、环境保护等目的。如环保问题是全球关注的焦点之一，环保营销、绿色营销已成为网络公益营销的重要内容和有效手段。

示例

康师傅的无标签包装

2022年3月，康师傅推出了主打低碳概念的无标签饮品，康师傅冰红茶和无糖冰红茶两种产品采用无标签瓶身。其售价与传统款产品一致，但仅按箱销售，为了让消费者方便单瓶饮用，其瓶身采用激光打印技术标识产品名称以及保质期等信息。产品一经推出，迅速在社会化媒体广为传播，成为人们关注的话题。

无标签包装可以减少PVC垃圾的产生，近几年如可口可乐、百事可乐、三得利也曾尝试推出过无标签包装，这些品牌倡导的低碳环保生活理念得到了消费者的认同。

4. 按照公益行为的呈现形式划分

按照公益行为的呈现形式不同，网络公益营销可分为无条件捐赠型、销量决定型、冠名型、特许授权型、义卖义演捐赠型、抽奖捐赠型、主题活动型、奖项型等类型。

无条件捐赠型网络公益营销是指企业通过网络渠道对其他组织、机构、群体、个人，或某项公益事业的资金、物资、服务的无偿给予；销量决定型网络公益营销是指企业并没有承诺一个精确的捐赠数额，而是基于产品销售额或者一定比例的营业收入来捐助某项公益事业，如很多网店开展的"每购买……将有……捐献给……"活动；冠名型网络公益营销是指将公益事业冠以公司或产品的名称；特许授权型网络公益营销是指企业向相关慈善团体或公益组织、机构支付特许使用费，从而获得在其产品或服务上使用慈善团体或公益组织、机构标志或身份的权利；义卖义演捐赠型网络公益营销是指企业通过网络义卖或义演方式进行捐赠；抽奖捐赠型网络公益营销是指企业设立消费者购买产品即可参加公益捐赠抽奖活动，如有消费者中奖，企业则以消费者名义向有关机构捐赠产品或资金、物资；主题活动型网络公益营销即通过各种主题活动开展公益营销，如环保活动、帮助弱势群体活动等；奖项型网络公益营销较为常见，如企业为大学生设立奖学金、助学金等。

（二）网络公益营销的原则

1. 关联性原则

关联性原则是指企业所选择的公益团体或者开展的网络公益活动应该与企业的品牌、价值观念相符。企业可选择的公益项目非常多，所选择的公益项目应与企业的价值观、品牌理念相匹配。企业开展网络公益营销，只有准确把握关联性原则，才能让消费者切实感受到品牌的存在，在潜意识中把品牌与公益行为牢牢联系在一起，消费者也会因参与到活动中展现出社会责任心而感到愉悦满足。

2. 新闻性原则

在内容营销时代，只有消费者感兴趣并乐于传播的信息才具有真正的价值。网络公益营销应具有新闻性和爆点，在网络媒体的推波助澜下，实现其高关注度和高参与度。新闻性的关键在于形成热点和话题，不拘泥于形式，可以是热点人物或热点话题，总之要能引起媒体或公众的高度关注。

3. 长期性原则

我国一项调查显示，如果某企业一直支持公益事业，有87.5%的消费者表示将会对企业的行为有更好的评价。短期网络公益营销难以给消费者留下深刻的印象，热度一过，消费者对品牌的关注度、喜爱就可能消失。网络公益营销应是一项长期的承诺，企业持续努力可以保持吸引力，在公众心中形成一定的记忆。

4. 适时性原则

适时性原则指企业应注意把握社会热点或突发事件时机，在事件发生时适时推出网络公益营销活动。如在突发灾难事件中，企业适时、积极地参与救灾工作，往往能赢得美誉。

案例 3.3

华润怡宝的"百图计划"

华润怡宝的"百图计划"（百所图书馆计划）于 2007 年启动，以关爱儿童为重点，计划为教育资源匮乏地区的中小学捐赠百所公益性质的图书馆，截至 2022 年年底已捐建华润怡宝图书馆 235 所。项目成立之初，华润怡宝提出"用一瓶水换一本书"的方式，鼓励市民捐出闲置图书，共建乡村图书馆，实现书籍循环利用。华润怡宝从消费者看得见、感受得到，甚至很容易就能参与的捐书入手，在提升品牌美誉度和认知度的同时也传递了华润怡宝的价值观念——"品牌基石，责任为先"。

为了扩大"百图计划"的影响，吸引公众参与，华润怡宝曾携手陶行知教育基金会寻找最美乡村教师所在学校，出资捐建"最美乡村图书馆"，并聘任"感动中国人物""最美乡村教师"担任图书馆管理员以制造话题。华润怡宝还曾在喜马拉雅平台发起为山区孩子读书的活动，开设华润怡宝百图计划专辑，建立"有声图书馆"，并邀请娱乐和文化界知名人士参与共建，通过数字化公益的新颖形式来吸引公众参与。华润怡宝还选择与《约吧！大明星》第二季节目互动，艺人在节目中与留守儿童一起学习、上阅读课，为孩子们读书。

启发思考： 华润怡宝的"百图计划"体现了网络公益营销的哪些原则？

三、网络公益营销策略

公益营销已进入 2.0 时代，公益的内涵不应局限于捐助行为，还应触达人们的精神层面。公益营销 2.0 是以精神层面为出发点，通过事件、话题、故事启迪思想、引人深思、触动心灵的公益营销，即品牌不只是做公益，而是触达人们的精神世界，让更多的人关注并参与到公益活动中。其最大的特点是自我公益，注重受众的参与感，让公益从同情走向共情。网络公益营销具体运作时可以采取如下策略。

1. 从现实痛点挖掘潜在社会议题

公益往往与社会层面的痛点相关。企业要想做出更加符合公众期待的网络公益营销，最好以社会痛点为切入点，恰到好处地结合社会痛点，提供有建设性的社会问题解决方案。在此过程中，企业需要筛选出符合品牌特质的痛点。否则，强行结合痛点的结果往往是事与愿违，很有可能招致消费者的反感。

示例

腾讯"99公益日"的"一花一梦想"

2022 年的腾讯"99 公益日"于 9 月 1 日正式启动，持续 10 天。腾讯公益平台首次推出全民共创公益交互机制，上线"一花一梦想"，实现公益项目的"逆向发起"和"全民共创"，使每一名爱心网友都可以成为"99 公益日"的产品经理，通过用小红花助力公益梦想，票选公益主张。"一花一梦想"引导用户更多关注社会议题，让普通人一起监督和关注梦想的落地和实施。腾讯公益平台面向爱心网友征集梦想，收到了 7 000多名爱心用户的 8 000 多个公益梦想，涉及关爱孤寡老人、关注乡村儿童、环境保护和乡村振兴等多个公益议题，最后选出 16 个公益梦想在活动期间上线，包括"支持 1 000 名乡村儿童去博物馆""守护 10 000 名乡村儿童心理健康""为 10 000 名乡村老人提供免费听力筛查"等。用户可以捐出小红花为心仪的梦想助力，并获得自己的"小红花爱心账单"。当筹集小红花达到规定数量后，腾讯公益慈善基金会联合业内合作伙伴再筛选合适的公益机构执行，帮助梦想落地，并定期向用户反馈梦想执行进展。在"一花一梦想"模式下，用户不仅可以自主捐花，还能发起"一起捐花"，号召亲友一起为公益梦想加油，同时腾讯的合作伙伴、其他社会力量也与"一花一梦想"爱心联动，以共同挖掘多元化公益场景和公益行为。

2. 从受众心理出发巧妙结合网络公益项目与品牌价值观

品牌的网络公益营销，落脚点依然是营销。品牌只有更加关注消费者的感受，才能实现消费者和品牌之间的高度渗透与联系，加深消费者对品牌精神的理解，从而将其转化为品牌拥护者。以公益形式温暖人心，用情怀引起情感共鸣，形成舆论，品牌将获得大量的"免费"媒体资源，消费者的社交网络和自媒体将成为品牌价值观传播的优秀渠道。

示例

《绽放"V笑"，让爱化解孤单》

他们像星星一样闪烁，却又像星星一样孤独。他们是一群正常的孩子，却被自闭症夺取了原有的色彩。他们也被人称为"星星的孩子"。伊利巧乐兹小V筒在2022年母亲节之际，给这群"星星的孩子"的妈妈送上了一份特殊的礼物。伊利巧乐兹小V筒从"星星的孩子"这一特殊群体切入，由他们延伸到其背后的支持者，推出公益视频《绽放V笑，让爱化解孤单》，为"星星的孩子"群体发声。视频从生活中父母抱怨孩子活泼捣乱角度出发，再将镜头转向这群特殊的孩子，这样的对比很快将观众带入视频内容中，让人们清楚地了解到自闭症以及这群孩子的真实状态，说明了自闭症不会传染，患有自闭症的孩子也不是异类，他们只是活在自己的世界里。对于这群特殊孩子的妈妈而言，能够为他们的孩子发声成为母亲节最好的礼物。这样深度洞察的内容输出，让观众能够更加了解这群"星星的孩子"，也间接地传递了品牌的态度，以品牌的身份关注这样的群体和家庭，体现了伊利巧乐兹的社会责任与担当，以品牌态度打动消费者，更显真诚。

3. 以平凡的故事打动人心

网络公益营销最重要的是打动消费者，源于真实生活的故事最能打动人心，越是平凡越能让消费者有代入感，产生"这就是我的故事"的错觉。许多品牌在进行网络公益营销时，会从贴近真实生活的角度入手，让平凡人演绎平凡故事，这样更容易激发消费者的同理心，从而更加理解品牌、认同品牌。

4. 与趣味结合让网络公益营销更年轻、更多元

网络公益营销与趣味、互动元素结合，与年轻人玩在一起，其效果往往更好。过去的公益营销过于刻板、多说教，这很难触动年轻人的心，年轻人更喜欢在快乐的氛围中传递自己的爱心和善意。有趣、好玩的网络公益营销能够传达品牌年轻化、正能量的公益态度，也更容易"引爆"网络话题，传递更加积极正向的价值。

示例

买奥妙绿色包装商品得蚂蚁森林能量

2022年在第52个世界地球日到来时，家庭清洁类品牌奥妙携手蚂蚁森林（一项旨在带动公众低碳减排的公益项目）发起"买奥妙绿色包装商品得蚂蚁森林能量"绿色行动。通过可再生塑料瓶洗衣液将环保理念融入消费者日常生活中，让奥妙成为首个打通数字化蚂蚁森林能量兑换的日化品牌，奥妙与零售伙伴一起开辟了新的低碳生活场景。活动期间，消费者购买奥妙指定再生塑料包装商品，使用支付宝扫描瓶身上显眼的绿色能量贴纸，即可前往蚂蚁森林奥妙专区领取100g绿色能量。奥妙将娱乐元素注入日常消费，引发了蚂蚁森林玩家的关注和参与。

5. 借势热门IP以提高品牌声量

品牌开展网络公益营销，应尽可能地提升公益活动的声量，号召更多人参与，扩大活动的社会影响力，而借势热门IP则可以取得事半功倍的效果。热门IP潜力巨大，其传播聚合性和扩散性更强、更精准，品牌应结合自身优势以最快的速度先跟随再融入，借势传播，以获得更多公众的认可和关注。

案例3.4

快手直播冰雕鲸的"告别"

每年3、4月"地球一小时"和"地球日"特别受人们的关注。2022年4月20日，快手在青岛海边以《没

有一头鲸想这样告别》为主题，举办了48小时冰雕鲸环保展览，在这48个小时里直播这头长7.4米、重25吨的冰雕鲸，在上万人的注视下，于烈日之下迅速融化。当其皮肤褪去，露出的是塑料垃圾填满腹部的场景。这段直播视频发布后，在两天内就获得了近2.6万条转发，话题讨论1.6万次，取得了很好的宣传效果。快手同时联动蓝丝带海洋保护协会、CM公益传播等公益组织来扩大活动声势。另外这次环保展览作为快手与新华网共同发起的"带着快乐去赶海"主题活动的开幕仪式，与快手站内举办的赶海、捕鱼短视频征集赛联动。这次环保营销在形式和内容方面都考虑到了快手的产品特性，既吸引了快手上那些赶海爱好者的目光，又凭借不俗的艺术表达提升了快手在普通观众心中的品牌价值。

启发思考：（1）快手的此次公益活动借势了哪些热门IP？（2）分析借势热门IP开展公益活动的优势。

6. 以低活动参与门槛激发广泛参与热情

人们往往容易萌发做公益的念头，却常常受制于自身的经济条件有限而难以付诸行动。因此，品牌在打造公益营销活动的时候，为了消除消费者的顾虑，应主动降低参与活动的门槛，以吸引更多消费者参与。

示例

骑行也能做公益

2022年"地球一小时"活动当天，美团单车发起了"一人骑行减碳一吨"行动，呼吁人们短途骑单车出行。美团单车以数据可视化的形式让人们实时看到自己的低碳行动带来的成果，让用户随时可查看自己的骑行减碳贡献。在规定期间内减碳达到1吨的用户，美团将以其名义给山区捐赠用废旧轮胎制成的篮球场。活动延续到"世界地球日"，当天美团单车发起了"比心地球低碳骑行"挑战赛，骑车可得"低碳成就证书"。美团单车通过把用户的低碳出行贡献量化呈现、设置目标达成有奖的活动，有效激励了人们持续行动，同时活动充分结合了平台资源，在传达品牌的社会责任感时也实现了宣传产品（单车）、健康低碳的生活方式的目的。

实训任务——网络公益营销策划

1. 实训目的：通过策划和实施高校内网络公益营销活动，培养公益营销活动策划、实施、传播和评价能力。

2. 实训内容：

（1）确定活动主题和目的：在高校内开展本小组项目，策划活动主题，主题应明确、简洁、有创意，目的描述清晰。

（2）活动内容策划：包括活动内容、媒体宣传。

（3）撰写网络公益营销策划方案：内容包括主办者、活动对象、活动主题、活动目的、活动内容与流程、网络媒体策略、活动时间与人员安排、经费预算、注意事项。其中活动时间建议为一周。

（4）网络公益营销活动实施：包括前期准备、开展活动、网络媒体宣传。

（5）网络公益营销活动效果评估：对活动效果进行评价。

（6）撰写网络公益营销活动报告：内容包括策划方案、实施情况、效果评估。

第四节　网络危机公关

网络环境下，精英媒体时代逐渐转向草根媒体时代，企业稍有不慎就会遭遇危机。企业必须建立一套规范、全面的危机管理系统，只要应对及时、处理得当，危机也可变成企业成长的契机。

一、网络危机的特点

网络危机是指公众由于自身利益受到影响或受外界不良信息刺激后对某些社会问题或事件产生强烈的群体情绪认同，并在群体成员之间相互影响、相互作用，通过网络进行扩散性、非理性的传播，形成非常态的网络舆论和社会压力，对组织形成威胁的一种形态、情境、状态。网络危机具有以下特点。

（1）突发性。网络危机的突发性包含两个方面。首先是源于现实危机的不可预测性，如企业在经营中，虽然采取了比较好的技术手段和管理方法，但出现残次品的概率依然存在，一旦这样的商品在市场流通并且给消费者带来伤害，就会给企业造成品牌危机。如果此时企业没有做好与消费者和媒体的沟通，情况就可能愈演愈烈。如果负面新闻在网上迅速传播，就会损害企业的声誉和产品销量。其次是网络危机的诱导性，网络的发展促使信息传播、信息沟通工具呈现出多元化趋势，一些关于企业的不利信息也可能在网上广泛流传，给企业形象造成不良影响。

（2）急速传播性。网络拉近了人与人之间的距离，消息传播的速度加快。互联网作为传播媒介，其廉价性、快速性使企业的负面信息可以急速传播。负面信息的急速传播会导致"坏事传千里"的不良后果，管理者一旦疏忽，就会使事件一发而不可收。

（3）巨大危害性。一个在现实中比较小的突发事件可能会由于处理不当而在网络传播过程中被无限放大，演化成企业的灾难。有时谣言也会在网络上产生影响，使消费者产生疑虑或恐慌，给企业带来巨大损失。

（4）话语权的相对平等性。在网络环境下，任何人都可以在网上对企业进行批评，批评言论很可能被广泛传播。网络舆论的平等性、互动性、快速性和集中性很容易使公众的呼声成为主流意见，甚至影响政府机构的决策。

（5）传播内容的不可控性。传统传播中，只有少数传统媒体才有传播机会，一条信息要经过不同编辑层次的审核才能发布。而在论坛、博客、微博、微信，以及其他新媒体上，大家都可以发布信息，可以瞬时把信息传播出去。而且，在有些情况下，各种网络平台上出现的信息是无法控制的。

（6）信息的长期残留性。在网络时代，即使问题得到了解决，负面信息也会长期留在互联网上，而且很容易被人们搜索到。这样会一直影响企业的形象。

（7）网络传播的两面性。网络传播虽然会给企业带来危害，也会加大管理者的管理难度，但同时也会给企业带来一些正面影响。企业发生品牌危机时，在传统媒体时代，企业可能只有通过接受电视采访、报纸专栏报道或者召开新闻发布会才能有效处理危机，这些渠道的费用比较高，而且影响范围有限，不利于企业形象的迅速恢复。通过网络，企业则可以第一时间将最准确、权威的信息告诉消费者，这样成本低、效果好，能够尽快重振消费者对企业的信心，重新树立企业形象。

示例

一汽奥迪小满广告文案抄袭引发全网热议

2022年5月21日，正逢小满节气，一汽奥迪发布宣传短片《今日小满，人生小满就好》。当晚，一位ID为"北大满哥"的短视频博主称该视频文案涉嫌抄袭其于2021年小满发布的一条视频，且是直接照搬，引发舆论关注。根据慧科讯业数据，全网总声量30多万条，从词云来看，"小满"这个节气被这波舆情彻底炒热。5月22日上午，一汽奥迪回应称，因监管不力、审核不严给各方造成了困扰，已责成创意代理公司尽快就所涉文案侵权情况进行处理，并称在事实正式澄清之前，一汽奥迪各官方渠道将全面下架该视频。因为一汽奥迪官方迅速做出危机公关处理方案，第一时间发声明并承认问题公开道歉，所以此次危机事件并未对一汽奥迪汽车的销量造成实质性的损失。

二、网络危机公关的原则

危机公关是指在某种突发事件导致企业形象受损，要求企业必须做出关键决策和紧急回应，否则会使公众对企业产生信任危机的非常态公共关系状态下，企业针对危机事件所采取的消除影响、恢复形象等一系列自救行为。网络危机公关是针对出现的网络危机，企业利用网络媒体采取的公关行为。网络危机公关应遵循以下原则。

1. 承担责任原则

危机发生后，公众一般会关心两方面的问题。一方面是利益问题。利益是公众关注的焦点，无论谁是谁非，企业都应该先表明态度、承担责任。即使受害者在事故发生中有一定责任，企业也不应首先追究受害者的责任，否则很容易使双方各执己见、加深矛盾，引起公众的反感，不利于问题的解决。另一方面是情感问题。公众很关心企业是否在意自己的感受，企业应向受害者表示同情和安慰，并通过新闻媒介向公众致歉，解决危机发生后公众深层次的心理、情感问题，赢得公众的理解和信任。

2. 真诚沟通原则

企业处于危机漩涡中时，会成为公众和媒体关注的焦点，一举一动都将受到质疑，因此不要有侥幸心理，企图蒙混过关是万万不可的。企业应主动与新闻媒体联系，尽快与公众沟通，说明事实真相，促使双方互相理解，消除公众的疑虑与不安。真诚沟通是指"三诚"沟通，即有诚意、诚恳、诚实地沟通。

3. 速度第一原则

在危机出现的最初12～24小时，消息会呈裂变式发展态势迅速传播。这时候，可靠的消息往往不多，社会上充斥着谣言和猜测。企业的一举一动是外界评判企业如何处理危机的主要依据。媒体、公众及政府都会密切关注企业发出的第一份声明。对于企业在处理危机方面的做法和立场，舆论赞成与否往往都会立刻见于媒体报道。因此，企业必须当机立断、快速反应、果断行动，与媒体和公众进行沟通，迅速控制事态，否则会扩大突发危机的影响范围，甚至可能会使企业失去对全局的控制。危机发生后，应尽快控制住事态，使其不扩大、不升级、不蔓延，这是处理危机的关键。

4. 权威证实原则

自己称赞自己是没用的，没有权威的认可只会徒留笑柄。在危机发生后，企业不要自己喊冤叫屈，而应请权威的第三方在前台说话，使消费者消除对企业的戒备心理，从而重获他们的信任。

5. 系统运作原则

在进行危机公关时必须系统运作、统筹规划。只有这样企业才能通过表象看到本质，有效地解决问题，化害为利。危机的系统运作主要应做好以下几点。

（1）以冷对热，以静制动。危机会使人处于焦躁或恐惧之中。所以企业高层应以冷对热、以静制动，镇定自若，以减轻企业员工的心理压力。

（2）统一认识，稳住阵脚。在企业内部要迅速统一认识，对危机要有清醒的认识，从而稳住阵脚，上下一心，共渡难关。

（3）成立危机公关小组。危机公关小组应由企业的公关部成员和企业的高层领导组成。一方面是为了保证高效率；另一方面是为了保证对外口径一致，使公众能感受到企业处理危机的诚意。

想一想

网络危机公关所遵循的原则与传统危机公关所遵循的原则最大的区别是什么？

（4）果断决策，迅速实施。由于危机瞬息万变，在危机决策的高时效性要求和信息匮乏的条件下，任何模糊的决策都会产生严重的后果。所以企业必须最大限度地集中决策资源，迅速做出决策，系统部署，付诸实施。

（5）借助外力。当危机来临时，企业应充分和政府部门、行业协会、同行企业及新闻媒体高度配合，联手对付危机，增强危机解决方案的公信力和影响力。

（6）循序渐进，标本兼治。要真正彻底地消除危机，企业需要在控制事态后，及时准确地找到危机的症结，对症下药，谋求治本。如果仅仅停留在治标层面往往会前功尽弃，甚至引发新的危机。

案例 3.5

宝马mini冰淇淋事件

2023 年 4 月上海车展上，宝马 mini 为宣传品牌，在展台免费发放冰淇淋。一段在网上流传的相关视频将宝马送上了舆论的风口浪尖。视频中，有两位女士在宝马 mini 的展台询问冰淇淋如何领取。两位工作人员挥手表示冰淇淋已经发完了，两位女士只能无奈离开。随后视频中出现了一名老外，同样询问冰淇淋是否发完。让人没想到的是，原本已经"发完"的冰淇淋突然又有了，并且两位工作人员还亲切地指导老外如何食用。接着视频拍摄者又上前询问冰淇淋如何领取，但是再次得到了冰淇淋"发完"的回答。拍摄者提出要看一下箱子里是否还有冰淇淋，这时一位工作人员紧紧地捂着箱子并进行解释，但都是顾左右而言他，没有任何逻辑。正因如此，这名拍摄者愤然将视频发到网上。

宝马 mini 的"区别对待"激起了网络舆论千层浪，自 4 月 20 日至 24 日，宝马冰淇淋事件相关舆情共计 45 万多条，上榜 9 个平台的热搜话题榜。为了平息舆论，20 日宝马 mini 官方微博发布道歉声明，称为内部管理不细致和工作人员的失职导致了事情的发生，对此表示真诚的歉意。但是这简单的道歉未被网友接受。21 日宝马 mini 再次发布微博致歉，称上海车展冰淇淋事件给大家带来了负面体验，并且对现场发放给出了解释，称拿到冰淇淋的老外其实是宝马的员工，并且佩戴了工牌。第二次道歉同样引起网友们的热议……

启发思考：结合网络危机公关的原则分析宝马 mini 此次危机事件处理的不当之处。

三、网络危机的应对策略

（一）负面消息抑制

（1）清理。在危机处理阶段，企业应针对性地清理网上的负面消息。负面消息出现后，由于网络的扩散性，完全清理和消除相关内容几乎不可能，从危机处理的角度来看也无此必要。清理重点应主要集中在两种网络媒体形态：大型资讯类网络媒体和平台型网络媒体。针对大型资讯类网络媒体，主要可以通过在危机发生后与之协商达成协议对不实的负面消息进行清理。针对平台型网络媒体，可以通过发布回帖澄清事实。

（2）稀释。一种常用的稀释公众注意力的有效手段是制造新的关注焦点，转移公众的话题。在注意力经济时代，公众的注意力很容易被吸引，也很容易被分散。当危机出现时，企业可以采取的方式之一，是迅速制造某些更新奇、更具戏剧性但对名声没有损害的话题，将公众对危机事件的注意力引向新的话题。

（3）管制。在发生被人蓄意诬陷并出现歪曲事实的报道之后，企业可以考虑通过法律手段阻止负面消息的继续蔓延。

（二）正面消息传播

1. 官方声明

在网络谣言四起、众说纷纭的时候，企业发表官方声明有正视听、澄清事实的作用。当产生危机的责任确实在企业自身的时候，官方声明应包含公开的道歉。企业发表官方声明和道歉的形式有：召开新闻发布会；通过自有媒体发表声明；在主流报纸、电视台、期刊以及主流网络媒体刊登或发表声明；在主流讨论区和论坛发表官方声明，并尽可能使之置顶显示。官方声明和道歉必须显示出足够的诚意和耐心，必须正视问题而不能试图掩盖或者狡辩，否则只能增加危机扩大的可能性。

📦 **示例**

海底捞的危机公关

2021 年 8 月 25 日，一篇《记者历时 4 个月暗访海底捞：老鼠爬进食品柜 火锅漏勺掏下水道》的文章直接将海底捞的卫生状况推上了热搜榜，文章内容主要反映了北京两家海底捞分店后厨老鼠爬进柜子、餐具同扫帚一同清洗、抹布一同清洗等问题。海底捞及时上演了一场教科书式的危机公关操作，使负面舆论成功反转，并获得大众的原谅。在事件发酵的三个小时里，海底捞迅速做了对内和对外的回应。对外：首先承认该情况确属事实，并提供了类似事件的查询通道，同时还感谢媒体和群众的监督并愿意承担相应的责任，最后一再承诺会对内部进行整改并公开方案。对内：公开对门店的整改和排查，请大众一同监督。在负面信息开始传播时，海底捞能够快速地从企业内部做出反馈，管理层主动承担责任，及时做出整改并邀请大众和媒体一同监督等，让顾客感受到了品牌的真诚和知错能改的态度，从而重新树立了对品牌的信心。

2. 新闻发布

针对危机可在企业网站建立专门的新闻中心，并将所有相关信息都集中到这一新闻中心的主页面，使之成为企业传播正面消息的信息源，访问者能够通过它得到与危机相关的主要信息。该中心应包括危机概述、危机新闻稿、有关的新闻发布会、企业声明或 CEO 致信、联系方式、问题与回答等内容，应将尽可能多的资料整合在一起提供给相关的公众。信息越多，公众了解的情况也会越全面，有利于减少信息不全面导致的猜疑或谣言。新闻中心还要注意线上线下互动，应配备随时有人接听的热线电话；同时应重视传统媒体与网络媒体的配合，通过新闻发布会等造势。

（三）良好沟通

根据迈克尔·布兰德的理论，企业沟通的对象主要包括被危机影响的群众和组织、影响企业运营的单位、被卷入危机的群众或组织、必须被告知的群众和组织。依据此理论划分，企业的危机沟通对象主要有企业员工和相关利益群体、消费者、媒体、政府机构等。企业在危机沟通过程中应根据不同对象的特点并遵循危机沟通的原则，确定不同的危机沟通重点和沟通策略。

1. 与企业员工和相关利益群体沟通的策略

企业在危机发生时应与企业员工和相关利益群体进行良好的沟通，使其与企业共患难、同命运。当危机发生时，企业应及时向员工通报情况，让其了解企业目前到底面临什么样的危机，危机会对企业产生怎样的影响，外界环境将有怎样的变化与反应。有效的沟通可以避免谣言和猜测由内向外传播，以保持企业的有效运转，使员工不因猜测而疏于日常的工作，减小危机的破坏力。危机发生后，企业还应告知员工如何与企业一同应对危机，尽可能发挥每一位员工的作用，让其为企业献计献策，让员工相信企业的领导能力、保持凝聚力，使员工与企业共渡难关。企业也要做好与相关利益群体的沟通工作，及时将实际情况通知企业的股东、客户等利益群体，减少他们的不信任、恐慌甚至投机的想法，使他们树立对企业长远发展的信心并寻求其理解和支持。

2. 与消费者沟通的策略

（1）企业要确定消费者关注的问题。在危机发生后，消费者会从企业的一举一动中判断企业是否值得信赖。企业应确定消费者关心的问题，如发生了什么事情、危害性有多大、会对消费者产生什么样的影响、企业将采取什么样的措施等。

（2）企业要建立与消费者沟通的渠道并回答消费者提出的问题。消费者应该找谁质疑和投诉？如果消费者需要帮助，企业应该如何提供？企业应通过哪些渠道将消费者关心的信息传递出去？这些信息的交流都需要通过有效的渠道来进行，企业可以通过消费者热线、个别会谈、网络渠道、公告等方式与消费者进行交流。

（3）企业要确定对待相关消费者及受害者的策略。企业应诚恳而谨慎地向消费者及受害者表明歉意，同时必须做好受害者的救治与善后处理工作，耐心听取受害者关于赔偿损失的要求并确定如何赔偿，争取社会公众的理解和信任。企业要抓住核心问题和核心人物，并予以妥善解决。对于其他消费者，企业应通过经销商或相关媒体发布公告，及时告知消费者产品存在的缺陷，并尽快收回有缺陷的产品。

3. 与媒体沟通的策略

在危机处理过程中，媒体往往是公众的主要信息来源，影响着公众的认知、态度与信念。

（1）利用媒体快速、主动、全面地披露信息。危机发生后，企业应主动披露信息，应成为社会信息来源的主渠道。这时企业与媒体的信息沟通渠道只能保留一个，这个渠道或者是企业总负责人，或者是指定的新闻发言人。企业应在最短的时间内向新闻媒体说明危机概况及企业危机管理对策，表明企业的立场与态度，争取媒体的信任与支持。

（2）媒体公关。最好的媒体公关是企业平时要注意保持与媒体的良好关系。企业的公关部门负责人要擅长与媒体交朋友，如经常安排企业的主要领导接受媒体采访，及时将企业的最新动态传递给媒体，每逢节假日要及时送去问候和祝福，必要的时候召开媒体见面会等。当企业面临危机时，与媒体保持良好关系的重要性会凸显。在危机中，企业要时刻注意与媒体的联系，如果企业危机不太严重，或者关注的媒体不是很多，则与个别媒体进行沟通即可。当危机事件已经有一定的关注度的时候，企业就需要召开新闻发布会。企业与媒体保持良好的关系有助于媒体为企业提供有关危机的预警信息，帮助企业更好地做好危机预防工作，为企业传递危机的真实信息，避免或消除各种谣言与猜测的传播；有助于企业危机管理者更好地了解公众对危机的态度，使他们能够做出有效的危机管理决策；还有助于媒体在接收、处理各种相关企业危机信息的过程中给予客观、公正的报道与评价，将企业处理危机认真负责、积极主动承担责任的态度传达给消费者，帮助企业重塑良好形象。

4. 与政府机构或社会中介组织沟通的策略

企业与相关政府机构建立融洽和谐的关系，不仅可以使企业获得政策、审批及资源上的便利，还可以使政府机构积极帮助企业协调一些事情。当危机来临时，企业可以借助政府机构及相关中介组织的力量和权威，消除危机、引导媒体并取得公众信任。

（1）及时主动汇报。危机发生后，企业应在第一时间将危机发生的情况、企业拟采取的措施诚实地向直属的上级主管部门汇报。这是赢得政府机构支持的关键。企业不能等到危机恶化了才想到相关政府机构，平时应注意与这些机构保持良好的关系。企业应积极参与政府机构组织的活动，承担更多的社会责任，要抓住时机帮助政府机构解决难题，多与政府机构共同举办活动。

（2）紧密联系。在危机处理过程中，企业应主动将事态发展情况及时向相关政府机构或社会中介组织报告，寻求帮助与支持。对于一些需要权威机构对产品进行检测的危机事件，如食品中毒、产品质量事故，企业要尽快与相关政府机构联系，充分发挥公证或权威性机构对解决危机的作用，积极配合调查，促进危机的消除。

良好的危机沟通是避免危机和化解危机最重要的方法。只要企业具有强烈的社会责任感，本着积极妥善处理危机的诚意，采用恰当的沟通策略，就会赢得社会各界的理解和信任，从而尽快摆脱危机，重新树立起良好的社会形象。

~~~ 案例 3.6 ~~~

《中国机长》背后的"教科书级"公关

电影《中国机长》于 2019 年 9 月 30 日上映，据猫眼数据，到当年 10 月 20 日其票房已破 28 亿元。该片根据四川航空 3U8633 航班备降成都事件改编。2018 年 5 月 14 日，川航 3U8633 航班在飞行途中突然前挡风玻璃破裂并脱落，面临机毁人亡的危险，两位机长在千钧一发之际凭着过硬的专业技术和强大的心理素质操作飞机成功备降着陆，所有乘客安全落地。在险情出现后，川航官微马上发了简单的几句通告，但网络舆论却迅速聚焦这次事件，一天之后，以"向英雄致敬"为主题的舆论迅速刷爆各大社交平台。这次事件并没有变成大众口诛笔伐的事故，反而造就了中国航空史上的奇迹，两位机长被推到了舆论前沿，成为人人敬仰的英雄。川航以高水平的危机公关迅速应对，从一开始，川航事故的关注点就集中在歌颂英雄上。无论是热门话题，还是媒体的一次次采访，都引发了正面的舆论导向。川航公关运筹帷幄，把危机变成机遇，抢先占领舆论高地，接下来的事故原因分析就有了很大的缓冲余地。可以说，川航在这次事件中的危机公关不愧为"教科书级别"。

启发思考：（1）为什么说川航本次的危机公关是"教科书级别"的？（2）分析案例的启示。

实训任务——危机公关中企业声明的撰写

1. 实训目的： 通过对危机公关案例中的企业声明进行分析和修改，完成对危机公关五原则的内化。

2. 实训内容：

（1）选择一起近一年发生的企业危机公关事件，并搜索下载事件发生后企业首次发出的声明。

网络营销——基础、策略与工具（视频指导版 第3版）

（2）根据危机公关五原则分析该企业声明的得失。

（3）根据危机公关五原则修改该企业声明，并说明修改的理由。

（4）撰写危机公关企业声明分析报告，内容包括危机事件概述、企业首次声明原文、对企业首次声明的评价、修改后的声明、修改的理由。

 归纳与提高

本章介绍了网络公关的主要方式、面临的挑战，网络软文营销的优势、网络软文的类型、写作与发布，网络公益营销的作用、类型、原则、策略，网络危机的特点与网络危机公关的原则、应对策略等内容。

互联网为企业提供了与公众沟通互动的各种媒体，提供了树立企业形象和品牌形象的丰富的网络公关方式，也给企业公关带来了挑战。通过网络软文开展内容营销是企业网络公关的重要方式，企业应注意网络软文题材的选取和写作技巧，以及发布平台的选择。网络公益营销是树立品牌形象和增强竞争力的有力工具，企业开展网络公益营销时应遵循关联性、新闻性、长期性和适时性原则，并从精神层面，通过公益事业相关的事件、话题、故事等启迪思想、引人深思、触动心灵。网络公关对网络环境下的企业尤为重要，企业处理网络危机事件时应遵循承担责任、真诚沟通、速度第一、权威证实、系统运作原则，并做好负面消息抑制、正面消息传播和沟通工作。

 自测题

 综合练习题

一、填空题

1．企业_____是帮助企业树立形象的最佳工具之一，包括企业网站、App、微信公众号、微信小程序、企业微博、企业社群，以及其他各种社会化媒体上的企业账号等。

2．对软文内容进行定位，分析软文目标对象的信息需求，洞察其信息偏好，这样才能吸引众多目标对象关注和阅读。从某种程度上来讲，目标对象的_____能决定软文能否得到较好的推广效果。

3．公益营销是将企业利益与_____相结合的一种营销模式。

4．按照公益行为的主体数量不同，网络公益营销可分为_____网络公益营销与_____网络公益营销。

5．网络拉近了人与人之间的距离，消息传播的速度加快，说明网络危机具有_____。

二、简答题

1．简述网络公关的概念。

2．简述网络公关的主要方式，并举例说明。

3．简述网络软文营销的优势。

4．简述网络公益营销的作用。

5．简述企业进行网络危机公关时应遵循的原则。

第四章　网络口碑营销

东方甄选抖音直播"出圈"

东方甄选是新东方旗下农产品直播电商平台，2021年12月28日在抖音开启直播，到2023年5月粉丝已近3 000万人。东方甄选主打的知识直播、双语直播风格，与抖音打造的兴趣电商定位一拍即合，在国内直播电商领域独树一帜，东方甄选的主播们没有吆喝着"3,2,1，上链接""全场最低价"，他们只是不急不躁、安安静静、娓娓道来，让观众觉得真诚、不浮夸。网友们被东方甄选直播间"种草"，纷纷在社交媒体上分享其直播视频。

2022年1月起，东方甄选启动自营农产品探索，开始尝试打造自营品牌农产品，深度参与产品研发、生产、制造、包装、物流、客服等全环节，为消费者提供健康、安全、高品质、美味、高性价比的产品。截至2022年9月，东方甄选已推出近30款自营产品，涉及生鲜、休闲零食、肉制品、饮料等品类。凭借高品质、高性价比的产品特点，东方甄选自营品受到越来越多消费者的追捧，这些自营产品也帮助了众多农业企业打开了销路、增加了收入。高品质带来的口碑传播，成为东方甄选自营产品快速发展的重要因素。

启发思考：（1）东方甄选是如何制造网络口碑的？（2）东方甄选网络口碑好的原因是什么？可以复制吗？

与以往相比，网络营销的主体、对象和方式都在发生着变化，填鸭式灌输与自我标榜式宣传的时代即将结束，消费主体在企业营销中的地位已逐渐由被动转为主动，消费者拥有了更多的发言权。企业应转变观念、创新方法，进行正确的沟通引导，使消费者成为企业产品的营销者，并使接收、传播的对象由笼统的群体变成一个个具体的、精准的目标对象。

第一节　网络口碑营销概述

口碑是人与人之间对某种产品或服务非正式的口头交流，它既可以是正面的也可以是负面的，但与广告、公关、促销等商业目的明显的传播不同，口碑传播是非商业性的。口碑传播是指人与人之间自发地就某一个产品、品牌、组织和服务而进行的非正式、非商业的交流与沟通。口碑传播具有非商业性、可信任度高、主动性强、团体性明显、能提升企业形象、成本低廉等显著特征。

一、网络口碑传播的概念及特点

网络口碑传播是指网民通过社交媒体等网络渠道，与其他网民分享的关于企业、产品或服务的文字及各类多媒体信息。网络口碑传播不仅承继了传统口碑传播可信度高、说服力强等优点，还呈现出如下特点。

（1）传播主体的匿名性。网络的匿名性使消费者能够以匿名或化名的方式发表自己的意见或想法，消费者能更自由地在网络上分享自身使用产品或服务的正面或负面的体验。

由于传播主体的匿名性，网络口碑未必具有传统口碑的非商业性。网络口碑传播不一定是C2C（Consumer to Consumer，个人与个人之间的电子商务）传播，因为传播者可能是匿名的企业人员，也可能是第三方代理机构或者市场权威与意见领袖。

（2）传播形式的多样性。传统口碑传播以声音、动作、表情为主，网络口碑传播的表现方式更加丰富多彩。文字、图片、声音、视频都是网络口碑传播可用的媒介，它们使网络口碑传播变得更加生动有趣。消费者可以通过社会化媒体等多元的传播渠道获取或分享口碑信息。

（3）能突破时空的限制。传统口碑传播只能将信息传播给周围的少数人，而且信息不能停留，而网络口碑传播则不然。通过互联网，消费者所传达的信息不再受到时空的限制，可以传播到世界的各个角落，而且信息能够被永久保存。

（4）传播效率极高。互联网允许消费者之间以不同的对应关系进行信息的传播。消费者既可以使用微信等即时通信工具进行一对一的口碑信息传播；也可以使用微博等社交平台进行一对多的口碑信息传播；还可以使用聊天群、讨论组等进行多对多的口碑信息传播。网络口碑信息的传播变得更为直接，相对于传统的口碑传播，网络口碑传播的效率大大提高。

（5）互动性强。网络口碑传播能够实现一对一、一对多或多对多的交流沟通，传播主体可以在第一时间获得反馈并及时回应，提升了传播者和接收者之间的互动频率和质量，并且让双方的关系更加紧密。

（6）具有相对可控性。某些网络口碑信息可以人为控制，例如亚马逊网站的营销人员可以设置在网站上是否显示消费者的评论，并且规定了消费者对商品的评论模式。这些都会对网络口碑信息接收者的行为产生一定的影响。

（7）传播成本更低。相较于传统的口碑传播，网络口碑传播耗费传播主体的时间和机会成本更少。

案例 4.1

喜茶口碑营销之道

诞生于广东江门的喜茶，有人爱它的口味，有人爱它的外表，大家也爱能够晒在社交平台上的"喜茶"。2012年聂云宸在江门市开了一家名为"royaltea皇茶"（后因商标问题于2016年改为"喜茶"）的奶茶店。最初生意并不好，聂云宸常坐在前台和顾客聊天，前一天跟顾客聊得很开心，可第二天就看到这个顾客在别的店面买奶茶，"这是很伤人的"。也正是在那时，他想到了茶饮年轻化。为此，他开始研发新产品，以增加顾客黏性。

渐渐地，喜茶有了一小批忠实的顾客，他们愿意排队很久只为喝一杯喜茶。之后聂云宸开了第二家店，后来还走出江门开到了中山，但是喜茶在中山遇冷，一天的营业额只有几百元。他琢磨：喜茶的竞争力主要在口碑传播，可是中山市区的新店并没有发挥口碑传播的效果。他调整了战略，在离原来的店只有1小时车程的地方新开了一家喜茶，很多人慕名而来，很快喜茶在新店附近就引发了口碑传播。之后，他在佛山、广州、深圳、上海开店都以此为思路，喜茶新店开业前往往就已形成了口碑传播，事实证明这的确有效。

启发思考： 喜茶是如何制造口碑的？它为什么能成功？

二、网络口碑营销的法则

若想让口碑营销吸引网民的眼球，并且让网民愿意自发传播，就要遵循网络口碑营销的法则。

1. 趣味横生

网上的各种信息非常多，平庸而没有意思的信息很快就会被网民忽略。在做网络口碑营销的时候，一定要做得有趣并且有自己的特色，这样才能吸引网民，使他们在接收信息的同时也愿意分享信息，让更多人知道信息。

2. 便于传播

口碑具有惰性，它只有被推动才能传播开来。营销人员需要做的事情有两件：一是找出简明的信息；二是促进人们对它的扩散。一旦找到了口碑点子，就要通过种种方法使之易于扩散。

案例 4.2

谁说方便面一定要方便的？这家"不方便面馆"就火了

广州有一家"不方便面馆"在网上走红。这家"不方便面馆"位于广州的T.I.T创意园，凭借24小时不打样的营业时间、潮流十足的设计和颠覆传统的店名，备受年轻人欢迎。店面的内部主要分为用餐区、零售区、饮品区、厨房操作区几大区域。进门的用餐区打造得很有空间感和设计感，除了摆放桌椅供用餐外，一旁的书架还提供了各类图书和杂志，让消费者可以一边吃泡面一边阅读。

外卖的迅速发展给方便面行业造成了一定程度的冲击，但是这家"不方便面馆"让人们看到了不一样的创新和变化——原来吃一碗方便面也能这么新潮。这家面馆深刻洞察到当下年轻人的娱乐方式和爱好，用符合年轻人审美观和价值观的方式开展营销，刷新了大众对方便面不健康、没营养的认知，使这个传统品类焕发出新的活力。

"不方便面馆"用经营便利店的思维为年轻人营造了沉浸式的方便面消费体验，一站式解决受众吃喝玩乐的需求，颠覆了外界对方便面的产品营销认知。"不方便面馆"内卖方便面产品或者卖服务，都是其营销的表面现象，"卖方便面的生活方式"才是其营销的本质所在。这种创新的玩法使这家面馆向追求多元化内容和兴趣的年轻人靠拢，极大地提升了年轻人的参与感，增加了自身品牌的曝光度，从而加大了口碑传播的力度。

启发思考： 分析"不方便面馆"受欢迎的原因。

3. 令人满意

口碑营销成功的前提是要生产优质的产品，为顾客提供卓越的服务和完美的体验。企业所做的工作一定要使人们受到鼓舞，感到兴奋、激动，急于告诉朋友。令顾客满意是企业赢得口碑的最佳途径，胜于企业能做的其他任何事情。

📠 **示例**

《长津湖》为何口碑票房双丰收？

根据艺恩数据，内地总票房排名第一的《长津湖》累计票房达 57.7 亿元。这部以抗美援朝战争中长津湖战役为背景的影片，为何有如此大的魅力，取得了口碑和票房的双丰收？根据新华社的分析，主要有三方面原因。

第一，打破常规。《长津湖》的导演是陈凯歌、徐克、林超贤，三位导演都是华语影坛的重量级人物，由他们共同完成一部电影，这种打破常规的做法是难得一见的。三位导演的分工与配合是影片得以成功的关键。陈凯歌负责拍摄志愿军入朝部分，徐克注重影片故事的完整性和生动细节的展示，林超贤则偏重战斗场面创作，并在动作设计中完成人物性格和情感的塑造。三位导演各自发挥所长，让影片兼具他们各自的特色，既有细腻的情感表达和鲜明的时代风貌，又有战士的铁血硬朗和战斗的紧张刺激。

第二，情感共振。在国庆假期这样一个特殊的时间节点，观看一部兼具故事性和思想性的主旋律影片，在很多人看来，有着特殊意义。《长津湖》生动描绘了七连战士的人物群像，人物塑造成为影片主题表达的关键要素。影片中，伍千里想为家中的父母盖座新房，伍万里在战争的残酷中不断成长，梅生惦念着教家中的女儿算数，雷公在英勇牺牲前唱起了《沂蒙山小调》……这些贴近生活的人物形象，实现了对人性的充分挖掘，让影片中的情感表达成功落地，也更好地起到了提振精神力量、引发观众共鸣的作用。

第三，有效探索。《长津湖》蕴含我国电影人对战争题材影片的诸多新探索，在一定程度上也代表了我国电影工业水准的新高度。《长津湖》在延续我国战争题材影片史诗风格的同时，在技术上也达到了新水准。影片在战火呈现和战争思考之间做出了有益的探索和努力，其在战争叙事上的新探索和新表达，为业界指出了正确的前进方向，为国产战争影片创作提供了可资借鉴的范本。

4. 赢得顾客的信任和尊敬

得不到顾客信任和尊敬的企业或产品，不可能有好口碑。要想赢得好口碑，就要永远做一家让人尊重的企业，要将社会责任和伦理道德贯穿一切业务活动，要善待顾客，满足他们的需要，要让顾客在向熟人谈起企业时感到骄傲。

🏊 **实训任务**——网络口碑监测

1. **实训目的：** 掌握网络口碑监测的基本方法，分析品牌网络口碑现状与问题，并提出网络口碑改善策略。

2. **实训内容：**

（1）关注小程序"火花集"，或注册 Google Alerts、Mention、Talkwalker Alerts。选择网络口碑监测工具，

推荐使用小程序"火花集"：①设置关注的内容（可以是人名、产品名、公司名或关键字），免费版可以订阅10个关键词；②设置接收通知的邮箱；③选择邮件通知频率（有每天、每周、不通知三种选择）；④选择通知时间。

（2）收集网络口碑数据：利用"火花集"收集所关注内容的近7天的信息、热度趋势和关联词。

（3）分析网络口碑数据：结合收集的所关注内容近7天的信息进行文本情感倾向分析，可以采用词频分析+情感词典的方式进行文本情感分析，情感词典可以选用哈工大词库中的"用于文本情感分析的情感词典集"或知乎、清华大学等开发的情感词典。

（4）撰写网络口碑分析报告。报告内容包括：①标题；②数据采集工具；③数据采集情况；④数据分析方法及过程；⑤口碑情况分析；⑥口碑改善策略。

第二节　网络口碑营销策略

消费者进行口碑传播一般源于以下三种驱动力。

（1）产品驱动。优质的产品和服务往往可以驱动消费者将其推荐给身边的人。这就需要产品和服务在体验、模式、性价比等方面，明显优于同类产品或竞争者。

（2）精神驱动。精神驱动不同于产品驱动，消费者并不是本身实际需求被满足，而是精神需求得到了满足。例如，常有这样的评论——"这手机真有情怀！""我们都欠他一张电影票！"消费者的这种推荐就来自其精神需求得以满足的驱动。

💻 示例

白象的"出圈"

北京2022年冬残奥会，白象再次"出圈"，虽然没有赞助残奥会但仍然被人们关注的原因在于大家关注到了残疾运动员的拼搏精神，进而发现白象工厂有三分之一的员工是残疾人，因此白象得到网友们的广泛称赞（见图4.1）。白象持续关注残障人士的就业问题，并落实到位，还做到了让残障人士与正常员工同工同酬，享受平等待遇，白象在品牌社会责任方面一直做得很好。其实白象从2006年以来就一直在坚持做公益，从捐赠物资到捐建希望小学、资助贫困大学生、保护环境等，无不体现出品牌的社会责任感。

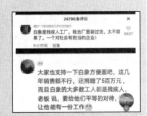

图4.1　网友对白象的评论

（3）利益驱动。如在产品推广中设计推荐机制，将产品分享、推荐给好友即可获得一定的好处，如返现、送券、优惠、送产品等，消费者会更加乐意向更多的人推荐产品。

一、网络口碑营销的"5T"模型

"5T"模型是由口碑传播大师安迪·塞诺威兹提出的，该模型包括谈论者（Talkers）、话题（Topics）、工具（Tools）、参与（Taking Part）、跟踪（Tracking）五大要素。虽然"5T"模型是对传统口碑传播的概括，但同样也适用于网络口碑传播。

1. 谈论者

谈论者即传播行为的发起者，是所有传播活动不可或缺的关键因素，包括个体、群体和组织。网络口碑的谈论者主要包括一般消费者、品牌追随者、意见领袖、专职评论员和其他利益相关者。

2. 话题

人们谈论的中心内容和主要议题即话题，话题是引发网络口碑传播的关键。任何事物，只要能够引起人们的兴趣或情感的共鸣，进而引发讨论，就可以成为网络口碑传播的话题，如动听的广告音乐、精美的包装设计等都是人们谈论的对象。话题传播具有极强的渗透力，也容易引起关注，引发消费者的兴趣，甚至激起人们的购买欲望，企业可以将网络口碑传播作为宣传推广的重要补充手段。话题传播切记不能违背真实的原则。

3. 工具

新媒体为网络口碑传播提供了绝佳工具。网络口碑的传播工具主要包括：①使用者可以直接沟通交流的工具，如电子邮件、即时通信工具等；②可以发布个性化信息和各类资讯的工具，如微博、微信、抖音；③消费者可以分享经验、交流意见的沟通平台，如贴吧、论坛；④为消费者提供参考意见的评论性网站，如大众点评网、豆瓣网；⑤为消费者提供网上购物服务的电子商务网站，如淘宝、京东商城，消费者可在交易完成后对所购商品和卖家服务进行评价和打分。

4. 参与

网络口碑的传播过程是企业、谈论者和信息接收者彼此互动交流的过程，需要三者的共同参与。企业要想获得正面的口碑，并使之在网络上持续地传播和扩散：一是要为谈论者提供更多茶余饭后的谈资；二是要通过及时参与交流互动的行为，赢得客户的好感，获得更好的口碑；三是要在交谈的过程中发掘对品牌忠诚度高的意见领袖，鼓励他们吸引更多的人参与谈论。

5. 跟踪

网络口碑真实反映了品牌在消费者心目中的形象。企业通过追踪、搜集这些信息，可以更好地了解消费者的想法，把握其需求和消费心理，为产品研发和服务改进提供更可靠的依据。

二、网络口碑营销的策略和技巧

（一）制造好的口碑话题

口碑话题应具有话题性，话题传递的信息应具备成为公众谈论内容的条件。好的话题应该具备以下几个特征。

（1）简洁明了。话题一定要简洁明了、令人愉悦。话题应该专门围绕某个观念，要便于人们重复，不要把话题设计得过于复杂。

（2）朴实自然。制造口碑话题无需华丽的语言，而应基于企业实实在在的某方面的特色。如产品相关的话题应以产品的独特品质为基础，产品一定要值得人们谈论、宣传，这是支持话题传播下去的重要因素。

（3）方便快捷。话题应该能在两秒或者更短的时间内叙述完毕，如"在你等待的同时，我们会为你提供免费的冰激凌"。话题太冗长，便达不到好的传播效果，如"试用我们的产品吧，因为我们善待客户、我们价格实惠、我们经验丰富、我们有卓越的客户服务，并且，在你等待的同时，我们还会为你提供免费的冰激凌"。

（4）出人意料。产品隐藏的特性和出人意料的用途、营销活动出人意料的细节或结果等往往能成为让消费者兴奋、激动的话题，从而极具影响力。如某种去污剂居然具有除草剂的功能，此类话题因出人意料往往能得到广泛传播。

示例

以跨界营销撬动话题度和购买力

当消费者对跨界联名的消费热情趋于理性，品牌还能够通过跨界营销撬动话题度和购买力吗？2022年上半年，瑞幸咖啡和椰树椰汁给出了肯定的答案。瑞幸咖啡和椰树椰汁联名合作最引人瞩目的是椰树椰汁34年来第一次跨界合作。而椰树椰汁和瑞幸咖啡又会碰撞出怎样的火花，也是不少消费者感兴趣的地方。两个品牌的跨界营销没有让人失望，被定义为"从小喝到大气层"的联名新品椰云拿铁，椰树同款配色的杯套和纸袋，都是让人无法拒绝的爆款，也成为斩获网络话题度的营销爆点。

口碑话题可以自发形成，但好的口碑话题却需要企业主动制造并培育。在主动创造良好口碑效应方面，企业可以借鉴以下方法制造和培育口碑话题。

1. 以服务创造口碑话题

服务是长期性、细致性、高度接触性的工作，服务细节能体现企业对消费者的关怀。服务是创造良好话题的关键，也是消费者尤为关注的问题。通过优良的服务来赢得消费者的口碑，不但要让使用过产品的消费者在人群中产生裂变式口碑效应，还要尽可能长期维系消费者的忠诚度；不但要为消费者提供最周到的全程式服务以赢得消费者的认可，还要用增值服务、差异化服务和创新式服务等特别服务赢得消费者。

案例 4.3

海底捞：口碑营销的标杆

在海底捞的品牌打造中，口碑传播起了至关重要的作用。口口相传之下，海底捞的生意越来越红火。

在海底捞等待就餐时，客人可以免费吃水果、喝饮料，免费擦皮鞋；如果等待超过半小时，餐费还可以打九折。有的年轻女孩甚至为了享受免费美甲服务而专门去海底捞就餐。待客人坐定点餐时，服务员会细心地为长发的女士递上皮筋和发卡；戴眼镜的客人则会得到擦镜布；服务员会主动更换客人面前的热毛巾；如果客人带了小孩，服务员还会帮客人喂孩子吃饭，陪孩子在儿童天地做游戏；餐后，服务员会马上送上口香糖；客人临走时，擦身而过的服务员会向他们微笑道别；如果某位客人特别喜欢店内的免费食物，服务员也会单独打包一份让其带走。

所有这些都成为年轻人在互联网上的谈资，而且他们会乐此不疲地将在海底捞就餐的经历和感受发布到互联网上，越来越多的人被吸引到海底捞去体验，以至于形成了"海底捞现象"。

启发思考： "海底捞现象"的本质是什么？

2. 以情感创造口碑话题

消费者对产品或服务的功能性需求已经不是他们选择产品或者服务的唯一标准了，他们更关注产品或服务的附加价值，希望产品或服务能带给自己更多情感以及精神上的满足。在口碑营销中，情感非常重要。

案例 4.4

以情动人的《你好，李焕英》

到 2023 年 5 月《你好，李焕英》总票房已超 54 亿元，这部电影可谓 2021 年春节档最大的黑马。《你好，李焕英》改编自贾玲的真实人生，她的母亲在其考入大学时从拖拉机上坠落离世，没有见到母亲最后一面是贾玲人生最大的遗憾。2016 年，贾玲把母亲的故事改编成小品，笑中带泪，喜剧因严肃而变得有力量。贾玲选择了"报答母爱"这个重要而严肃的人生话题，故事虽然来自贾玲，但却是观众普遍要面对的人生课题。贾玲的喜剧是严肃的，是充满力量的。当观众哭着走出电影院时，会更深度地理解母爱。母爱的伟大正在于母亲不图回报，或者说，儿女根本无法报答。影片中最能戳中人们泪点的场景莫过于母亲对女儿说："我未来的女儿，我就让她健康快乐就行了。"听完这句话，女儿热泪盈眶，此场景也彻底打动了观众。

启发思考： 结合案例分析以情感创造口碑话题的优势。

3. 以公益行动创造口碑话题

公益行动容易树立企业的良好形象，使企业获得良好的社会美誉度，尤其是公益行动的受益群体往往会成为企业口碑的传播者。

示例

方太"地球情书"活动

2022 年 3 月 12 日植树节前后，擅长讲故事的方太开展了以"地球情书"为主题的环保活动，携手代言人陈坤发布了《地球情书》的 TVC（Television Commercial，商业电视广告）。影片主要以陈坤的视角讲述了地球守护者的感人故事：黄沙上的一对夫妻奉献自己的一生去治沙造林；湿地中的护鸟人不惧危险与偷鸟贼对峙；"织女"不因金钱利益动摇，坚持用天然染料。影片通过讲述个体鲜活的故事，自然融入方太厨电节能环保的卖点，生动地传达出方太的环保价值观。另外，方太还联合多个品牌书写"告白地球的 100 句情话"，发布了一组海报，每一张海报都聚焦于环保主题，结合品牌特点推出了三行情书表白地球，既呼吁大众践行环保绿色生活，也体现出品牌的环保属性。除了联合各大品牌提高活动声量外，方太还面向全网征集"告白地球的100句情话"，充分调动大众的参与度。从《地球情书》故事短片到联合品牌、全网征集"告白地球的100句情话"，方太的环保形象深入人心。

4. 以品质创造口碑话题

俗话说"酒香不怕巷子深"，但关键是酒要香。没有让顾客满意的产品质量，想赢得良好的口碑只能是空谈。产品或服务优良的品质是企业进行口碑营销的基础，在口碑营销中，"重质量者成，轻质量者败"是一条永远不变的真理。

案例 4.5

盒马鲜生巧借网络话题

2022年3月，一支关于"在盒马网购的鳄鱼复活"的短视频在网络上流传，把盒马鲜生（以下简称"盒马"）推上了风口浪尖。从盒马的回应中，人们可以提取两个关键点：一是盒马售卖的是内蒙古正规养殖的暹罗鳄，通过顺丰冷链发货；二是生鲜在发货前都经过专门处理，是卫生的。字里行间，体现的是盒马生鲜产品的新鲜安全、送货快、专业卫生等卖点。盒马还在评论区自嘲"鳄鱼曾被网友当成壁虎"，贯彻了品牌有趣、"有梗"的形象，赢得了年轻人的好感。

启发思考： 盒马此次口碑营销取得成功的关键是什么？

5. 以事件创造口碑话题

重大的事件总是能给人留下深刻的印象，成为人们谈论的话题。企业如能将产品、品牌与重大事件联系在一起，或者策划引人注目的事件，往往能引起人们的关注，达到预期的宣传目的。

示例

元气森林"押三中三"

2022年春节期间，北京冬奥会是人们关注的焦点。在此期间，人们见证了多个热门话题的诞生，如"冰墩墩""谷爱凌""中国创冬奥会历史最佳战绩""金博洋和羽生结弦竞技"等。对于品牌来说，这也是一次借势"出圈"、斩获话题的绝佳机会。元气森林靠着"押三中三"，被网友称"赢麻了"。2022年2月15日，17岁的苏翊鸣在单板滑雪男子大跳台决赛中摘得金牌，一鸣惊人，同时这块金牌也把元气森林送上了热搜。有网友发现，元气森林的三位代言人谷爱凌、徐梦桃、苏翊鸣，早已经在2021年签约。签约时他们都是知名度不高的运动员，却都在北京冬奥会成了家喻户晓的奥运冠军。眼光独到的元气森林，成为网友眼中的"福气森林""押王之王"，成为人们大量讨论的对象。

6. 以体验创造口碑话题

以体验创造口碑，是口碑营销极为成功的一种方式。消费者通过与企业产品、人员和流程的互动，能对企业的产品和服务更加熟悉，对产品质量更为放心，也会从心理上与企业更加亲近，最终成为企业"免费的推销员"。在网络世界，有很多让企业直接与消费者对接的体验方式，包括浏览体验、感官体验、交互体验和信任体验。

（1）浏览体验。浏览体验主要表现在网络内容设计的方便性、网页页面等排版的美观性、消费者与企业沟通的互动性等方面。企业要努力提升消费者对品牌的浏览体验，从而使其对品牌产生感性认识。

（2）感官体验。企业应充分利用互联网可以传递多媒体信息的特点，让消费者通过视觉、听觉等来实现对品牌的感性认识，达到激发其兴趣和增加品牌价值的目的。

（3）交互体验。交互是网络的重要特点，能够促进消费者与品牌之间的信息双向传播。消费者将自身对品牌的体验通过网络反馈给品牌，不仅提高了品牌对消费者的适应性，更提高了消费者的积极性。

（4）信任体验。企业要善于借助网站的权威性、信息内容的准确性以及品牌在搜索引擎中的排名等，增强消费者对自身的信任。

案例 4.6

宜家让顾客"从心体验"的营销术

宜家一直以来都奉行体验式营销，即使顾客把家具弄坏了、弄脏了都没关系。其实，顾客在宜家体验到的并不只是家具等商品，更像是体验"我家未来的种种可能性"。宜家通过卖场布置和空间陈列，把家具等商品展示出来，不只是为了展示商品功能和外观，更是力图让顾客在感官上尽情地体验。这是一种更接近人心的接触。宜家通过卖场布置和空间陈列，打造出各式各样的情境，让顾客对其充满想象。一旦顾客将宜家的商品与自己的家进行联想，就会强化购买欲望。

宜家奉行体验哲学，宜家的员工不曾赶走顾客，无论他们是在休息、睡觉、吃东西还是喝饮料。宜家为顾客创造了独一无二的卖场全方位的体验环境，还为顾客提供纸笔和量尺以及 DIY 组装服务。此外，宜家卖场还设有儿童娱乐空间、餐厅等。

宜家除了提供家具展示，同时兼顾使用情境和消费情境，处处强化顾客的购买欲望。宜家也重视社交空间，它把为顾客提供足够的社交空间作为卖场的设计原则。

启发思考：（1）宜家体验式营销的特点是什么？（2）宜家体验式营销给你带来了怎样的启示？

7. 以广告创造口碑话题

好的广告可以成为口碑话题。广告一旦形成话题，引发舆论，就可以在大量的信息中脱颖而出，成为人们关注的焦点，例如，2020 年 2 月，钉钉的一支求饶广告刷屏，在微博和 B 站上吸引了一批粉丝。

8. 以故事创造口碑话题

一个关于品牌的好故事总能打动人心，引起消费者的口口相传，从而使其在情感的驱动下选择这个品牌。

示例

《谷爱凌：我，18》

由腾讯体育与极致玩家联合出品，蒙牛独家冠名的《谷爱凌：我，18》最后一集于 2022 年 2 月 18 日开播。随着谷爱凌在冰雪赛场上取得绝佳表现而走红，这档深挖谷爱凌成长经历的纪录片得到了很多观众的关注。到 2022 年 4 月底该纪录片全网播放量已达 4.8 亿次、曝光量达 194 亿次、引发超高舆论热度，关于谷爱凌以及纪录片的相关话题持续引发热议，这位天才少女成为冰雪体育界的"顶流"。谷爱凌通过一言一行向更多人呈现了"Z 世代"（1995—2009 年出生的人）积极向上的精神面貌，以及"00 后"体育人的拼搏与坚韧。作为探索"00 后"新一代体育人真实内心与成长的纪录片，《谷爱凌：我，18》通过全纪实方式，让观众看到了荣耀光环下天才少女谷爱凌的真实成长经历。

9. 以免费创造口碑话题

利用免费来吸引消费者的眼球并促使自己的品牌口碑获得广泛传播也是营销中比较常用的手段，其常用方法主要有三种：免费试用、免费信息及免费服务。

示例

肯德基的可达鸭

2022 年肯德基六一儿童节套餐赠品可达鸭，一手写着"快点"，另一手写着"交作业"，瞬间成了爆款玩具。矮胖的黄色身体，扁扁的嘴巴，双手交替舞动……曾经风靡全球的宝可梦精灵之一可达鸭，在 26 年后再次爆火。肯德基在儿童套餐中赠送的这只可达鸭玩具价格竟一度被炒到 3 000 元，甚至央视、肯德基官方都发文引导公众要理性消费。这款可达鸭音乐盒是肯德基的儿童节套餐搭配玩具之一，肯德基在售价 59 元、69 元、109 元三个价位的儿童节套餐中会附赠一款与宝可梦联名的皮卡丘音乐盒、可达鸭音乐盒、皮卡丘郊游水壶等玩具。在肯德基的前期宣传中，皮卡丘是"C 位"，可套餐发布不久，可达鸭却爆火，迅速登上微博热搜，引发讨论与关注。

10. 以互动活动创造口碑话题

在口碑营销中，消费者发挥着非常重大的作用。要想确保消费者参与并调动他们的积极性，最有效的办法就是在营销活动中吸引消费者参与进来。这样的活动需要满足三个条件：具有可参与性、简单和有趣。

11. 以特色创造口碑话题

特色鲜明的话题才能让人们记住企业，因此应尽量创建让人们一谈到就会联想到某企业而不是其他企业的话题。这有点类似于营销中的定位概念——使品牌在消费者心中拥有一个独特的位置，而口碑营销则是希望使品牌在消费者的谈话中拥有一个独特的位置。

 示例

毕生之研：塑料填充创意

毕生之研对塑料泡沫填充物进行创意改造，将品牌的英文名"peterson's lab"的每个字母做成填充物，并随机放在包装盒里。因为英文名字母较多，又是随机放置，各种奇怪的组合层出不穷。毕生之研官方回应，做品牌名填充物是为了给消费者在拆包装时增加仪式感，并表示集齐全部字母，就可以得到品牌的奖励。在七夕期间，毕生之研把泡沫都换成了粉红色，并添加了符合节日气氛的字母。毕生之研使用产品包装中经常被忽视的充当填充物的泡沫做产品名字，将原本被品牌和消费者双方都忽视的塑料泡沫变成了传播品牌的媒介。通过这种方式，品牌将自己的名字植入消费者心智，让产品从包装到填充物都成为传播品牌的媒介，使品牌传播效果最大化。不同字母组合带来的有趣效果也使更多人参与到泡沫字母的拼字游戏中，众多用户生成内容给毕生之研带来了相当的流量与品牌好感度。随机分装、收集字母兑换福利的方式也进一步提高了毕生之研填充物营销的互动性，字母的不确定性给消费者一种拆包装的仪式感以及类似抽盲盒的乐趣，在一定程度上增加了消费者对产品的复购率和对品牌的忠诚度。

（二）挖掘消费者的真实需求，找准口碑话题

产品属性有多个方面，消费者最关心哪一方面往往不是一目了然的。企业需要对隐藏在消费者行为背后的心理进行挖掘，发现消费者的真实需求与偏好，有针对性地制造话题。在网络口碑传播中，若要成功洞察消费者需求，应加强对消费者信息的追踪。一是加强对消费者信息和言论的搜集，可派专人负责网络信息的搜集工作，对消费者经常访问的社会化媒体进行监测，及时掌握谈论者的观念动向；二是激励消费者互动、反馈，在条件允许的情况下，加大对消费者反馈行为的奖励力度；三是重视企业官方互动平台的建设，提高与消费者互动的频率，方便消费者反馈的同时也便于企业及时了解他们的态度；四是通过搜索引擎了解消费者最关心的产品或品牌属性。

 示例

寻找杂粮的口碑营销话题

杂粮的口碑切入点有很多，如种植、安全、健康、品牌内涵、环保、营养、口感、烹饪、包装、配送、特色服务等，但如何切入却是一个问题。使用百度指数分析，可以发现和"杂粮"相关度最高的是"杂粮如何做"。这说明大多数受众关注的是"如何烹制杂粮食品"。这样，"烹饪方法"就成了很好的口碑切入点。因此，企业可以设计"烹饪"的口碑话题，并沿着"烹饪"深入至"杂粮食谱""杂粮和米其林大厨"等子话题。

（三）口碑路径的广泛测试与重点培养

如果不确定某一话题的方向，可以先选择多个方向，经过广泛测试后再重点培养。如上述关于

杂粮的案例，在最初时，企业可以选择不止"烹饪"一个口碑点，而是加上"安全""品牌内涵""特色服务"等模块设计多个口碑话题，通过企业自有媒体和意见领袖发布相关口碑话题的方式进行一轮初步测试；如果发现大家还是对"烹饪"这个口碑话题的评论和转发更多，那么就可以重点投入资源，围绕"烹饪"来做深入的口碑传播。

（四）争取意见领袖的认可和支持

企业在进行网络口碑传播时，一是要找到目标客户群中的意见领袖，赢得他们的支持和认可；二是要充分发挥意见领袖的作用，通过他们向更多人传递品牌理念，从而在提升传播效果的同时，最大限度地削减成本。企业也可以邀请行业内的专业媒体记者来体验产品，通过他们来传播产品的信息，这样可以提高产品的可信度。

（五）整合媒体资源

选择合适的传播媒体可以让网络口碑传播事半功倍。企业应根据自身需求和属性整合使用口碑传播的网络平台，其中社交媒体的优势比较突出。

社交媒体的优点包括：一是用户彼此间能够最大限度地相互影响、相互信任，可为品牌传播创造优良的互动环境；二是社交媒体平台蕴含丰富的数据资源，详细地记录了用户的性别、年龄、职业、收入、爱好等信息，可以让企业精准地挖掘用户需求、掌握消费倾向，使营销传播更具针对性；三是二次传播效果好，志同道合的用户在社交媒体聚集，用户所处的圈层、审美品位、兴趣爱好具有相似性，更容易接受彼此的观点和评价，无形间扩大了企业口碑传播的覆盖面。

课堂讨论

还有哪些口碑营销策略和技巧？

（六）提高互动频率和质量

消费者接触产品、品牌的时间越长，往往参与互动的积极性就越高，传播正面口碑的概率就越大。企业应高度重视与消费者的沟通交流，及时回应消费者的问题和意见，提升消费者参与网络口碑传播的热情。企业与消费者公开的互动与沟通也能引起其他人的注意，深化在消费者心目中的品牌形象。另外，企业还应通过监测网络信息，及时察觉负面口碑，及时处理问题，挽回消费者的心。

三、负面口碑的控制与管理

想一想

你有发表负面信息的经历吗？你当时的动机是什么？

负面口碑是指消费者给予他人对某一产品、品牌或服务的负面意见，这种负面意见来自消费者自身的经验或别人传播的信息。在网络传播时代，负面口碑的传播速度和影响范围很惊人。负面口碑会降低消费者对企业的忠诚度，影响企业的形象，从而减少潜在的消费者，由此会降低企业产品的销售量并导致利润下降，影响企业的长期发展。消费者传播负面口碑的动机主要包括发泄负面情绪、减少认知的不和谐、利他主义、报复心理、寻求建议等。

根据信息传播原理，信息传播分为两方面：一是作为信息传递过程的"信息流"，二是作为效果形成和散播过程的"影响流"。企业可从控制口碑传递过程的信息流和引导口碑传递方向的影响流两方面入手控制和管理负面口碑。

（一）控制信息流

控制信息流的目的是使信息顺畅、真实、完整地呈现在用户面前，使用户对事件能做出准确判断。信息发布渠道和浏览渠道保持畅通，才能防止虚假或错误信息散布。谣言四起的根本原因是及时、权威的信息缺失或滞后，公众不能从正常渠道得到信息就会转向于其他非官方的甚至是以讹传讹的渠道。保持与用户之间的密切交流是企业控制口碑信息流的有效方法。

1. 搭建企业社区/社群沟通平台

社区/社群沟通平台是用户交流信息的聚集之处。搭建企业社区/社群沟通平台既可以方便企业倾听用户的声音、收集意见,又可以让某一话题的提出者、回应者参与互动,实现参与者与企业之间的互动,减弱负面言论的影响并尽可能让双方和解,化解矛盾。及时在社区/社群平台上发布消息是企业防止谣言跑在真相前面的最有效措施之一。

2. 追踪网民反馈并及时予以回应

网络社区/社群是用户发表看法的地方,也是网络舆论的重要发源地。企业不仅要了解社区/社群的热点话题,还应积极主动地介入,使用人们能接受和认可的方式及时与他们进行沟通。同时,企业应追踪用户发言,了解目标人群关于产品和服务的想法及对企业的投诉并及时做出回应,避免负面口碑不断集聚和扩散。

(二)引导影响流

影响流是由一系列价值判断信息组成的,不同的人对同一事实的信息可能会做出不同的价值判断,重点是它们是否会影响受众、是否会迅速形成主导舆论、是否会给企业带来负面影响甚至造成危机。引导影响流主要是对价值判断信息进行管理。根据发布信息主体的身份差异和所发布信息的性质差异,价值判断信息可分为权威意见、争议意见、错误意见等类型。要引导口碑影响流,可以从以下几个方面着手。

1. 设置议题以引导舆论

设置议题是引导舆论的常用方法,能收到较好的效果。设置议题应尊重用户的兴趣爱好,不能让用户产生共鸣就会失去引导舆论的功能。企业可选择比较有质量的用户原创帖子或热点主题进行推荐,引导用户对此发表意见、看法,形成主题讨论;企业也可根据用户关心的问题设置话题,鼓励他们参与讨论。如肯德基与百度知道联手推出"均衡饮食KFC"活动后,又与淘宝网合作推出"你的梦想KFC来买单"活动,仅三周时间就收到了超过2.5万条回帖,企业主导的话题得到人们的热烈回应。

2. 培养意见领袖

培养意见领袖的目的是让他们帮助传达正面积极的企业信息,组织协调社群的声音,在危机公关时起到缓解危机、改善口碑的作用。要培养意见领袖,首先应深入理解各种在线社群的网络文化,识别有影响力的博主、"UP主"、主播和各大社群核心成员,分析驱动口碑信息形成与扩散的原因;其次要善于利用意见领袖,如邀请嘉宾就某一话题展开深入探讨、澄清某些传言,使他们在交流中影响并感染其他群体,实现对用户相对集中的情绪倾向和意志倾向的有效引导;最后要与有影响力的社群成员建立良好的关系。如惠普邀请网络意见领袖通过网络社区成立了惠普"粉丝团",以赞助"粉丝俱乐部"线下活动的方式巩固与意见领袖的关系,企业展现出对目标消费者群体的理解和融入,同时降低了有效沟通的成本。

3. 加强对重点消费者的管理

加强对重点消费者的管理是消除负面口碑影响并转变负面口碑传播方向的关键。重点消费者是指易传播口碑或者易受口碑影响的人。企业需加强干预和指导,用跟踪服务和回访的方法使之转变心态,以达到使这类人群停止负面口碑传播转而传播正面口碑的目的。

4. 正确处理消费者的抱怨

正确处理消费者的抱怨是将负面口碑转化为正面口碑的关键。消费者只要能通过正式渠道发泄心中的不满一般就不会通过非正式渠道传播企业的负面信息,这时企业将负面口碑转化为正面口碑的可能性会大大提高。企业在处理消费者抱怨时应做到反应迅速、态度坦诚、善于借势等。

案例 4.7

《哈利波特:魔法觉醒》网络危机变为口碑契机

2022 年 1 月 19 日,网易手游《哈利波特:魔法觉醒》上线不久便因为春节活动惹众怒,被玩家发起

"万人请辞策划"话题，并成为微博热搜榜第一。事情起因是：《哈利波特：魔法觉醒》预告的新春活动中，有一些细节在部分玩家看来不算福利，而且有花钱又花时间的嫌疑。在部分玩家的带领下，一场轰轰烈烈的声讨之旅正式展开。截至 1 月 21 日，"万人请辞哈利波特魔法觉醒策划"话题阅读量超过 3.9 亿次，并且有超过 2.1 万人参与了讨论，累计有 4.6 万条原创内容。在话题热度登顶热搜榜后不久，哈利波特手游官方发出回应，针对玩家的诉求一一做出解释。比如大家关心的新春活动轮盘有浪费时间的嫌疑，于是官方便改变了活动投放形式，去除了此前预告的烦琐获取过程，同时还加大了福利力度。另外针对玩家呼声比较高的男性时装太丑问题，也做出正面说明，将对时装进行优化调整。面对《哈利波特：魔法觉醒》官方的致歉公告与说明，部分玩家对此也表示了理解。其实大家的诉求很简单，用通俗的话来讲就是不希望官方"摆烂"，毕竟作为一个经典 IP 改编而来的游戏，没有真正的玩家会希望这款游戏因此"凉凉"，从某种意义上来讲，发起"万人请辞哈利波特魔法觉醒策划"话题也不过是希望与官方平等对话。在诉求得到满足的情况下，哈利波特手游的玩家也回归了理性。这场舆论风波在平息过后，哈特波特手游获得了更高的热度。此次事件也说明，在游戏行业不断发展、在玩家越来越难"伺候"的时代，游戏运营方的态度，常常能起到至关重要的作用。

启发思考：结合案例分析企业消除负面口碑带来的影响的关键对策。

🏊 实训任务——餐饮企业网络口碑营销策划方案

1. **实训目的**：以某餐饮企业为例，运用网络口碑营销理论为其策划口碑营销活动，实现口碑营销理论的内化。

2. **实训内容**：

（1）选择餐饮企业：选择一家熟悉的餐饮企业作为本实训任务的策划对象。

（2）话题策划：从服务、情感、公益、品质、事件、体验、广告、故事等角度进行话题策划，选择其一进行话题策划，撰写文案，制作视频、音频、图片等。

（3）传播工具策划：列出可以使用的新媒体，从可用性、易用性、有效性、互动性等方面评估并选择五种新媒体作为传播工具，建立新媒体传播矩阵。

（4）KOL 或 KOC 策划：列出可能的传播者，从影响力、美誉度、与话题的相关性、与粉丝的互动、达成合作的可能性等方面评估选择三位 KOL 或 KOC 作为核心传播者。

（5）话题传播策划：传播工具传播策略包括确定话题上线时机、频率和监测措施；KOL 或 KOC 传播策略包括与他们接洽、建立合作关系、管理等。

（6）传播效果评价：确定传播效果评价方法及评价指标。

（7）撰写网络口碑营销策划方案：内容包括某餐饮企业简介、网络口碑营销目标、话题策划、传播工具策划、KOL 或 KOC 策划、话题传播策划、传播效果评价、组织与实施计划（人员安排、时间表）、费用预算、风险控制。

 归纳与提高

本章介绍了网络口碑营销的概念、特点和法则，"5T"模型与网络口碑营销的策略和技巧，负面口碑的控制与管理等内容。

网络口碑依赖于网络用户自发性的分享活动，往往更具有可信度和说服力。为了吸引网民自发传播，网络口碑营销应遵循趣味横生、便于传播、令人满意、赢得顾客的信任和尊敬的法则。网络口碑营销"5T"模型包括谈论者、话题、工具、参与、跟踪五大要素，其中话题策划是网络口碑营销的关键，可以从服务、情感、公益等角度策划口碑话题。

 自测题

 综合练习题

一、填空题

1._____是企业赢得口碑的最佳途径，胜于企业能做的其他任何事情。

2._____是引发网络口碑传播的关键，是人们谈论的中心内容和主要议题。

3._____是创造良好话题的关键，也是消费者尤为关注的问题，它能体现企业对消费者的关怀。

4.以_____创造口碑，是口碑营销极为成功的一种方式。

5.负面口碑会降低消费者_____，影响企业的形象，从而减少潜在的消费者，由此会降低企业产品的销售量并导致利润下降，影响企业的长期发展。

二、简答题

1.简述网络口碑传播的特点。

2.简述网络口碑营销"5T"模型的内容。

3.简述好的口碑话题应具备的特征。

4.简述挖掘消费者真实需求的方法，并举例说明。

5.简述引导口碑影响流的方法，并举例说明。

第五章　基于位置的网络营销

引导案例

盒马鲜生的O2O营销

盒马鲜生是阿里巴巴进军生鲜电商的重要布局。作为阿里巴巴"新零售"的领头军，盒马鲜生以生鲜食品为主，以一二线城市的中高收入群体为服务对象，采用 O2O（Online to Offline，线上到线下）模式迅速占领了市场。

盒马鲜生借助互联网平台的优势，将线下与线上经营相结合，引导用户建立"所想即所得"的消费理念，打造了零售行业的 O2O 一站式消费模式。盒马鲜生营收的 60%～80%来自线上 App，线上下单的转化率达到35%。盒马鲜生通过线上 App 在实现导流、获客目的的同时还搜集了用户数据，通过大数据对用户进行定位，以及对用户的消费偏好、消费习惯进行分析，从而勾勒出清晰的用户画像，以便实施精准营销。盒马 App 上的产品种类丰富，包括生鲜、餐饮烘焙等近 20 个细分类目，每个类目下又有近百种商品可供选择。对于生鲜类商品，配送范围在 3 千米以内的 30 分钟内即可送达，极大地满足了用户线上购物追求方便的诉求。盒马鲜生配送范围以内的生活圈被称为"盒区房"，"盒区房"已成为美好生活的代名词。"盒区房"主要为中高端小区，与盒马的用户画像比较吻合。盒马用户主要分为五类人群：一是年轻尝鲜人群，人群占比约20%，消费占比约10%；二是奋斗夫妻，人群占比约35%，消费占比约30%；三是富裕白领，人群占比约25%，消费占比约15%；四是精致居家人群，人群占比约10%，消费占比约35%；五是潮流长辈，人群占比约10%，消费占比约10%。在五类用户中，女性占比都达到了 65%以上，其中精致居家人群中女性占比高达 90%，贡献了最高的成交额。

启发思考：盒马鲜生 O2O 模式的优势是什么？

基于位置的服务（Location Based Service，LBS）是指利用各种类型的定位技术来获取用户当前所在的位置，通过移动互联网向移动终端用户提供信息资源和基础服务。企业将用户位置、用户需求与精准营销结合在一起，LBS 营销应运而生，成为移动电子商务发展的热门领域之一。

第一节　LBS 营销概述

LBS 营销是指在移动互联网环境中，企业利用位置信息，针对目标受众进行的精准营销活动。LBS 营销的产生一方面源于移动互联网以及移动电子商务的快速发展，另一方面也得益于精准营销思想融入商业实践。

一、LBS 营销的特点

1. 精准营销

LBS 营销是一种精准营销。LBS 营销把虚拟的社交网络和实际的地理位置相结合。将用户信息按照地理位置进行组织的特点，是 LBS 应用的核心因素，也是企业最看重的核心价值。LBS 应用能够获取用户更多、更详细的信息，根据用户的活动轨迹对用户进行数据挖掘和行为分析，帮助商家实现精准营销。

2. 培养用户习惯

LBS 营销需要用户主动提供和分享自己的位置信息，也需要用户自愿接收企业营销信息。培养用户习惯尤为重要，企业要引导用户自愿分享位置信息，要说服用户乐于接收基于位置的营销信息，从而获得用户的授权与许可。

3. 保护用户隐私

LBS 的广泛应用引发了位置隐私问题。位置隐私问题是指用户过去的、现在的位置信息泄露导致的问题。位置信息泄露包括定位过程中的位置信息泄露，也包括边信息（Side Information）的泄露。攻击者能够根据位置信息附带的边信息推断出用户的兴趣爱好、运动模式、健康状况等隐私信息。位置信息泄露可能导致用户被跟踪、遭到人身攻击等严重后果。

LBS 营销要注意保护用户隐私，包括对位置信息和边信息的保护。企业应做到：①增加用户身份的不确定性，使攻击者不能确定用户的身份；②增加位置的不确定性，使攻击者不能确定用户的具体位置；③消除用户身份与位置之间的关联性，使攻击者不能将用户及其访问的位置关联起来。另外，大多数企业因自身资源有限，只能将定位过程外包给定位服务提供商，依靠服务商的 LBS 服务器获取位置信息，那么企业选择可靠、信誉好的定位服务商非常重要。

案例 5.1

Olay携手滴滴LBS开启全新O2O时代

2015 年母亲节期间，Olay 在线上以 H5（互动形式的多媒体广告页面）的形式号召年轻妈妈对自己好一点，吸引用户在线上进行免费的肌肤测试，同时支持用户预约并获取滴滴专车百元礼券，鼓励用户搭乘滴滴专车前往 Olay 专柜进行肌肤测试，获得护肤大礼包（见图 5.1）。在母亲节当天，所有使用滴滴打车的用户只要输入有 Olay 专柜的商圈作为目的地，就会收到推送的 Olay 活动信息。用户的整个肌肤测试体验过程，从线上预约到线下交通再到最终享受测试服务，形成了一条完美的 O2O 闭环曲线，使用户在全程免费的状态下能够获得毫无阻力的体验。从最终传播效果来看，本次 Olay 与滴滴跨界合作的 O2O 闭环营销，不仅实现了活动曝光量与品牌美誉度的大幅提

图 5.1　Olay 携手滴滴 LBS 开启全新 O2O 时代

升，其对于线下转化的带动效果也颇为惊人。据统计，线上 H5 预约到线下体验的转换率大于 50%。

启发思考：（1）Olay 和滴滴使用的 LBS 营销策略有什么优势？（2）案例中提及的 O2O 闭环营销是怎么形成的？

二、LBS 营销的发展趋势

LBS 营销的发展趋势呈现出多元化和多样化的特点：一方面，未来的 LBS 营销应该更加专注于对用户需求的发掘和服务，关注对用户的教育和培育；另一方面，移动互联网技术的发展为未来的 LBS 营销提供了新思路。

1. LBS 和传统服务业深度融合

LBS 营销的发展趋势之一是通过打造 LBS 产业集群的方式，最终形成完整的 O2O 应用平台。LBS 和传统服务业的融合受到重视，餐饮、娱乐、旅游、金融等传统服务业的 LBS 应用不断涌现。基于 LBS 应用的本地生活化服务，本质上是通过 LBS 连接商家和用户，通过融合两者，使之成为 O2O 业务推广的重要手段，让 O2O 成为两者之间的桥梁。

腾讯位置服务平台是国内提供 O2O 解决方案的代表性平台。腾讯位置服务平台为餐饮外卖、百货、生鲜配送等 O2O 业务提供全流程所需的 LBS 能力支持，提供定制化搜索、自动生成配送范围等特色功能。其合作伙伴包括美团外卖、大众点评、新达达、每日优鲜、饿了么等。

2. LBS 和移动支付相结合

随着 LBS 生活服务市场的不断发展，LBS 与移动支付业务越来越密不可分。利用 LBS 应用，商家对本地用户进行产品和服务信息推送，用户再通过移动支付完成付款，这样就形成了一个完整的

O2O业务闭环。这种基于LBS的O2O业务闭环，既可通过LBS的O2O业务来培养用户使用移动支付的习惯，又可通过移动支付来提高LBS的O2O业务的结算效率，可以极大地提升用户的支付效率。比较有代表性的是阿里巴巴旗下的支付宝App和腾讯旗下的微信支付，两者为了培养用户使用自身平台移动支付工具的习惯，在推广过程中不遗余力，极大地推动了LBS生活服务应用的发展。

 案例5.2

支付宝AR红包开启新玩法，"LBS+AR+定位"成最大亮点

支付宝推出的AR红包准确地抓住了用户的痛点，一经推出就迅速"引爆"朋友圈。

（1）LBS+AR，大大增强线下用户体验。AR实景红包是基于"LBS+AR"的方式实现的，为用户提供了基于位置的服务。依靠LBS支撑，用户可以按照地图和地理位置的提示，寻找、领取红包，这增加了用户线下的沟通机会、增强了线下用户体验，再度掀起LBS应用大潮。

（2）促进线下商户引流，实现线上线下的融合与联动。AR红包通过虚拟互动连接支付宝在线上线下庞大的商户资源和流量用户资源，促进线下商户引流。对于商家而言，AR红包既可以吸引用户到店，又可以通过强化推广单品及爆款来大幅提高营销的精准性。同时AR红包还可以收集用户的经常性消费地点、消费品类和频次等数据，以实现线上线下的真正融合，同时也可促进商户移动支付的消费金额大幅增长。

启发思考：（1）支付宝的AR红包为什么能成功？其成功可以复制吗？（2）支付宝应如何应对市场跟随者？

3. LBS和大数据相结合

LBS与大数据相结合，能为城市规划、智慧文旅、零售选址、商业营销、物流管理、商业地产、智慧交通、智慧城市等提供解决方案。

在商业营销服务方面，LBS大数据应用可以通过对用户需求进行定位和搜集，及时针对运营商的营销能力和营销方向进行有效评估并提出建议，有助于提升针对用户的商业营销的精准度，既可提高运营商的营销效果，也可为用户提供更加个性化、精准化的营销服务，实现根据用户当前的地理位置智能化地判断用户需求，主动进行用户服务推送，改善用户体验。

在物流管理方面，LBS大数据应用可以提升企业用户对物流、仓储和供应商的管理能力。企业可以利用LBS应用对物流配送过程中的商品进行全程的实时定位，直观地了解商品配送情况。同时通过对物流中大量的LBS痕迹数据的挖掘和分析，可以对物流运输能力进行合理分配、对配送路线进行智能规划，避免拥堵，提高配送和运输效率。

在智慧城市建设方面，LBS大数据应用可以将用户的移动终端变成智慧城市的云服务终端，形成个人用户和智慧城市之间的信息链条，并在物联网、智能导航、社交网络等多个方面完善智慧城市的建设。

示例

百度地图慧眼助力智慧丽江

"城市大脑"是智慧丽江建设的核心，百度地图慧眼则致力于助力建设丽江智慧大脑。"城市大脑"通过建设感知中台、数字中台、AI中台、交互中台四大中台，聚焦党建政务、文化旅游、社会治理、生态环保、公共服务五大版块，打通数据壁垒、实现资源共享，为委办局业务提供数据支持和AI赋能，实现综合指挥调度、决策分析及资源共建、共享、共用。

4. LBS和新型智能终端相结合

LBS终端以智能手机为代表，可穿戴设备的研发速度也非常快，头盔式、眼镜式全景显示的无线上网终端将克服手机屏幕小且显示内容有限等问题。"泛终端化"，即允许更多的终端产品，尤其是传统的非智能终端产品和非位置服务终端产品接入LBS平台，以实现跨界、跨行业的资源整合和服务支持，这也是位置服务终端产品的一个发展趋势。未来的移动终端，可以是手机、平板、可穿戴设备，甚至可以是冰箱、洗衣机、门窗以及卫生间的梳妆镜等智能家居产品。在未来的商业模式

中，商家和用户可以随时随地通过智能设备参与网络营销活动。未来的移动终端将拓宽人们利用移动互联网的广度，激发大量的潜在需求，形成一个新的基于 LBS 的巨大商业市场。

案例 5.3

儿童智能手表

市场调研结果显示：儿童定位产品的需求强烈，功能需求明确；智能穿戴产品进入高速发展期；整个基于 LBS 系统的需求无比旺盛；儿童定位穿戴产品市场总规模达到近 300 亿元人民币。以 360 儿童手表为例，在产品的核心功能体验上，360 儿童手表的优势如下。

一是功耗，360 儿童手表能够自动记录孩子的活动轨迹，一旦孩子发生危险，这会成为重要的参考依据。同时其具有安全区域功能，家长可以及时知道孩子什么时候到家、什么时候到学校。360 儿童手表在业内率先采用了自适应定位算法，能够根据网络和运动状态自动触发定位，在孩子移动时及时定位，静止不动时则减少重复定位，使产品在提供优质功能的同时尽量减少功耗。

二是精度，精准的定位是儿童智能手表的最关键指标。360 儿童手表采用自研专利定位技术，支持 GPS、北斗卫星导航、AGPS、基站、Wi-Fi、重力感应、拍照辅助、室内定位、3D 定位、AI 辅助定位等定位技术。360 儿童手表将定位精确到直径 1 米，家长能精准地即时把握孩子的行程和活动轨迹。

启发思考：（1）结合案例分析 LBS 定位的特点。（2）除了定位，360 研发可穿戴设备还有什么优势？

实训任务——探索 LBS 营销新玩法

1. 实训目的： 通过收集并比较分析最新 LBS 营销案例，预测 LBS 营销未来发展趋势，并提出至少一种 LBS 营销新模式。

2. 实训内容： ①收集最新一年的 LBS 营销案例，选取三个较有代表性的案例介绍；②分析在案例里中 LBS 营销的开展模式，对比它们的相同点和不同点；③总结最新 LBS 营销发展趋势，并尽量提出一种新的 LBS 营销用于传统行业的应用模式；④撰写 LBS 营销发展趋势报告，内容包括 LBS 营销案例简介、LBS 营销案例分析对比、LBS 营销发展趋势分析、LBS 营销新模式。

第二节　LBS 营销模式

根据 LBS 营销应用的领域不同，基于移动电子商务的 LBS 营销模式可分为 LBS+地图模式、LBS+O2O 模式、LBS+SNS 模式及 LBS+广告模式四种类型，如表 5.1 所示。

表 5.1　LBS 营销模式分类

分类	特点	应用实例
LBS+地图模式	实现精确、连续的地理位置定位，以地图导航为核心	高德地图、百度地图
LBS+O2O 模式	基于位置的线上预订与线下消费	各类打车 App、旅游预订规划 App、饿了么
LBS+SNS 模式	以地理位置为基础构建小型社区	微信、陌陌
LBS+广告模式	以本地商家广告信息推送为核心	大众点评、美团

一、LBS+地图模式

（一）LBS+地图模式概述

大多数 LBS 应用离不开地图功能的支持，基于 LBS 的手机地图应用是目前核心的营销模式之一。手机地图应用最常用的功能包括地点查找、路线导航和定位。同时，手机地图应用在地图服务基础上提供了大量生活服务信息，如附近银行、ATM、商铺、餐馆以及休闲娱乐场所等的位置信息。目前，国内手机地图领域由百度地图和高德地图占据了大部分市场份额。百度地图利用 LBS 和云计算技术实现对路线、路况的智能分析，在定位和导航过程中主动推送生活服务信息和商业信息。高德地图依靠与阿里巴巴的资源整合，承载的业务大幅增加。目前 LBS+地图已经成为众多手机 App 的标配功能，地图类 App 已发展成为面向个人与互联网企业的平台发展模式，手机地图应用逐步实现了从应用工具到基于 LBS 的移动位置服务平台的转型。

📖 示例

百度地图慧眼

百度旗下的百度地图慧眼是一款时空大数据服务平台。百度地图慧眼基于海量地图时空大数据、人/车/物时空大数据、互联网大数据、第三方大数据等数据源，致力于通过人工智能技术，打造时空大数据分析平台，用亿万大数据助力城市规划、智慧文旅、零售选址、人口统计、政府管理、商业地产、智慧交通等领域。百度地图慧眼的核心功能包括城市研究、商圈分析、人群热力分析、人群洞察、目标人群识别、地块价值分析等。

百度地图慧眼面向的领域包括以下几类。①规划行业，涉及总体规划、城市群研究、城市研究、交通规划、专项规划、人群迁徙识别、未来人流量预测、通勤方式挖掘等。②零售行业，涉及零售选址、预估销售、业态分析、人群画像、客流分析、商圈研究、新店选址等。③房产行业，涉及拿地分析、地块研究、城市分析、客群研究等。④政府管理，涉及人口统计、人口研究、人口迁徙、人流量预测、人口监测、街道评估、交通预测等。⑤其他，涉及金融行业、文化旅游行业等。

（二）LBS+地图模式应用分析

地图应用是 LBS 营销的基础，LBS+地图模式几乎可以应用于所有电子商务领域。

（1）导航服务。导航服务是传统电子地图系统提供的基本服务，如高德地图、百度地图等都提供此服务。

（2）生活服务。餐饮、酒店、KTV、电影、打车等生活服务提供商通过地图软件将自己的位置信息推送给用户，可实现线上线下的互动，刺激用户消费。

（3）持续定位。如运动类的跑步、走路数据的获取，还有物流类的车联网、公交换乘等信息服务的实现，都需要持续定位的支持。

（4）团购。如美团等团购网站，或在自己的 App 中嵌入了地图功能，或与数字地图提供商合作在其 App 中嵌入了团购功能。

（5）社交。大多数社交类的应用程序都提供用户通过地理位置信息在地图上寻找附近好友或陌生人的功能。

（6）穿戴。穿戴类应用在可穿戴设备中嵌入定位及位置信息发送功能，与用户端 App 实现实时的数据传送，可在地图上显示位置，如 360 儿童卫士等。

（7）LBS 游戏。LBS 游戏可使地理上邻近的游戏用户随时组团对战，如 Pokemon GO（任天堂公司的一款游戏）受到了年轻人的欢迎。

（8）移动支付。在移动支付中，如支付宝的 AA 收款，就需要用到定位功能。

（9）AR 技术应用。AR 技术可增强用户在当前地点的情景互动，主要应用在游戏及地图导航中。

二、LBS+O2O 模式

（一）LBS+O2O 模式概述

O2O 是指线上与线下结合的商业模式。O2O 将线上的互联网营销与线下的商业机会结合在一起，让互联网成为线下交易的前台。移动支付的不断成熟使 O2O 的产业链变得更加完善，使线上线下资源得到了进一步整合。

LBS+O2O 模式是传统团购模式的延伸和进化。根据团购与 LBS 的优势，将二者结合在一起能把同一时间、同一区域对同一种商品感兴趣的人集中到一起，为其提供低价、便捷、定位准确、及时的服务。LBS+O2O 模式不仅仅是传统团购模式的延伸，LBS 能够把商家与用户快速且实质性地连接起来，使用户在看到店铺信息后马上就可以和商家产生连接并消费，而不限于团购。

（二）LBS+O2O 模式应用分析

LBS+O2O 模式主要应用于生活服务领域，常见的 LBS+O2O 模式应用有以下几种。

1. LBS+O2O 模式与餐饮行业的结合

LBS+O2O 模式在餐饮业已经具备了清晰的盈利模式，LBS 与餐饮企业结合起来可以很好地解决餐饮企业的营销问题。首先，LBS 可以帮助餐饮企业找到有需求的用户，提高营销的准确性；其次，LBS 营销更多的是口碑营销，线上的评论多为用户的实际消费体验，LBS 营销的可信度高。

2. LBS+O2O 模式与社区店的结合

每个超市或便利店都有自己的服务半径，类似地，可以通过 LBS 对附近区域的用户推送促销信息，实现线上销售、线下送货（或用户自提）。目前，无论是传统行业巨头，还是互联网巨头都已布局社区 O2O 平台。社区还是垂直细分市场 O2O 创业的切入点，社区 O2O 平台建设的重点不是商城系统，而是线上线下一体化运营的销售模式，即基于线上定位为附近可提供服务的线下门店引流或帮助其推出各种营销活动。

> **示例**
>
> **京东到家**
>
> 京东到家是达达集团旗下的本地即时零售平台，依托达达快送和零售合作伙伴，为消费者提供超市便利、生鲜、医药健康、3C 电、鲜花绿植、美食、服饰运动、家居时尚、个护美妆等海量商品约 1 小时配送到家的即时消费服务。消费者可借助 LBS，在京东到家上寻找身边的社区店，下单后 1 小时内即可送货上门，非常方便快捷。京东到家业务已累计覆盖全国超 1 700 个县（市、区）。

3. LBS+O2O 模式与交通服务的结合

滴滴打车是应用这种营销模式的典型代表，可以为用户解决打车难的问题，并能提升用户体验。用户利用打车应用向周边的出租车"广播"自己的打车请求，用户的位置被用来进行定位，并通知周边的出租车，周边的出租车可以直观地通过手机或其他移动终端看到叫车用户的位置，并收到该用户的叫车请求，最后所有收到请求的出租车通过抢单，以先到先得的方式来获取本次服务的提供权。打车软件已是目前使用 LBS+O2O 模式频率最高的软件。

4. LBS+O2O 模式与服装零售的结合

在服装零售行业，LBS 对提升购买率有极大的助推作用。目前服装零售 LBS+O2O 有四种具体模式：一是门店模式，核心是线上向线下导流，如优衣库；二是私人定制模式，核心是为用户提供个性化的服务和体验，如绫致时装；三是生活体验店模式，核心是实现线下用户向手机 App 用户的转化，如美特斯邦威生活体验店；四是粉丝模式，核心是将 O2O 工具（第三方 O2O 平台、自有 App 等）作为品牌的粉丝平台，如歌莉娅。

> **课堂讨论**
>
> 除以上提到的行业外，还有哪些行业可以利用 LBS+O2O 模式进行商业模式创新和营销创新呢？

5. LBS+O2O 模式与旅游行业的结合

旅游类 App 因其出色的方便性以及与 LBS 技术的结合使出行变得越来越科学、越来越轻松。这类 App 可以利用 LBS 技术推送更精准的信息，为用户提供酒店预订服务及当前景点门票、景点人流量信息，为游客及商家提供更优质的服务。

总之，LBS 将基于位置服务需求的双方联系起来，更加智能、便捷地服务于人们的日常生活，提高了资源配置效率。LBS+O2O 模式也为传统企业转型提供了新的思路，有助于传统企业构建新的商业模式。LBS+O2O 模式具有无限的应用价值，企业可以在 LBS 的服务半径内满足用户个人需求并提供各类服务。例如，基于位置的酒店订房，用手机端完成影院选定、选片、选座、购票，用手机查找附近的家政保洁人员等。

三、LBS+SNS 模式

社交服务型的 LBS 应用是 LBS 和 SNS 的结合，LBS 提供位置信息，SNS 满足用户社交需求，二者的结合实现了技术服务与社交功能的有机结合。

国内的互联网企业纷纷推出具有 LBS 功能的 SNS 手机客户端，其中最热门的是腾讯公司推出的微信。微信作为一款 IM 服务软件，集成了朋友圈、二维码扫描、小程序等多重功能。微信的 LBS 应用模式简洁而有效。微信利用 LBS 打造了"摇一摇"等社交娱乐功能，将微信的社交功能延伸到了陌生人之间，极大地提升了用户关联度和用户黏性。另外，微信基于庞大的用户群体及较高的用户忠诚度可开展形式多样的营销活动。微信公众号、微信支付、微信朋友圈、微信群、小程序等是微信进军电子商务领域的主要工具。

示例

维珍移动的勋章游戏

维珍移动是维珍集团旗下的移动通信企业。为了提高用户黏性，该企业开发了一款基于地理位置的 App。以 App 为基准，当用户 A 发现自己附近有一个勋章时，就可以将其抓取到 App 中；当用户 B 靠近用户 A 的时候，就可以去偷用户 A 的勋章。活动以位置为基础，用户互相偷勋章。游戏时间为周一到周五每天早上 7 点到晚上 7 点，周六、周日是早上 9 点到晚上 6 点。该活动持续了一个月的时间，维珍移动每天都会统计谁获得的勋章最多，并予以奖励，在活动结束后，再给予大奖。

四、LBS+广告模式

LBS+广告模式的应用可分为三类：位置感知广告、地理围栏广告和位置图谱广告。

1. 位置感知广告

位置感知广告是指广告主根据用户的实时动态位置，确定用户和目的地的距离以投放特定或动态的广告信息给用户的方式。位置感知广告与普通广告相比会获得用户更多的关注，位置感知广告点击率高于普通广告。这种广告方式获得了广告主的青睐，此类广告会让一些店铺的广告效果大大提升，店铺附近的许多用户会在看过广告后光顾这些店铺。

2. 地理围栏广告

地理围栏广告是指广告主向预先划定的地理围栏内的用户发送广告的方式。地理围栏就是用一个虚拟的栅栏围出的一个地理区域。当用户进入、离开这个特定地理区域，或在该区域内活动时，移动终端就可以接收推送的广告。地理区域的区隔不同限于经纬度，任何和地理位置相关的信息都可以作为一个区域的表示，如邮政编码、城区或者零售店、购物中心等。

3. 位置图谱广告

位置图谱广告是指广告主根据线下受众分类数据，向在某个地理围栏内的用户进行广告投放的方式。受众分类数据包括人口特征、用户偏好和消费历史等。将受众分类数据和地理围栏综合起来可勾画出受众的位置图谱。位置图谱广告有以下优点。第一，可以将用户地址及其他信息转化成广告主可以明白的语言，也就是受众特征资料。第二，广告投放更加精准。假设一个旅行箱品牌想向商旅客户投放广告，如果该品牌只是在机场推送移动广告，那么受众则是推广期间所有出现在机场的人。这时，广告可能被投放至无关的受众，如机场工人、旅行者亲属、出租车司机等。但如果广告商向机场内那些在三个月内至少去过六家机场的受众投放该广告，那么精准性就会显著提高。

实训任务——LBS 营销策划

1. 实训目的： 选取没有使用过 LBS 营销的传统企业，为其撰写一份 LBS 营销策划方案。

2. 实训内容： ①选取没有使用过 LBS 营销的传统企业，尽可能全面搜索其基本情况和近半年的营销活动；②选取一个你认为适合结合 LBS 营销的活动；③撰写 LBS 营销策划方案，内容包括企业营销活动基本简介及当前实施效果分析、结合 LBS 营销可行性分析、LBS 营销模式选取。

 # 归纳与提高

本章介绍了 LBS 营销的特点、发展趋势，以及主要的 LBS 营销模式，包括 LBS+地图模式、LBS+O2O 模式、LBS+SNS 模式和 LBS+广告模式。

LBS 营销是在移动互联网环境下，基于位置信息开展的营销活动，它是一种精准营销，但需要培养用户分享位置的习惯，还应特别注意保护用户的位置信息和边信息。传统服务业、移动支付、大数据、智能终端等领域通过与 LBS 营销结合展现出新面貌。LBS 营销四种模式阐释了通过位置信息推动地图服务、O2O 行业、SNS、广告活动的精准化发展。

 # 自测题

 # 综合练习题

一、填空题

1. LBS 营销把虚拟的_____和实际的_____相结合。将用户信息按照地理位置进行组织的特点，是 LBS 应用的核心因素，也是企业最看重的核心价值。

2. LBS 终端以_____为代表，可穿戴设备的研发速度也非常快，头盔式、眼镜式全景显示的无线上网终端将克服手机屏幕小且显示内容有限等问题。

3. _____是指广告主根据用户的实时动态位置，确定用户和目的地的距离以投放特定或动态的广告信息给用户的方式。

4. 线上与线下结合的商业模式是_____。

5. 社交服务型的 LBS 应用是_____和_____的结合，LBS 提供位置信息，SNS 满足用户社交需求，二者的结合实现了技术服务与社交功能的有机组合。

二、简答题

1. 简述 LBS 营销的概念。

2. 简述 LBS 营销的发展趋势。

3. 简述 LBS 营销模式的类型。

4. 简述 LBS+O2O 模式的应用内容。

5. 简述 LBS+广告模式的类型。

第六章 社交网络营销

引导案例

小红书——标记你的生活

小红书是年轻人的生活方式分享平台。用户在小红书上可以通过短视频、图文等形式记录生活点滴，分享生活方式，并基于兴趣形成互动。小红书的用户既是消费者，也是分享者。小红书通过深耕UGC（User Generated Content，用户生成内容）购物分享社区，迅速成长为全球最大的消费类口碑库和社区电商平台。

和其他电商平台不同，小红书是从社区起家的。一开始，用户注重在小红书社区里分享境外购物的经验，到后来，这种分享的边界被不断拓展，触及人们的消费经验和生活方式的方方面面。如今，社区已经成为小红书的特色，是其他平台无法复制的地方。小红书是一个用户进行真实口碑分享的社区，整个社区就是一个巨大的用户口碑库。此外，用户的浏览、点赞和收藏等行为，会产生大量底层数据。通过这些数据，小红书可以精准地分析出用户的需求，保证采购的商品是深受用户推崇的。

从2016年年初，小红书将人工运营形式改成了机器分发形式。基于机器学习的方式，社区中的内容会被匹配给对它感兴趣的用户，从而实现了数据的高效分发，这也使小红书变得越来越"好逛"。

启发思考：（1）为何小红书要从社区入手？其成功原因是什么？（2）分析小红书模式给其他电商企业的启示。

菲利普·科特勒在《营销革命3.0：从产品到顾客，再到人文精神》一书中把营销的演进划分为三个阶段。第一个阶段是营销1.0时代，即"以产品为中心的时代"。第二个阶段是营销2.0时代，即"以消费者为中心的时代"。目前正处于营销的第三个阶段——营销3.0时代，即"以价值观为中心的时代"，在这个时代，交换与交易被提升为互动与共鸣，营销的价值主张从"功能与情感的差异化"被深化为"精神与价值观的响应"。社交网络营销的起点与基石是与交往对象拥有相同的价值取向，以此顺应了"以价值观为中心"的时代潮流。

第一节 社交网络营销概述

社交网络营销始于互联网环境中的社交网络的出现。当企业把SNS（Social Network Service，社交网络服务）与营销结合起来，运用社交网络营销的思路和方法进行商业实践时，企业将会获得丰厚的回报。

一、SNS的含义

SNS需要网站和相应软件的支持，在互联网领域，SNS包括以下三层含义：服务、软件、网站。

在我国，人们习惯用社交网络来代指SNS。社交网络并不是简单地将现实生活中的社会关系映射到互联网上，而是包括了人与人之间、人与机器之间的交互和关系。它可以是一种互联网应用、一个平台、一种媒介、一种工具、一种服务，甚至是一种理念。

二、社交网络营销的含义与原则

（一）社交网络营销的含义

社交网络营销，是利用 SNS 平台的分享和共享功能，在六度分隔理论的基础上开展的营销活动，是随着网络社交而兴起的一种营销方式。社交网络营销一般可通过病毒式传播，让企业、品牌和产品被更多的人知道。

与传统营销方式相比，社交网络营销具有可以满足企业不同的营销需求、有效降低企业营销成本、实现对目标用户的精准营销、真正符合网络用户需求等优点，但是也具有难以避免负面言论的传播、过度营销易引起受众抵触、营销效果难以评估等缺点。

（二）社交网络营销的 TIIAS 原则

社交网络营销的 TIIAS 原则认为，社交网络营销包括 T（Touch，接触用户）、I（Interest，让用户产生兴趣）、I（Interactive，用户与品牌互动）、A（Action，促成行动）、S（Share，分享与口碑传播）五个步骤。

1. 接触用户

SNS 平台在满足用户情感交流、互动、娱乐等需求方面提供了多种服务和产品，为企业接触用户创造了大量的机会，使企业可以通过精准定向广告或内容创意接触目标用户。

2. 让用户产生兴趣

精准定向广告或内容创意与用户群的契合会带来更高的用户关注度。同时，来自好友关系链的反馈信息、与品牌结合的娱乐化信息更容易引起用户的兴趣，这些兴趣可能来源于用户的潜在消费欲望，也可能是受广告或内容创意的吸引所致。

3. 用户与品牌互动

用户参与互动活动可以得到互动的愉悦与满足感。企业可以通过 SNS 平台与用户进行内容互动，这种互动可以在不影响用户操作体验的情况下传递品牌信息。

4. 促成行动

通过与品牌的互动，用户在娱乐过程中潜移默化地受到品牌信息的暗示和影响，提升对品牌的认知度、偏好度及忠诚度，用户自身线上及线下的购买行为和选择也会受到影响。

5. 分享与口碑传播

用户与品牌的互动和购买行为并非最终目的，社交网络营销期望用户在体验产品之后可以分享自己的使用心得，然后通过好友间的信任关系对企业品牌和产品进行分享、传播，为企业带来更高的关注度及更广泛的用户群体。

案例 6.1

阿里巴巴的社交化之路

阿里巴巴（以下简称"阿里"）一直在尝试做社交媒体。2008 年阿里旺旺用户过亿，是 QQ 之后第二个用户过亿的即时通信产品。阿里把阿里旺旺分成了买家版和卖家版，这种做法的坏处一是分散了流量，二是让用户觉得迷惑，不知道该用哪个版本。阿里很早就建立了千牛卖家中心，推出了"千牛"，主打卖家服务工作台和在线沟通，与阿里旺旺卖家版功能存在重复，让人感觉产品策略混乱。2012 年，旺旺推出了移动版"旺信"，这个产品没有在用户中建立起和阿里旺旺的强联系。2013 年"来往"正式上线，阿里请来大量艺人助力，但不到半年，这个项目就夭折了。2015 年支付宝开始尝试社交化，在钱包的二级界面出现"我的朋友"栏目，用户可以直接添加其他支付宝用户成为好友并发起聊天。但真正让人注意到支付宝的社交化动作是阿里在 2016 年 11 月推出的"圈子""校园日记"，但女性的大尺度照片引起了极大的负面反响，产品被叫停。2019 年，阿里发布了音乐社交应用"鲸鸣"，但是到 2020 年 6 月即正式停止运营。2020 年，阿里正式公布一款消费级社交网络产品"Real

如我"，到 2021 年年末，这款产品没有激起任何水花。2021 年"双 11"，淘宝的重头戏是"分享购物车"，以增加淘宝的社交属性。然而没过多久，用户就发现这项功能严重泄漏了个人隐私，这项功能也迅速成为鸡肋。阿里在做社交产品的同时，也投资了其他社交产品。2013 年，阿里以 5.86 亿美元购入新浪微博发行的优先股和普通股，占微博公司全稀释摊薄后总股份的约 18%；2014 年陌陌 D 轮融资 2.118 亿美元，阿里是领投方。

阿里旗下社交应用比较成功的是钉钉，但是钉钉主要用于打卡和日常办公，截至 2022 年 9 月底付费日活跃用户数仅为 1 500 万人。对于大多数上班白领来说钉钉多用于上班场景，下班后钉钉的使用率就会出现断崖式的下跌，因为大家都不太愿意在下班之后依然使用工作时使用的社交软件。

启发思考：（1）阿里为什么执着于做社交？（2）结合阿里的社交化之路分析社交营销的优势。

实训任务——社交网络营销优缺点分析

1. 实训目的： 通过访谈五个接触过社交网络营销的人，整理不同人对社交网络营销的切身感受，总结社交网络营销的优缺点。

2. 实训内容： ①确定访谈对象。寻找身边参与过社交网络营销活动的同学并邀请其参与访谈。②拟订访谈提纲。确定访谈的具体问题和框架，包括但不限于参与访谈者的基本信息、社交网络营销活动描述、参与者感受等。③进行正式访谈。注意倾听，适时追问，做好记录。④整理访谈资料，撰写社交网络营销优缺点分析报告。报告包括访谈者所参加社交网络营销活动简介、社交网络营销优缺点分析、社交网络营销优化建议，附录附上访谈记录。

第二节　社交网络营销策略

根据社交网络营销的 TIIAS 原则，本书认为社交网络营销策略包括受众分析与获取、社交网络营销平台的选择、社交网络营销方法的选择和社交网络营销评价反馈等方面的内容。

一、受众分析与获取

社交网络营销的受众既是社交网络传播的对象，也是社交网络传播的主体。社交网络强调的是用户创造内容。商家可以通过对受众兴趣爱好的分析对受众群体进行细分，瞄准不同受众的需求，向受众精准提供他们需要的产品和服务。

社交网络用户的需求集中在三个方面，分别是信息需求、社交需求和商务需求。营销人员可以针对用户使用社交网络的不同需求将用户划分为不同的群体。根据用户对信息、社交、商务三个功能的不同需求，社交网络用户可划分为八种类型，如表 6.1 所示。营销人员可以根据用户使用社交网络的情况，确定他们在社交网络中扮演的角色，然后进行精准营销。

表 6.1　社交网络用户的类型

用户类型	信息	社交	商务	基本特征
沉默型	×	×	×	极少使用社交网络
全能型	√	√	√	全面使用社交网络的各种功能，热衷在社交网络中社交、购物、浏览信息
柏拉图型	√	√	×	注重社交网络中的情感营销，而不使用其商务功能
自我中心型	√	×	√	充分满足自我购物和信息浏览的需求而不关注社交
营销型	×	√	√	对交友和购物感兴趣，对信息内容不关注
浏览型	√	×	×	只对浏览信息内容感兴趣，对其他方面不感兴趣
交际型	×	√	×	在社交网络中主要想满足社交需求，对信息内容和购物兴趣小
购物狂型	×	×	√	在社交网络中只为满足购物需求，对其他服务不感兴趣

针对沉默型用户，营销人员可以减小营销力度。此类型用户在社交网络中的活跃度比较低，可能对网络购物比较排斥。但对于同样很少进行网络购物的柏拉图型、浏览型和交际型用户，营销人员应予以重视，因为这部分群体是很庞大的潜在群体，而且他们可能在线上浏览、线下购买。对于本来就不排斥网络购物的全能型、自我中心型、营销型和购物狂型用户，营销人员应该投其所好，

按需推荐产品，或者让用户参与产品的设计、改良、传播等。

社交网络营销是通过社交成员之间的个人关系进行营销，需要大量的口碑传播者。因此，社交网络营销首先需要吸引核心用户，再由他们发挥口碑效应获得更多的用户。除了吸引核心用户外，社交网络营销还要分析社交网络中普通用户的个性心理和行为，制造用户感兴趣的话题、改良社交产品、提升用户黏性。

（一）核心用户的获取

企业可从以下两方面获取核心用户。

1. 精准定位并分析目标用户需求

企业设计社交网络营销活动时应该注意：一是要明白目标用户是谁；二是要调查清楚目标用户的需求和上网习惯；三是要考虑通过何种手段来吸引目标用户。企业通过目标用户定位和需求分析两个步骤，最终制订出有针对性的行动方案，达到吸引核心用户共同参与的目的。

2. 寻找个别人物和意见领袖

个别人物是口碑传播中的特例，是进行口碑传播尤为有效的那一类人，也是企业要寻找的核心用户。社交网络营销中有"个别人物法则"，该法则认为三类人在传播中能起到关键作用，即传播信息的"联系员"、提供信息的"内行"和说服别人接收信息的"推销员"。这三类人也可以被看作意见领袖，他们会给其他用户带来信任感和亲切感，能为其他用户提供建议，通过分享心得，给予其他用户帮助。

示例

个别人物法则让营销事半功倍

个别人物法则是马尔科姆·格拉德威尔在《引爆点》中提出的引发流行的三个法则中的第一法则：要发起流行，就得把（有限）资源集中在引爆点上，即用在联系员、内行和推销员身上，其他人都无关紧要。

联系员有很丰富的社交关系，是社交网络中的关键节点。联系员的重要性并不仅仅在于他们认识的人多，也在于对他们认识的人来说，他们具有很大作用。如丹尼尔·惠灵顿（DW）是目前全世界很火的新兴手表品牌，2009 年创办时其启动资金只有 15 000 美元，创办者在 Instagram 上广泛私信社交媒体明星、知名人士和网红，并将 DW 免费赠予他们。这些社交媒体明星、知名人士、网红收到手表之后，会发表相关的信息或文章。就这样，名不见经传的 DW 迅速获得了巨大的曝光量。凭着独特的设计，DW 最先在明星与网红的世界里得到了认可，明星与网红成为 DW 最大的推广人群。

内行是在某一领域很有发言权的人，他们具有很强的信息获取能力、扩散力和说服力，KOL、专家就属于内行。内行与众不同的关键之处在于，他们不是被动地接收信息，而是将了解的内情信息迅速传播出去。他们往往仅出于助人为乐的原因而传播信息，这是一种更有效的引起人们注意的方式。在一些具有一定专业背景的活动中，内行的号召力是很强的。对于不同品类的产品和服务来说，内行可能散落在社会的不同角落，企业首先要做的工作就是把他们找出来。

推销员很热衷也比较擅长宣传推广自己认可的或者能给自己带来价值的东西。他们精力充沛，说话做事非常投入，丰富的肢体语言和恰到好处的面部表情让他们非常具有感染力。同样一件事情，从他们口中说出来就特别吸引人和让人信服。在推销员的感染和说服下，消费者对接收到的信息印象会更加深刻，会觉得更加可信和乐于接受。

（二）普通用户的获取

企业可从以下几方面获取普通用户。

1. 口碑传播

企业可以利用核心用户的口碑传播来扩大品牌知名度，争取普通社交用户。口碑传播是吸引用户参与的有效方式，也是最具信服力的传播方式。

2. 环境影响

马尔科姆·格拉德威尔的《引爆点》提出的引发流行的第三法则是环境威力法则，他认为要利用环境威力法则引发潮流，需要团体的力量。人在人群中做出的推论或决定，和他们独处时给出的答案会截然不同，一旦人们成为群体中的一员，就容易感受到来自身边众人的压力、社会规范和其他形式的影响，这种影响会裹挟着人们加入某个潮流中。所以企业应充分利用外部环境的诱导作用，使自己的社交网络营销工具（企业 SNS 官方账号、群组等）能成为吸引人们的潮流。

3. 借势营销

相对于广告等传播手段，借势营销能够起到以小博大、花小钱办大事的作用，往往能取得四两拨千斤的传播效果。企业可以采用借势营销提高其社交网络营销工具或营销活动的知名度，一般可借之势包括节日、热点、名人、行业、圈子、客户等。

4. 线下宣传

线下宣传可以帮助企业直接面对顾客，与顾客直接交流，展示企业的产品价值、品牌形象，也可以帮助企业了解顾客的真实需求，吸引顾客关注和参与企业社交网络营销活动。线下宣传推广活动和线上传播相互促进，可以使网络用户黏性更高。

二、社交网络营销平台的选择

社交网络营销平台是指 SNS 网站或 App，企业可借助此类平台开展社交网络营销。企业应了解有哪些社交网络营销平台、这些平台的不同之处，并根据自身的营销需求进行选择。社交网络营销平台有以下几种分类方法。

1. 按构建基础划分

按社交网络营销平台构建基础的不同，社交网络营销平台可划分为以信息为基础的社交网络营销平台和以人为基础的社交网络营销平台。

以信息为基础的社交网络营销平台，其平台结构基于信息内容构建，此类营销平台的信息内容多且多由用户生成，平台的核心用户往往是优秀内容的创作者。按信息内容来构建平台，其中的关系也是依托于信息而存在的，如豆瓣、知乎。

以人为基础的社交网络营销平台，侧重人与人之间关系的组织和实现，如 QQ、微博、微信、陌陌、百合网、世纪佳缘。这种营销平台可以信息传播为主要目标，如微博和商务类的 SNS 平台；也可以关系的实现为主要目标，如 QQ、微信、陌陌、百合网、世纪佳缘等。以关系的实现为主要目标的社交网络营销平台中的关系链，可以是现实中的陌生人在网络中形成的关系链，如陌陌、世纪佳缘；也可以是现实中的熟人关系链在网络世界的投射，如微信。

2. 按关系性质划分

社交网络营销平台还可按关系性质的不同分成双向好友机制、单向好友机制、反向好友机制和弹性好友机制等。

（1）双向好友机制。好友形成闭环，需要对方认证，从而保护用户的个人隐私。微信即属于双向好友机制：一个用户发送好友请求给另一个用户，另一个用户同意后，双方成为好友。

（2）单向好友机制。无须对方认证，使用成本低，关系建立顺畅。但与双向好友机制相比，马太效应巨大，隐私保护问题较严重。

（3）反向好友机制。反向好友机制是以上两者的变种，被关注者获得主动权，但发出邀请成本较高，故而有好友数量限制，建立关系的成本较大，较双向好友机制隐私性更强。

（4）弹性好友机制。弹性好友机制指通过特定场景的构建、对特定事件的识别而建立的临时社交网络。人与人之间的关系纽带即时即兴、可近可远，支持用户与具备强关系的熟人使用，更支持用户和可能产生弱关系的陌生人建立同一社交群组。

这四种关系机制实际上可以分为两类：静态关系机制（前三种）和动态关系机制（最后一种）。

3. 按平台功能划分

各种社交网络营销平台的功能侧重点各有不同。营销人员常用的社交媒体平台包括脉脉、新浪微博、简书、抖音、图虫网、微信、大众点评等，它们分别属于社交网站类、微博类、博客类、视频分享平台、图片分享平台、即时通信工具、点评类平台等。

三、社交网络营销方法的选择

常用的社交网络营销方法主要有以下七种。

1. 植入式营销

植入式营销是指将产品或品牌及其代表性的视觉符号或者服务内容策略性地融入电影、电视剧或电视节目等各种载体之中，通过场景再现，让观众在不知不觉中留下对产品及品牌的印象，继而达到营销产品的目的。在社交网络营销中，企业同样可以将产品或品牌的形象、概念等植入社交网络营销平台当中，让平台用户在交互时用到、看到、听到、提到这些产品或品牌。

示例

虚拟礼物植入营销

在 SNS 平台，互相赠送虚拟礼物是维系人际关系的一种方式。产品的信息被置于礼物中，互赠礼物的过程，即为体验产品或品牌的过程，体验经历贯穿了整个过程。同时，在赠送的过程中，也可以设置奖励，当发出或收到多少份虚拟礼物时即可获得赢取真实产品的机会，虚拟礼物越多，机会越大。这样，在 SNS 平台上，植入有真实产品信息的虚拟礼物将会在多个用户之间频繁传递，从而提高产品的关注度，取得良好的营销效果。

2. 建立 SNS 内容群组

企业可以在 SNS 平台建立有关企业、产品或品牌的内容群组或话题群组，或与知名群组合作营销，让用户潜移默化地接受企业的产品和品牌信息，实现对目标用户群体的精准传播。

示例

泡泡骚×豆瓣小组"手机橱窗计划"：如何永远拥有一个新手机壳？

2022 年 8 月，以创意和趣味为主打的手机气囊支架品牌 PopSocket（中文译名泡泡骚）和文艺又小众的"手机橱窗计划"豆瓣小组一拍即合，共同发起了一场"诗歌主题手机橱窗征集活动"，号召用户自己动手创作，在透明手机壳里展示自己喜欢的诗歌或自己的拼贴创作，并带话题发布帖子在小组中。手机橱窗计划是一项以透明手机壳为空间的记忆藏品展览项目，在豆瓣"手机橱窗计划"小组里聚集了几千个极具创意的手机橱窗艺术家，他们把日历、票根、奶茶订单、外卖纸袋等各种各样的生活小物件当作装饰，打造自己独一无二的手机壳。PopSocket 与"手机橱窗计划"小组的这场以趣味和创意为主打的活动在上线后收到了许多充满奇思妙想的设计。通过这次内容共创活动，PopSocket 成功地在手机配件爱好者的小众圈层实现了一次好玩又好看的传播。

3. 构建娱乐性传播内容

受众喜欢社交网络的重要原因之一是可以在这里娱乐消遣，所以在社交网络营销中，构建受众喜爱的娱乐性传播内容非常重要。SNS 平台中的娱乐应为广义上的娱乐，即娱乐是一种通过表现喜怒哀乐，使自己或他人感到快乐、有趣的活动。

SNS 平台中的娱乐性传播包括传播形式的娱乐性与传播内容的娱乐性。传播形式的娱乐性是指传播的途径、过程能够让用户参与或让用户觉得有趣、愉悦，如常见的"转发有奖""@五位好友赢取奖励"就是娱乐性的传播过程，以物质奖励鼓励网友参与互动。

传播内容的娱乐性更为重要。一方面，企业可以将传播内容与传统的艺术、文化相结合，实现知识性、趣味性、创意性的 SNS 内容传播；另一方面，SNS 传播的内容还可以与大众文化、网络文化紧密相连。企业可以借助热门话题、流行语言等进行传播内容的衍生，使之契合自己的品牌定位与产品，实现传播内容的娱乐性。

📖 示例

瑞幸咖啡联名线条小狗

线条小狗是很多微信用户喜欢的表情包。这只雪白的小狗，虽然是简单几笔勾勒而成的，但却足够可爱，一举一动都会融化用户的心。2023年情人节期间，瑞幸咖啡与线条小狗联名，邀请大家品鉴《修狗爱情故事》。瑞幸咖啡创作了一系列漫画，使其更契合情人节主题。此次联名的咖啡主要有两款，即"带刺的玫瑰拿铁"和"相思红豆拿铁"。除了推出几款新品，瑞幸咖啡还推出了线条小狗的一系列周边，比如主题电子礼品卡、联名贴纸等，并指定八个城市同步上线线条小狗联名主题店。瑞幸咖啡还制定了只有消费者购买两杯限定产品才可以获得免费联名贴纸的销售策略。因为联名款太受欢迎，瑞幸咖啡的线条小狗主题袋子和杯套很快随饮品用完，瑞幸咖啡还专门针对缺货问题发了道歉信。线条小狗具有超高的网络人气，瑞幸咖啡与之联名，在社交媒体迅速"出圈"，联名产品在线上线下很快就火了起来。

网络游戏可以同时实现传播内容和传播方式的娱乐性，因此备受SNS平台的欢迎。多数人有爱玩的天性，通过有趣的游戏对产品、品牌进行传播，既容易让受众参与游戏，又因游戏新奇精巧而容易使产品火爆。大部分SNS平台都内嵌了游戏应用来吸引和维系用户，同时又使用户间的关系在游戏和娱乐中得到延伸和发展。企业可以利用SNS平台的游戏功能推广产品和品牌。

4. 拟人化交流

SNS平台为品牌提供了品牌形象化、拟人化的良好契机。SNS平台上的拟人化交流是指企业构建其产品或品牌虚拟形象，使之具有和人一样的性格、情感、喜好，以此虚拟形象在SNS平台上发布信息、参加活动、与用户交流，好像陪伴在用户左右的朋友一样。这种拟人化交流需要维持一定的信息发布频度，仿佛该虚拟形象就是受众生活中的一位朋友，并始终活跃于某一社交平台上。

从内容上看，平台运营者需要针对品牌与用户之间的关系，发布与自身定位、产品特性相符合的内容。情感性的内容是企业与用户进行拟人化交流的一部分。这些内容可以让用户感觉到企业品牌的温度，成为品牌与用户之间的情感纽带，维持用户与品牌之间的联系。如小米的官方微博账号经常以拟人的口吻与用户进行交流，这种方式可以让用户感觉到品牌对受众的情感，品牌因带有情感而变得丰富立体。

〜案例 6.2

天问一号祝融火星车的官微

2021年5月15日，天问一号着陆巡视器成功着陆于火星乌托邦平原南部预选着陆区，中国首次火星探测任务着陆火星取得圆满成功。与此同时，微博账号"天问一号祝融火星车"发布了一条微博通知火星车到站，"我"的第一人称拟人化视角瞬间与公众拉近距离。

天问一号以第一人称视角叙述自己到达的过程及状态等，让看似遥远的技术进程和伟大科技拟人化，转变传统的严肃化叙事语言，进行人格化表达，使公众仿佛真的在和其透过网络进行对话。这不仅在不知不觉中拉近了与网友的距离，同时也更能带动人们关注到这一伟大的事件。

启发思考：（1）企业可从哪些方面与用户进行拟人化交流？（2）可将塑造的拟人虚拟形象应用在哪些SNS平台？

5. 话题事件营销

在SNS平台上，企业可以借助网络中的热门话题，或者策划成功的话题或事件，让本不关注企业产品或品牌的人关注企业产品和品牌。

品牌发生热点新闻、热门事件时，品牌的传播体要及时跟进这些热点事件，在相应的SNS平台上对这些事件进行传播，让品牌随着事件热度的上升拥有更多的关注者。同时围绕热门话题，品牌可以将SNS平台与传统媒体进行联动，以增强热点事件的传播效果。

很多SNS平台都会对平台上的热门话题进行整理归纳，并将其放置在平台首页的显眼位置，如微博热搜榜。根据这些版块的推荐内容，企业可以知道哪些话题或事件是用户最关心的、讨论最热烈的，可借助这些热点事件或话题进行品牌传播。

话题或事件营销成功的关键点在于创意。企业要让自己想要传播的信息脱颖而出并成功地吸引人们的眼球。成功的话题事件营销既能让关注品牌的用户在 SNS 平台上参与、讨论与分享，让品牌信息随着讨论被更多用户知晓，还能吸引传统媒体的报道，进一步提升事件的话题性和品牌的知名度。

示例

1元最美公益

腾讯公益发起的"小朋友画廊"在一天内刷爆微信朋友圈，用户只需要输入任意金额（最低 1 元），就可以"购买"自己心仪的画作。这些让人惊艳的画作全部来自患有自闭症、脑瘫、唐氏综合征等疾病的特殊人群，且每个画作都有一个文艺的名字及相应的文案解读，以及小朋友的一小段录音，这能让人了解到每一幅画作背后的故事。很快，腾讯就完成了 1 500 万元目标的筹款，腾讯公益也得到了很好的宣传，收获了更多人的认可。

6. 数据库营销

SNS 平台上的数据库营销是指企业通过收集和积累用户信息，深入分析用户的背景、使用习惯、消费能力等，实现精准营销。数据库营销的本质是企业与用户建立一对一的互动沟通关系，并依赖用户信息库进行长期促销的一种销售手段。数据库营销的核心在于数据挖掘，基础在于用户数据。

SNS 平台拥有的海量用户数据是 SNS 平台非常有价值的资源。企业可以利用这些海量用户数据进行大数据营销。SNS 平台提供的数据不仅包括用户个人的属性数据，还包括用户之间的互动数据，如参与的投票、参与的测试、分享的信息等。通过对此类信息的分析，企业可以明确目标用户及其主要特征，奠定精准营销的基础。各大社交媒体都利用其庞大的用户数据，创建了全球庞大的市场研究数据库，可为企业提供人口统计、市场调研、投票等服务。

SNS 平台的用户数据真实性较高。社交网站的用户关系一般都基于兴趣或线下关系网络的投射，好友信息资料的完备度高使好友间的信任度相对较高。用户生成的内容在用户间广泛交换和讨论。与通过搜索引擎查询到的结果相比，社交网站成员提供的信息更加有效、可靠。SNS 平台用户的交往动机简单，形成了 SNS 网站的弱功利性。弱功利性使用户注册时更愿意填写真实资料，也更愿意听取好友的建议，从而形成较坚实的信任基础。

7. 病毒营销

利用 SNS 分享的特点，企业可极力促成病毒营销。企业选择 SNS 平台作为启动病毒营销的起点，需要注意两个问题：一是选好传播的人，二是选好传播的内容。

传播的人是指 SNS 平台的核心用户，即有影响力的用户。影响力主要取决于用户的朋友数和互动的情况，企业可以通过留言、访问、分享等行为对核心用户进行测定。核心用户的兴趣最好与企业的产品相关，比如喜欢篮球的用户在推介运动鞋类产品的时候更具有可靠性。

传播的内容可以在 SNS 平台上生成，并通过分享来完成传播。传播的内容也可以来自第三方，如分享第三方视频平台的内容。传播的内容可以由企业自己创造，也可以通过知名"UP 主"等意见领袖来完成。传播的内容应具有娱乐性，同时要有价值，适合并值得网友相互分享。

示例

附着力因素法则让内容变得更流行

马尔科姆·格拉德威尔在《引爆点》中提出的引发流行的三个法则中的第二法则是附着力因素法则。附着力能够在短时间内吸引人的注意力，并让人记忆犹新。人们常常花大量时间思考如何使信息更易传播，即如何使产品或者观念让尽可能多的人知道，但是要想把消息传播出去，一个关键点在于怎样确保接收者不会左耳进右耳出。信息有了附着力就意味着它会对人产生影响，人们就难以轻易把它从脑海里赶出去，也不能把它从记忆中清除出去。

如何才能创造让人记忆深刻的附着力呢？对于一个事物，人究竟是排斥还是接受，能否风行起来，其实不需要多少创意设计，只需要做一些小小的调整，即只需要把信息进行重新包装，把复杂信息转变为简单信息，它的附着力就会大大提升。比如畅销书《用得上的商学课》《薛兆丰经济学讲义》，都是将理论性极强并且非常枯燥的经济学原理、商科原理用通俗易懂的方式进行讲解，从而提升了附着力。再比如，常听到的广告词"吃完喝完嚼益达"，就是告诉观众益达口香糖是饭后的最佳选择。益达最开始的广告词是"嘿，你的益达！不，是你的益达！"，在使用这条广告词时，益达的销售量平平；而用了"吃完喝完嚼益达"后，销售量大幅提升。显然，"吃完喝完嚼益达"这句广告词附着力更强。

四、社交网络营销评价反馈

社交网络营销绩效评价存在一定的难度，具体表现包括短期内难见成效、投资回报率评估标准缺失、品牌传播难成体系、信息传播渠道多元化、广告缺乏可控性等。

如 SNS 广告营销，广告主不仅可以通过付费媒体向用户传播信息，还可以利用产生后续用户互动的免费媒体实现信息的传播扩散。此外，广告主还可以通过建立群组来构建自有媒体。广告价值的衡量标准不仅包括广告的曝光率、点击率，还应该包括用户后续行为产生的二次传播量、受众面和自有媒体获得的粉丝数量及粉丝活跃度等。在传统网络营销绩效评估中，企业财务指标是企业营销业绩的最终体现，然而，如今企业获得的价值增值更多地体现在品牌效应、技术创新能力、企业信誉和市场竞争力等非财务指标上。在社交网络营销评估中，SNS 广告价值衡量标准应该更多地关注这些非财务指标。对于时间段的截取，不可急功近利，应注重长期绩效的考核。另外，社交网络营销绩效评估中还应考虑用户的影响力、购买力等因素；企业与用户之间的关系也应作为营销考核的因素之一。

实训任务——小红书运营的用户分析

1. **实训目的**：掌握 SNS 用户分析的基本方法，分析平台的受众，并基于平台受众提出适合该平台的营销方法。
2. **实训内容**：①登录并注册小红书数据分析平台，推荐使用千瓜数据；②收集小红书的用户相关数据；③分析小红书用户的特征，基于用户特征提出适合该平台的营销方法；④撰写小红书用户分析报告，报告包括小红书平台发展简介、小红书平台用户特征分析、小红书营销方法的选择。

第三节　社群营销与网红营销

社群是去中心化群体，网红与粉丝则是中心化群体。前者解决的是社群成员的社交问题，后者解决的是网红或意见领袖与粉丝的社交问题。

一、社群营销概述

本书中的社群特指网络社群，也称虚拟社群，是指基于互联网将一群具有共同需求、兴趣、爱好和亚文化特征的人们聚集起来的群体。社群是企业连接用户最短的途径和最经济的方式。按照不同的分类标准，社群可以分为不同类型。按照社群功能的不同，社群可分为产品型社群（如小米）、兴趣型社群（如大众点评）、品牌型社群（如车友会）、知识型社群（如知乎）、工具型社群（如微信、微博、今日头条、陌陌、钉钉）和交叉型社群。按照社群的价值不同，社群可以分为价值群、鸡肋群、"死"群和垃圾群。

社群包括五大要素，分别是同好、结构、输出、运营、复制。

（1）同好。同好是对某种事物或行为的认同，可以基于产品（如华为手机）、兴趣爱好（如旅行社群、读书社群）、标签（如星座群）、情感（如亲友群、同学群）、三观（如志愿者群）等。社群成员能够通过同好解决自身的某一个痛点问题。

（2）结构。社群一定要有一个完整的结构，它将决定社群是否能很好地运营下去。社群结构包括四个部分：组织成员，交流平台，加入原则，管理规范。

（3）输出。社群持续稳定的优质内容输出决定了社群的价值。社群只有拥有价值，才能不断地吸引新的成员加入，让成员长时间地留下来并提高活跃度。

（4）运营。运营决定了社群的寿命。运营应为群成员营造仪式感、参与感、组织感和归属感的氛围。这"四感"一般通过稳定优质的日常内容产出和日常活动得以增强。

（5）复制。一个社群能否真正壮大、形成规模，最重要的是要看它的模式能否复制。

案例 6.3

秋叶PPT社群

秋叶，原名张志，PPT专家。秋叶PPT社群在秋叶的引导、发现、培养下聚集了一批爱阅读、爱思考、爱学习、爱分享的人。秋叶PPT社群和阅读结合、和职场技能结合，不断扩大社群受众面。想加入秋叶PPT社群先要买课程；想升级到核心群，就要努力学习，多展示优秀作品。秋叶PPT学员群采用金字塔结构进行管理，平时禁言；秋叶PPT核心群是环形结构，群员非常活跃。学员采用QQ群交流，秋叶拥有数十个学员数量超过2 000名的QQ群。秋叶在学员群中筛选出优秀的人才纳入核心团队进行培养。秋叶PPT社群输出的主要是优质课程的开发和升级，周五定期进行群内干货分享，经常送书并鼓励动手做读书笔记的群成员赚回学费。在秋叶主导、群成员分工协作的情况下，他们一起开发课程，一起做成了PPT领域内具有影响力的微信公众号，一起写出了年销量突破10万册的纸质系列书籍、单期下载量突破20万册的电子书。秋叶根据核心成员各自擅长的领域进行分工，每天在网上交流创意和分享进度。学员购买课程，获得入群资格和个人编号。学员入群，群成员热烈欢迎，营造出欢快轻松的氛围。学员自由完成课程内布置的作业后发微博，有老师进行点评。秋叶PPT社群还积极组织线下活动，如品牌活动"群殴PPT""一页纸大赛"等。以学员群为核心分化出来很多以秋叶小伙伴为中心的子社群，如邓穆的"群殴PPT"群、秦阳的"秦友团"群等。

启发思考：（1）分析秋叶PPT社群的5个要素。（2）分析秋叶PPT社群营销策略的优势。

二、社群营销策略

（一）社群定位策略

社群聚集的是一群拥有共同兴趣、共同需求，共享相同亚文化的小众群体。在建立社群之前必须明确社群定位，如未来加入的群成员到底是怎样的一群人、他们有什么样的需求。

（1）联络的需求。亲友、同乡等为了保持联系而组建的社群的群成员之间存在一定的社会关系。这类社群的聊天内容更日常，一般日用品或者与社会关系相关的产品信息更易在此类社群中传播。

（2）工作的需求。因工作需求而建立的社群往往对内用于工作信息通报、对外用于为客户提供售后服务或者咨询答疑，包括对内的工作群和对外的客户服务群。

（3）交友的需求。与同行、同好的交友群相比，同城交友群更稳定。同城交友群往往不会因为行业的萎缩或者对特定事物兴趣的减少而变成"死"群。同城交友群的活跃度可能不如行业群或者兴趣群，因地域而聚集的群体往往具有弱联系性。

（4）学习的需求。学习群具有较强的目的性和较弱的商业性，群成员更加关注的是群内的内容是否有价值、对自己是否有帮助。

（5）宣传的需求。宣传群是为宣传企业的产品或服务而组建的，群成员往往没有过多的情感联系，他们更关注的是如何让其他成员看到并认可自己推广的内容，并在此基础上达成一定的商业合作。

（6）生活的需求。因吃饭、聚会、旅游等生活需求而组建的社群与根据联络的需求而建立的社群不同，生活群可能是临时的，当群成员的现实生活状态发生变化时，生活群可能会变成"死"群。如大学生社团里的部门群往往会因为群成员毕业或退出而渐渐失去活跃性。

正和岛的社群构建原则

正和岛由中国企业家俱乐部创始人、《中国企业家》杂志原社长刘东华先生创办，是企业家及创业者专属的以供需适配为核心价值的互联网创新服务平台，是企业家的深度学习社群。正和岛通过互联网把现实世界的巨人们聚集在一起，致力于打造一个自上而下、从虚拟到现实的诚信体系。柳传志、张瑞敏、鲁冠球、王石、马蔚华、马云、王健林、俞敏洪、曹国伟等企业领袖，都是正和岛的热情支持者与积极参与者。其社群构建原则为：①缔结信任，通过正和岛理念与标准让"对的人"在一起，并让在一起的人彼此更加信任；②解决问题，通过正和岛三大系列产品解决困扰企业家的问题，帮助企业家个人及其企业实现可持续成长；③合作共赢，通过正和岛让基于信任与各自优势的企业家之间实现多样化商业合作。

（二）社群依托平台的选择

社群依托的平台很多，除 QQ 和微信之外，还有微博、知乎、豆瓣、淘宝等。下面从三个方面对 QQ 群和微信群进行分析和对比。

1. 群规模与数量

QQ 群的群规模与一个 QQ 号能组建的 QQ 群数量较为复杂。从群规模来看，QQ 群有 200 人群、500 人群、1 000 人群、2 000 人群、5 000 人群之分。普通 QQ 用户均可以创建 5 个 200 人群；4 级以上 QQ 用户可以组建 500 人群；QQ 会员和 QQ 超级会员可以分别组建 500 人群和 1 000 人群；年费会员可以组建 1 000 人群；年费超级会员可以组建 1 000 人群和 2 000 人群，具体建群个数由用户的级别决定。5 000 人群需要经过认证。微信群最多只能容纳 500 人，但群的个数不受限制。

2. 群结构和权限

QQ 群的人员权限结构分为群主、群管理员、群成员三个级别。群主一般是 QQ 群的创建者，拥有添加/删除群成员、修改群资料、删除上传到群共享的文件、删除照片或删除重复的照片、设置/删除群管理员、解散/转让 QQ 群、开启/关闭群视频秀的功能、设置允许游客访问和发言、将群设置为只能通过群号找到这个群、设置允许非群成员在资料卡上查看最近群相册和共享的功能等权限。群管理员由群主任命，拥有添加/删除群成员、修改群资料、删除上传到群共享的文件、删除相册/相片等权限。

微信用户可通过组建群或受让等形式成为群主，群主可以将其他群成员设置成"管理员"。群主和管理员享有必要管理权限，包括但不限于邀请其他用户入群、移出群成员、设置群聊名称、设置群公告、设置群管理员、群主管理权转让、分享群聊二维码、开启群聊邀请确认等。群成员应合法合规使用微信群相关的功能，包括但不限于发送群消息、使用接龙等。

3. 群功能

QQ 群的功能非常丰富，主要功能包括群公告、群相册、群文件、群活动、群电话、群视频、群日历、QQ 群应用中心广场页面（QQ 群各种内置应用程序）等。

微信群的特色功能包括支持多人聊天以及语音聊天，可以发送文件、短视频、图片、表情、文字等；支持微博、文件助手、邮箱等插件功能，可以分享位置、产品链接等。

（三）社群管理策略

社群的运作离不开规则，规则起着约束作用，社群不是法外之地，群成员不得违反规则做出非法的行为或发表不正当言论。有的规则起着管理作用，如要求群成员按照一定的格式更改群备注、群名片，以方便确认群成员的基本信息，也可以凸显社群的独特性。有的规则起着促进作用，如接到通知时的回复接龙、每次在群内发言不得少于 10 个字等，从而可以达到活跃气氛的效果。

社群需要群主和管理员进行监督、管理，应明确他们的职责和权力。可以设置不同角色的社群管理员，如负责判定群成员违规行为的管理员、负责干货分享的管理员，还有负责活跃气氛的管理员等。

（四）社群运营策略

社群若要保持持续的活跃度和转化率，离不开管理员对社群的日常运营。社群的日常运营体现在整个社群运转的各个方面，需要管理员投入大量的时间和精力来保证正常运作。

1. 群视觉化、群设置统一

社群营销中往往存在多个平行的分群，分群和分群之间需要有一定的统一性，如统一的群头像、统一的群规则、统一的群名称等。不同分群之间的群设置要统一，否则处于不同分群的成员可能会对设置的差异化产生不满。

2. 内容输出

内容输出主要指的是管理员需要定期向群成员进行内容分享，以达到活跃群或营销的目的。分享的频率不宜过高，过于频繁的链接、广告分享容易导致社群成为垃圾群。分享的内容可以是干货，也可以是一个话题。干货分享群内往往有一个主要的分享者，其在自身擅长的领域进行单方面的内容输出，其他成员主要负责接收或者在分享者分享后进行提问咨询。话题分享一般有一个主要的引导者，其挑起话题之后成员之间开始自由探讨。干货分享更容易组织及管理，但是如果分享者分享的内容质量不高，成员的参与度就会下降。话题分享如果能引发大家的兴趣，则成员的参与度会很高，但是很容易引起刷屏或者跑题，变得无秩序。

分享的形式可分为语音分享和图文视频分享。语音分享偏向临场发挥，比一般的文字分享更能抓住其他成员的注意力并增强代入感；但是语音分享很容易被打断，也不方便接收者反复确认语音中的重点信息。图文视频分享则需提前准备好图片、文字、视频，以方便发送和存储，信息直观，也可以在多个分群进行同步分享。

3. 营造仪式感

仪式感可以增强群成员的身份认同感，增强群成员间的凝聚力，进而提高群成员一致行动的可能性。仪式感有利有弊，当仪式感有利于塑造良好的社群形象时，群成员会做出更多正向的行为，如共同维护群秩序、活跃群气氛等；当仪式感与群成员的期望相悖时，可能会使群成员产生倦意或反感，从而减少发言甚至退出。

提升社群仪式感的方法有很多，如报名接龙、线上沙龙、群友线下聚会等。有些活动不需要投入大量精力，可以将其设置为群规则的一部分，管理员可以在日常群运营中经常组织，持续增加群成员的仪式感；而有些活动则需要专门组织、准备，投入时间、精力和资金，管理员需要酌情判断自身能力和预测活动效果，再决定是否组织。

4. 构建核心群网络

通过前期的探索、种子用户的获取，以及内容输出和运营，社群有了基础的流量和活跃度后，还需要快速地予以复制和裂变，即以自身社群为出发点构建一个核心群网络。

社群裂变是指鼓励种子用户进行分享，邀请更多非群成员入群、提高非种子用户的活跃度和交易额，实现裂变。社群裂变要求管理者从群成员中培养出活跃、有能力且愿意进行分享的种子用户。社群管理人员可通过赋予种子用户更多特权等方式来刺激这类用户实现购买行为，这也是将流量变现的过程。

📖 示例

小米的社群营销

小米的快速崛起离不开社群营销，其在社群营销上的做法主要包括以下几点。

（1）聚集用户。小米主要通过三种方式聚集用户：利用微博获取新用户；利用论坛维护用户活跃度；利用微信做客服工作。

（2）增强参与感。例如，小米在开发 MIUI 时，让"米粉"参与其中提出建议和要求，由工程师改进，这极大地增强了用户的参与感。

（3）增强自我认同感。小米通过"爆米花"论坛、"米粉"节、同城会等，增强用户"我是主角"的感受。

（4）全民客服。小米从领导到员工都是客服，都与用户直接对话，及时回答用户提出的问题。

三、网红营销

（一）网红营销概述

狭义的网红，即网络红人，是指在现实或网络生活中因为某事件或者某行为而被网民关注从而走红的人，或因长期持续输出专业知识而走红的人。广义的网红是指借助互联网平台，能够在公众中产生巨大影响力的人、物、抽象的概念等。网红的产生不是自发的，而是网络媒介环境中网络推手、传统媒体及受众心理需求等利益共同体综合作用的结果。

网红营销是指在特定目标市场依靠具有知名度和影响力的网红传递产品和品牌信息，以吸引潜在目标消费者并获得转化的营销手段。网红营销既是一种社交营销，也是一种内容营销。网红营销融合了社交营销的因素，网红凭借个人的流量和对粉丝的影响力达到营销目的；网红在内容生产上有两种途径，即卖家可以为网红提供现成的内容，或让网红自己创作，有价值的内容是网红营销成功的关键。

（二）网红营销策略

1. 定义目标受众

为了使网红营销活动成功，首先需要知道营销对象是谁。定义目标受众越准确，就越容易找到相关的网红。

2. 设定营销目标及制定营销策略

在进行网红营销之前，企业需要确定要实现的营销目标。这个目标可以具体点，例如，吸引一定数量的额外访问者访问企业的自有媒体，并让他们留下通信方式，或者将特定产品的销售额/量提高到一定的目标值。企业还应同时制定完整而切实可行的网红营销策略，包括目标制定、受众定位、平台选择、网红选择、活动预算、活动追踪以及成效分析等内容。

3. 发现最适合的网红

网红的数量非常多且质量参差不齐，企业必须挑选最适合自己产品的网红，可以通过搜索引擎、社交媒体、网红平台等寻找合适的网红。选择网红时应考虑以下几个方面。

（1）范围。网红的粉丝数量越多、粉丝群规模越大，宣传活动的影响范围就会越大。

（2）相关性。网红经营的市场必须与企业的业务相关，这对吸引目标受众至关重要。此外，网红的内容风格和个性应符合企业的品牌形象。

（3）互动率。发现了某位拥有大量粉丝的网红后，应去看评论区，了解网红如何与其粉丝进行互动，并对网红与粉丝互动的方式进行评估。跨境电商企业可以使用 Instagram 互动计算器（Instagram Engagement Calculator）更好地了解网红与粉丝的互动情况。

（4）经验。与那些在类似项目中工作过的网红合作往往是有益的，他们补充的见解会让企业的宣传活动更加成功。

（5）平台。某些网红只是在特定的社交媒体平台上具有较强的影响力。为了选择合适的网红，企业需要确定哪些平台最适合企业的品牌，然后选择该平台上有影响力的网红。

4. 选择合适的方法与网红取得联系

找到网红后，企业可以通过关注其社交媒体账号，转发其帖子等方式与其建立联系，或者通过网红专业机构与其取得联系。如果网红有兴趣合作，企业就要考虑报酬问题。如果网红对给定的报酬满意，企业就要与网红签订合约并开展网红营销活动。

5. 与网红一起进行内容策划

网红非常了解其粉丝，他们了解有效的内容类型以及受众不关心的内容类型，这对企业的内容策划非常重要。在进行内容策划时需要考虑的是：①目标受众对企业制作的营销内容的整体感觉；

②企业的竞争对手在内容营销方面做了什么；③企业所选择的网红需要以怎样的方式来帮助企业传播内容；④企业的目标消费群体会如何看待企业的营销内容。

6. 对最终效果进行评估

网红营销活动结束后，企业应评估其成效，一般可以从投资回报率、营销目标完成情况等方面对其成效进行评估，并以此作为制定后续网红营销策略的依据。

（三）网红营销合作模式

一次高质量的网红营销合作应是三赢的，企业获得曝光和转化、网红获得盈利、粉丝获得好物。企业与网红的合作应注意既要打造品牌形象或推广产品及服务，同时又要兼顾网红自身影响力的发展和商业化尺度。

1. 付费投放或产品置换

这是目前最常见的合作模式。企业将样品送达网红，网红使用产品后根据企业提供的相关介绍和自己的使用感受，再结合自身内容形式和风格进行自由创作，具体可以采用"好物分享"或"开箱测评"等形式。企业主要有付费投放和产品置换两种投放形式。大多数网红营销合作采取付费投放，一些粉丝量小或者经验不太丰富的小网红会为了积累推广经验而选择接受无报酬的产品置换形式。从投放效果来看，一般付费投放好于产品置换。

2. 赠送定制PR礼品

由于网红报价高、头部网红挑剔等原因，不是每一个企业联系过的网红最终都能达成合作。面对心仪却未达成合作的网红，企业可以送一份精心设计的PR（Public Relationships，公关）礼盒作为今后合作的开始。如果能够设计出一份极具创意的礼物，让网红眼前一亮，网红则很有可能自发地与粉丝分享。而对于那些影响力大但与企业的受众并非完全一致的网红，也可以送一份PR小礼物表示友好，如果小礼物得到网红的喜爱，说不定能随网红一起出镜并得到网红的分享。

3. 网红代运营品牌账号

网红代运营品牌账号是一种比较新的合作模式，相比于每次活动都进行一次对接，这种模式更加高效。在这种模式下，企业与网红不是单次合作，而是保持长期稳定的关系，网红会具备更高的自觉性和更强的责任心，随着对品牌理念的深入理解，也更有精力与机会产出优质的内容。若不放心将自己的品牌账号全权交给别人，企业也可以采取半接管的方式。网红只需配合媒体排期并按照要求创作内容，然后交给企业审核并自行发布。

4. 网红转发企业官方内容

企业除了通过与网红合作产出内容之外，也可以自行创作内容，让网红转发分享，提高内容的曝光量。比如企业有新品发售或者抽奖活动，企业无须网红制作内容，只需借用网红的影响力，以扩散自己的内容。企业可以在各大平台邀约多个明星或网红来转发活动内容，带动其粉丝互动，形成热度。

5. 邀请网红为品牌代言

如果企业对网红有了足够的认可和信任则可以考虑双方进行深度合作，邀请网红进行更核心的宣传，如拍摄产品宣传广告或者成为品牌代言人等。

6. 邀请网红参加线下活动

邀请网红参加品牌线下活动是一种双赢的选择，企业或品牌能在活动中获得大量曝光，网红在参与类似活动时喜欢自发地将品牌分享在社交平台上。同时，企业也能在活动中加深对网红的了解，以便挑选心仪的合作对象。对于网红来说，收到企业的活动邀请也是对自身能力的认可，这能帮助他们得到更多品牌的青睐。

7. 赞助网红的私人活动

企业也可以别出心裁地赞助网红的一些私人活动，如赞助网红旅行。这种模式在旅游和户外探险行业比较常见，企业出资或提供物资，网红在旅途或者探险过程中对产品进行测评。现在这种模式已经扩散到许多领域，如露华浓就曾花重金为网红赞助了一场奢华旅行，这场旅行吸引了百万粉丝的关注。这种模式表面上看是企业单向付出，但是在大多数时候比直接的广告的性价比更高，品牌形象的提升会在未来源源不断地为企业带来商业价值。

8. 企业培养网红

企业自己培养网红不仅可以节约一大笔推广费，还能更好地把控运营节奏和内容质量。也有部分企业自己培养网红是因为产品小众、受众群体小和接触门槛高等原因，网红需要掌握许多专业的知识才能保证推广质量。企业自己培养网红在长期来看是一个具有远见的策略，但是短期推广中可能性价比不高，因为网红培养需要时间、资源和经验积累。

9. 与网红进行销售分佣

佣金合作模式一直受企业青睐，尤其是那些以销售额增长为营销目标的企业。佣金合作一般有纯佣金模式和基础费加佣金模式两种形式。多数新品牌或者营销预算有限的品牌都期望网红能接受纯佣金模式，但是许多大网红会更倾向接受基础费加佣金模式。在采用佣金模式进行合作的情况下，企业会对网红所在分区或者创作内容的要求更为宽容，而更侧重考察网红的带货经验和销售能力等。

10. 直播带货

网红营销合作模式中最典型的是直播带货。前几年直播带货领域被带货主播把持，因为在直播间销售需要非常高的应变能力和话术技巧，而大多数网红在销售方面缺乏经验，导致带货效果不佳。但是网红是极具号召力的人，因此目前很多企业采用1+1的模式，即带货主播负责带货，网红或者明星负责将观众吸引过来，在直播间作为嘉宾参与互动。

案例 6.4

小米的代言人

苏炳添在2021年8月1日的东京奥运会男子100米半决赛中以9.83秒刷新亚洲纪录。8月10日小米官宣苏炳添为代言人，成为首个拿下苏炳添商业代言的品牌。小米快到了什么程度呢？代言海报没来得及拍，用的是苏炳添在赛场上的精彩瞬间；代言人没有预热，直接官宣；苏炳添的VCR是从东京回来下飞机时录的。

在苏炳添之前，小米邀请过多位代言人，包括梁朝伟、刘昊然、王源、王一博等。对于消费者而言，代言人和产品、品牌之间是存在某些共性关联的。早在推出小米MIX前，小米就有了冲击高端市场、提升品牌格调的计划。小米MIX亮相之前，先发布了"一面科技，一面艺术"的小米Note 2旗舰机，其代言人是梁朝伟。梁朝伟一向低调，除了演戏，很少参加综艺节目，也很少代言产品；加上"演技好"等标签，给人一种"低调有实力"的感觉。小米邀请梁朝伟代言小米Note 2，成功塑造了一种高端和商务的形象。小米还有一位引人瞩目的代言人，那便是雷军，2021年年初小米便宣布雷军成为小米11的代言人。雷军代言小米11的广告牌很快挂上了首都机场T3航站楼。作为小米科技的创始人，雷军领航小米走过10余年，雷军一直以"劳模形象"示人，许多事情亲力亲为，经常在网上为自家产品做预热或宣传。对于很多人来说，雷军是小米最好的代言人。

启发思考：（1）分析小米网红营销的成功之处。（2）结合案例分析网红营销的优势。

实训任务——社群营销的应用

1. **实训目的：**掌握社群营销策略的基本方法。
2. **实训内容：**

（1）小组讨论组建一个有明确定位的社群，并根据定位确定社群依托平台。

（2）制定社群管理规则；定期向社群输入内容，运营社群。

（3）撰写社群营销分析报告。报告包括：①标题；②社群定位分析和平台选择；③社群管理规则；④社群运营情况分析；⑤社群运营改善策略。

归纳与提高

本章介绍了社交网络营销的含义与原则，社交网络营销受众分析与获取、平台选择、方法选择和评价反馈，社群营销策略，网红营销策略和网红营销合作模式等内容。

SNS 平台网络用户众多，用户黏性极高，是企业开展网络营销的重要阵地。社交网络营销的 TIIAS 原则认为，社交网络营销包括 T（Touch，接触用户）、I（Interest，让用户产生兴趣）、I（Interactive，用户与品牌互动）、A（Action，促成行动）、S（Share，分享与口碑传播）五个步骤。社交网络营销策略包括受众分析与获取、社交网络营销平台的选择、社交网络营销方法的选择和社交网络营销评价反馈等内容。社群营销与网红营销是社交网络营销的典型模式，前者是企业私域流量运营的重要内容，后者是企业借势营销的主要方式。

 自测题

 综合练习题

一、填空题

1．社交网络营销始于互联网环境中＿＿＿＿＿的出现。当企业把 SNS 与营销结合起来，运用社交网络营销的思路和方法进行商业实践时，企业将会获得丰厚的回报。

2．社交网络营销，是利用 SNS 平台的分享和共享功能，在＿＿＿＿＿理论的基础上开展的营销活动，是随着网络社交而兴起的一种营销方式。

3．根据社交网络营销的＿＿＿＿＿，社交网络营销策略包括受众分析与获取、社交网络营销平台的选择、社交网络营销方法的选择、用户维系和社交网络营销评价反馈等方面的内容。

4．社交网络营销平台还可按＿＿＿＿＿的不同分成双向好友机制、单向好友机制、反向好友机制和弹性好友机制等。

5．＿＿＿＿＿是指将产品或品牌及其代表性的视觉符号或者服务内容策略性地融入电影、电视剧或电视节目等各种载体之中，通过场景再现，让观众在不知不觉中留下对产品及品牌的印象，继而达到营销产品的目的。

二、简答题

1．简述 SNS 的含义。

2．简述社交网络营销的受众获取策略。

3．简述社交网络用户的类型及其基本特征。

4．简述社群营销与网红营销的概念。

5．简述网红营销的策略，请举例说明。

第七章 场景化营销

引导案例

农夫山泉的场景化营销

在饮用水市场，家庭用水迎来爆发，逐渐形成做饭、煮茶、烧汤等细分领域且用量越来越大。农夫山泉瞄准家庭生活和后厨这两个用水场景，推出"15L一次性桶装水"，抢占桶装水市场的同时，扩大家庭用水和后厨用水的市场。农夫山泉为桶装水打造了"做饭用水"的卖点，提出"做饭用农夫山泉"及"好水才能煮出好饭"的概念，邀请在日本有"煮饭仙人"之称的村嶋孟拍了系列广告片，力图塑造品牌"好水才能煮出好饭"的特殊价值。

此外，农夫山泉还推出了运动盖水，其瓶盖设计独特，单手就能开关。瓶盖内设专利阀门，只有在受压情况下才会开启。开盖状态下，普通的侧翻、倒置都不会使水流出。农夫山泉联手支付宝和共享单车品牌，进行跨界营销，推出"共享天然，绿色出行"的主题活动；同时推出了一组画风非常喜感的包括游戏场景、健身场景、地铁场景、带娃场景、骑车场景等生活场景的海报，展现了农夫山泉运动盖水"单手开盖，倒瓶不洒"的优势。农夫山泉巧妙运用场景营销的手法，创造了新的消费场景，完美结合了产品力与营销力。

启发思考：（1）农夫山泉构建了哪些场景？（2）分析农夫山泉构建的这些场景的营销价值。

移动互联网时代场景的意义不断强化，受众所处的空间与环境、所沉浸的社交氛围、保有的实时状态与生活惯性，无一不是构成移动互联网时代场景的特征要素。场景化营销要将对场景（情境）的感知与企业提供的信息（服务）匹配，企业不仅要理解特定场景中的用户，还要能够迅速找到他们并推送与他们的需求相匹配的内容或服务信息。

第一节 场景化营销概述

场景是人与周围景物的关系的总和，场景可引发个体基于自我意识的某种心智共鸣。场景由场所与景物等硬件，以及与此密切相关的空间与氛围等软件组成。场景不仅包括空间、时间环境，还包括沉浸其中的人的行为情景和个性认知。本书用场景一词来同时涵盖基于空间和基于行为与心理的环境氛围。

场景化营销是指针对消费者在具体的现实或虚拟场景中所具有的心理状态或需求进行的营销活动。场景化营销的核心是具体场景中消费者所具有的心理状态和需求，而场景是唤醒消费者某种心理状态或需求的手段。

> **想一想**
> 聚焦到具体的一个个小场景下"我是谁"的营销价值是什么？

在不同的场景下，如生活场景、艺术场景、消费场景等，消费者对同一产品的需求是不同的。企业可通过对场景的研究和改善，来诱发消费者的购买行为。进行场景化营销，实质上是一种营销维度的转变。当企业从年龄、性别、爱好、地域、收入等人口统计学指标去把握消费者的需求时，关注的是消费者的自身；而当企业通过具体的场景去把握消费者的需求时，关注的是客观的环境。也可以说，在场景化营销下，企业不再关心消费者在大的时间和空间尺度下的"我是谁"，而是聚焦到具体的一个个小的场景下"我是谁"。而这种聚焦得益于信息技术和移动互联网技术的发展才得以实现，因为这需要更多、更全、更准确的消费者实时数据搜集和处理。

一、场景的作用

场景化营销的关键是将营销内容场景化，营造代入感。而场景的作用主要体现于情绪唤起和记忆联想。

1. 情绪唤起

人们的情绪和感受是对外界刺激做出的应激反应，除去某些特定的生理原因，情绪和感受不会无缘无故产生，一般是在一定场景下的外部刺激催生出来的。重现情绪产生时的场景，能够快速激发受众情绪。

2. 记忆联想

人的记忆分为情节性记忆和程序性记忆，情节性记忆是生活中的各种片段，程序性记忆是内化的知识或技巧。人们的记忆多由场景中的各种片段和细节组成，描绘场景中的细节或独特点，能够唤起情节性记忆，引发受众的联想。

消费者在生活中想起产品是有一定顺序的，消费者身处某种场景下时，才会产生需求，进而想到需求的解决方案，即产品功能，最后才想起品牌。一般顺序为"场景→需求→功能→产品→品牌"。为了顺应消费者的思考顺序，方便消费者联想，很多企业的广告语将场景、需求或功能与品牌名绑定，如"怕上火，喝王老吉!"。

课堂讨论

如何缩短消费者的联想路径?

消费者的联想路径越短，就能越快想到某品牌的产品。如果消费者按"场景→需求→功能→产品→品牌"路径联想，消费者具体细化到功能时，可能联想到很多产品和品牌。因此企业应将产品和场景进行捆绑，让受众产生记忆锚点。如手机快没电的时候让人就想起"充电5分钟，通话2小时"，这就是将场景与产品进行记忆捆绑的广告。

二、场景的选择

场景的作用主要是为了让消费者产生联想和代入，场景化营销中场景选择格外重要，选择出来的场景应具有如下三方面的特征。

1. 会高频出现

高频的场景一般指日常生活中的场景，可以是坐地铁、做饭、陪孩子，场景越普通消费者可能接触的概率就越大，就越容易让消费者产生联想和代入，消费者记住产品信息的可能性也会更大。低频场景，如晚会、结婚，垂直类商品也可以考虑选择。

2. 容易让人产生情绪

场景可以是任何元素，重要的是它能否唤起消费者的记忆，它就像是一个信物，让人看到、听到，就能产生画面或情节性记忆的联想，进而产生情绪。一个很有代表性的情节，甚至是一句台词都有可能让消费者瞬间进入某种情绪状态。如"对不起，您所拨打的号码是空号……"，听到这句话，很多人会瞬间联想到很多画面和情节，因为这句话在生活中、影视剧中太常见，人们的大脑中存储了太多相关情节。

3. 能唤起痛点

消费者的痛点是指消费者在体验产品或接受服务的过程中原本的期望没有得到满足而造成的心理落差或不满，这种不满最终会在消费者心智模式中形成负面情绪并爆发，让消费者感觉到"痛"。痛点可分为三类：一是人们普遍有所体会的某种心理上的难受，或者某些蠢蠢欲动的欲望没有得到满足的难受，这种难受常常经过外界刺激而有所强化；二是人们体验过某种产品后，如果不买会难受，会有不满足感，可谓欲罢不能；三是消费者在购买过程中遇到一些挫折，使消费者最终获得产品时，会产生更强烈的愉悦感。第三类痛点有时是企业有意制造的，是饥饿营销的心理基础。场景化营销可在特定的时间、地点，唤起消费者的痛点。

示例

场景+痛点的营销方法

很多洗发水广告以男女约会为场景，男主发现女主肩上有很多头皮屑，这时女主往往会很尴尬、害羞，紧接着的画面是女主使用过某洗发水后，头发再也没有头屑，变得柔顺、亮丽，在和男主交往的过程中也更加自信。这就是运用了场景+痛点的营销方法，让人们担心自己在重要场合（如约会）被别人发现自己不完美的一面（如有头屑），产生一种对自己形象不够完美的恐惧，刺激人们购买可以让外形变得更加美好的产品。在这类场景中，人们会比平时更加关注自己的形象，也会对自己的不雅外形感到更加恐惧、羞耻。在深刻考虑到人群的社交和心理需求的基础上强化人们的焦虑，营销的效果会事半功倍。

从营销来看，消费者的痛点有优劣之分。痛点到底痛不痛、对消费者的刺激是否足够取决于这个痛点出现的频率，以及会给消费者带来损失或麻烦的程度。非高频痛点给消费者带来的损失很小，消费者就不会在乎。在分析消费者痛点的时候，可以先确定这个场景下消费者最想要实现的目标，接着分析实现目标的阻碍，这个阻碍即这个场景下的痛点。

 示例

切中痛点

一款阅读训练课程需要设计推广文案。消费者的痛点是：苦恼自己总是读不完一本书。如果直接以此句话为推广文案，会让人感觉不痛不痒，因为"读不完一本书"一般不会给人们带来多少损失或麻烦。针对痛点，文案可修改为：买了很多好书，想要把知识化为己用，但自己总是没耐心读完一本书，最后那些知识安静地躺在书架上蒙灰，哪也没去。这样，同样是读不完一本书，但后者增加了读书目标，即想把知识化为己用，而读不完一本书成为这个目标实现的障碍，这就带来了麻烦和损失，这就是痛点。

场景和痛点往往是绑定的，消费者一旦处于痛点发生的场景中，产品宣传的解决方案就会出现，从而使产品信息出现在消费者脑海中。痛点和场景出现得越多、越普遍，消费者回忆出产品的概率就越高，那么产品的信息就不需要通过大量信息植入，而是通过情节回忆出现。

实训任务——了解场景化营销的最新技术应用

1. **实训目的**：通过搜集最新的场景化营销案例，了解出现了哪些新技术并被应用到场景化营销中，并分析其优劣性和适用范围。

2. **实训内容**：①收集最近一年的场景化营销案例，列举其用到的最新技术；②分析新技术在场景化营销中的优劣性和适用场景，并提出改进建议；③撰写场景化营销的最新技术应用报告，内容包括场景化营销案例简介、场景化营销最新技术简介、场景化营销优劣性和适用场景分析。

第二节　场景化营销的要素、模式与实施

场景可以理解为具体的消费情景。消费情景包括外界刺激和内心感受两个方面，影响消费者购买欲望和行为，消费者"触景生情"，产生联想及特定的行为，在不同的场合，表现出不同的消费行为；在某个特定的时点，消费者也会产生不同于其他时间的购买欲望和行为。企业的任务是利用场景的连接作用，有效地解决消费者的痛点、创造新的消费场景。

一、场景化营销的要素

场景化营销的要素包括时间、地点、痛点、社群、内容和情绪。消费者所处的时间场景，包括起床后、上班路上、上班期间、周末、国庆节、"双 11"、周年庆、纪念日等。消费者所

在的地点场景，包括旅游景区、商场、超市、火车站、地铁站、公司、家等。消费者的痛点是消费者在特定时空下急需满足的需求，如饿了就会有进食的需求。消费者所处的亚文化社群场景，包括二次元亚文化社群、电竞亚文化社群等。场景化营销的内容是针对消费者痛点的解决方案，可以是产品或服务，也可以是信息，如解决进食需求的方案有点外卖、到餐厅吃饭、自己做饭等。情绪指消费者与品牌的情感互动，如某品牌激发了消费者对品牌的偏好，消费者与品牌产生情感沟通与情绪共鸣，在一定场景下，消费者会联想起此品牌并选择此品牌来解决痛点问题。

在特定时空场景下，消费者解决痛点问题的方案取决于所处场景下的独特需求，并根据社群影响、产品差异化价值和与品牌沟通而产生的情绪来决定。场景化营销则是通过场景将消费者需求与产品、品牌连接起来。

示例

苹果公司：无障碍是一项人权

要描述无障碍技术在用户日常生活中的重要作用是个难题，苹果公司在这方面做出了努力。2022 年年底，苹果公司推出了名为 *The Greatest* 的广告短片。短片展示了残疾人士的日常生活场景，从上班准备到开车，再到在学校的拉拉队。他们是音乐家、艺术家、运动员和父母。门探测、语音控制、声音识别和放大镜等功能不仅是"很酷的功能"，而且这些功能也实实在在地改变了那些视力、听力、行动能力和认知能力有障碍的人士的生活。一个盲人音乐家用音频描述和 VoiceOver（苹果公司的一种语音辅助程序）在试衣间里找到他的夹克，用门探测找到了舞台的门；一位失聪的母亲用声音检测能听到宝宝的哭声；一个坐在电动轮椅上的时尚男士用苹果语音控制系统告诉他的 iPhone 什么时候该拍照，并用面部表情来编辑这些照片；一位没有手臂的女性使用 Siri 和家庭套件来控制她的百叶窗，并使用 Assistive Touch（苹果公司的一种辅助触控程序）用脚趾操作她的 iPhone。这些场景充分展示了无障碍技术的无限潜力，以及苹果公司致力于使其产品适用于所有人的承诺。

二、场景化营销模式

场景化营销模式构建基于场景的类型划分，场景类型可以从不同角度进行划分。

（一）按消费行为划分的场景化营销模式

1. 购买场景

从消费者购买场景开展营销工作需要从两方面进行考虑，一是洞察消费者在一定场景下没有被满足的需求，这些需求有可能蕴藏着新的商业机会。比如给婴儿喝水时，要把开水凉好久才能降温。在这个场景下，有快速降温的需求，迎合这个需求就产生了 55 度杯。二是洞察消费者在购买场景下购买产品的动机和理由，从而甄别真正的需求，以提高销量。比如某人想开一个卤味店，把店直接开在人流量很大的公路边却没什么生意。其原因就是没有考虑卤味的购买场景，一般消费者购买卤味的场景是下班途中，靠近居住的地方，购买一点卤味回去做晚饭的配菜。因此卤味店的选址、产品结构、店铺等都应围绕这个场景去设计。

2. 使用场景

从消费者使用场景开展营销工作主要应考虑消费者在什么样的场景下使用产品，通过对使用场景的考虑，让产品体验更好，增加复购率和口碑推荐。比如，九毛九的卷饼包装设计就考虑了消费者的真实使用场景。平时人们吃卷饼时，每咬一口，就需要把里面的煎饼抖出来。有时候还会不小心抖到地上，体验非常不好。但是九毛九就非常巧妙地解决了这个问题，其卷饼包装盒采用螺旋式设计，每吃一口，就可以轻易地撕下这部分包装纸，然后很方便地继续吃下去。

乐事薯片的"洗手指机"

薯片，作为人气极高的一种零食，一直以来都有一个问题——特别容易脏手。无论是薯片上的调味粉还是薯片的碎屑，沾到手上就很难甩掉。尤其是在吃薯片的时候想玩手机、想用键盘的话，沾满碎屑的手就很碍事。乐事推出了一款"洗手指机"，这款乐事洗手指机，外观涂有吸睛的经典乐事黄烤漆，乐事 Logo 圆盖的背后是智能感应系统，手指伸入后便会喷出雾化酒精，做到瞬间感应、瞬间洁净，清洁过程中，掺杂污秽物的酒精，会顺着凹槽流进机器底部的"废水收集器皿"。洗手指机内置的储水槽可重复填充酒精，并设置有 USB 和 Type-C 接头，可反复充电使用，适合随身携带或放在办公桌上。乐事洗手指机为消费者带来了便利，特别是为一边工作一边吃薯片的人群带来了福利，让他们免去了指尖油脂弄脏键盘的担忧。

（二）按场景内容划分的场景化营销模式

1. 生活场景

人们生活中的需求往往对应于特定的场景，在特定的场景下才会被激发，洞察到这些场景，就找到了商业机会。如年轻人越来越依赖一次性用品，一次性洗脸巾飞速发展，"纯棉、无菌、便捷"的卖点让它迅速替代传统毛巾，出现在人们的洗漱台。全棉时代纯棉柔巾 12 年纪念广告从三个生活场景传递亲密、善意、关爱之情，传播其 100%天然棉"柔韧不易破""柔软不易掉絮""无添加更安心"的特点。

在日常生活场景中添加一些跨界元素，创造新鲜的场景，也是非常具有吸引力的。如世界自然基金会为了呼吁人们关注全球变暖的问题，在巴拉圭首都的街头搭建起简易餐厅，以大地为灶台烹饪食物，把"地面温度"和"煎锅温度"联系起来。不少路人围观试吃，甚至亲自动手体验，直接感知全球变暖这一平时不易察觉到的问题。

2. 艺术场景

艺术是人们生活的重要组成部分，人们在展览、电影、话剧、音乐会等艺术场景中会产生独特的感受。如小米与天猫小黑盒以"热爱的诞生"为主题，在北京朝阳门地铁站联合举办了一场艺术展。展览由米家全能扫地机器人携手四位 KOL，用全新发布的米家全能扫拖机器人，完成了四件用生活垃圾打造的作品，并在地铁站展出，旨在向人们传递"用科技解放双手，别让垃圾埋没热爱"的理念。

3. 运动场景

在运动场景中，除了运动本身，还有很多与运动相关的场景，如中场休息、观众呐喊等，都可能是具有营销价值而可挖掘的场景。如阿尔山矿泉水曾推出"环保手写瓶"。在集体运动中，很多人经常忘记运动场边自己喝过的那瓶水，人们也试图用各种方法标记自己的瓶子，比如撕去瓶标等，但即便如此还是会经常混淆，只能重新再开一瓶，造成浪费。针对这一场景，阿尔山矿泉水在原有瓶标的基础上印上可刮涂层，人们用手指即可在瓶身上随意刮出记号，比如他们的名字、笔画甚至富有艺术气息的小画。这不仅满足了消费者的需求，还提供了参与互动的空间。

改变运动中的某些元素，创造新的运动场景，也可给消费者带来新鲜的运动体验。如成都大运会吉祥物蓉宝射箭裸眼 3D 体感交互游戏，在成都南纱帽街 888 平方米裸眼 3D 大屏上线，运动新场景、新游戏在这里都能免费体验。大屏上，蓉宝手持箭靶前后左右敏捷移动，地面上，游戏操作者需用"弓箭"对箭靶进行射击，在规定的时间内击中越多分数越高，如果脱靶，蓉宝会即刻开启"嘲讽"技能。888 平方米裸眼 3D 大屏带来的震撼视觉特效，"物联网+裸眼 3D"技术打造的沉浸式运动和游戏体验，还有蓉宝可爱的形象，引得众多市民驻足观看，纷纷主动上前体验。

4. 消费场景

消费是整个商业链条中的关键环节，对于某些品类而言（如快消品），消费场景下的消费者最容易受营销因素的影响。如麦当劳在推出忘形麦辣鸡翅时采用的促销策略是：顾客出示其他品牌的鸡翅优惠券也可获得折扣优惠。这不仅能吸引更多消费者到麦当劳尝试新品，还增加了消费者使用优惠券时的乐趣，如使用肯德基的优惠券在麦当劳消费会让消费者感觉奇特和有趣。

5. 节日场景

商家都青睐利用节日进行促销，除了传统的节日，针对网购还出现了很多独特而有趣的节日，如"6·18""双11"等。利用节日场景开展营销活动的关键是从节日中挖掘到好的创意。如临近2022年"双11"，卫龙的淘宝店页面因为"佛系"设计火了：打开卫龙官方旗舰店，就会看到一个"佛系"男子（卫龙运营）。他怀里夹着几包卫龙辣条，头戴耳暖，手捧莲花，眼神游离，若有所思，"佛系"地看着远方，喃喃自语"下单就是缘，'荷'德'荷'能，销量达成"。卫龙的淘宝店页面充斥着各种看似"佛系"的文案，如"优惠领空，辣条卖空，四大皆空""抽奖重在参与，心态好，运气就好""你买或不买，辣条都在，不悲不喜""全都不贵，'佛系'面对"，等等，其实句句都在表达下单。卫龙打造的"佛系""双11"场景，通过"躺平、随缘、摆烂"，营造了一种戏剧感，以年轻人感兴趣的形象和文案引起其关注和共鸣。

6. 娱乐场景

借助娱乐元素或形式可以很自然地将品牌与消费者的情感联系起来，让消费者在有趣、好玩中形成对品牌的感性认识。构建或借势娱乐场景，是很多企业的选择。如佰草集直播成功打造娱乐场景，在没有头部主播和明星引流的情况下，抖音账号"佰草集延禧宫正传"开播一周就一炮而红，冲进了抖音直播带货销售额实时榜单TOP50，开播不过一个多月就迅速吸粉23万，观众人数峰值超82万。

将品牌融入游戏场景中，让品牌与用户直接沟通对话，通过排行榜、勋章、积分、等级、任务、随机奖励等游戏元素提升用户体验，让品牌用户能更加主动地分享传播，提高用户的互动性和主动传播性，这样有利于强化企业品牌形象，有效提升转化率。如IMB银行在澳大利亚赞助的"户外电影院之夜"活动推出了一款迷你游戏。进入电影院的观众会获得一个二维码，通过二维码可以开始一场电影放映前的有趣的跑酷游戏。游戏结束后，前五名玩家可赢得该场电影的免费小零食。之后IMB银行通过游戏参与者留下的信息做了进一步的银行开户信息跟踪，参与到游戏中的许多玩家都在IMB银行开设了账户，这次活动收获了非常惊人的品牌曝光和转化。

7. 虚拟场景

输入、搜索和浏览是网民在网上的核心场景，网民可以通过三大核心场景认知产品和品牌。如搜狗基于输入法、搜索和信息流覆盖三大场景，同时在搜狗AI技术的加持下，广告主可以实现用一套物料多样化地呈现在三大场景中，降低了广告主物料制作成本，也让用户在搜狗的多场景生态中与广告产生多次互动，提升广告的转化率。搜狗输入法不仅是一款好用的打字工具，同时也是一个用户体验良好的信息服务通道。用户对新闻视频、游戏攻略、天气实况，甚至对商品信息的查询都可以直接通过搜狗输入法获得，不必在多个App中来回切换。搜狗对商品信息的推荐非常谨慎、利用自身的大数据与AI技术减少对用户的打扰，做到"所见即所需"，让购物触发于无形。搜狗紧抓用户搜索前、搜索后的场景机会实现场景扩展。搜索前场景，可以在用户输入信息但尚未搜索时展现品牌信息，并可直接跳转到品牌落地页；搜索后场景，则可以在用户点击搜索结果后，利用垂直性搜索、搜狗号等进一步实现精准人群的圈定，并通过优质内容持续为品牌创造商机；在浏览场景，有趣生动的信息流广告是搜狗为品牌创造价值的主要途径。在浏览器类信息流、搜索信息流、PC端输入法信息流、移动输入法信息流四大类信息流产品所组成的信息流矩阵支持下，搜狗信息流实现了PC端、移动端的跨屏联动，用户覆盖量达亿级。

8. 社群场景

无论线上还是线下，人们总是归属于各种各样的社群，社群场景化运营已越来越受到企业的关注。在社群场景下，成员可以连接、互动、协作，实现品牌与用户的沟通，企业还可以进一步依据时间、关系、内容设计细分场景。如按一天的时间分为 5—9 点、11—13 点、18—20 点、21—24 点，在这几个时间段，依据社群成员在不同时间段的上网习惯分别开展场景化营销。企业可通过打造参与感、仪式感、荣誉感、幸福感、归属感、认同感、成就感等建立与社群成员的深度联系，通过内容定位，让社群成员认识、了解、认可品牌，并产生情感连接。

案例 7.1

淘宝店"步履不停"的文案

淘宝女装品牌"步履不停"的文案，被很多人称为"淘宝第一文案"。它的文案作品，不仅被消费者拿来写在朋友圈表达心情，在文案圈子中也被大家广泛讨论、学习甚至模仿。其品牌自身也依靠优秀的文案，在竞争激烈的淘宝女装品类中独树一帜。

冬天到了，"步履不停"店铺上新，文案也上新，消费者可以从中深深感受到那份独属于冬日的美妙滋味。如"'呼出'一团白气，是羽绒服的暖正逼着寒气逃跑""'啪'，原来踩雪是一种新的解压方式""冬天喜欢和一切毛织物来电，'噼啪'，恰好是心动的表现""寒风'咻'的一声，但只要穿上冬装的动作够快，就追得上降温的速度""把脸埋进卫衣，听心跳'怦'地把暖激活""隔着衣服无声抱住自己，原来与自己恋爱，体温也会上升 0.2℃""降温了，只要做足准备，冬天也是可以被期待的季节"。在这里，"步履不停"文案不是在表达衣服的功能和特点，而是把消费者代入穿上这件衣服可以去的场景里，描述场景里的情绪，让消费者感同身受。

启发思考：（1）"步履不停"的文案运用了哪些场景化营销模式？（2）情绪在文案构建的场景中起到了什么作用？

三、场景化营销的实施

场景化营销实质上是针对场景下消费者的心理状态进行的营销。场景是刺激消费者的一种手段，可以是一篇文章、一个事件或一个现实或虚拟场景。实施场景化营销，就是找到消费者场景体验的痛点→细分消费者需求→确定场景的呈现细节，可以简单表述为"产品的功能属性 + 连接属性 = 新的场景体验"。具体而言，可以通过五步来实施场景化营销。

1. 心理洞察

心理洞察是场景化营销实施的起点和核心。做好场景化营销的关键是对消费者心理状态的把握，企业需要清楚地知道自己的产品所满足的消费者需求是什么，这种需求背后的心理动机是什么，而这种心理动机又是在何种消费者心理状态下产生的。在此基础上企业可以利用现实或虚拟的场景对消费者进行刺激，让消费者进入某种心理状态，从而启动消费者的行为链条。要做好心理洞察，首先应确定目标群体，接着抓住目标群体需求并分析其心理动机。

（1）确定目标群体。每一个用户在网络上的行为轨迹各有不同，基于对用户数据资料的洞察，营销推送不再千人一面，而是因人而异，精准地将产品或服务信息投放给有需求、感兴趣的人群。每一位用户的喜好各有不同，可根据用户的网络轨迹来锁定有需求、感兴趣的目标群体。

（2）抓住目标群体需求并分析其心理动机。圈定目标群体后就要明确企业产品所满足的消费者需求。在此基础上，分析这种需求背后用户的心理动机，只有明白用户心里在想什么，企业才能开始策划营销场景。

2. 场景设置

在对消费者心理洞察的基础之上，进行场景设置或选择，从而通过场景将消费者带入营销所需要的心理状态。而场景设置的重点是场景中的互动设置，只有通过互动才能让消费者真正进入该场景中，从而连接消费者与产品。此时需要注意的是，只有给予消费者及时的反馈，才能更有效地对其心理进行刺激。

3. 刺激需求

若要消费者进入某种心理状态并激发某种需求，需要使消费者达到足够的心理需求强度。比如，有些心理状态通过一篇500字的短文就能激发，而有些心理状态则需要1 500字的短文才能激发到足够的强度。很多时候，即使消费者进入了场景，也不一定会触发消费心理。要触发消费者的消费欲望，一定要适时把控场景节奏，根据消费者的心理反馈，做出调整，以激发其需求。

4. 行为引导

在成功将消费者带入某种心理状态后，即可启动消费者的行为链条。此时需要进行消费者行为的引导，来实现营销目标。

5. 跨界连接

在场景时代，跨界不只是营销，更是产品常态。从渠道和自身资源的角度考虑，每个品牌都具有互为连接的渠道，跨界融合了不同场景，创造的是新体验、新品类和新价值。

案例 7.2

大吉大利凉茶蛋糕罐

2023年新年，王老吉与好利来联名推出了大吉大利凉茶蛋糕罐，引起了小红书用户热议，用户们在好奇和拒绝之间反复跳转，用"很怪很想吃"来形容最适合不过了。蛋糕顶层是凉茶冻、芝士慕斯，中间是海绵蛋糕胚体，下一层又是凉茶冻夹着奶油，最底层还有蜂蜜，包装采用易拉罐的设计形式，保持了王老吉的一贯风格。王老吉和好利来联名产品同时推出的还有大吉大利酥酥筒、大吉大利糕点等。为了凸显两个品牌的联名是天作之合，罐身还特地设计了两句话"好利来让生活更甜蜜，王老吉让世界更吉祥"。

王老吉特别注意营造"吉祥、喜庆"的氛围，许多网友乐意冲着喜庆的周边产品买单。2022年年初的时候，王老吉曾推出了王老吉百家姓罐，包括李老吉、王老吉、陈老吉等各种姓氏罐。2023年春节前夕，王老吉不仅让姓氏罐准时返场，还推出了新春吉言罐、姓氏吉言罐、吉祥兔罐，这吸引了消费者，迎合了春节喜庆的气氛。

除了过年搞气氛，在高考期间，王老吉不仅推出了高考罐，还联合有着"吉利"内涵的吉利汽车，打造"吉上加吉"联名限定礼盒。在结婚这件事上，王老吉申请了"新婚大吉"商标，顺便也把"新年大吉""生日大吉""开张大吉""乔迁大吉"都申请了个遍，以至于有人调侃"怕离婚喝新婚大吉"。

启发思考：（1）王老吉是从哪些方面打造场景化营销的？（2）王老吉的场景化营销成功的要素有哪些？

⚓ 实训任务——撰写场景化营销策划方案

1. 实训目的：通过为具体的企业撰写场景化营销策划方案，熟悉场景化营销模式和实施，能根据不同企业的自身情况来组合应用各种场景化营销模式，并预估效果。

2. 实训内容：①选择一个需要进行场景化营销的企业和产品；②分析产品的目标消费者需求及其购买产品的心理动机；③根据消费者需求及其心理动机选择能唤起情节记忆、引发目标消费者联想的场景，并设计场景化营销细节；④分析场景化营销实施具体细节及其各方面的保障措施；⑤撰写场景化营销策划方案，包括企业和产品简介、目标消费者需求与心理分析、场景化营销模式设计、场景化营销实施、预算与人员安排、风险控制与效果评价。

归纳与提高

本章介绍了场景的作用与选择，场景化营销的要素、模式与实施。

场景化营销的核心是具体场景中消费者所具有的心理状态和需求，实质是针对场景下消费者的心理状态进行的营销。场景是唤醒消费者某种心理状态或需求的手段。场景化营销应选择会高频出现、容易让人产生情绪、能唤起痛点的场景，利用场景的连接作用，有效地解决消费者的痛点，并创造新的消费场景。场景化营销的要素包括时间、地点、痛点、社群、内容和情绪。场景化营销按消费行为可以划分为购买场景、使用场景等模式，按场景内容可以划分为生活场景、艺术场景、运动场景、消费场景、节日场景、娱乐场景、虚拟场景、社群场景等模式。

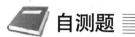 **自测题**

 综合练习题

一、填空题

1. _____是指针对消费者在具体的现实或虚拟场景中所具有的心理状态或需求进行的营销活动。

2. 场景化营销的要素包括_____、_____、_____、_____、_____和_____。

3. _____是场景化营销实施的起点和核心。

4. 要消费者进入某种心理状态并激发某种需求动机，需要足够的_____。

5. _____击穿了各种场景的区别，形成的是新体验、新品类和新价值。

二、简答题

1. 简述场景化营销的概念。

2. 简述场景化营销中场景的作用。

3. 简述场景化营销的要素。

4. 简述场景化营销的模式。

5. 简述场景化营销的实施步骤。

第八章　内容营销

江小白的内容营销

江小白是重庆江小白酒业有限公司旗下江记酒庄酿造、生产的一种自然发酵并蒸馏的高粱酒，主打年轻化市场。江小白在营销上总结了消费升级的"三从"原则：产品从优、品牌从小、价格从众。江小白在消费者洞察方面花了40%的时间，在做产品上花了30%的时间，在品牌上花了20%的时间。基于对消费者的洞察，可以推导出消费者想要什么样的产品。江小白主要单品是江小白"表达瓶"，这个产品的诞生就是完全基于对消费场景的洞察。江小白专门设计的二两小瓶白酒完美地解决了年轻消费者喝点小酒的痛点。

董事长陶石泉希望把江小白做成文化IP，因为有了江小白的文化IP，才有同名的江小白白酒的诞生。江小白文化是年轻人对自我认知的一种自谦的态度："我是一个'小白'，我还需要学习，需要成长。"它体现了一种谦卑的心态和自信坦诚的态度。江小白通过将这种文化IP和产品有机地统一起来，利用江小白IP，玩转了内容营销。

江小白白酒品牌以极快的速度占领了年轻人市场。它一改白酒品牌高端的形象，推出了"江小白"人物形象：一个聊漫画、写段子、没有包袱的简单男生。它很快就在行业内打响了名声，引得无数同行争相模仿。江小白成为很多年轻人聚会的必备品，江小白的内容营销策略无疑是成功的。

启发思考：（1）江小白的市场定位是什么？（2）江小白成功营销的关键是什么？

内容已成为互联网竞争中的制高点，基于内容的营销策略的重要性逐渐凸显。品牌通过创造有价值的优质内容来吸引消费者主动关注变得尤为重要。但需要注意的是，提供有价值的内容或者建立互动连接只是手段，引导消费者产生购买行为并为企业带来利润才是最终目的。

第一节　内容营销策略

内容营销是一种战略性营销策略，即向现有或潜在的消费者传递有价值的内容，与他们建立情感连接，吸引他们主动关注和分享，引导他们产生购买行为，为企业带来利润。内容营销具有多样性、自发性、互动性、有用性等特点。

示例

品牌兔年主题Logo

临近2023年春节，许多品牌发布了兔年主题Logo。中央广播电视总台揭晓了兔年春晚官方Logo，收到好评无数。兔年春晚Logo的设计灵感源自吉祥物"兔圆圆"的定格姿态，同时结合了书法中草书"卯"字的变体，散发出浓厚的国风韵味。央视体育为冰墩墩拍摄了一组新春写真，憨厚可爱的冰墩墩穿上了兔年新装，头戴兔耳朵发箍，简直萌翻了。农夫山泉推出的金兔玻璃典藏瓶，极具东方美学的艺术气息，受到网友的热捧，农夫山泉不愧为"被卖水耽误的设计公司"。

一、开展内容营销的要点

企业开展内容营销应考虑以下八个要点。

（1）制定明确的商业目标。明确影响消费者购买决策的内容和企业创造内容的目的。只有目标明确的营销活动，才能达到满意的效果。

（2）通过消费者的话语来描述内容。要避免用生硬的术语或行话来表述内容，应使用消费者习惯或喜爱的语言来描述内容。

 示例

小红书平台的"翻译官"

很多品牌或产品同时拥有中英文名称，小红书用户常常会对这些英文名称进行热议，其中不乏有趣的翻译。如肯德基推出"安心大油条 LSM"，小红书用户对"LSM"进行了各种翻译，如 L 码 S 码 M 码、老时髦、楼上买、罗生门等，虽然官方没有公布这个油条的译名，但经过网友一番"玩梗"，原本平平无奇的肯德基油条爆火了一把。还有大家熟知的旺旺，旺仔英文名居然是"hot-kid"。旺仔牛奶的英文名曝光之后，小红书用户建议将旺仔翻译成"good boy""lucky kid""rich kid"或"red little boy"。

（3）关注垂直领域的价值和需求。如果企业想吸引垂直领域的消费者，就需要关注相关行业的话题并且提供相应的内容。

（4）注重创意的表达。企业要想在充满各种内容的互联网上获得消费者的关注，就必须注重加强创意的表达。企业可以重点关注内容的标题与表现形式，以突出内容的有趣性。

 示例

度小满《跨年这天的脆弱》

2022 年 12 月 31 日，度小满发布了一支名为《跨年这天的脆弱》的品牌片。2022 年的最后一天，外界争先恐后地强调"这一年"之时，度小满别出心裁，缩面为点，讲述了 2022 年跨年"这一天"，折射出小人物的酸甜苦辣。可以用"不像广告的广告"来定位《跨年这天的脆弱》这个作品，它借着《一年一度喜剧大赛2》的 IP 外壳，和阿奇、阿成的既有热度，讲述了岁尾年末之际，发生在一家水果店的幽默故事。片子表面上看是个喜剧，实际上它讲的是关于你我他的经历，映射的是每一个普通人对生活的企盼。度小满基于"旧元素新组合"的原则讲故事，用观众熟悉的配方，烹饪出了一盘混着熟悉味道的新菜肴。片子上线当天就上了热搜，引发的话题是"2022 年最后一天突然转运是什么体验"。

（5）雇用优秀的写手。企业雇用优秀的写手来创作优秀的内容更容易取得成功。

（6）引用消费者的评论。普通网民的话语更接地气，更具有吸引力与说服力，会让更多的人产生共鸣，拉近其与企业的距离。

示例

B站诗集《不再成为另一个人》

B 站出诗集了，书名为《不再成为另一个人》。这是 B 站用户共创的诗集作品。

B 站还特意为诗集做了 100 张海报，文案值得细细咀嚼，如"再小的心愿，努力实现了，就很伟大——@我是侠半生"。网友们写下的诗句，大多是对当下生活的记录，以及对人生的感悟和理解。网友们在 B 站畅所欲言，在弹幕里、评论中，大家抒发着自己的感想，在对事物的看法上获得共识，在情绪的感知上收获共鸣。B 站巧用用户沉淀的 UGC，通过收录各种原创内容，让用户与平台形成了更深的连接。

（7）让内容更容易被找到。企业可以将内容发布在企业的网站上，也可以将内容发布到社交媒体上，以让内容更容易被用户找到。

（8）让内容分享更容易。在选择内容的发布、传播渠道时，企业需要考虑用户传播的需求，提供用户分享到微博、微信、QQ 等社交平台的链接。

二、开展内容营销的切入点

1. 源头

内容营销要从产品抓起。当产品还在酝酿的时候，企业就应为其注入内容基因，打造内容性产品，形成自营销。内容性产品有三个特点：可赋予目标消费者一种特定的身份标签，让他们有社群归属感；能让消费者在选择购买这个产品时，有一种强烈的情绪共鸣；将内容植入产品，使产品成为一种实体化的社交工具，消费者可以通过产品产生互动。

示例

农夫山泉生肖瓶为何让人"上瘾"？

从 2016 年起，农夫山泉按照"猴，鸡，狗，猪，鼠，牛，虎，兔"的生肖排序，每逢新年如期推出限量版生肖玻璃瓶水。虽然已经推出生肖瓶 8 年，但农夫山泉每次的生肖瓶设计都让人充满期待。农夫山泉生肖瓶的设计灵感来自长白山，农夫山泉通过用瓶身展现长白山的生态文化，把大自然与动物的奇妙关系凝结在瓶身之中，揭示了自然界不同生物之间的依附关系；同时模仿下落中的水滴，设计出更具自然感的水滴状玻璃瓶身，折射出长白山天然矿泉水纯净天然的本质。高颜值的艺术设计背后，离不开农夫山泉的匠心打造。农夫山泉邀请来自 3 个国家的 5 家顶尖设计工作室，前后经历 58 稿、300 余个设计后，才最终确定模仿水滴造型的设计，成就了玻璃生肖瓶的艺术之美。

2. 价值

内容营销在为消费者提供实用价值的同时也应使消费者感受到产品的独特价值与内涵，甚至强化或重启一种生活方式、输出一种理念或价值观，形成品牌黏性，实现让消费者重复购买。

示例

给予是最好的沟通

有这样一则泰国广告：为了给妈妈治病，小男孩去药店偷药被抓。隔壁饭馆老板看到了，出来帮他付了钱，还让女儿打包了一份瘦肉汤，让小男孩一并带给生病的妈妈。30 年后的一天，这位老板生病住院了。医院里，老板女儿看着近 80 万泰铢的巨额医疗费陷入绝望，但当第二天收到缴费单的时候，她发现医药费总额竟然是 0 泰铢。缴费单上写着这样一句话：所有费用已在 30 年前支付。原来为老板提供悉心治疗并付清全部医药费的医生，正是那个 30 年前餐厅老板帮过的小男孩。这则广告既突出了通信运营商"沟通"的核心卖点，也传达了"给予是最好的沟通"的理念，人生因付出而快乐，幸福因分享而增值，对恩惠最好的回馈，是将助人之心传递出去、传承下去。

3. 主题

（1）引发受众价值观共鸣。企业开展内容营销时，应重点关注真实、有个性的普通人，许多成功的内容营销案例具有的一个共同点就是让普通人影响普通人，从而产生情感共鸣。

示例

向美发师致敬

从 2013 年开始，威娜在中国通过系列微电影"向每一个不平凡的美发师致敬"，把百年威娜和美发师之间的感情，尤其是在中国三十多年来跟美发师们的感情再次升华，提升了美发师的职业荣誉感，使美发师们不断前进，不断引领时尚，也让消费者更加重视与美发师之间的每一个时刻，引起了共鸣；同时促进了品牌的推广和宣传，让消费者感受到了品牌的人情与温度，拉近与美发师的关系，提升了品牌的知名度与好感度。

（2）尊重年轻群体的娱乐方式。年轻群体对企业来说具有巨大的利润发展空间。因此，越来越多的企业在进行内容营销时会主动迎合年轻人的口味，针对年轻群体的喜好来制定具体的营销策略。需要特别注意的是"二次元"群体，以 ACG，即动画（Animation）、漫画（Comic）、游戏（Game）内容产业为核心的二次元文化与高速发展的互联网擦出火花之后，二次元相关的娱乐活动和社交方式深受我国年轻人的欢迎和喜爱。

示例

自然堂的《当代木兰》

2020 年自然堂以"木兰"为名拍摄了一支国漫风格的动画视频，以致敬奋战在各行各业的女性。片中古代木兰和当代木兰穿越时空相逢，尽管时代不同、身份有别，但她们报效国家、守护家园的精神却是相同的，这种精神在历史洪流中得以传承。自然堂借古代木兰致敬当代木兰，以符号化、具象化的 IP 实现对年轻人的情感触达，表达了对女性消费者的品牌关怀。

4. 平台

内容传播在内容营销工作中尤为重要。企业可以借助多方位的平台和传播渠道，打造生态传播体系，最大限度地扩大品牌内容的传播范围。

5. 表现形式

（1）与艺术融合，让内容更有质感。将内容营销与艺术融合，通过优秀的艺术作品来传递品牌内容，不仅可以增强品牌对消费者的吸引力，还有利于提升品牌形象。

示例

《回海上》的内容共鸣

歌曲《回海上》是 W 野狗音乐舱"唱给未来广告的歌"计划的"第三弹"，展现了过年时上海随着外来人口的回乡而变成"空城"，以及返程高峰时车站、机场、写字楼、商圈重回昔日的情景。它成为一首耐人寻味、使所有"漂泊"一族感慨万千的广告歌。这种音乐与营销结合的创新模式，以及《回海上》所拥有的内容承载力和话题覆盖度给人们带来了一些启发和思考。

（2）创造可流行的文案或图案。用段子或图案作为营销内容的表现形式，可以增强内容的趣味性，吸引消费者主动关注，并促使其自发地进行传播。UGC 也是内容营销中非常有效的模式之一。企业可以通过创造极佳文案或图案，引导消费者自发地创造内容并传播，形成病毒式传播。

示例

旺旺"自己咭自己"

在小学生流行玩咭咭卡之时，旺旺率先推出创意贴纸，给大家演示了"自己咭自己"。旺旺此次通过让消费者自己动手来打造旺仔形象，在提高大家参与度的同时，也让旺仔罐具备独特性而受到人们的追捧。在瓶身这块，旺旺多次引领潮流，如之前推出的职业罐，刻画了 25 个不同的职业，分为常态款和隐藏款。常态款包括发型师、厨师、护士等传统职业，隐藏款的职业则更为新潮，例如电竞选手、说唱歌手，通过将职业印在包装上一方面能够引发大众的购买欲，另一方面也表达了对职业人的敬意。再往前，旺旺还推出过民族罐，结合了 56 个民族的文化元素，体现出了中华民族的大团结。

实训任务——内容营销案例分析与应用

1. **实训目的**：通过分析一个较好的内容营销案例，熟悉内容营销的要点。

2. **实训内容**：①从各种渠道收集几个内容营销的案例；②从中选择一个你认为较好的内容营销案例，列举三个以上该内容营销做得较好的原因；③挑选一个你喜欢的品牌，尝试为它设计一次内容营销活动。

第二节 内容营销的应用（一）

内容营销的应用十分广泛，比较常见的应用有 IP 营销、情感营销、事件营销与饥饿营销等。本节主要介绍 IP 营销。

一、IP 营销概述

IP 意为"知识产权"，也被称为"知识所属权"，指人们就其智力劳动成果所依法享有的专有权利，通常是国家赋予创造者对其智力成果在一定时期内享有的专有权或独占权。新媒体和网络营销的发展使 IP 的表现形式产生了新的变化。IP 可以指通过各种媒介实现多元化呈现的某些智力化成果，可以是一本小说、一部电视剧，也可以是一个故事、一段情节，甚至可以是一个名字，其本质都是智力成果。IP 能够仅凭自身的吸引力，挣脱单一平台的束缚，在多个平台上获得流量，自主进行内容分发。

IP 营销是指品牌捆绑 IP 进而实现人格化，通过持续产出优质内容来输出价值观，再通过价值观来聚拢粉丝，使粉丝在认可其价值观的同时实现身份认同和角色认同，进而信任其产品或服务的一种营销策略。

（一）IP 营销的特点

1. 广泛传播性

综艺、动漫或电视电影作品等 IP 本身都具有话题性和传播性，都有庞大的粉丝基础和市场。品牌通过捆绑 IP 可以将 IP 自带的粉丝和流量引导到品牌本身来，并且能通过粉丝的自传播有效地扩大营销效果，从而形成裂变传播。

2. 人格化

塑造品牌 IP，既是挖掘品牌的价值和追求文化的认同感，也是实现品牌人格化的过程。每个品牌都有其特定的价值内涵和情感内涵，即品牌在经营过程中所凝练的价值观念、审美观念、时尚品位、情感诉求等精神象征，也就是品牌文化。IP 营销以人的连接为中心，通过人格代理，使品牌变得有温度、更亲民，同时通过价值观和文化的输出，实现粉丝的身份认同和角色认同，打造粉丝经济。

3. 实现品牌溢价

品牌通过捆绑 IP 输出其价值和情感，为消费者提供情感寄托。在品牌 IP 体现出来的特定的情感和价值元素的基础上，通过资源的有效组合为产品增添生机和活力，为消费者提供产品功能以外的购买理由，最终实现品牌溢价。

> **示例**
>
> **蜜雪冰城"黑化"，新品上市的新玩法**
>
> 蜜雪冰城为桑葚系列新品的预热活动，在利用自身资源的同时，结合拥有社会话题的天气元素，实现了营销"出圈"。首先，蜜雪冰城通过外卖平台门店集体换黑色头像的方式，吸引大众眼球。紧接着，"蜜雪冰城黑化"登上热搜，进一步提高了话题讨论度。当时河南连续的高温天气，为"蜜雪冰城黑化"提供了"晒黑"这一有趣的理由，从而扩大了话题传播面。蜜雪冰城还发挥雪王的 IP 人格化特质，让"黑化雪王"出现在线下门店，提升了"黑化"的场景感、氛围感。官方在推出"桑葚系列新品"的同时，还不忘和网友一起"玩梗"，让整个传播做到了从网友到品牌的呼应，最大限度地制造了话题热度，激发了大众对新品的好奇心和购买力。

（二）IP 营销的类型

IP 营销可以分为品牌 IP 营销和 IP 捆绑营销两种。

1. 品牌 IP 营销

品牌 IP 营销适用于那些自身实力比较强大、粉丝基础较好的商家。商家通过对消费者和市场的洞察，将品牌打造为可以延伸和发展的 IP，并为品牌 IP 设计丰富的内容。

示例

海底捞的IP营销

海底捞推出一套玫瑰金食材系列耳饰，以火锅配料为原型，有八角、蘑菇、莲藕、辣椒四款。八角耳饰名为"角星耳饰"，莲藕耳饰名为"藕遇耳饰"，蘑菇耳饰名为"菇梦耳饰"，辣椒耳饰名为"椒颜耳饰"。这套饰品很有趣，名称也有文艺范，让原本充满人间烟火气息的火锅食材变成小巧精致的耳饰。消费者把火锅食材戴在身上，实现了"吃货文艺化"。此前，海底捞已发布多款文创周边产品，融入了生活多个方面，如买食物用的小推车、"两袖清风"袖套、红辣椒抱枕和蘑菇抱枕、潮流范儿购物袋、嗨锅便利贴、记录"吃货"日常的手账本等。这些周边产品的文案也很容易引起消费者共情，如小推车文案"一锅捞起，人间百味"、袖套文案"一锅香气，两袖清风"、平板保护壳文案"拿起来就馋到放不下了"，还有随身袋文案"人生海海，总能找到你的那颗菜"。这些文案都很符合现代人的自我情感表达，有利于建立海底捞的 IP 属性。

2. IP 捆绑营销

IP 捆绑营销是最常见的 IP 营销类型，适用于所有商家。商家通过冠名赞助 IP 节目、与 IP 进行跨界联动合作等形式，以较低成本吸引 IP 本身粉丝的关注和讨论，并采用有效的捆绑和经营战略，将 IP 粉丝逐步转化为品牌、产品自身的粉丝。

示例

蒙牛讲好世界杯故事

2021 年 10 月 25 日，蒙牛集团与国际足联在北京联合宣布，蒙牛正式成为 2022 年国际足联卡塔尔世界杯全球官方赞助商。此前，蒙牛宣布续签梅西以及新签姆巴佩作为品牌代言人。在国际足联的 11 家全球合作企业中，有 4 家食品企业，蒙牛通过世界杯向世界展现中国企业，特别是中国食品、乳品企业的风采。2022 年 4 月 2 日，蒙牛宣布其广告语正式升级为"世界品质，天生要强"。从世界杯倒计时 100 天到比赛正式开赛，蒙牛在这段时间内打造的不少内容都成为互联网上广泛讨论的焦点。蒙牛发布的《青春不过几届世界杯，营养你的是哪一杯》（"世界杯回忆杀"）和《要强出征》等世界杯主题 TVC，凭借细致入微的洞察和饱含情义的笔触，成功引起广大消费者的回忆和共鸣。在短片内外，蒙牛的产品同样没有缺席。在关于"世界杯回忆杀"的短片之中，蒙牛通过情怀来打造品牌的温度，也在短片中埋下了一条产品的暗线。牛奶在短片中多次出现，几乎全程参与了两代人的成长，凸显蒙牛多年来一直在默默地给每一个"要强"的人提供营养支持。此外，蒙牛还先后上线了 12 款"世界杯回忆杀"主题的系列产品和 32 强国旗定制包装产品，以产品承接 TVC（电视商业广告）的内容，为消费者怀旧情绪与情感找到承载实体。蒙牛还在世界杯开幕前推出了另一支短片。短片一方面以"要强不分赛场"，直接点明了消费者为梦想不停奔跑与足球运动员在赛场上"要强"精神的共性；另一方面还在片尾的彩蛋中，推出了世界杯每进 1 球蒙牛就送 1 000 箱牛奶的福利活动，以"无论谁进球，都来找蒙牛"凸显蒙牛世界杯全球官方赞助商的身份。

二、IP 营销策略

（一）借助热点事件进行 IP 营销

借势营销是一种搭便车的行为，在 IP 营销中具体表现为企业借助 IP 的热度和曝光度把企业品牌、产品或服务等融入 IP 的讨论环境，在提高企业曝光度和知名度的同时可以对消费者关于该企业的产品和服务的看法产生潜移默化的影响。

另外，实力较强的企业也可以通过主动造势来制造热点，在引发社会讨论的同时吸引大众的注意。

闪送的借势IP营销

闪送借助漫画《我们是谁》的热度开展了一次营销活动。漫画《我们是谁》原本是吐槽广告行业的，但是由于其形式简单、易于理解、准确击中了当代职场人的痛点，瞬间流行起来，被竞相模仿，如图8.1所示。在其他品牌仅仅对漫画中的对话进行简单修改的时候，闪送通过标新立异、别具一格的真人版 cosplay（角色扮演）吸引了大众的目光。这幅真人版的《我们是谁》（见图8.2）强势占领了电梯和影院的电子屏广告位。这次的借势营销反应迅速，与闪送的品牌理念"快"不谋而合。

图8.1 《我们是谁》原漫画

图8.2 闪送真人版《我们是谁》

（二）结合用户所处场景进行 IP 营销

企业针对人们对品牌 IP 的浏览、讨论等场景开展营销活动，可以凭借营销活动的原生性减少受众对营销广告的抗拒和不满。企业将品牌、产品、服务等与 IP 捆绑，可以使企业的知名度和形象在 IP 自有粉丝的讨论和转发传播中得到进一步的提升，获得新的价值增值。

案例 8.1

B.Duck小黄鸭的IP营销

闪亮的眼睛、翘起的嘴巴、头身等大的体型，搭配个性十足的发型、可爱的笑容，这只独一无二的小黄鸭名为 B.Duck，它是创始人、设计师许夏林送给孩子们的礼物，是中国第一原创 IP。2022 年 1 月，B.Duck 母公司德盈控股在港交所主板上市，其中小黄鸭（B.Duck）IP 贡献了七成营收。

B.Duck 名字中的"B"指的是"Bathing"，起步于浴室产品，切中当时人们对小鸭子使用场景的想象和需求。单一的使用场景和过小的目标人群都不利于提升品牌认知度，因此 B.Duck 不局限于做儿童玩具。2011 年，B.Duck 开启 IP 授权业务。B.Duck 的身影渗透到人们的每个生活场景，产品包括家电、家纺、文具、服饰、电子产品和节日礼品等。

很多粉丝是从周边产品看到、喜欢上 B.Duck 的。为了保持与年轻群体同频共振，B.Duck 与和平精英、第五人格等手游 IP 碰撞，让更多人看到了 B.Duck 多元化的形象，也让市场窥见了 IP 授权可深挖的可能性。为了满足年轻人的 IP 体验，B.Duck 在北京、上海、广州、成都等城市中心打造了多场线下主题展，拓展了实景娱乐的边界。诞生于大湾区的 B.Duck 还进军了餐饮行业，将传统粤式点心与小黄鸭联合，让美食也有了个性和风格。2020 年 B.Duck 与南京欢乐谷携手打造了 B.Duck "奇想海洋"主题区，2021 年兰州万科城建造了 B.Duck 主题公园，在游乐园里营造一个童真世界，给予游客们全方位的沉浸式 IP 体验。B.Duck 还与顶级国潮 IP 故宫携手推出"宫里有只小'皇'鸭"IP 合作项目，设计具有中国标识性的经典形象，引发了青年群体对悠久历史文化的探索。

启发思考：（1）如何理解小黄鸭的 IP 营销模式？（2）小黄鸭 IP 营销针对的是哪些消费场景？

（三）借助与粉丝的互动进行 IP 营销

IP 是以人为中心的营销战略。企业打造自己的品牌 IP 或捆绑大流量 IP，其营销的重点都是在维持原有粉丝和流量的基础上进一步吸引更多粉丝的关注，而维持 IP 与粉丝之间的互动，是维持粉丝关注、深耕粉丝人群的重要策略。对于品牌 IP 来说，把品牌打造成 IP 的实质也是品牌人格化的过程。企业通过品牌 IP 与粉丝的沟通与互动，可以将企业品牌的价值观和情感倾向等源源不断地向其粉丝灌输，在潜移默化中增强粉丝对品牌的信任和好感，最终促成消费行为。

示例

"故宫淘宝"的IP互动营销

"故宫淘宝"是北京故宫文化服务中心开设的官方网店，其销售的商品与故宫内纪念品商店中所售的商品一致，价格也是统一定价，目的是希望通过电子商务的形式传播故宫文化。"故宫淘宝"官方微博为了维持其粉丝的忠诚度，不仅微博文案新颖有趣、吸引人，还经常以撒娇"公公"的语气与粉丝和其他品牌互动。"故宫淘宝"官方微博还经常对粉丝发到微博上的买家秀进行评论、点赞、转发。"故宫淘宝"通过多方位的粉丝互动，不仅让其粉丝看到真实的产品形象，也有利于维持并扩大粉丝群，促进品牌和产品的宣传。

IP 捆绑营销更需要关注品牌或产品与 IP 原有粉丝的互动。因为对于品牌商来说，不是仅凭借优质 IP 就能立刻引发粉丝的关注、讨论和购买，而是需要通过品牌、产品与 IP 粉丝的沟通与互动，将 IP 的粉丝转化为品牌自身的粉丝。

示例

伊利每益添的"圈粉"策略

2016 年，在伊利每益添"添猫号"系列产品和电影《功夫熊猫 3》的合作中，伊利不仅承包了北京地铁 1 号线的广告，并且将地铁"添猫号"车厢以 1∶1 的比例复制放进北京金源新燕莎购物中心，同时配上曾经"引爆"社交圈的智能手环和东方梦工厂原版明星阿宝，在商场营造了一个"功夫江湖"的场景。阿宝的粉丝不仅可以与阿宝合影，还可以用智能手环测试健康指数、玩 H5 游戏赢取奖品。此过程不仅可以唤起粉丝对《功夫熊猫》的记忆，还在体验中将"功夫熊猫"的形象和伊利每益添低糖的理念融入粉丝的潜意识。伊利每益添基于《功夫熊猫》的特色包装还推出了相关动态图片，让电影中的"低糖功夫"动起来，与目标受众进行健康、好玩的互动。伊利每益添酸奶通过上述各种行动给阿宝确立了"低糖江湖"的新定位，有效地与《功夫熊猫》的粉丝进行了互动，将原本属于 IP 的元素变成自己的东西，并且将 IP 粉丝转变为品牌粉丝，营销效果显著。

（四）借助行业融合的边界进行 IP 营销

IP 营销通常表现为一种跨界营销战略。跨界营销通常是指不同品牌或不同行业利用各自的优势和特点，提取核心要素进行整合、相互渗透，从而实现双赢的营销活动。品牌与 IP 的联动合作就是一种常见的跨界营销。

案例 8.2

麦当劳和《全职高手》动画跨界合作升级

2018 年，阅文集团（以下简称"阅文"）延续超人气 IP《全职高手》的故事线为麦当劳定制了 3 集动画和全职高手款的 3D 玩具套装，助力麦当劳营销。阅文动画借此成为我国网文以及国漫产业中 IP 商业化的标杆。

阅文没有走简单的"IP 站台"路线，而是采用深度的内容植入，为麦当劳深度定制与剧情相符的桥段。在《全职高手》动画第一季中，主角叶修被迫退役后走进麦当劳，说出了那句让所有粉丝印象深刻的台词"开心时，要吃薯条庆祝；难过时，要吃薯条平复"。

除了主题餐厅、联名主题"麦乐卡"，阅文还对《全职高手》内的虚拟人物以"IP+idol（偶像）"模式进行开发。《全职高手》的主角叶修生日当天，阅文联合旗下元气阅读 App 号召粉丝参与线上应援，将叶修"送上"上海花旗大厦的电子大屏，闪耀黄浦江，成为国漫炙手可热的虚拟明星。

启发思考：（1）与传统的跨界合作相比，麦当劳和《全职高手》的合作有何不同之处？（2）案例中的 IP 营销模式有什么优势？

三、IP营销的开展形式

企业可以灵活运用以下三种IP营销的开展形式。

1. 设计定制产品

品牌和IP合作发行定制款产品是IP变现最直接的方式。通过发行品牌和IP联合的产品，一方面可以满足IP粉丝对IP的喜爱和追捧心理，促使粉丝购买和收集IP衍生产品；另一方面，粉丝购买IP的衍生产品，出于分享、推荐等目的，会把其购买的产品发布在社交媒体上展示或与同好交流，这会进一步促进品牌与IP联合活动的传播和扩散，吸引更多的用户参与营销活动。

> **示例**
>
> **人民日报×B站：2000多个成谜的甲骨文，等你来破解**
>
> 2022年6月11日中国文化和自然遗产日，广告公司Heaven&Hell与人民日报社新媒体中心、中国文物交流中心、B站合作推出了一款解决甲骨文破译问题的H5——《甲骨书信》。这款H5开篇用9道生动有趣的识字题带领大家感受甲骨文的趣味和魅力，有意料之中也有意想不到，有人关关难过，也有人关关过。无论"战况"如何，你都能认领一个尚未破解的甲骨文，H5鼓励你保存它、传播它，甚至尝试破解它。该H5上线10分钟就获得超过10万次的点击量，在B站话题区被浏览200万次，引发无数用户参与到未破译甲骨文的传播、讨论中。

2. IP软植入

IP软植入是指品牌通过与IP的深度融合，在潜移默化地向消费者传递IP信息的同时将品牌烙印在消费者的心中。软植入的形式不仅新颖有趣，并且更有利于减弱受众对硬植入的抗拒和不满，在潜移默化中提升品牌形象。

3. 线下渠道拓展，实现线上线下结合

拓展线下渠道是互联网IP营销进一步深化的体现。营销活动的实体化可以增加品牌、IP与粉丝之间的互动和联系，提升消费者体验。将粉丝置于营销活动的现实环境中，可以加深其对营销活动的理解和认同，使其将对IP的认同和信任转移到品牌和产品上来，促进粉丝的购买行为，提升其忠诚度。IP营销的线下渠道可拓展为O2O的全链路打通，以提高营销的转化效率，带动销售。

~~~ 案例 8.3 ~~~

珀莱雅妇女节营销

2022年，珀莱雅的妇女节营销延续了自2021年开启的"性别不是边界线，偏见才是"妇女节主题。2022年2月底，主题活动正式开启。珀莱雅邀请广州南兴合兴堂醒狮全女班和组建醒狮全女班的两位男性教练共创了主题短片《醒狮少女》，表达了力量、汗水和狮子同样也属于女性，温柔、细腻和玫瑰同样也属于男性的主张，该短片仅平台播放量就超388万次。接着，珀莱雅与白贝壳、凯知乐、快手、MAIAACTIVE（玛娅）、美团外卖、小天鹅等品牌共同参与"性别不是边界线，偏见才是"的线下主题活动，并通过户外大屏广告，呈现了多样化的女性和男性形象。随后，珀莱雅还发布了《一样的天空——我们如何展开性别教育》的特别纪录片，与方所（一家文化公司）西安店共同策划了主题书桌活动，向十所乡村小学分别捐赠了儿童主题书单的全套书籍。

从网络舆情来看，珀莱雅此次营销取得了不错的成绩。网友对珀莱雅妇女节宣传的认同度高，网络表达以占89%的正面情绪为主；在认同与情感共鸣的推动下，大家纷纷转发其博文，内容获得自传播力，转发占比达87%。在没有代言人助力的情况下，此次营销实现了口碑与热度的双丰收。

启发思考：（1）珀莱雅的营销体现了哪几种IP营销的开展形式？（2）品牌应如何做好妇女节IP营销？

四、IP营销的技巧

（一）优质IP的特点

优质IP需要具有丰富的内容、足够的认知基数、强分享连接感、价值沉淀性和强附着力等特点。

1. 丰富的内容

IP 的内容越丰富, 就越容易被拓展和挖掘, 并且具有持续的内容生产力。IP 营销就是向用户输出价值观, 实现产品的概念化和品牌的人格化, 而实现的手段就是持续的内容生产和发布。例如, papi 酱、漫威漫画等都是通过强大的内容生产力成为超级 IP 的, 其内容形式多样, 可以是文字、音频、视频等。通过内容来建立自身的权威性和专业度, 进而赢得用户的信任, 聚拢粉丝, 这是 IP 营销的基本逻辑。

2. 足够的认知基数

品牌进行 IP 营销时要了解该 IP 是否有足够大的认知基数, 即其具有的潜在能量有多大, 是否可以为品牌扩大影响做出较大的贡献。

3. 强分享连接感

IP 营销是以人的连接为中心的, 是将品牌与人之间冷冰冰的联系转化为品牌人格化以后的形象与人之间有温度的连接, 因此品牌的 IP 营销应该具有强分享连接感, 可以吸引用户参与并促进社交传播。

4. 价值沉淀性

IP 的价值沉淀性体现在时间沉淀性和情感沉淀性两个方面。

在时间沉淀性方面, 如 IP "美国队长", 美国队长诞生于 1941 年, 这个 IP 似乎有挖不完的金矿, 每一次深度挖掘都会有不一样的惊喜和收获。IP 的运作不是快餐式消费, 要不断地对其进行再创作, 将其打造成一个创意不断、历久弥新的品牌。

在情感沉淀性方面, IP 是有温度的, 这是 IP 人格化的必然结果。爱情、亲情、正义、尊严等都能推动 IP 深入人心, 如《蝙蝠侠》中的民间正义,《超能陆战队》中宣扬的亲情, Darry Ring（知名钻戒品牌）代表的唯一、真爱与承诺, 这些内核都是可以跨越文化、地域和时代的, 是可以被沉淀下来形成亚文化效应的。

5. 强附着力

强附着力是指 IP 能够吸引消费者、自发引发流行。成功的 IP 应该能在没有强大推动力的情况下不停地获得新的流量。

（二）IP 营销成功的技巧

IP 营销有以下几个技巧。

1. 正确地选择产品

IP 营销中, 产品是 IP 人格的载体, 没有好的产品, 即使有再强的人格背书也不可能有持续的营销效果。要打造良好的网络口碑, 就要把产品做到极致。同时, 企业在选择借助 IP 进行产品营销时, 必须保证产品和 IP 有内在的关联, 不可强行把 IP 和产品捆绑起来, 否则可能会事与愿违。

2. 要有持续的内容生产力

IP 势能的建立离不开强大的内容生产力。在 IP 营销中, 内容营销越来越重要。品牌的人格化主要依靠的是持续的内容生产, 以此吸引粉丝的关注。以视频、图片、音频、文本等形式生产的内容不仅能丰富 IP 的内涵, 也能更好地吸引和维持粉丝。

3. 精准定位, 跨屏引流

超级大 IP 的一个重要特征是自带流量, 延展性较强。对于超级大 IP 的营销, 企业一开始就应该将其定位于跨屏发展, 最大化 IP 的价值, 实现全方位引流。如网红美妆博主不仅在微博上发布信息, 也会把相关内容分享到 B 站等社交平台上, 有的也会建立自己的公众号用于发布信息, 同时还会和化妆品品牌进行联动, 推出联名款限量产品等。但是, 跨屏发展不意味着内容的泛化和不受约束, 企业应坚持在原有消费者定位的基础上进行多渠道分发和深化, 也就是要在精准定位的基础上服务于垂直人群。

4. 深度跨界联合, 提升 IP 变现的价值

品牌通过与 IP 进行跨界联合, 可以深度挖掘 IP 的粉丝价值, 通过多种形式的营销实现品牌的人格化, 建立与 IP 粉丝的连接, 通过品牌文化和情感影响粉丝, 提升粉丝对品牌的信任和黏性, 使

粉丝愿意消费符合自己价值取向的溢价产品，达到营销效果的最大化。

实训任务——为喜欢的品牌策划一次 IP 营销

1. **实训目的：** 通过分析喜欢的品牌的特点和受众，找到与之契合的 IP，能根据 IP 和品牌的特点，策划一次 IP 营销，以实践 IP 营销的知识。

2. **实训内容：**

（1）挑选一个喜欢的品牌，搜集该品牌的相关信息，包括产品类型、价格、过往营销风格、品牌文化等。

（2）选择多个 IP，分析这些 IP 的基本情况，包括特点、寓意、受众类型等，从中挑选出与品牌契合的 IP。

（3）策划 IP 营销：设想可行的 IP 营销方案，列举出各方案的优缺点，拟订最终方案的评价方法和指标。

（4）撰写营销活动策划方案：内容包括策划背景、策划目的和意义、营销活动的规划与实施、效果评价等。

第三节　内容营销的应用（二）

本节主要介绍情感营销、事件营销和饥饿营销。

一、情感营销

情感营销是把消费者个人的情感差异和情感需求作为企业品牌营销战略的核心，借助情感包装、情感促销、情感广告、情感口碑、情感设计等策略来实现企业营销目标的策略。

在情感消费时代，消费者在考虑是否购买商品时，关注的不再仅仅是商品的质量、价格与服务。品牌与消费者的情感属性是否一致，是否能让消费者产生心理认同、情感共鸣，也是决定消费者是否购买的关键因素。情感营销从消费者的情感需要出发，唤起消费者的情感需求，引导消费者产生心灵上的共鸣。运用情感营销，可以营造温馨、和谐、充满情感的营销环境；也可以把消费者对企业品牌的忠诚建立在情感基础之上，进而提高消费者的品牌忠诚度；还可以通过树立良好的企业形象，帮助企业在市场竞争中战胜对手。企业可以采用以下策略开展情感营销。

（1）情感化设计。很多消费者需要商品更多地符合他们的情感需求，这就要求企业设计、开发出个性化、情感化的商品，提升商品的文化附加值。

（2）情感化包装。情感化包装除保护商品、便于携带、便于使用、美化商品、促进销售的基本作用之外，还能赋予商品不同的风格和丰富的内涵，引起消费者的情感共鸣，博得其好感和心理认同。

（3）情感化商标。设计商标时首先要注意简洁明了，易于识别和记忆，使商标能在一瞬间吸引消费者的注意；同时也要讲求艺术，给人以美感。如"舒肤佳""美加净"，人们一看到名字就联想到其质量、性能，并对其产生好感。商标设计要做到新颖别致、寓意深刻、富含人情味。

（4）情感化广告。充满人情味的广告会使产品形象上升到一个新的高度，也能自然地消除消费者对广告的本能抵触。情感化广告可使消费者感动和产生情感共鸣，能引发现实的或潜在的消费需求。

（5）情感化公关。运用公关活动树立企业及其品牌形象，已经成为企业营销战略的重点。情感公关要求企业设身处地地为消费者着想，设法加强与消费者的感情交流，使消费者参与企业的营销活动，让消费者对企业及其品牌从认识阶段升华到情感阶段，最后达到行动阶段。

> **示例**
>
> **此时无声胜有声**
>
> 2023 年 5 月，央视新闻官微的一篇博文引起人们的热议。文中介绍山东日照有家无声面馆，面馆由四个聋哑人士打理，店里的大骨汤面 4 元/碗，单手比心可以免费加面，双手比心可以 1 元加煎蛋。顾客只需用手

势表明需要几碗面，员工便会做好端上，整个过程都是无声的。残疾人士在店内吃面，一律免费。面馆墙上的"关于我们"和"我们的愿景"介绍及其标题"一碗清面，一个世界"，也非常让人"治愈"。网友们被他们的真诚、温暖和友爱感动，纷纷点赞和留言赞美。无声面馆的爆火是源于店主内心的真诚，真诚的定价、治愈的互动、暖心的公益深深地打动了人们。

（6）情感化服务。商界提出"二次竞争"的概念，即第一次竞争是销售，第二次竞争是售后服务。企业可用最具竞争力的服务承诺来劝购，并通过承诺的及时、全面兑现来塑造企业及品牌形象，使自身与竞争对手形成明显的服务差异，增强营销效果，获得差异化竞争优势。

示例

提供极致服务的Casita

日本西餐厅 Casita 需要提前一个月预订，去过的顾客很多表示十分感动。客人到店时，服务员早已站在门口迎接。一进店店员就能亲切地叫出客人的名字，或者会说："×××好久不见，已经有 4 年零 11 个月没见到您了，很高兴与您再次相遇。"离开的时候，服务员会帮客人穿上衣服。聚餐时客人打开餐巾，有时会发现上面绣着自己的名字。这家餐厅细致入微的服务从顾客打电话预订时就开始了，店员通过预订电话了解顾客的详细情况，如顾客的姓名、生日、口味、喜好、对食物的热量要求，甚至包括宠物的信息等。Casita 的信息系统里录入了大约 15 万名顾客的信息。基于这些详细的信息，员工们会在营业前 3 个小时，对每一位当晚就餐的顾客进行详细分析，以便对顾客进行精准服务。因此，Casita 比起其他餐厅，更加了解自己的顾客，能提供更精准的服务，让每一位顾客都感觉自己很特别。

（7）情感化环境。营造舒适、幽雅的环境，能给消费者带来愉悦的心情和感官上的享受，让消费者产生亲切感，使消费者在情意浓浓的微笑服务中愉快地消费。

二、事件营销

事件营销是企业通过策划、组织和利用具有名人效应、新闻价值以及社会影响的人物或事件，引起媒体、社会团体和消费者的兴趣与关注，以提高企业或产品的知名度、美誉度，树立良好的品牌形象，并最终促成产品或服务的销售目的的营销手段和方式。

事件营销集新闻效应、广告效应、公关效应、形象传播、客户关系管理于一体，其新闻价值和公众性话题使其具有很强的传播能力，具有事半功倍的营销效果。事件营销具有传播速度快、受众信息接收程度高、投资回报率高、传播度和传播层次高、能引导消费理念等特点。

（一）事件营销策略

1. 借势策略

借势是指企业及时地抓住广受公众关注的事件、社会新闻或者名人的光环效应等，结合企业或品牌在传播上的目标而展开的一系列相关活动。成功的借势营销具有事半功倍的效果，是很多企业选择的营销方式。借势营销可以借助新闻、体育比赛、名人等来达到营销效果，但是其对企业的创意、反应速度有很高要求。

（1）借势新闻热点。企业不失时机地将社会上有价值、影响面广的新闻与自己的品牌联系在一起，可达到借力发力的传播效果。

（2）借势体育营销。体育营销是指企业借助赞助、冠名体育活动等手段来推广品牌的一种营销策略。体育营销作为一种软广告，具有受众量大、传播面广和针对性强等特点。如安踏、匹克等运动品牌通过赞助中国乒乓球队、篮球队等迅速成为全国知名品牌。

（3）借势名人效应。根据消费心理学，当消费者不再把价格、质量当作购买障碍时，可以利用名人的知名度提升产品的附加值，培养消费者对产品产生感情、联想和追捧。

示例

全国都来抢丁真，精准把握热点

2020年11月，一位摄影师为康巴少年丁真拍了一段不足10秒的笑脸视频，让丁真意外走红网络，一跃成为现象级网红。四川理塘文旅火速签下丁真，让其担任理塘县旅游形象大使，并开通“理塘丁真”微博，拍摄了宣传片《丁真的世界》。网友对丁真的关注度水涨船高，掀起了一场现象级的旅游营销，四川借势、西藏“插足”，各地都来抢丁真，邀请他过去玩，“丁真现象”被列入2020年十大旅游事件。这次事件，四川理塘文旅精准把握住了热点，巧妙借助丁真的话题热度不断推动与丁真相关的话题发酵、裂变，促成了现象级的社会化传播事件。

2. 造势策略

造势是指企业通过精心策划具有新闻价值的事件，吸引媒体、消费者的兴趣与关注，实现传播目的。造势型事件营销可以通过借助媒体平台、策划活动以及制造概念来宣传造势。

（1）媒体平台。企业可通过与相关媒体平台的深度合作，在媒体平台发布企业、品牌的简介或宣传软文及视频进行宣传。

（2）策划活动。策划活动是指企业为宣传自己或推广产品而组织策划一系列活动，以吸引消费者和媒体的关注，达到传播目的。

示例

奔涌吧，后浪

2020年五•四青年节，B站上线短视频《后浪》，让演员何冰站在上一代人的视角来赞美、鼓励下一代人。短视频一发布就火了，但同时也引起了人们的争论。有人认为视频积极向上，看了很受鼓舞；但也有人觉得不接地气，缺少普通劳动者的身影。《后浪》让B站一夜之间市值暴涨34亿元，它唤醒了年轻人心中对社会责任的认知。

（3）制造概念。制造概念是指企业为自己的产品或服务创造新理念、新潮流，用独特性与新颖性来吸引消费者的主动关注。如农夫山泉宣布停止生产纯净水，只出品天然水，推出“水营养”概念。农夫山泉欲借此倡导健康生活的新理念，提升其在消费者心中的品牌形象。

（二）实施事件营销的步骤

成功的事件营销一般要经过以下几个步骤。

（1）细分市场，准确定位。事件营销必须有明确的营销对象，有的放矢地进行事件营销才能最大限度地提升营销效应。单纯地制造事件、弄点噱头的简单做法是不能取得成功的。

（2）因势利导，找出合理的诉求点。不管是借势还是造势，企业一定要找出产品品牌和事件之间的关联性。如果生搬硬套地将二者捆绑在一起，不考虑其相关性，则最终只会导致产品形象混乱、目标市场模糊，达不到预期的效果。

（3）捕捉营销热点，掀起营销高潮。借势、造势等方式可使企业的产品定位在事件中得到合理体现，引起消费者关注，达到提升品牌影响力的效果。

（4）整合企业资源，完善产品品牌。企业通过调动各种资源、协调各种营销手段，可使产品品牌形象得到巩固和进一步的提升。

（5）把握营销尺度，加强风险控制。媒体的不可控性和新闻受众对新闻的理解偏差会带来事件营销的风险。如果炒作过头，一旦受众得知事情的真相或被媒体误导，他们很可能会对企业产生反感，最终会损害企业的利益。

案例 8.4

魔方严选的招聘启事

2022年3月1日，魔方严选在微博发起了一则招聘帖：本司计划招收一位公司想来就来/班爱上不上/但工资照发/"带薪休假"2022年一整年的"新同事"，有效期从现在到年底共10个月，每月5000元，到年底一共是5万元，虽然金额不多但是活儿比较轻松。公司你爱来不来甚至可以不来报到，但每个月钱照发，你的任务就是每个月底按时领钱。嫌麻烦的话我司可一次性支付今年一整年的钱（共5万元）。

而这位"新同事"的唯一选拔条件，便是转发博文被抽中。魔方严选的这则招聘启事迅速引发关注，大家积极转发参与，开奖后，原博文转发数计182万次，粉丝数计230万。

启发思考：（1）魔方严选策划这次活动的目的是什么？（2）分析魔方严选这次活动在事件营销方面的启示。

三、饥饿营销

饥饿营销是指商品提供者有意调低供应量以期调控供求关系，制造供不应求的假象，维持商品较高售价和利润率，同时达到维护企业品牌形象、提高商品附加值目的的策略。饥饿营销的基础是拥有优质的商品，其关键点是商品对消费者具有吸引力，以及能让消费者感受到供不应求的紧迫感。

限量是饥饿营销常常使用的策略，但是值得注意的是，真正的饥饿营销是在限量供应的背后制造一个隐形战场。只有消费者争夺足够激烈，才能达到好的效果。饥饿营销的关键并不在于供应量的多少，而在于制造消费者的争夺效应。

（一）饥饿营销下的消费者心理

企业的饥饿营销策略会影响消费者的心理，消费者的心理及其变化又会影响企业饥饿营销策略的实施。企业要想更好地实施饥饿营销，了解消费者的心理及其变化至关重要。

1. 求新心理

求新心理是以追求商品的新颖和时髦为主要目的的消费心理，消费者购买商品时喜欢标新立异，注重商品新、款式新、花色新、流行时髦。具有求新心理的消费者大多购买力较强。企业实施饥饿营销的商品多为新款和时尚流行商品，只有这些商品才能吸引消费者购买。

2. 好奇心理

好奇心理指消费者在购买商品时，追求新奇商品，注重所购商品与众不同之处，对构造奇特、来头神秘的商品有好奇心。在饥饿营销实施中，企业有计划和有节奏地释放商品信息、进行大量的广告宣传而商品却迟迟不面市等会给商品披上神秘的面纱，激发消费者的好奇心。为了解开心中的疑团和揭开商品的神秘面纱，很多消费者会主动搜寻商品信息并产生购买欲望。

3. 攀比心理

攀比心理是以争强好胜或者向别人看齐甚至胜过对方为主要目的的消费心理。在购买商品时，消费者考虑的不是商品本身的实际价值和自己的需要，其往往会在虚荣心和嫉妒心等的驱使下产生消费行为。企业实施饥饿营销的商品多为限量版、供货紧张、高价、高档次的商品。

4. 求名心理

求名心理是一种以崇尚与追求名牌商品，或仰慕某种商品的名望为主要购买目的的消费心理。求名心理往往与炫耀心理有关，消费者在求名的同时，也体现出其以显示地位、身份、财富、势力为主要目的的炫耀心理。这类消费者通常是高收入者和赶时髦者。企业能成功实施饥饿营销的一个重要原因就是抓住了消费者对某些名牌商品执着追求的求名心理。消费者的求名心理表现为"现在紧缺、断货的商品，我可以等待，甚至可以加价等待"，一旦得到这些商品，他们会因为拥有这些商品而产生自豪感与满足感。

5. 从众心理

从众心理在各个年龄段和不同经济水平的消费者的消费过程中都很常见。如送礼热、汽车购买热等消费现象，都是消费者从众心理的体现。企业实施饥饿营销，通过制造商品供不应求的现象吸引一些消费者购买，进而激发更多消费者的从众心理，往往会引起消费热潮。

6. 逆反心理

逆反心理是个体心理抗拒的一种特殊形式，在消费过程中也普遍存在。企业实施饥饿营销时制造的商品供不应求、迟迟不面市等现象，会让消费者产生"越是很难得到的东西，我就越希望得到它；越是不想让我知道的事情，我就越想知道"的逆反心理。但是，消费者如果感知到企业过度实施饥饿营销、故意过分吊消费者的胃口、宣传促销方式单一雷同化、企业商品的质量不好等，就会对企业产生不满，甚至拒绝购买。

（二）饥饿营销策略的运用条件

并非所有企业都可以运用饥饿营销策略。如果企业运用饥饿营销时条件不成熟，不但不会为企业带来大量的利润，还会给企业带来严重的负面影响。企业实施饥饿营销策略的条件包括以下几个方面。

（1）市场竞争环境。饥饿营销的成功需要一定的市场环境，即市场竞争不充分。例如，行业进入门槛较高使其他竞争者难以进入，或者企业自身实力雄厚使现有竞争者难以对自己形成显著性威胁等。在这样的市场环境下，企业可适时采用饥饿营销策略，并根据市场环境的变化及时做出调整，量力而行。

（2）消费者心理。饥饿营销能否成功，关键在于消费者是否配合。实施饥饿营销的企业希望消费者能够被人为造势影响，这就要求消费者的购买动机是不理性的。企业要善于利用消费者的求新、攀比、从众等心理，诱导或刺激消费者产生购买欲望，为饥饿营销的有效实施提供动力。

（3）产品综合竞争力。产品的综合竞争力要强，要不可比拟、无法模仿。优质的产品是饥饿营销实施的前提。企业要加强产品和技术创新，只有生产出独具特色、质量优良的新奇产品，才能引领时尚，获得消费者青睐，为饥饿营销策略的运用打好物质基础。

📊 示例

节日营销+饥饿营销

2021年12月29日凌晨3点，上海迪士尼景区连夜排起了长队，这一天是迪士尼"2021达菲和朋友们圣诞系列商品"销售剩余库存的日子，被粉丝称为"捡漏日"。有数据显示，当日有超5 000人在迪士尼门口排队买玩偶。这款圣诞玩偶此前只能通过抽签限购的形式进行购买，只抽取2 700位，抽中的游客可在12月27、28日两日，在指定时间段由本人前往购买。之后，此系列商品剩余库存自12月29日起，在迪士尼小镇和上海迪士尼乐园的正常运营时间内，在迪士尼小镇的迪士尼世界商店、上海迪士尼乐园内的甜心糖果、部落丰盛堂和米奇米妮同心铺进行发售，每单每款限购2件。于是便出现了上述超5 000人排队购买的场景，但是上海迪士尼表示绝无意饥饿营销。此后，上海迪士尼对2022虎年达菲和朋友们系列商品的发售工作进行了改进：虎年达菲系列商品的发售实行"提前线上报名、抽签以及限时线下购买"的方式，未成功中签的游客将无法在现场购买到此系列商品；此次活动从报名游客中随机抽取23 000位中签游客，并按中签的先后顺序依次顺位匹配相应的购买日期、排队场次及对应场次的排队号，线下购买时间延长为14天。

（4）品牌实力。能够采用饥饿营销的商品，通常是一些品牌实力很强的商品，品牌成熟度、知名度和美誉度比较高。品牌被消费者认可是成功实施饥饿营销的市场基础，只有在消费者充分信赖品牌的前提下，饥饿营销才能较好地发挥作用。

（三）饥饿营销的策略

饥饿营销可采用以下几种策略。

（1）科学地宣传造势。新产品上市前，企业可以利用线上线下媒体组合进行强势宣传，结合消费者心理打造卖点，适量地提供信息，不透露关键内容，吊足消费者胃口；新产品上市后，企业应利用媒体实时传播消费者的购买情况，烘托新产品供不应求的气氛，刺激消费者的购买欲望。有效把握消费者心理是饥饿营销成功实施的关键，持续的宣传造势则是维持饥饿营销效果的保障。

（2）帮助消费者建立需求。引起消费者广泛关注后，企业要让消费者发现自己对产品有需求。

在营销过程中，企业要注重与消费者之间的沟通，使消费者了解、认同企业产品，乐于接受企业产品的独特优势。

（3）促使潜在消费者产生购买欲望。当消费者开始对企业产品产生需求时，企业要通过产品性能介绍和独特功能展示等，使消费者对产品产生一定的期望，让消费者对产品的兴趣和购买欲望越来越强烈。

（4）持续刺激，促进交易。通过人为制造产品供不应求的现象，适度控制产品供应量，在更新的产品上市前，让消费者持续处于缺货等待之中。当消费者的购买欲望达到顶峰时，顺应时势销售，促使消费者快速购买。

案例 8.5

iPhone的饥饿营销与小米的饥饿营销

1. iPhone 的饥饿营销

iPhone 饥饿营销的"饥饿"更多体现在对新产品信息的控制上。这种严密的信息保密制度为 iPhone 营造了一种神秘感，使消费者和媒体对其信息产生迫切渴望，直到新产品发布会上 iPhone 才正式揭开面纱。其传播路线大致为信息控制→发布会→上市日期公布→等待→全方位新闻报道→消费者通宵排队→正式开卖→全线缺货→热卖→黄牛涨价。iPhone 的整个产品推出过程极其有序，让消费者从渴望了解到渴望拥有再到追捧，一步步变为品牌忠诚者。

消费者对 iPhone 的痴迷与苹果品牌分不开。苹果公司在全球有着数以亿计的消费者和追随者，而且大多数是收入和文化水平较高、乐于享受生活、注重生活品位的群体，他们活跃于社交网络，甚至是某一群体的意见领袖。他们是 iPhone 优质的口碑传播源头，会自发、主动地参与口碑传播，产生的口碑更具客观性、真实性，容易被其他人接受。在产品生命周期的控制上，iPhone 一方面尽可能地压缩产品的上市期（包括引入期和成长期）和退市期，尽量延长成熟期，为换代产品让出更大市场；另一方面，利用苹果应用程序商店寻求新的商业模式和价值，为自己注入新的生命力。

2. 小米的饥饿营销

小米的饥饿营销的轨迹大致为宣传造势→产品发布→消费等待→销售→全线缺货→销售→全线缺货。小米的饥饿营销体现在整个产品发售过程中，产品分时段、限量供给，频繁出现产品瞬间卖空的现象，从而引发消费者的购买热情。小米并未投放大量广告，仅仅凭借网络口碑和在病毒式营销中添加"饥饿"因素，使信息传播速度更快，造势更强，激发潜在消费者的购买欲望。

小米的成功之处在于以下六点。一是以"发烧"手机为理念，赢得手机发烧友的追捧。产品还未上市，小米就将硬件"发烧"的理念炒得火热。例如，装配了双核处理器的第 1 代小米手机以 1 999 元的价格出售，堪称"性价比之王"，不仅引起了手机发烧友的好奇，还吸引了媒体的关注。二是灵活运用饥饿营销策略。凭借高性价比的优势，在营造了巨大的舆论声势后，产品一经推出便被买光，"米粉"只能焦急等待。三是借助舆论力量，多策略营销。以微博、MIUI 论坛等为载体，利用公司创始人在社交媒体上的影响力宣传造势，并通过舆论热点炒作，提升关注度。四是商业模式创新。小米探索出"高配置+ 低价格"模式，进行差异化和低成本的有机结合，这是其他企业目前为止难以复制的。五是以高技术支持带来人气。MIUI 内测版、米聊安卓内测版以及米聊论坛的推出，使小米能够在短时间内迅速聚拢人气，"米粉"可以在米聊论坛反馈意见和问题，也可分享资源、交友、体验核心产品，甚至可以参与手机系统的开发。六是先进的供应链管理。小米采用零库存策略，即按需定制。企业通过网络订单确定市场需求，然后整合供应链采购零部件，最后由其他公司代工完成生产。

启发思考：（1）iPhone 与小米的饥饿营销策略有何区别？（2）企业要想成功地实施饥饿营销需注意哪些问题？

实训任务——内容营销案例评析

1. 实训目的： 通过分析案例，对比三种内容营销方式的优势与劣势、评估实施效果，达到熟悉内容营销策略的目的。

2. 实训内容： ①收集内容营销的案例，分别筛选出情感营销、事件营销和饥饿营销的案例各一个；②对比这些内容营销案例的异同，分析它们的优缺点，评价它们的实施效果，提出改进建议，总结每种内容营销方式的运用条件和实施策略。

 归纳与提高

　　本章介绍了开展内容营销的要点、切入点，IP营销的特点类型、策略、开展形式、技巧，情感营销、事件营销、饥饿营销策略。

　　内容营销是一种战略性营销策略，企业开展内容营销应考虑制定明确的商业目标、使用消费者的话语来描述内容、关注垂直领域的价值和需求等八个方面的要点，具体切入点包括源头、价值、主题、平台、表现形式等。网络营销中的IP概念已大为拓展，不仅包括智力成果，也包括企业、品牌、个人形象。IP营销，尤其是IP跨界营销，已成为网络营销的亮点之一，企业和网红、达人、主播等个人都应特别注意熟悉和运用IP营销策略。情感营销、事件营销、饥饿营销是内容营销应用的重要方面，企业应灵活运用这些营销策略。

 自测题

 综合练习题

一、填空题

　　1.＿＿＿＿已成为互联网竞争中的制高点，基于内容的营销策略的重要性逐渐凸显。

　　2.＿＿＿＿要从产品抓起。当产品还在酝酿的时候，企业就应为其注入内容基因，打造内容性产品，形成自营销。

　　3.IP营销是指品牌捆绑IP进而实现人格化，通过持续产出优质内容来输出价值观，再通过价值观来聚拢粉丝，使粉丝在认可其价值观的同时实现＿＿＿＿和＿＿＿＿，进而信任其产品和服务的一种营销策略。

　　4.＿＿＿＿是把消费者个人情感差异和情感需求作为企业品牌营销战略的核心，借助情感包装、情感促销、情感广告、情感口碑、情感设计等策略来实现企业营销目标的策略。

　　5.实施饥饿营销的企业希望消费者能够被人为造势影响，这就要求消费者的＿＿＿＿＿是不理性的。

二、简答题

　　1.简述内容营销策略的主要内容。

　　2.简述IP营销的特点。

　　3.简述IP营销的类型。

　　4.简述情感营销的作用。

　　5.简述饥饿营销策略的运用条件。

第九章　数据营销

引导·案例

华为云云原生数据湖赋能梦饷集团

华为云通过一揽子数据方案，让梦饷集团基于数据智能，实现业务创新，创造社会价值。

梦饷集团选择华为云作为新的云服务供应商，为其提供大数据存储和计算服务的迁移，并提供后续服务。华为云云原生数据湖通过"云原生技术+AI 驱动的全场景"为梦饷集团提供全场景解决方案。梦饷集团通过华为云云原生数据湖全托管 Serverless（云计算的一种模型）架构，为商家和店主搭建网络平台，实现业务应用敏捷开发、容器化与秒级扩容，助力梦饷集团快速开创多样化商业模式，支撑梦饷集团的经营分析、精细化拓客、风控、创新业务洞察等应用场景。

如精细化拓客场景，通过洞察消费动机、消费行为和消费态度为梦饷集团数亿用户提供更贴合其需求的个性推荐，提升了用户体验和转化率。为帮助梦饷集团实现个性化推荐，华为云云原生数据湖提供了海量数据预处理、自动化模型生成等功能，对海量用户访问、交易、商品等数据进行深度挖掘分析，创建洞察用户群体的360 度用户画像，针对每位用户进行实时个性化推荐，提高商品成交量。同时在图搜场景中，华为云云原生数据湖提供了更低时延的图搜索服务，并且提升了 15% 的搜索精度。针对梦饷集团出海业务布局，华为云云原生数据湖结合在 AI 领域的沉淀，诸如图引擎、VR、实时翻译能力，打破时空限制，助力梦饷集团拓展发展空间，实现面向用户的全新购物体验，更好地推动新电商的发展。

启发思考：（1）从营销角度分析梦饷集团对大数据的运用。（2）结合资料分析大数据营销的优势。

数据营销是企业利用用户数据进行营销的一种市场营销推广手段。随着大数据技术的不断成熟与应用，运用大数据进行营销成为主流。在大数据技术的基础上，企业对采集的大量数据进行分析与预测，使营销变得更加精准高效，从而减少成本与损耗，带来更高的效益。

第一节　数据营销概述

数据营销的最初形式可追溯到 19 世纪美国百货公司西尔斯（Sears）的电话直复营销模式（目录采购+货到付款），西尔斯借助该营销策略一举获得美国零售业霸主地位。随着电子商务和大数据技术的迅速发展，数据营销成为商家以最小的成本将最合适的商品以最合适的价格销售给最精准的消费者的有效手段和途径。

一、数据营销的优势

数据营销主要具有以下一些优势。

（1）提高营销的精准性。一是可以进行更加精细的市场划分，以及更多层次的客户筛选。二是通过采集市场和消费者数据，可以对目标人群进行行为和特征分析，更好地了解目标人群的特点、需求，以及预测市场趋势变化。三是通过向目标群体发送更加精准的营销信息，提升其接收率和接受度，使营销传播更加有效。四是通过数据了解目标人群的期待和需求，并据此进行产品的设计和生产、营销策略的调整和优化，为其提供有针对性的产品和服务。

（2）改善消费体验。运用大数据技术可以采集大量的产品体验数据，这些数据可以为产品人性化、智能化改进提供依据，从而提升消费者体验。

（3）实时监测品牌危机。运用大数据技术可以实时监测品牌危机，获取相关实时数据，基于这些数据可以对潜在和突发的危机发挥重要的管理作用，让企业能够更加迅速、及时地发现问题并采取应对措施。

（4）及时监测竞争对手。依据市场局势变化和竞争对手的数据可以制定有针对性的、差异化的品牌传播策略，提升品牌的市场竞争力。

示例

百度聚屏

百度聚屏依托百度大数据及 AI 优势，通过聚合多类屏幕，触达消费者多场景生活，实现线上线下广告整合和精准程序化投放。百度聚屏工具的投放门槛低、投放精准且监控高效，可在各种屏幕上进行广告投放。例如，某兰州拉面店知道"喜欢拉面"的消费者在附近 1 千米范围内的分布和作息时间，只需在消费者上下班和吃饭的时间段借助消费者聚集的商务楼和小区电梯里的展示屏进行该店广告的轮播推送，就会收到很好的广告效果。

二、数据营销面临的挑战

数据营销带来了企业绩效的提升，但目前其仍面临着以下五个方面的挑战。

1. 数据挖掘的事后性或滞后性

数据挖掘中所使用的数据都是事后产生的，在时间维度上具有滞后性，这是数据挖掘方法的局限性。企业生存与发展面对的环境不确定性逐渐增大，数据挖掘若不能及时跟进、不能准确预测未来，对企业的价值将非常有限。

2. 非结构化数据的采集与处理

非结构化数据指没有明显组织形式和关系的数据，如图片、音频等。非结构化数据是数据管理的难点之一，其多样性、复杂性、规模性等问题给数据采集和处理带来了很大的挑战。

3. 难以判断获取数据的真假

心理学研究表明，人们存在内隐和外显的心理，即想一套、说一套、做一套，可能完全不一致。数据挖掘如何应对这种情况、如何保证数据的真实性，是值得关注的问题。

4. 难以反映消费者的心理动机

心理学在谈到动机与行为间的关系时，常常强调一个行为背后可能有多种动机，一个动机会促成多种行为。数据挖掘所发现的结论大多是主体或现象之间的关联，并不能解释关联的原因，更难以揭示主体或现象之间关联的深层次的多种动机或原因。

5. 须保证数据安全

当企业挖掘数据并针对消费者开展营销活动时，应保证消费者感觉非常自然，而且消费者的私人信息不会被泄露。企业有保障消费者私人信息安全的义务。

数据营销中，挖掘的虽然是消费者外在行为留下的痕迹或数据，但背后反映的却是消费者内在的心理和动机。面对上述挑战，消费者心理视角将是数据营销的主要研究方向。数据营销将进一步融合消费者人格心理分析、消费者人际情境心理分析、物理情境心理分析以及文化背景心理分析，更精准地通过消费者行为数据分析其真实的心理和动机。

三、数据营销的实施

数据营销涉及多方面的工作，包括数据的收集、处理、应用。

1. 数据收集

企业要进行数据营销，就需要收集用户的行为信息。这些信息一般包括浏览行为数据、搜索行为数据、地理行为数据、电商行为数据、社交行为数据、互联网金融行为数据等。数据收集来源包括企业自己收集用户数据、调用平台数据和购买第三方现成数据，即第一方数据、第二方数据、第三方数据。

第一方数据是企业自己收集的订单系统中的交易数据、营销活动中的用户信息数据、呼叫中心的用户咨询投诉数据等；第二方数据是外部平台收集的企业相关数据，包括社交媒体数据和电商数据等；第三方数据是外部数据供应商提供的数据，目前有效获得第三方数据的途径有采购平台的用户数据、字段补充、数据租赁等。其中，字段补充是指寻找 DMP（Data Management Platform，数据管理平台）供应商，对企业已有数据库中缺失的字段进行补充；数据租赁是指向数据供应商提出数据需求，将需要推广的广告信息交给数据供应商，通过数据供应商的营销工具进行营销推送，然后再按照使用数据量付费。

2. 数据处理

数据从获取到使用，中间需要经过一系列的加工处理过程，以保证数据被使用时的精确度。数据处理一般包括数据去重、数据标准化、清除异常数据、数据匹配和数据整合。数据去重是指多源数据去重。数据标准化包括两方面的工作：一方面是对结构化数据进行统一处理转换，如利用 ETL［Extract（抽取）、Transform（转换）、Load（加载）］技术（数据仓库技术）处理数据；另一方面是对非结构数据进行结构化处理，如运用拆词工具对社交数据进行分析，给不同用户贴上合适的标签。清除异常数据是指识别原数据的真实性，如在用户名单中混入了代理商名单，可利用 ETL 工具对数据格式和逻辑进行筛选清除。数据匹配是指拼合从多个渠道收集的同一用户的数据信息，帮助企业更加精准地了解用户，一般将用户手机号码、姓名、地址作为同一用户的识别码。数据整合要求企业把不同数据源的数据整合到一个数据库中，包括不同数据表之间的映射、插入、删除等。

3. 数据应用

数据应用最常见的方法有 360 度用户视图、数据洞察、商业智能等。360 度用户视图是将用户数据信息分成四大数据类型，即人口统计基本信息、用户识别码管理、接触方式、用户标签，制作 360 度用户视图可以甄别出潜力用户、饱和用户、低价值用户。数据洞察能让企业快速找到用户的痛点，并将痛点做数据化处理，以便更直接、有力、有效地触动用户，形成爆点。商业智能是指通过数据模型和可视化帮助企业在业务层面进行商业决策，如通过多个用户信息的字段组合发现与用户购买相关的行为信息，也可以实现用户数据可视化。

实训任务——电商平台用户行为分析

1. 实训目的：通过对电商平台用户行为进行分析，探索用户流量在时间、流程等维度的规律，分析用户的购买量分布，了解受欢迎的商品和商品类别现状，结合店铺的相关营销策略，实现更加精细化的运营，进而服务于业务增长。

2. 实训内容：

①通过和鲸社区（开源数据）收集电商平台用户行为数据；②使用 Tableau 商业智能软件，根据所获取的数据集进行用户行为分析；③通过图表（饼图、区域图、条形图、多维度条形图以及甘特图等）进行数据可视化分析；④基于可视化分析图表，撰写基于用户行为习惯的业务逻辑报告，如可以演示文稿展示的方式进行汇报，汇报内容包括但不限于用户支付率展示、长期用户单日内购物浏览占比、受欢迎商品类别分布、排名靠前商品用户行为分析。

第二节　精准营销

精准营销的核心思想是精确、精密、可衡量。精准营销通过可量化的精确的市场定位技术、先进的数据库技术、网络通信技术及现代物流等手段保障企业和客户的长期个性化沟通，使营销达到可衡量、可调控等精准要求。精准营销解决了传统营销资源缺乏、用户行为的实时性和差异化等难题，具有目标选择准确性、成本经济性、营销过程可控性、精准程度动态性等特征。

示例

淘宝在大数据技术的帮助下推出两个功能完成精准营销

淘宝基于用户一段时间的浏览行为及偏好在列表页推出"猜你喜欢"，在搜索页推出"猜你想搜"两个功能，推荐符合用户兴趣和需求的商品。这两个功能可辅助淘宝用户做决策，减少用户的筛选成本，为用户提供其可能偏好的商品，有助于用户筛选，从而使淘宝达到精准营销的目的。

一、精准洞察用户需求

（一）准备营销数据库

营销数据库包括以下四种类型。

1. 用户数据库

通过用户数据库可构建用户画像，用户画像可以帮助企业了解用户需求、体验、行为和目标。用户画像能准确描述任何一个用户，通常用 NoSQL（Not Only Structured Query Language，非关系型数据库）的格式存储，是各数值变量和分类变量的集合。

2. 营销内容库

营销内容库可以理解为基于企业产品各类卖点的营销内容"集市"。企业将营销内容标准化，每项营销内容都标以兴趣图谱代码，对接不同用户画像的标签，以便针对不同用户画像推送不同的兴趣图谱内容。企业建立兴趣图谱，需要根据营销效果不断增加、细分内容。

3. 促销内容库

促销内容库用于储备企业目前经营状态下可用的促销政策。为了防止不同用户群间促销信息的传递，维持信息不对称给企业带来的利润率，促销内容往往以促销代码的形式存在，并被设置为以天为期限的极短有效期。

4. 营销渠道库

基于用户识别码的收集，企业可以在不同平台上针对用户开展营销活动。虽然这些营销平台根据知名度对用户有不同程度的信任背书，但由于投放价格有相当大的差别，企业更愿意选择成本和效果较平衡的营销平台。营销渠道库对接企业的用户数据和营销活动的渠道。

（二）采集用户数据

采集用户数据的具体方法有以下几种。

1. 应用程序接口

一些数据拥有方通过预先定义的函数，为数据使用者提供标准化的数据。数据使用者往往无法知道数据的实际来源和定义标准，大部分情况下直接按照数据调用次数或包月的方式进行付费。例如，新浪提供微博数据的 API（Application Programming Interface，应用程序接口），数据使用者可以调用微博 API 获取本企业所需的微博数据，包括粉丝数据、舆情数据、内容数据等。这些数据有的来自用户的注册数据，如粉丝的用户名；有的来自微博的算法，如根据粉丝的发言内容和其朋友圈关系等计算的收入水平。企业通过 API 能获取的数据类型取决于数据拥有方能提供的数据类型。

2. 深度包检测技术

深度包检测（Deep Packet Inspection，DPI）技术是一种数据协议识别技术，对于为数据传递提供软硬件通道服务的厂商（如互联网服务供应商）来说，他们可以通过 DPI 技术截留和识别传输的数据内容。理论上，DPI 技术可以截取所有用户的互联网行为数据，但不是所有流经通道的数据都可以被分析，这取决于数据传输的加密水平。

3. 网络爬虫技术

网络爬虫更像是一种数据下载逻辑，很多软件都具备爬虫的功能，如 Python、R 语言编程软件和专业的爬虫软件如"八爪鱼"等。网络爬虫能下载的数据类型取决于目标网站上展示的信息种类。网络爬虫会给数据拥有者带来很大的硬件压力，需要数据拥有者在硬件层面做更多的投资，因此限 IP 地址、限流量等反爬虫技术应运而生。企业对网络爬虫的使用需要把握好"度"的问题，在获取数据的同时不应给数据拥有者造成麻烦。

4. Cookie 分析

Cookie 分析是当前营销中采集用户数据的主流手段。Cookie 记录的用户行为方面的数据包括 Cookie ID、用户名、Cookie 建立和到期时间、浏览页面 URL（Uniform Resource Locator，统一资源定位器）、服务器、购物车商品、浏览路径、浏览器、软件信息等。基于这些数据，企业可以通过用户浏览过的网页来构建非常详细的用户画像。例如，每天花 1 小时浏览育儿类网站并且在购物车里放了许多婴儿用品的用户，有很大概率是一个孕妇或准爸爸。Cookie 的劣势是系统自动设置的有效期有限（可以延长）；同一台计算机的同一个浏览器的使用者也许并不是同一个人，容易造成用户个人信息泄露；用户可以通过浏览器设置来屏蔽 Cookie 功能。

5. 摄像识别技术

摄像头获取的图像信息（如用户的人脸、行为轨迹、停留时间等）通过识别技术能够被转换为数据，人们利用这些数据可以实现识别用户（如刷脸支付）和生成行为轨迹热力图（用户在不同位置的停留时间）功能。如零售商将原来用于监控的摄像头用于对店内用户进行分析，了解同一用户从进店到出店的所有行为轨迹，分析不同的用户对不同商品的需求和当前的热点，最后通过优化店内商品布局，让用户有更好的购物体验并推荐最适合的商品给用户。

（三）挖掘用户需求

企业挖掘用户需求的方式有以下几种。

1. 触发式分析

用来判断用户需求的触发，包括浏览行为（如浏览某些固定的网页）、下载 App 行为（如下载计步类 App，表明用户可能有健身需求）、网购行为（完成某电商商品的购买）、沟通行为（如拨打某产品的售后服务电话等），以及以上几种行为的组合。

2. 语义分析

语义分析是通过爬虫工具或社交平台及电商平台提供的 API 收集用户言论方面的数据后，利用大数据分析工具进行分析，挖掘用户需求。

企业收集用户言论方面的数据后，可以通过"工具+算法+词库"对原数据进行分词。大数据工具，如 R 语言、SPSS、Python 都有语义分析功能。分词算法指的是切词法，就是把一句话切分成不同的词汇进行理解，一句话如果按照不同的切词法切分可能会呈现完全不同的意思。词库指中文分词词库，是中文词汇的集合，用来指导分词算法如何拆词。

分词的结果是把用户的言论拆成一堆独立的词汇，再根据经验把这些词汇分为不同的分析组。如触发词汇用来判断用户提及的词汇是否与企业的产品销售相关，是否需要继续对这条言论进行分析；情感词汇用来判断用户对产品需求的阶段。通过情感分析对情感词汇打分，根据用户在最近多条言论中提及这些词汇的频率判断其对企业产品的需求程度，企业可以将用户提及的关键词与企业的营销结合起来并评估营销效果，使整个营销过程形成闭环。

3. 构建用户画像

用户画像应基于用户长期行为数据的积累，企业应在用户画像足够准确后再进行针对性营销，这样就不会因为用户偶然的行为触发营销接触。如电商平台可以通过某用户过去一年购买和浏览商品的记录，判断用户的性别、年龄和收入水平等信息；再通过用户上网时所在的地理位置，使用爬虫工具收集其居住小区的房价数据，进而判断该用户的经济状况。

腾讯广告+寺库，共"画"奢侈品营销新路径

腾讯广告与寺库联手，以真实购买人群的种子数据加上 Lookalike（相似人群拓展）技术（即基于种子用户，通过一定的算法评估模型，找到更多拥有潜在关联性的相似人群拓展技术。值得注意的是，Lookalike 不是某一种特定的算法，而是一类方法的统称），为迈克高仕等高端时尚品牌打造定制数据包，在高曝光的基础上精准覆盖潜在消费群体，为高端奢侈品牌化解了广告投放难题。寺库在亚洲奢侈品在线销售领域拥有较高的高端市场份额，并沉淀了亚洲首屈一指的奢侈品销售数据。在合作中，寺库提供基于真实购买人群的数据作为种子数据，且将这些种子数据拆分为奢侈品包袋、奢侈品腕表等 12 个品类的数据，又将每个品类拆分为不同价格段，让品牌可以根据所投商品类目和商品价格进行自由组合。腾讯广告基于丰富的社交数据标签，通过强大的 Lookalike 技术，提取种子用户的共性，将其扩充至数十倍量级，使广告得以精准覆盖潜在消费群体。

二、精准营销的应用

在确定用户画像、明晰用户需求后，企业需要对用户进行营销接触。营销接触方式基于用户识别码技术可以实现精准营销，其方式主要有以下几种。

1. 合作营销

基于清晰描述目标用户画像，结合自身营销数据库，企业可以找到一些与其用户画像匹配的平台，如果这些平台完成了对用户的信任背书和拥有持续吸引力，那么企业就可以借这些平台的用户资源进行营销推广。例如，汽车企业找"汽车之家"进行合作，IT 企业找"中关村在线"进行合作。虽然行业内有影响力的平台往往拥有相当大的议价权，但企业可以通过准确的用户画像将推广范围缩小到目标用户群，从而减少营销费用，提高营销转化率。

2. 跨界营销

不同于合作营销的同行业上下游合作，跨界营销更多是不同行业间的合作。当多个企业有相似的用户画像，并且资源匹配、品牌价值能够相互叠加时，这些企业就可以通过跨界营销的方式接触用户。

3. 跨屏营销

企业通过用户识别码可以连通不同平台，对用户进行全方位覆盖，覆盖人们日常使用的各种终端（手机、计算机、智能家居等）及第三方设备（户外广告屏等）。企业识别用户在一种设备上的行为后，就可以向用户另外设备的应用推送信息，进行跨屏营销。

案例 9.1

联想开辟"新机"遇，360推广全场景跨屏定向唤醒

在 PC 市场需求量降低的大背景下，联想急需找到市场兴奋点来拉动销售。面对这样的营销需求，360 推广依托 PC 端产品矩阵获取用户 PC 使用数据和使用场景，将目标人群分为迫切换机人群、意向换机人群、潜在换机人群三类。基于人群划分，360 推广针对不同人群的特性匹配了专属广告展现形式，以跨屏资源实现精准的场景触达。一方面，借助 PC 端 360 安全卫士开机小助手、360 导航信息流、360 安全浏览器今日特卖等优质资源，覆盖潜在用户 PC 开机、上网等使用场景，精准唤醒用户换机诉求；另一方面，借助 360 手机卫士、360 手机助手、360 清理大师、360 手机浏览器等资源进行移动端场景补充，深度渗透用户手机清理、App 下载、信息浏览等移动场景。同时，360 推广还利用移动端的多元信息流广告，持续推送促销红包、折扣等信息，充分刺激用户购买欲望，促进消费转化。

启发思考：（1）分析 360 推广对联想的目标用户群细分的依据及其合理性。（2）针对不同的目标用户，360 推广的策略有何不同？

实训任务——百度飞桨 EasyDL 图像分类的运用分析

1. **实训目的**：了解百度飞桨 EasyDL 图像分类，分析百度飞桨 EasyDL 图像分类的运用场景及运用情况。

2. **实训内容**：

（1）登录百度飞桨 EasyDL 官网：单击右上角的"立即使用"，选择"在线使用"中图像产品中的"图像分类"。

（2）了解图像分类：①单击"图像分类"；②了解图像分类训练模型的过程；③在"场景范例"中选择"电商 UGC 图片自动分类"；④阅读项目介绍；⑤如果感兴趣可以单击"创建模型"进入页面进行实操。

（3）百度飞桨 EasyDL 图像分类的运用分析：搜索相关资料，分析百度飞桨 EasyDL 图像分类的运用场景及运用情况，写出总结报告。

第三节　数据营销实战应用

大数据技术的普及给各行各业的营销提供了发展变革的技术基础，使许多企业的营销策略更加丰富和多元，营销活动更加贴合用户的痛点和关注点。

一、数据营销+影视

影视行业通过数据营销，可精准实现制片和发行各方面的有效营销策略安排，以满足人们的各种差异化观影需求。

（一）分析观众需求

大数据可以让影视制片人员、发行人员等通过数据分析洞察潜在用户，优化影视作品选题、剧本、投资、拍摄、剪辑，以及发行策略，引导影视衍生品开发，促进影视作品精准化营销。通过大数据，营销人员能精准地定位影视作品的目标用户，掌握用户群体的性别、年龄、职业、地理位置、学历、消费和收入状况、兴趣爱好等特性，由此确定目标用户的消费特征和媒体使用特征，制定个性化营销策略，覆盖目标用户，达到宣传的目的。

案例 9.2

网飞用大数据找到内容爆款

2021 年 10 月 13 日，网飞（Netflix）宣布《鱿鱼游戏》成为其史上开播观看量最高的剧集，是第一部开播观看量破亿的剧集。2021 年 9 月 17 日，网飞的网剧《鱿鱼游戏》在全球上线，便开始刷新各种数据：连续两周登顶网飞全球热度榜冠军；不到一个月全球观看人数超 1.1 亿，按照网飞全球 2.09 亿会员数来算，这意味着在这 28 天里，已经有超一半的会员看了《鱿鱼游戏》。网飞找到爆款的原因在于以下几个方面。

一是善于分析。网飞善于分析数据，如网飞在《纸牌屋》播出之前就通过数据分析发现，1990 年版的英剧《纸牌屋》长盛不衰，观众偏爱大卫·芬奇的导演风格，认可凯文·史派西的演技。基于这些数据，网飞大胆整合以上元素，并砸重金买下版权进行拍摄。事实证明，基于细致的数据，《纸牌屋》在播出当季就为网飞带来 300 万新增会员、同比增长 18% 的收入，并成为首部艾美奖提名的网络剧。这些成绩奠定了网飞引领美国电视行业重构的地位，成为流媒体的成功样本。

二是肯花钱。网飞以资金直击内容，其管理层曾直言他们愿意在一个很好的剧本上花费最高 2 000 万美元一集。如《鱿鱼游戏》总投资达 200 亿韩元（约人民币 1.1 亿元），单集投入高达 1 200 万元人民币。网飞近年来以每年高达几十亿美元的巨量资金，在原创内容制作方面持续发力，除了签约金牌制作人、导演团队，网罗盛产精品的创作团队外，还积极拓展自己的影视制作大本营，在全球多地成立制作中心，使更多高质量的"Netflix 制作"节目涌入市场。

三是敢于尝试。网飞敢于尝试不同的工作模式。如 2017 年网飞的第一部自制韩剧《我唯一的情歌》在播出后惨遭滑铁卢，直到两年后《王国》的出现，才让网飞在韩剧市场有了一席之地。拍摄《王国》时，网飞选择了与本土成熟团队合作，请韩国专家团队保驾护航，才有了收视与口碑双赢。再如刚进入中国台湾市场时，网飞制作的《罪梦者》《极道千金》《彼岸之嫁》均反响一般，到了《谁是被害者》时，从买下小说版权到剧集开始拍摄、后期剪辑等环节，网飞均没有干预，这才收获了市场，克服了"水土不服"的问题。

启发思考：结合案例分析大数据营销在影视制作发行中的作用。

（二）观众参与影视制作

基于大数据思维的电影内容生产，从本质上看是一种全新的观众互动参与模式，即将用户数据融入电影内容的生产体系（故事题材、影片类型、导演风格、拍摄方式、演员角色、演员配音、影片后期剪辑）中。互动参与模式是一种普遍的电影创作规律和趋势，对受众消费趋向数据的采集和分析为电影内容的生产总结出了诸多模式和规律。

示例

抖音联合电影《我和我的家乡》发起挑战赛

2020年8月30日—9月15日抖音联合电影《我和我的家乡》在分析用户数据的基础上，发起"拍家乡上电影"挑战赛，邀请用户在抖音记录家乡的美景、美食等一切美好之物，拍摄家乡之美，讲述家乡故事。活动基于影片本身传递出的家乡情感拉近普通用户和电影内容之间的距离，鼓励用户参与本次活动。这也是抖音平台给活跃创作者提供的一个接触更大舞台的机会。挑战赛人气创作者会受邀出席《我和我的家乡》首映礼，拍摄内容有机会入选电影《我和我的家乡》正片。抖音对优质创作者的重磅资源和超强流量扶持，不仅激发了创作者的创作热情，也提升了挑战赛的吸引力和影响力。

（三）票房预测

基于数据可以分析影响电影票房的因素，可以利用数据挖掘技术验证判断是否正确，并建立预测票房的数学模型，对票房进行预测。电影票房预测是投资者投资、影片制作人员创作和拍摄电影、发行方制定营销宣传策略、影院合理排片的依据。如艺恩咨询的业务之一就是票房预测，其服务涵盖电影制片、电影发行，服务对象为影院公司、广告公司、投资公司、政府协会以及各类娱乐公司，根据各行业客户需求及特点整合开发系列评估体系，涉及电影投资、电影制发、影院投资运营、娱乐营销等，提供具有针对性的专业研究咨询解决方案。

二、数据营销+旅游

大数据在旅游行业的应用主要为识别游客需求、旅游定制服务、景区信息筛选等。

（一）识别游客需求

旅游市场营销需要掌握客源和游客的需求，从而对市场进行划分和定位。企业通过对用户浏览的旅游网站、搜索记录及点击等信息进行收集，对其兴趣爱好进行分析，可以提取出对用户最具吸引力的旅游项目、旅游目的地及旅游线路等信息。借助数据分析手段，企业还可以全面掌握包括年龄、性别、客源地、出游行为、消费构成、住宿设施选择、停留情况等信息在内的游客属性，进而生成目标游客的用户画像。

示例

黄山景区——首个"先游后付"景区

在旅游产品同质化现象严重的情况下，黄山景区利用大数据技术，获取并深度挖掘游客的消费信息大数据，了解并关注游客在旅游过程的消费体验，尤其是购票后因个人或不可抗力等原因导致无法成行情况下的退票体验。黄山景区在"黄山"支付宝小程序用户数突破百万的基础上，结合大数据分析结果，进一步提升用户体验和景区数字化服务深度，通过芝麻信用的数字化能力，在 2022 年 9 月 27 日上线全国首个"先游后付"景区。游客可在"黄山"支付宝小程序预订门票、索道票，并享受"先游后付"的数字化服务，先预订、使用后再扣款，不用不付，让行程安排更加灵活。游客还可以免押金预订和入住酒店，享受极速退房服务，减少手续办理环节。此外游客还能享受"免押金租车"。以上服务的推出，免去了游客无法退费的后顾之忧，与游客建立起良好的销售关系，将一次性游客转化为长期消费者，提高了游客的忠诚度。

（二）旅游定制服务

在线旅游平台（Online Travel Agency，OTA）利用大数据为游客提供场景服务，进行 C2B（Consumer to Business，顾客对企业电子商务）反向定制，为游客提供情侣、亲子、摄影、垂钓等主题旅行，满足个性化需求。根据游客提出的需求，在线旅游平台提供有针对性的解决方案供游客选择。

案例 9.3

携程定制旅行平台的实践

（1）推荐引擎。定制旅行是全新的 C2B 方式，客人只要简单地下一个需求单，系统就会在后台匹配并推荐合适的定制师。携程的定制旅行主页会根据用户的特征智能推荐目的地和定制师。

（2）交易撮合。定制旅行下需求单的页面非常简洁，用户只需填入极少的字段，使用传统数据技术即可以解读这部分结构化数据；用户备注的文本信息属于非结构化数据，系统需要先使用 AI 技术对其进行解读，提取结构化信息，再将结构化信息加工整合形成用户画像和标签信息。定制师也有很多维度的特征信息，如擅长的目的地、擅长的品类、擅长的客户群、服务质量评分、历史成交情况等。系统对这些用户特征数据和定制师特征数据进行匹配，提升交易撮合的精度。定制旅行的供应商端有抢单池，客人的需求单会匹配到供应商的抢单池。如果定制师评估自己可以去接这个生意，就会去抢单，主动为用户提供服务。

启发思考：（1）携程定制旅行服务的关键是什么？（2）分析定制旅行服务中的数据类型及其作用。

（三）景区信息筛选

景区可以通过采集游客在互联网上对景区的评价和对景区相关信息的反馈等大数据，对游客进行追踪和分析。对于正面信息，景区可以用其来提升品牌形象；负面信息可用于景区整改。

实训任务——FineBI 数据可视化分析

1. 实训目的：掌握数据可视化分析软件 FineBI 并基于软件内置医药行业数据集进行可视化看板制作，在数据可视化看板上进行分析汇报并帮助医药大健康行业企业进行精准化医药数据营销。

2. 实训内容：

（1）FineBI 的下载与使用：登录 FineBI 官网并下载客户端；在官方网站上获取并阅读帮助文档以了解和熟悉 FineBI 的基本使用方法。

（2）数据准备。进入 FineBI 后：①注册并登录账号（可在官网获取软件免费使用激活码）；②单击左边工具栏数据准备，选择行业数据并单击医药行业，梳理数据字段的含义和内容。

（3）设计分析思路：分析产品贡献率、销售达成率、销售增长率等多个指标；在时间、空间等维度上进行医药产品分析。

（4）制作数据可视化看板：根据上述已设计的分析思路进行数据可视化看板制作并导出为 PDF 格式；基于数据可视化看板撰写分析报告（PPT）。

第四节　基于数据的跨界营销

跨界营销是指对不同行业、不同产品、不同偏好的用户所拥有的共性和联系数据进行采集和分析，绘出目标用户画像，让一些原本毫不相干的元素相互融合、相互渗透，进而彰显出一种新锐的生活态度与审美方式，赢得目标用户的好感，使跨界合作的品牌都能够得到最大化利益的营销活动。

一、跨界营销的原则

企业进行跨界营销需要遵循以下原则。

1. 资源相匹配

两个不同行业的企业在进行跨界营销时，双方在品牌、实力、企业战略、消费群体、市场地位、营销思路和营销能力等方面必须具有一定共性和对等性。这样才能通过强强联合使跨界营销获得"1+1>2"的双赢结果。

2. 品牌效应叠加

品牌效应叠加是指两个品牌在优势上相互增强，彼此将自身已经确立的市场人气和品牌内蕴转移到对方品牌上或者使两者的传播效应互相累加，从而丰富品牌内涵和提升品牌整体影响力。如抹茶互动为德克士新品"南美烟熏鸡腿堡"上市策划的跨界营销。为了体现这款产品独特的南美烟熏风味，抹茶互动将嗅觉元素作为沟通桥梁，联合气味图书馆推出"德克士烟熏之语"香水，把南美烟熏鸡腿堡带给人的味觉体验淋漓尽致地表现了出来。

3. 消费群体的一致性

实施跨界营销的合作双方尽管所处的行业不同、产品不同，但双方企业或者品牌必须拥有在消费特性、消费观念上表现一致的消费群体。

4. 非产品功能性互补

实现跨界是基于其他共性和特质，如品牌内涵、产品人气或者消费群体。进行跨界营销的两个企业的产品属性应具备相对独立性，双方的合作不是对各自产品在功能上进行相互的补充，如复印机与耗材，而是双方的产品本身均保持独立。

5. 场景联结

跨界品牌的使用场景应能够产生交叉，而且跨界行为能够为交叉场景赋予新的价值。如网易云音乐和亚朵酒店联合推出的跨界快闪酒店产品"睡音乐主题酒店"，将网易云音乐的庞大音乐资源和酒店品牌联合，打造出更具仪式感的睡前听音乐的场景。

> **📷 示例**
>
> **瑞幸咖啡的跨界营销**
>
> 2022年4月，瑞幸咖啡推出与椰树椰汁的联名款饮品椰云拿铁。椰云拿铁的首发销量超过66万杯。2022年七夕时瑞幸咖啡又推出与悲伤蛙的联名款饮品"哇瑞草莓拿铁""百利甜草莓拿铁""恋恋白巧瑞纳冰"，杯套和袋子上写着"七夕不咕呱，蛙瑞喜欢你"，以及悲伤蛙双手比心，背景里洋溢着粉红色的爱心泡泡，受到了年轻人的认可和欢迎。2022年9月瑞幸咖啡官宣与具有稳定口碑的动漫《JOJO的奇妙冒险：石之海》推出联名咖啡，消息公布后收获了大量关注，10月10日上新第一天就卖了131万杯。

二、跨界营销的模式

跨界营销的模式可以归纳为产品跨界、渠道跨界和传播跨界三个类别。

1. 产品跨界

产品跨界是指两种品牌联名推出新产品，使新产品同时具有两种品牌的文化特色或者将另一品牌的元素嫁接到自身的产品中，通过丰富产品属性来拓展产品宽度。产品跨界主要体现在产品设计方面，实现形式包括设计联名品牌、联合定制产品、联合设计包装等。如茅台联合蒙牛推出"白酒+冰淇淋"产品。

2. 渠道跨界

渠道跨界表现为两个品牌互相借助对方的渠道优势实现渠道共享和深度合作，其实现形式包括渠道共享、共用营业场所、共用服务体系、渠道捆绑、联合打造O2O、联销网络等。例如，咪咕阅读通过与可口可乐、王老吉等快消品公司合作，通过读书券、流量福利等买赠形式，借助合作方渠道优势扩大了品牌影响力。

3. 传播跨界

传播跨界是更具综合性的跨界营销模式，是合作双方借助独特的事件营销、体验营销、内容营销等活动，联合进行活动策划与品牌宣传推广，通过对产品的用户群体进行再定义和重新分类，实现品牌升级与市场扩张。其实现形式包括联合开展公益活动、联合进行事件传播、联合开展体验活动、终端宣传推广合作、联合举办户外路演等。例如，网易云阅读将日常生活中常见的碎片场景与合作方品牌气质结合，重新定义与塑造了用户的阅读情境。在"读享一日"活动中，网易云阅读联合九阳、Beats、立顿、舒洁等品牌，按时间线将阅读场景划分为早餐时间（嫁接九阳豆浆机的品牌联想）、通勤时间（嫁接 Beats 耳机的品牌联想）、下午茶时间（嫁接立顿奶茶的品牌联想）和如厕时间（嫁接舒洁湿厕纸的品牌联想）等移动化情境。

 示例

五菱×草莓熊IP一起卖萌

"人民需要什么，五菱就造什么"，人民喜欢卖萌，五菱就与草莓熊跨界合作。2022年3月，五菱旗下的宝骏微型电动车 KiWi EV，宣布和迪士尼经典 IP 草莓熊展开梦幻跨界，推出了粉色系的"毛绒草莓熊车"。这款联名车的独特之处在于，不仅外观融合了大量的草莓熊元素，整个车体都采用了粉色的毛绒材质。可爱的外观，毛茸茸的质感，以及粉嫩的颜色，让人欲罢不能。这是五菱专门为女性消费者定制的车款，也是一场"她经济"和"萌经济"时代下的跨界营销。

 **实训任务**——跨界营销策略分析

1. **实训目的**：通过对跨界营销案例进行分析，归纳其关键成功因素，以及需要注意的问题。

2. **实训内容**：

（1）跨界营销案例选取：①选择近三年20例跨界营销案例；②按一定的标准对20例跨界营销案例进行分组，注意分组标准的合理性。

（2）分析跨界营销关键成功因素：①分组分析跨界营销关键成功因素；②比较各组案例在跨界营销关键成功因素方面的异同。

（3）分析跨界营销需要注意的问题：①分组分析跨界营销需要注意的问题；②比较各组分析结果的异同。

（4）总结归纳跨界营销关键成功因素及其需要注意的问题。

归纳与提高

本章介绍了数据营销的优势、面临的挑战及其实施，精准洞察用户需求、精准营销的应用，数据营销在影视业、旅游业中的应用，跨界营销的原则、模式。

数据营销的优势集中体现于精准与高效，但是也存在数据质量、数据处理、数据安全等方面的挑战。精准营销的核心在于洞察用户需求，合作营销、跨界营销、跨屏营销等是精准营销的典型应用，都体现了精准营销精确、精密、可衡量的核心思想。数据营销在影视行业的应用主要体现于分析观众需求、观众参与影视制作和票房预测，在旅游行业的应用则主要体现于识别游客需求、旅游定制服务和景区信息筛选。跨界营销的基础是目标用户画像。企业进行跨界营销需要遵循资源相匹

配、品牌效应叠加等五方面原则，具体可以采用产品跨界、渠道跨界和传播跨界三种模式。

自测题

综合练习题

一、填空题

1. 数据营销包括数据收集、_____、数据应用。
2. 营销数据库的类型有_____、_____、促销内容库、营销渠道库。
3. 跨界营销模式有产品跨界、渠道跨界、_____。
4. 精准营销的核心思想是_____、_____、_____。
5. 挖掘用户需求的方式有_____、语义分析、_____。

二、简答题

1. 简述数据营销面临的挑战。
2. 尝试分析瑞幸咖啡的用户画像。
3. 简述数据营销在旅游业的应用。
4. 简述跨界营销的原则。
5. 简述跨界营销的模式。

第十章　跨境电商营销

~引导案例~

亚马逊会员日

Prime Day 是亚马逊会员日，这一天，亚马逊会为特定国家的 Prime 会员提供促销、打折的优惠活动。包括中国卖家在内，亚马逊全球第三方卖家会为亚马逊全球超过 2 亿的 Prime 会员，送去涵盖各类商品的优惠信息。在卖家圈里流传着这样一句话："玩好一个亚马逊 Prime Day，全年不挨饿。"会员日是旺季前的一个流量高峰。参加 Prime Day 活动可以享有品牌的最大曝光度，获得极大的流量，快速增加销售额，可能当天的销售额就抵得上之前一周的销售额。为了帮助卖家顺利备战年度销售旺季，亚马逊在仓储物流、品牌打造、合规、运营等方面推出了一系列举措和服务。参加 Prime Day 大型购物节必须提前进行品牌注册，新入驻的品牌可以获得亚马逊官方新手大礼包及相关权益。

启发思考：（1）分析跨境电商平台在跨境电商中的地位和作用。（2）卖家应如何利用亚马逊进行跨境电商营销？

跨境电商即跨境电子商务，指分属不同关境的交易主体，通过电子商务手段完成信息交流、商品交易、电子支付结算，并通过跨境电商物流系统送达商品，从而完成交易的一种国际商业活动。跨境电商营销有广义和狭义之分。广义的跨境电商营销包括目标市场定位、选品、商品定价、商品发布、推广活动等，狭义的跨境电商营销仅指推广活动。本书探讨的是狭义的跨境电商营销。跨境电商营销既具有网络营销的一般特点，又具有全球性、复杂性、多边化、差异化等特点。

第一节　跨境电商平台营销

跨境电商生态圈一般以跨境电商平台为中心，还都包括卖家、买家、跨境电商服务商、政府监管机构四个方面的参与者。很多企业的跨境电商营销活动都要依托一定的跨境电商平台，借助平台资源开拓进出口市场。按照货物进出口方向划分，跨境电商平台可分为进口跨境电商平台和出口跨境电商平台。按照交易模式划分，跨境电商平台可分为：B2B（Business to Business，企业对企业电子商务）平台，如阿里巴巴和中国制造网；B2C（Business to Consumer，企业对顾客电子商务）平台，如天猫国际和京东国际；C2C 平台，如易贝（eBay）。按照服务类型划分，跨境电商平台可分为：信息服务平台，如阿里巴巴国际站和环球资源网；在线交易平台，如敦煌网和米兰网。按照平台运营方式划分，跨境电商平台可分为：自营型平台，如兰亭集势和米兰网；第三方开放平台，如敦煌网和阿里巴巴国际站。

进口跨境电商平台为消费者所熟悉的有天猫国际、京东国际、小红书、洋码头、网易考拉海购、顺丰海淘等，本章仅对速卖通、亚马逊、易贝等出口跨境电商平台进行介绍。除这些平台外，非洲的 Kilimall，东南亚的 Lazada 和 Shopee，拉丁美洲的 Linio 等新兴市场的电商平台也值得关注。

示例

做好跨境电商差异化服务的要点

要做好跨境电商差异化服务应注意以下几个方面：①做好准备。提供给客户的信息一定要实用，精心准备的专业信息能让客户减少时间和金钱的花费。②诚信。明确标出价格与服务，并承担责任。③有礼貌。要注意避免没礼貌地表达，还要注意不要打扰客户，如不要试图加客户的 skype 等。④反应快。及时回复是一种能力，更是一种态度。⑤服务客户的客户。要从客户角度出发想事情，如提供给客户的图片不加水印，以方便客户使用图片与他的客户互动等。

一、速卖通营销

速卖通（AliExpress），是阿里巴巴集团旗下面向国际市场的跨境电商平台，成立于 2010 年，是我国最大的跨境电商交易平台，被广大卖家称为"国际版淘宝"，其业务覆盖全球 200 多个国家和地区。速卖通在全球战略中着眼于亚马逊、易贝的空白点，也就是进入发展中国家和地区的电子商务领域，如俄罗斯、东南亚地区等。选择速卖通的卖家必须针对目标市场制定销售策略，通过提供高性价比、低价、低成本物流乃至普通的电商服务，来满足目标市场的需求。另外，在速卖通开店很难打造爆款，所以长尾理论特别适合运用于速卖通网店的运营。

（一）店铺促销工具

速卖通平台有四大店铺促销工具，即限时限量折扣、全店铺打折、店铺满立减、店铺优惠券，其中限时限量折扣位居四大店铺促销工具之首。

1. 限时限量折扣

限时限量折扣是由卖家自主选择活动商品和活动时间，设置促销折扣及库存量的店铺营销工具。该工具利用不同的折扣力度推出新品、打造爆品、清理库存。其优点是可以在商品主图显示折扣标志，在买家搜索页面额外曝光，并能在买家购物车和收藏夹中显示折扣提醒。卖家需要填写的内容有活动名称、活动开始时间、活动结束时间，所有时间都为美国时间。一般促销时间持续一周，商品数量为 20 个左右。

2. 全店铺打折

全店铺打折是可根据商品分组对全店商品批量设置不同折扣的打折工具，可帮助卖家在短时间内快速提升流量和销量。此工具能根据不同分组的利润率设置不同的折扣力度，也能在买家购物车和收藏夹中显示折扣提醒。卖家可以免费使用全店铺打折，每月最多 20 个活动，总时长 720 小时。卖家可设置 24 小时后开始活动，从创建活动到活动开始前 12 小时为"未开始"状态，在此阶段可以对商品进行编辑和下架；活动开始前的 12 小时是"等待展示"阶段，从这 12 小时到活动结束，都不能编辑和下架商品。卖家需要填写的内容是活动名称、活动开始时间、活动结束时间和各分组的折扣。所有时间均为美国时间。

需要注意的是，限时限量折扣和平台活动的优先级高于全店铺打折，若商品同时参加这些活动，则以限时限量折扣或平台活动为准，两者的折扣不叠加。

3. 店铺满立减

店铺满立减是卖家在产品单价的基础上，设置订单满多少元，系统自动减多少元的促销工具，可刺激买家消费更多的金额。卖家可以在每款产品的下面搭配一些关联产品，在买家想凑足满立减金额时起到推荐的作用。不仅搜索页面可显示满立减标志，店铺首页也有明显标志，可吸引和刺激买家下单。该工具可免费使用，每月最多 3 个活动，总时长 720 小时。卖家可设置 24 小时后开始活动，具体规则同全店铺打折。

4. 店铺优惠券

店铺优惠券是卖家设置优惠金额和使用条件，买家领取后在有效期内使用的优惠活动工具。该工具可以刺激新买家下单和老买家重复购买，提升购买率及客单价。同一时间段可设置多个店铺优惠券活动，满足不同购买力买家的需求，以获得更多订单。同时可通过平台邮件直接将店铺优惠券推送给买家。店铺满立减和店铺优惠券活动可同时进行，折扣活动也可以同时进行，折扣商品以折后价格（包括运费）计入店铺满立减、店铺优惠券订单中，享受叠加优惠，更易刺激买家下单。

卖家可免费使用店铺优惠券，每月最多 5 个活动。创建促销活动 48 小时内，从创建活动开始的

24 小时为"未开始"状态，在这段时间内可以对商品进行编辑和下架。活动开始前的 24 小时为"等待展示"阶段，从这 24 小时到活动结束，都不能编辑和下架商品。卖家需要填写的内容包括活动名称、活动开始和结束时间、面额、每人限度、发送总量、使用条件和有效期。所有时间均为美国时间。

（二）平台促销活动

速卖通平台促销活动多种多样，项目丰富，平台每年会有三次大促，分别是"3·28"大促、"8·28"大促和"双 11"大促，通常提前一个月左右招商。"3·28"大促是速卖通平台的周年庆活动，作为仅次于"双 11"的大型促销活动，能为卖家输送海量流量，帮助卖家显著提升订单量。"8·28"大促是旺季来临的标志，衔接"双 11"大促。"双 11"大促是速卖通力度最大的促销活动。此外，速卖通每隔一段时间还有官方举办的促销打折的活动，如以下促销活动。

1. Super Deal

Super Deal 是打造"爆款"的利器，包括 Daily Deal、Weekend Deal、Featured Deal 等活动。每周五开始招商，每周四审查商品，一周 7 天展示，每天更换产品。其对产品的要求为：满足近 30 天的销量大于 1；包邮；运动鞋折扣 6.5 折起；运动娱乐产品 5 折起。其中，Daily Deal 是 Super Deal 最具代表性的活动，可以看成速卖通的聚划算。每个卖家只能报名一个产品，要求 90 天内的好评率大于或等于 90%，全球免邮。Weekend Deal 即每周精选产品限时购，定期定时在首页以横幅广告展示，可以获取很高的点击量；周五预览，周六、周日售卖，每周四招商并审查商品；产品折扣要求全行业 7.5 折起；此外，参与 Weekend Deal 活动的产品有销量要求且严禁提价或打折。

2. 团购

团购活动的特点是利润低但订单量大，作用是获取曝光度和信誉度。下面以俄罗斯团购和巴西团购为例进行说明。

（1）俄罗斯团购。俄罗斯团购严禁提价销售，团购商品要求一口价。如果商品折扣大、库存多，则会优先考虑。一周更新 3 次，每期展示 4 天，提前 15 天招商，提前 5 天审查商品。以运动类商品为例：好评率在 92% 以上；六折起；最小促销数为 150；必须是单 SKU（Stock Keeping Unit，最小存货单位）商品。

（2）巴西团购。一周更新 3 次，北京时间每周一、三、五 7 点更新，提前 15 天招商，提前 5 天审查商品。以运动类商品为例：好评率在 92% 以上；六折起；近 30 天的销量大于 3；最小促销数为 200；巴西包邮。

📖 示例

2023年速卖通三大核心战略方向

速卖通在"速卖通 2023 年商家峰会"上提出了三大核心战略方向，以满足商家多样化需求，助力中国商家便捷经营，快速出海。一是正式推出全托管，商家能选择的经营模式更丰富，如果商家有货品优势，但不熟悉运营和售后等，可以选择全托管。二是提升到货时效，商品到货快，商家获得的流量激励越多，速卖通将持续加大物流能力投入，提升到货时效。如对国内优选仓和海外仓全面进行拓展，总面积将超过 100 万平方米，分拨中心将覆盖全国 200 多个城市，确保产业带的揽收保障，同时物流产品会有相应的提速升级，部分产品价格将更友好。速卖通还将重点通过"合单"的方式，升级物流服务，让商家的订单更快到货，商家无须承担升级所产生的费用。三是提升用户体验，重点关注价格力和售后服务，商家所提供的用户体验越好，店铺的好评率越高，可以获得的曝光量和流量才会越多，成交的概率才越大。

二、亚马逊营销

亚马逊公司（Amazon）的总部位于美国西雅图，创立于 1994 年，从在线经营书籍销售业务发展成商品品类最全、最广的在线零售商。2012 年，亚马逊全球开店业务进入我国，旨在借助亚马逊全球资源，帮助我国卖家发展出口业务，拓展全球市场，打造国际品牌。亚马逊的目标市场是发达国家和地区，对入驻商家的要求非常高，对商品质量、服务、价格都有特殊要求，入驻亚马逊的卖家需要有品牌和货源优势。

（一）店铺促销工具

亚马逊店铺促销工具主要有 free shipping、money off、buy one get one、coupon，即免运费、满减、买赠、优惠券。其中满减是促销效果最好的一种方式，满减的折扣规则多种多样，亚马逊卖家可以根据店铺的实际情况设置满减的具体内容。①免运费，只要买家消费够一定金额或者数量，就可包邮配送；②满减，买家消费满多少钱或者多少数量，就可减多少钱或者享受一定的折扣；③买赠，买家购买一定数量产品或者消费满多少钱，就可以获赠同类产品或其他产品；④优惠券，针对具体产品订单，可直接减免金额，也可减免百分比折扣，后台设置方式简单，前台买家获取便捷，有利于促成出单。

亚马逊店铺促销的优势有两方面。

1. 清理库存

库存的积压和仓储成本过高会增加亚马逊卖家的负担，促销活动可以帮助清理库存。

2. 产品联动可减少客户流失

亚马逊卖家可以将自己店铺里的两款产品设置成彼此为促销的对象，也就为两款产品搭建了一个关联的桥梁，这可以明确地告知亚马逊系统这两款产品的关联性。亚马逊系统算法的核心就是通过识别相似产品并将其彼此关联起来，让平台上的产品从彼此独立到彼此交叉，从而牢牢地锁住客户，减少客户流失。

需要注意的是，进行店铺促销前亚马逊卖家需要提前做好调研与准备，观察自身产品是否适合促销，保证自己有所得利润的同时还可以提高产品的转化率。

（二）平台促销日或促销活动

亚马逊平台主要促销日或促销活动包括 Prime Day、黑色星期五、网上星期一、LD（Lighting Deal）和 BD（Best Deal）、Back to school 等。

（1）Prime Day。Prime Day 可以说是亚马逊销售旺季前的流量高峰，会员日一周的销量很可能达到原来一个月的销量。参加 Prime Day 的产品，获得流量倾斜优势是必然的。长期来看，参与 Prime Day 的产品销量增加、评论增加、曝光度增加、产品排名提升，有利于以后的运营。并非所有卖家都有资格参与 Prime Day，亚马逊卖家参与活动至少要有专业卖家账号、每月至少五条买家反馈、平均卖家评级 3.5 星，另外还有折扣、库存等多方面的要求。

（2）黑色星期五。黑色星期五，简称黑五，是感恩节的第二天。黑五这一天的折扣很大，尤其对欧洲卖家的销量影响很大。在这个节点，很多卖家都会进行产品促销，以获得更多的销量。

（3）网上星期一。网上星期一，是每年感恩节后的第一个星期一。这一天，折扣与黑色星期五相似，影响很大。两者都被认为是促销活动日，可以帮助卖家获得更多流量。

（4）LD 和 BD。LD，后台可以推荐，每次花费 150 美元。BD，卖家需要申请参与。BD 虽然是免费的，但对卖家有严格的要求，活动标题的所有方面都应该遵循亚马逊的严格要求。这两者都是亚马逊自己的促销活动，可以帮助卖家更好地展示自己的产品，获得销量。

（5）Back to school。Back to school 意味着返校季。亚马逊平台针对不同年龄段的学生开设了特定的商店，销售课堂学习必需品。由于销售的目标客户群是明确的，促销活动的影响力在短时间内非常大。卖家可以列出一些学生开学需要的产品。

 示例

亚马逊广告助力Avera成长

Avera 创立于 2018 年，该品牌总部设在墨西哥，专门生产消费电子产品和家用电器，并迅速成为家居与厨房

三、易贝营销

易贝是一个可让全球民众上网买卖物品的线上拍卖及购物网站。易贝于 1995 年创立于加利福尼亚州。易贝在全球拥有 37 个独立平台，考虑到了不同地区消费者的浏览体验，便于不同地区的消费者浏览。易贝与淘宝的模式类似，店铺操作较为简单，开店免费，门槛低，适合各类卖家，但入驻流程中需要办理的手续较多，对卖家信誉非常重视。易贝的核心市场是欧美市场。

（一）营销方式

易贝有三种营销方式，即拍卖、一口价、拍卖+ 一口价。

（1）拍卖。通过竞拍的方式进行销售，价高者得，这是易贝卖家常用的销售方式。

（2）一口价（Fixed Price）。一口价方式是以定价的方式来刊登物品，这种销售方式能够方便买家购得商品。

（3）拍卖+ 一口价。卖家在销售商品时选择拍卖方式，设置最低起拍价的同时，再根据自己对物品价值的评判设置一个满意的保底价，也就是一口价。

（二）店铺促销工具

易贝店铺促销工具主要有 Sales even+Markdown、Order Discount、Shipping Discount、Volume Pricing、Codeless Coupon、Best Offer 等。

1. Sales even+Markdown

这是最直接的促销方式，使用最广泛，直接在原价的基础上减价。这种折扣可以让买家在首页搜索的时候看到原价和折扣价，对提高 listing（商品详情页）的转化率有帮助。

2. Order Discount

对于 Order Discount 的折扣活动，买家在搜索结果页面是无法看到的，只有点进商品详情页，才能看到这个活动。活动最大的作用是绑定不同的产品，如用爆款产品带动新品的销售或者清仓库存，另外在一些促销日，如黑色星期五，也可以设置这个活动来促销。

3. Shipping Discount

这个活动意味着多件产品减免运费。参与该活动的前提是要设置好合并订单规则，这个活动才能奏效。这个活动方式用得比较少，因为产品总价一样的话，免运费的 listing 的排名会优先于有运费的排名，大多数卖家会将运费直接算进产品售价里面，设置免邮。

4. Volume Pricing

这个折扣活动是 2018 年年底推出的，与 Order Discount 有些类似，都是购买多件打折。与 Order Discount 一样，也不会显示在搜索页面。这个活动与 Order Discount 不一样的地方在于只针对单 SKU，只对当前 listing 有效，买家不能跨产品享受这个折扣；产品的数量要大于 1。

5. Codeless Coupon

这个活动是设置一个专属的虚拟折扣券，主要用于站外推广，或者发给老客户以提升回购率。这个活动下买家必须通过专属的 URL 点进去，才能看到这个折扣券，其他的买家则无法看到。

6. Best Offer

Best Offer 和 auction 一样，有一个专属的流量入口，因此有 Best Offer 的 listing，会有更多的流量，Best Offer 是易贝平台上增长超快的购买方式。但是 Best Offer 也有缺点：让购买的过程拉长，可能会流失一些想要立即购买，但是又不想用原价购买的客户。为了不错过买家议价，或者将购买的过程缩短，可以设置自动接受和自动拒绝的功能。Best Offer 只适用于单属性 listing，高价值新品可以用这个功能快速积累销量。

（三）平台促销活动

易贝提供了丰富的促销活动，主要有以下四种。

（1）Buyer Coupon。这是针对买家的优惠券活动，参加这个活动的好处是 listing 的流量和转化有比较明显的效果，特别是旺季的时候，平台会有更多活动支持。

（2）Primary Deals。活动会在相应站点的 deals 首页置顶的版块展示，可以带来更多的曝光量和流量。

（3）Weekly Deals。活动产品会在 deals 页面的首页下方非置顶位置展示，同时在活动期间还有EDM（Email Direct Marketing，邮件营销）推广、当地网红引流、网络联盟推广以及站点优惠券支持。

（4）Superweekend。这是易贝主要在法国、意大利、西班牙站三个站点进行的一个特别的周末促销活动，除了在首页 Banner 上进行推广，还有站外曝光的途径。

⚞ 实训任务——跨境电商平台模式探索

1. 实训目的：了解几个主流的跨境电商平台的运作模式，包括平台推荐算法、运营方式、仓储物流等，全面分析跨境电商和国内电商的异同。

2. 实训内容：①搜索亚马逊、速卖通、易贝的基本入驻流程，并查找各平台的热卖产品，了解其相关信息；②归纳整理各个平台的物流模式并阐述各个物流模式对商家的仓储有何特殊要求；③对比国内几家电商平台，分析跨境电商和国内电商有何异同点；④完成个人报告。

第二节　跨境电商独立站营销

跨境电商独立站是卖家搭建的属于自己的面向境外客户且具有销售功能的营销官方网站或App。跨境电商独立站是卖家直接拥有和掌控的电商平台，相比于在第三方平台上销售，卖家可以更好地控制产品质量、价格、品牌形象等。

一、跨境电商独立站运营模式

独立站主要运营模式包括 Dropshipping、铺货模式、DTC 模式、垂直品类模式等。

1. Dropshipping

Dropshipping 即无货源模式，可以说是入门版的跨境电商模式。卖家通过国内平台选品，并将商品上架到独立站中，然后引流到独立站，待消费者下单后，由供应商直接发货到消费者手中。这种模式相当于将商品的制造、物流等环节外包给其他人，一旦有订单，将订单和装运细节提交给供应商，由供应商将货物直接发送给终端消费者。这种模式的优点是风险小，没有资金与库存压力、不用提前囤货。但是这种模式对选品的要求比较高，需要卖家甄选出可以畅销的商品。

2. 铺货模式

铺货模式是在独立站中大批量地上传商品，商品品类比较多，且多为日常生活用品，价格比较低，能够引起客户下单的欲望。这种模式包括爆品模式和杂货铺。这种模式主要通过社交媒体进行广告投放，获得订单转化。爆品模式就是在这种模式下测试不同商品，针对转化率高的商品加大投放预算从而打造爆品。由于商品比较多，无法精细化运营，所以消费者群体不精准，独立站营销和广告投放难度比较大。

3. DTC 模式

DTC（Direct to Consumers，直达消费者）指卖家通过独立站与消费者直接互动，在线销售自有商品的运营模式。DTC 模式以消费者为直接导向，通过与消费者的连接反推供应链发展。这有利于塑造品牌，缩短商品的经销环节，为消费者提供独特的购物体验，收集消费者的详细信息，更好地触达消费者，实现消费者多次复购。这种模式的选品非常重要，大众消费品类在这种模式下优势不明显，很多小众品类，如汽车配件、焊工工具往往可以通过这种模式获得成功。

4. 垂直品类模式

垂直品类模式是在某个行业或者细分市场深化运营的模式。一般从差异化定位和独特的品牌附加值入手，提供更加符合细分领域人群需求的特定类型产品，即精细化运营特定品类。垂直品类模式的优势在于：受众相对固定，可以积累客户和品牌效应；因为品类的单一性，网站看起来会更加专业，更容易获得消费者的信任；可以低成本引流、积累私域流量、提升复购率，所以可持续发展性非常强。但是由于品类单一，容错率比较低，如果选错了品类，前期投入就浪费了。需要注意的是，在这种模式下，特定的品类一定要直击客户群，利用广告投放放大效果，其主要的流量来源依赖于广告投放。

5. 品牌站模式

垂直品类模式的独立站在某一领域获得一定的买家数量时，垂直品类模式可以进一步发展成品牌站模式。品牌站的运营模式主要依赖卖家自己的产品，对产品要求非常高，需要有产品设计和研发以及品牌搭建、规划的能力，更重要的是要能找到适合产品的营销手段。

6. 站群模式

站群模式指跨境卖家拥有多个独立站，能够通过大量铺货，快速打造爆款，在短时间内获取大量的流量。但是站群模式要求跨境电商卖家的经济实力较强，对中小卖家来说，这是无法实现的。

7. POD 模式

POD（Print on Demand，按需印刷）模式，即按需定制，提供给消费者定制产品，比如印有定制图案的水杯、图腾摆饰等。在消费者下单之后进行生产的销售模式都称为 POD 模式。POD 模式一般利润比较高，因为定制产品的定价可以更高，同时卖家还可以根据消费者的订单备货，不存在备货压力。此外 POD 模式还能帮助卖家实现差异化，从而获得更多订单。

8. COD 模式

COD（Cash on Delivery，货到付款）模式可以快速创建类似淘宝详情页的独立商品页面，在境外的社交媒体做广告，并用货到付款的模式进行交易。COD 模式在东南亚以及中东等地区非常常见。相比独立站注重转化率，COD 模式更注重消费者的签收率。COD 模式可以获得买家信任，可以利用境外的社交媒体平台进行引流，可以实现流量分散化并打破平台的限制，也会帮助卖家形成稳定的客户群。

> ### 示例
>
> #### 跨境电商独立站Raycon
>
> 经营电子产品的独立站 Raycon，每月有超过 52 000 名访客。随着精美的高质量图像和社会证明显示在首屏，你会想要一次又一次地访问它。Raycon上最值得注意的页面是"名人目击"页面，你可以在其中看到迈克·泰森（Mike Tyson）所称的"美国最好的耳塞"。极简的产品详细信息页具有精美的优点。Raycon 在高质量的图像上投入较大，并最大限度地减少了产品页上各种分散注意力的元素。Raycon 的策略可以总结为添加社会证明，尤其是在首屏上，会对买家的思想产生巨大的潜意识影响。使用名人作为社会证明很有效，因为有研究表明，9%的买家决策往往都取决于影响者的推荐。

二、跨境电商独立站推广策略

独立站模式让更多的跨境电商卖家掌握了主动权，但不同于在跨境电商平台上开店，平台会直接给店铺流量。通常搭建好一个独立站之后，是没有自然流量的，这就要求跨境电商卖家要做好独立站推广工作。

1. 优化产品质量和服务体验

有数据显示，消费者在购买产品时最看重的因素是产品质量和售后服务。独立站需要在产品设计、生产、包装、物流等方面下功夫，确保产品的品质和质量；同时还要注重售后服务，及时处理用户的问题和投诉，提高用户满意度和口碑。

2. 打造品牌形象和口碑

独立站可以在社交媒体、口碑平台等渠道积极推广品牌，与消费者建立良好的沟通和互动，通过消费者的推荐和好评来提升品牌形象，从而提高客户的转化率。此外，独立站还可以通过赞助活动、支持公益事业等方式提升品牌形象和口碑。

3. 搜索引擎优化

独立站可以通过优化网站结构、内容和关键词等，提高网站在搜索引擎中的排名，增加流量和曝光率；可以使用关键词研究工具和搜索引擎优化分析工具来辅助搜索引擎优化。

4. 广告投放

独立站应注重以付费广告方式在搜索引擎、社交媒体和其他网站上投放广告，吸引潜在客户。要注意根据目标客户的特征和行为定向投放广告，例如 Facebook 广告和 Google AdWords。

5. 社交媒体营销

社交媒体营销可以通过发布有价值的内容、参与社交媒体讨论、合作推广等方式来实现。这种营销方式可以帮助独立站建立品牌形象、提高品牌知名度和客户忠诚度。在选择社交媒体和口碑平台时，独立站需要考虑目标客户群体的特点和喜好。如对于年轻消费者，Instagram 和 TikTok 是较受欢迎的社交媒体平台；对于商务人士，LinkedIn 则是更好的选择。

6. 内容营销

独立站可通过有价值、有趣、有用的内容吸引访客，提高网站的流量和曝光率。独立站可以通过写博客、发布视频、制作图片等方式进行内容营销。在进行内容营销时，需要注意选择合适的内容类型和形式，以吸引目标受众，并让其产生共鸣。也可以考虑利用 UGC，UGC 可以帮助独立站与消费者建立更加紧密的联系，提升消费者对品牌的认知和信任度。为了利用好 UGC，独立站需要引导消费者创作有价值的 UGC，可以通过发起 UGC 活动、赠送礼品、提供专业的 UGC 创作工具等方式来鼓励消费者参与 UGC 创作。同时，独立站还需要对 UGC 进行管理和监控，保证 UGC 的质量和真实性，及时回应消费者的反馈和评论。

7. 合作营销

独立站可通过与其他网站、博主、社交媒体和跨境电商平台等进行合作推广，扩大品牌知名度和客户群体。独立站可以通过打通电商生态圈、交叉推广、品牌联合等方式进行合作营销。在跨境电商市场中，境外网红营销是一种重要的推广方式。他们在社交媒体上拥有大量的粉丝和强大的影响力，可以帮助品牌吸引更多的关注和用户。独立站可以通过与 KOL 和网红合作，将产品和品牌推广给更多的消费者。如可以邀请 KOL 和网红试用产品并发布评测视频，或是邀请 KOL 和网红拍摄产品和品牌宣传视频，等等。

8. 提供多样化的支付方式

境外消费者的支付方式多种多样，独立站需要提供多种支付方式以满足消费者的需求。贝宝（PayPal）的调查显示，过半的境外消费者倾向于使用贝宝这样的第三方支付平台。除此之外，信用卡、转账等支付方式也得到了消费者的广泛认可。因此，独立站需要提供多样化的支付方式，以便消费者可以根据自己的习惯选择最方便的支付方式。

巴西网络市场的支付方式

Boleto 是巴西多家银行共同支持的一种使用条形码的现金付款方式。Boleto 在巴西占据主导地位，是巴西当地人交水电费等生活费用的主要方式，客户可以到任何一家银行或使用网上银行授权银行转账。Boleto 支持超过 50 000 个销售点，包括加油站、零售店等。该支付方式快速、简单，100%保证商家的交易安全，并且在大部分地区可以用，Boleto 已成为大多数巴西人在选择支付方式时的首选。巴西还拥有南美洲的类似于支付宝的支付平台 Mercado Pago，业务范围已覆盖南美洲十几个国家和地区。

9. 关注消费者反馈

在跨境电商业务中，了解消费者的反馈是非常重要的。独立站可以通过调查问卷、在线客服、社交媒体等了解消费者的需求和反馈，进而改善产品和服务。一项针对美国消费者的调查数据显示，90%的消费者表示他们会基于网站评分和评论做出购买决策，因此独立站需要及时回应和处理用户反馈，提高用户满意度。

案例 10.1

Fashion Nova的推广技巧

独立站 Fashion Nova 已成为最受欢迎的时尚电子商务品牌之一。它的销售主张是为各种体形的男性和女性提供价格实惠的衣服。这与其他时尚品牌提供的刻板尺寸形成了鲜明对比。它着手让时尚包容曲线的缺陷，让大码客户感觉更特别和更有价值。最突出的是它出色的社交媒体策略和 UGC 的结合。Fashion Nova 请粉丝在 Instagram 上发布 Fashion Nova 的衣服，以赢得在其主页上展示的机会，这一举措的成效显著。Fashion Nova 的成功也归功于其网红战略，其中包括与 Cardi B 等世界知名网红的合作。Fashion Nova 的策略可以归纳为在社交媒体上持续、频繁地发帖以获得追随者，利用 UGC 来提高用户参与度并为独立站带来更多流量。

启发思考：（1）Fashion Nova 运用了哪些推广策略？（2）分析 Fashion Nova 运用的这些推广策略的作用。

实训任务——独立站运营模式与推广策略分析

1. **实训目的**：熟悉并能准确判断跨境电商独立站营销模式，并对其推广策略进行评价。
2. **实训内容**：①选择两家跨境电商独立站进行研究，可以通过搜索引擎进行选择；②对两家独立站运营模式进行分析，判断其运营模式类型；③通过搜索引擎优化工具网站、谷歌搜索引擎、独立站、社交媒体等分析独立站的推广策略；④分析独立站运营模式与推广策略的关系；⑤完成跨境电商独立站运营模式与推广策略分析报告，内容应包括所选独立站简介、目标客户画像、独立站运营模式分析、独立站推广策略分析、独立站运营模式与推广策略匹配性分析、独立站推广策略优化分析。

第三节　跨境电商社交媒体营销

社交媒体为企业提供了与现有客户和潜在客户建立联系的独特机会，推动着企业进入互动式的关系导向型营销时代。社交媒体营销的核心是关系营销，关系营销强调与客户的互动，已成为留住和赢得客户的绝佳工具，是跨境电商企业最重要的营销策略之一。

全球拥有超过 30 亿社交媒体用户，国外除几个主流社交媒体外，LinkedIn、Pinterest、Tumblr、Instagram、VK、Flickr、Tagged、ASK.fm、Meetup、MeetMe、WhatsApp、Snapchat 等也较常见。

LinkedIn 是美国一家职业社交网站，约有 94%的 B2B 营销人员使用 LinkedIn 作为内容分发渠道；Pinterest 是世界上最大的图片社交分享网站，允许用户创建和管理主题图片集合；Tumblr 是全球最大的微博客平台和社交网站之一；VK 是欧洲第二大社交网站，网站拥有几种语言选项，在世界各地讲俄语的用户中特别受欢迎；Flickr 是一个图片存储和视频托管网站；Tagged 是一个社交发现网站，允许会员浏览其他会员的个人资料、玩游戏、分享标签和虚拟礼物；ASK.fm 是拉脱维亚的一个社交网站，用户可以在网站上向网友提出问题；Meetup 是一个线下组织类社交网站，该网站拥有世界各地的线下小组群体，网站允许成员找到并加入有共同利益的群体；MeetMe 网站内置 Flash 游戏，从游戏里赚来的 Lunch Money（午餐费）可以在网站其他地方使用；WhatsApp 是一款用于智能手机之间通信的应用程序；Snapchat 的主要用户群体是 13～25 岁的人群。

一、跨境电商社交媒体营销策略

1. 确定受众、定位社交平台

确定社交媒体营销的受众群体，即进行"角色开发"。获取买家角色信息可以使企业从许多方面受益，在启动和维护品牌的社交媒体形象方面尤其有用。不同的受众具有不同的社交媒体行为和偏好。如果销售专为"Z 世代"设计的产品，社交媒体营销重点应放在 Snapchat 这样的年轻受众平台上。定位受众与社交平台需要做好三方面的工作：一是收集有关社交媒体用户的习惯以及他们与自己喜欢的品牌和业务交互的数据；二是对线上线下用户进行调查，将调查结果作为制定社交媒体营销策略的依据；三是分析竞争对手的社交媒体营销策略，分析竞争对手活跃的平台及其原因。

2. 分析受众需求并鼓励受众参与互动

通过社交媒体，企业可以对消费者的需求进行分析，包括消费者对品牌、产品的需求，也包括消费者对社交媒体的需求，从而为企业改进产品和社交媒体内容营销提供依据。社交媒体最显著的优势是互动性强。企业要通过社交媒体吸引粉丝和客户，应为受众提供有价值的内容，鼓励受众积极参与互动。小测试、直播等是让目标受众乐于参与其中的有效方式，企业也可以通过投票、竞赛等活动来吸引受众，把折扣、促销码和优惠券当作受众参与活动的奖励。企业通过社交媒体推送内容时，还应注意推送的时间，如 TikTok 的最佳发布时间一般为周六上午 11 点至中午 12 点（美国东部标准时间）；如果想在工作日发布内容，则宜选择周二和周四的下午 4 点到 7 点（美国东部标准时间）的时段。

3. 推送优质的、可共享的内容

企业开展社交媒体营销的方法往往是创造并推送客户喜欢的、乐于分享的优质内容，要达到此目标应注意以下几点。

（1）时效性。创建客户喜欢并愿意与朋友分享的内容时，时效性是关键。创建内容日历是一种很好的方式，可以预测时间并在竞争开始之前开发丰富的内容。

（2）创建有用的内容。考虑客户遇到的一些问题，为客户提供解决方案。可以借助常见问题解答创建对现有和潜在客户有用的内容；也可以遵循 4H 法则进行内容创作，4H 法则即 Humor（幽默）、Honesty（诚实）、Have fun（有趣）、Help people（助人）。同时注意运用二八法则，即 20%的"硬推销"+80%的非营销内容，80%的非营销内容的主要作用是吸引用户，并为 20%的营销内容"打掩护"。

（3）调整为视觉化内容。网络用户的阅读习惯更偏好图片和视频形式，视觉化的内容，尤其是彩色视觉的内容更能提高用户阅读量，提高文章互动率。针对用户视觉化阅读习惯来优化内容的跨境电商品牌，更容易引起用户兴趣，增强其对品牌的认知。

（4）设置热搜话题。热搜话题是当前社交媒体平台吸引人的内容营销新趋势。热搜词有助于企业在合适的时间获取合适的受众，把目标受众吸引到其网站上。

 示例

兰亭集势在某社交媒体发帖类型的分析

兰亭集势在某社交媒体发帖可以分为六类，即潮流时尚帖、创意新奇帖、节庆活动帖、幽默有趣帖、买家晒图帖、其他帖。潮流时尚帖最多，通过一些精美时尚的产品图片，可唤起粉丝的购买欲；兰亭集势主打服饰类产品，借助潮流时尚帖不仅可以彰显网站风格，而且能最大限度地引入流量，并实现转化。创意新奇帖很容易得到粉丝的点赞、评论以及转发，年轻粉丝们往往会比较乐意点击链接以发现更多类似产品，并下单购买。节庆活动帖，如临近万圣节，可以发几张有趣的节日装扮照片，吸引粉丝进入网站购买相关装束；兰亭集势还会时不时地搞一些礼券赠送、限时闪购活动，吸引粉丝参与。幽默有趣帖让带有商业性质的兰亭集势在该社交媒体上的主页变得更加可爱，娱乐内容后面即使附上一个广告链接，也不会令人反感。买家购买产品之后晒出的图片是最具有说服力的，兰亭集势会把买家晒出的图片和评语都公布出来，并给予买家最真诚的赞美和感谢。此外，兰亭集势还会时不时发一些正能量帖子、风景照帖子、话题互动性帖子等，让粉丝感觉是在跟一个真实的人而不是跟一家商业化的企业互动。

4. 影响者营销

影响者营销是利用社交媒体来提升电商网站流量的方式之一。在对影响者市场进行评估后，聘请与企业的产品或服务内容相关的影响者推广产品和品牌，可以有效地将目标受众引导到企业自有媒体上。除了确保影响者的受众群体与企业客户角色匹配之外，还应该考核影响者，确保他们的价值观和输出的内容与企业品牌保持一致。

5. 参与专业社交平台

通过流行的社交媒体与客户建立联系是加强营销活动效果的有效方法，如果想进一步扩展关系网络，专业社交平台是很好的选择。如 LinkedIn 可以使专业人士与其他行业领导者、潜在人才和营销专家建立联系、拓展关系网络。

二、跨境电商社交媒体营销举例

本书仅对 TikTok、Facebook、Instagram 营销进行介绍。

（一）TikTok 的营销策略

TikTok 越来越受到用户的欢迎，每月约有 10 亿活跃用户。它为希望与大量受众建立联系的企业提供了一个强大的营销平台。在 TikTok 上，制作有趣且引人入胜的视频的品牌往往会取得成功，TikTok 为品牌提供了一个可以展示有趣（甚至可以赚钱）特征的平台。TikTok 的用户参与度很高，用户会主动与应用程序上的内容建立联系，而不是简单地下载内容。典型用户每月使用 TikTok 的时长为 858 分钟，并且这一数字还在增长。因此，企业应针对 TikTok 的功能和平台优势，为自己量身定制营销策略。

1. 创作有趣且信息丰富的内容

任何成功的营销活动的关键都是创作围绕目标受众并引起其共鸣的内容。在 TikTok 上，这意味着创作有趣且信息丰富的内容。在娱乐中为用户提供价值和信息非常重要，这是提升品牌影响力的有效途径之一，同时也能赢得目标受众的信任。

创作内容首先应注意真实性，只有真实贴近生活的内容才更有说服力。创作内容时可以利用产品的先后对比图、产品的专利背书、产品的制作过程、幕后故事等。视频不需要太多的专业摄影技巧、丰富的故事情节和太多的修饰，要尽可能地展现产品的价值，内容真实简单。创作内容时还应特别注意确保内容适合 TikTok。TikTok 是一个与其他社交媒体不同的平台，如 TikTok 上的视频最佳时长在 21～34 秒，表现最好的 TikTok 视频中有四分之一如此，企业在创作内容时应予以考虑。又如 TikTok 视频有自己的小众编辑风格，与其他平台上流行的风格截然不同，包括画外音、转场、滤镜和对流行视频格式的创造性使用，所以用于 TikTok 的内容最好是原创。另外，TikTok 还提供了许多创意工具，企业可以利用它们使品牌视频更具吸引力。这些工具包括视频模板、智能视频等。

 示例

Gymshark的TikTok营销策略

Gymshark 是英国一家销售服装和配饰的健身品牌，借助网红营销的力量，该品牌在 Instagram 上得到了

2. 与影响者和创作者合作

TikTok 是影响者营销的绝佳平台。与 Instagram 相比，TikTok 用户更可能相信有影响力的人的推荐。而且 TikTok 的影响者营销成本较低，是小型企业负担得起的选择。企业可以选择与有影响力的产品或品牌相关创作者合作，这些创作者应拥有忠实粉丝，他们可能是拥有较少但活跃的粉丝群的弱影响者，但可以创建与品牌相关的高质量内容，而且能够覆盖明确的目标受众，同时能减少广告支出。

3. 使用 TikTok 广告

TikTok 广告可以帮助企业快速有效地拓展其营销活动的影响范围，TikTok 的算法会将广告信息精准地推送给目标受众。企业可以选用 TikTok 广告代理商，它们可以帮助企业在平台上创建完美的广告类型组合，有助于优化品牌广告效果。在选择 TikTok 广告代理商时，应重点考察其声誉、专业知识以及为其他客户取得的成果。小型企业也可以尝试使用 TikTok 的自助广告平台，它专为小型企业设计，可以帮助企业创建和开展自己的广告活动。

TikTok 有多种广告类型，其中 Spark Ads 是一种非常有效的广告类型。这种原生广告类型允许品牌创建针对小众受众的信息流广告。对许多品牌来说，Spark Ads 是它们在平台上最喜欢的广告类型，因为它具有多功能性和经过验证的高转化率。

TikTok 提供了一些深入的分析工具，可以帮助品牌优化营销活动并取得更好的效果。其中 Insights 工具可让品牌查看用户统计信息、视频统计信息、视频排名信息等。这可以帮助品牌分析广告效果，从而优化广告和促销活动。

4. 建立受众社区

TikTok 用户围绕具体话题创建平台社区，如 "#BookTok" 和 "#CleanTok"。找到适合品牌产品系列的社区定位，并为该利基市场创建垂直内容，在引导用户进行共创的同时，可进一步帮助品牌和产品提高曝光度。

5. 策划品牌挑战赛话题

挑战赛是 TikTok 上常见的品牌推广方式。品牌可以创建相关标签，邀请 TikTok 用户创作，免费向创作者提供产品或样品，方便他们体验和创作相关视频。播放量高或有助于品牌获得高销售量的创作者可以获得额外奖励。在品牌挑战赛中，企业可以与影响者合作，借助他们的热度，快速获取流量，提高品牌的曝光率。参与挑战赛的普通创作者可能粉丝数量并不多，但作为普通用户，他们更容易为其他用户所信任，他们生产的内容也更具参考意义。用户参与挑战赛，可以增加话题讨论度，进而提高标签的受欢迎程度。当标签覆盖面越来越广，主题中的视频被推荐给相关用户的可能性就越高。

6. 与粉丝互动

如果品牌能够通过评论区与用户互动，被回复的用户往往可以感受到品牌的温度，与品牌建立情感联系。与用户深入互动，还可以从用户那里获得对产品的真实反馈，进一步了解他们的需求，改善产品和账号运营方式，从而吸引更多的用户，促进品牌的发展。加强与品牌粉丝的互动可以激发 UGC 创作热情，更多优质的与品牌相关的 UGC 也将进一步加强品牌与粉丝的情感联系。

案例 10.2

Little Moons在TikTok的推广技巧

冰淇淋品牌 Little Moons 在 TikTok 上热度不减，给人一种不跟上这波潮流就会落伍的感觉，这种感觉迫使大家都去商店买这个品牌的冰淇淋，尝试不同的口味。Little Moons 于 2020 年 8 月开设了官方 TikTok 账号，截至 2022 年 6 月已拥有 6.37 万粉丝，并获得 93.22 万个赞。它一直紧跟潮流并且喜欢在视频里加入流行歌曲和各种表情包。由于是冰淇淋品牌，特别易吸引美食区粉丝的注意力。其表现最好的两个视频都是关于麻薯冰淇淋的吃播视频并配有洗脑的背景音乐。

启发思考：（1）分析 Little Moons 在 TikTok 运用了哪些推广技巧。（2）分析这些推广技巧的作用。

（二）Facebook 的营销策略

Facebook 是全球最大的社交平台，聚集了各种各样的用户，具备强大的用户社交黏性。对于做跨境电商的企业，Facebook 无疑是重要的引流渠道。据不完全统计，越来越多的境外用户在购买之前会受到 Facebook 的信息影响。如果想要在跨境贸易中占据有利地位，必须重视 Facebook 营销。

1. 目标受众定位

在开展 Facebook 营销前，首先要了解目标受众群体，包括目标受众所在的国家、性别、年龄、语言、职业、兴趣等。勾画出初步的用户画像后，接着就要找到他们，并把他们添加为自己的好友或者粉丝，通过 Facebook 与目标受众建立社交连接。

2. 主动添加好友和粉丝

（1）打造令人无法拒绝的 Facebook 个人账号。①需要有稳定的 Facebook 账号。如果账号没有一个稳定的状态，就很难运营下去。②应是真实的个人账号。Facebook 系统生态可以监测到所有账号的操作活动，尤其是新账号，一旦加好友过多，或者是散发广告、有毒信息，马上就有可能被封号。所以申请注册 Facebook 账号之后，要注意维持账号的正常活动。③注意更换上吸引人的头像，主动添加好友。当账号状态相对稳定之后，可以主动添加目标受众。这些受众可以是企业之前的客户，也可以是 LinkedIn 中的联系人，另外还可以通过 Facebook 提供的加人方法，如可能认识的人、搜索、邮箱导入等方法，发掘新的客户。

（2）创建企业主页，添加行业相关小组，扩大影响范围。①打造专业的企业主页。Facebook 企业主页，即 Facebook 商家页，是品牌营销的主要阵地。定位准确、风格统一的品牌专页，会让受众轻松地形成记忆。创建专业企业主页时需要注意：一是要选择正确的商业类别；二是要选用具有吸引力的封面照片和封面类型，照片应高清、尺寸合适、专业度高，体现品牌、产品、行业特色，封面类型有单图、轮播图、幻灯片、视频等；三是能根据业务需求定制侧边栏内容。②创建添加行业相关小组。相关的行业小组是受众群最为密集的地方，里面聚集了大量的相关行业客户，是最容易实现转化的地方。Facebook 小组成员没有具体的人数限制，只是人数达到 5 000 之后，部分功能会有所限制。添加越多的相关小组，意味着受众范围越大。

> 🖥 **示例**
>
> #### Facebook中"Baby Stroller"相关小组
>
> Baby Stroller 这款产品主要受众群为新生儿父母，其品牌商经常参加的小组与 pregnant、baby、mom 等相关词有关，在 Facebook 中搜索相关小组，可以轻易地找到 10 万名以上的受众。如相关小组 Baby & Mom's Stuff's FIND 拥有 3.5 万位成员，hand made baby dresses 拥有 6.8 万名成员，baby care 拥有 1 万名成员，Baby Dress 拥有 1.5 万名成员，如果加入这 4 个小组，将拥有 12.8 万名目标受众。

3. 创意+互动以提升效果

企业要做的是以创意吸引用户关注企业账号，成为粉丝，并通过一系列的互动，提升 Facebook 推广活动的成效，实现最终转化。

4. 实施内容营销策略

开展内容营销时，需要注意以下一些问题。

（1）尝试使用不同的发帖形式。Facebook 提供了丰富的发帖形式，如单图、轮播图、视频、幻灯片、即时体验、优惠、直播、投票、签到、活动等。每种每天发一次也能保证一周不重样，应每种都尝试一下，这样既能丰富 Facebook 企业主页内容，又能全方位地展示企业、产品以及品牌。

（2）使用高质量的多媒体素材，统一风格。Facebook 企业主页的运营，要符合企业、产品、品牌定位。这样不仅可以提升整个 Facebook 企业页面的用户体验，更有利于展示品牌形象以及企业的实力和专业度。在主页发帖的时候还要注意使用高质量的多媒体素材，以提升用户体验。

（3）发帖的时候添加网站链接。这是实现转化的必要步骤，当人们看到你的帖子，并对它产生兴趣后，可以通过你留下的链接了解产品详情，或者进行购买。这也是网站引流的好办法。

（4）适当使用表情符号。相对于单调的文本，适当的表情符号可以使文本更加生动形象，增加吸引用户的机会，但不要放置过多，否则看起来会让人很不舒服，也很不专业。

（5）优化发布时间。发帖时间对帖文的营销成果有非常大的影响，选对了发帖时间，可以显著提升帖文的覆盖率以及活跃度。企业可以根据前期的受众调查，挑选合适的发帖时间进行试验，找出受众最活跃的时间段进行发帖，提升营销成效。

（6）使用 UGC。在 Facebook 营销中，有时也可以分享 UGC，不仅可以节省时间和精力，而且还能提升用户对品牌的信任度和忠诚度。使用 UGC 最直接的方法是展示用户使用产品的图片、视频或者评价、感受等，可以将这些发布到公共主页或者 Facebook 小组中。

（7）不断与受众进行互动。受众点赞、分享、转发、评论了主页的内容后，要及时跟进，与受众进行互动，提升受众的黏性。良好的互动，不仅可以让访问者对服务产生愉悦感，更能促进转化。

（8）缩短响应时间。响应时间是指 Facebook 公共主页收件箱的响应时间。Facebook 系统会对公共主页的响应时间进行测评，据此衡量主页的质量。设置在线客服或者接入聊天机器人，是最好的优化方法。如果实现不了，就将 Facebook 主页的自动应答打开，这样可以在一定程度上缩短响应时间。

（9）建立属于自己的社区。这里的社区和 Facebook 小组类似，但是这里的社区是依附于 Facebook 公共主页而存在的，主要用于与粉丝进行互动和讨论，粉丝在这里可以分享使用产品的经历或者其他的信息。

（10）在网站中添加社交媒体按钮。访问网站的用户，可以点击社交媒体按钮进入企业在社交媒体的官方账号进一步了解企业和产品；网站上的访客也可以通过社交媒体按钮分享网站的内容到社交平台，实现社交平台和网站的相互打通。

（三）Instagram 的营销策略

Instagram 从一个简单的照片分享平台已经发展成为一个营销平台，数以百万计的消费者在这个平台上发现新产品和服务并产生交易。对跨境电商卖家来说，利用 Instagram 进行营销引流推广是一个很好的选择。

1. 创建信息完整的简介

完整的 Instagram 简介应向用户传达品牌是做什么的，有哪些产品，如何联系团队，企业网站如何查找，等等。通过这些基本信息的填充，让品牌的潜在用户通过简介就可以获取想要的信息。同时也可以在品牌认知建立阶段，让用户对品牌留下好印象。

2. 用户名简单、容易搜索

用户名要注意：①字符不要太长；②使用简单的品牌名称；③不要使用下划线、特殊字符或数字。

3. 切换为专业账号

手机端和 PC 端都可以将个人号切换为企业号，想要推广产品必须有一个信息完整的企业号。Instagram 的企业号具备了个人号所没有的一些功能，如添加营业时间、地址。它还增加了推广和成效分析的功能，可以对客户做一些简单的数据分析，如互动账号数量、覆盖账号数和粉丝的增长概况，这对提升工作效率和专业度都是有帮助的。

4. 搭建店铺

Instagram 中的一些品牌的账号会有"逛店铺"的按钮，发布的帖子右上角会有店铺的标志，具备这个功能的前提是将个人号切换为企业号。点进去可以看到该帖子和普通帖子的区别：每篇单图片文章可以标记 5 个产品，每篇多图片文章可以标记 20 个产品；还可以看到有"查看商品"的标志。点击图片上标记的产品和"查看商品"就可以查看此产品的具体情况，点击"逛店铺"，就能看到该账号对应的店铺。对用户来说，这个功能加快了他们的购买过程，非常便捷。

5. 发布高质量的图片

Instagram 主要进行的是图片社交，倡导分享美好生活。因此企业想吸引其他人来关注自己，那么首先就要保证图片一定要拍得美。Instagram 用户期待的是吸引眼球的精美图片，而不是普普通通的产品陈列。企业可以拍摄产品的使用场景、产品细节、幕后花絮，为照片加入故事、生活的元素。

6. 使用标签

在 Instagram 上推广品牌，必须多使用标签，标签很容易让人记住。每张照片可以最多添加 30 个标签，但这并不意味着一定要添加这么多标签。尽量每张照片使用 2~3 个标签。添加的标签需要与照片主题相关，因为只有这样才能够在用户搜索相关内容时显示。使用与照片无关的标签将使这一过程没有任何意义。不同的产品对应的标签肯定是不一样的，如：销售定制行李箱的商家可以使用社区标签 well traveled；卖胡子油的商家可以选择 beard life；出售健康食品的商家可以选择 living fit 等。

7. 提供折扣和赠品优惠

提供诸如折扣和赠品之类的优惠总是会吸引客户，这也是增加销售额、推广产品并增加网站流量的方法。很多企业经常在 Instagram 上提供折扣和优惠，尤其是在一些特殊场合。如果企业有一些忠实客户，他们经常购买并在社交平台分享喜欢的产品，那么不妨给这些客户提供 VIP 服务和折扣，这样不仅能吸引客户，还可以和客户建立良好的关系。

8. 及时与粉丝互动以建立品牌社区

Instagram 是一个年轻人集中的社交平台，年轻一代的显著特征就是喜欢互动，因此品牌在 Instagram 上发帖后，要及时关注评论区。评论区的粉丝少，就挨个回复；粉丝多，就选择比较有趣的评论与其互动。与粉丝进行真正的一对一沟通，不仅能提高粉丝与品牌互动的积极性，也能培养粉丝对品牌的忠诚度。当与品牌互动的粉丝越来越多时，品牌还可以发起投票或者有奖竞猜活动，定时给粉丝送福利，增强粉丝黏性，提升粉丝的购物热情。一旦品牌与粉丝互动成为习惯后，粉丝在购买品牌产品后，也会在 Instagram 上发帖表达使用感受，粉丝自主创建的正向产品介绍内容会更容易吸引潜在客户下单。

9. 与其他营销工具相结合

在 Instagram 上可以看到很多用户信息，比如用户的名称、关注量、联系方式等。如果想主动在 Instagram 上寻找客户，可以在 Instagram 主页直接输入产品关键词进行搜索，通过关键词搜索出对应的目标用户，可以直接评论，也可以找到用户的联系方式然后再私下联系。输入关键词可以搜索到客户的网站、联系邮箱、电话等，这时候可以通过邮件或 WhatsApp 等营销工具联系用户。

10. 与网红进行推广合作

与网红合作的优势就在于他们有大量粉丝，如果他们发了帖子，就会有很多粉丝看到，从而提高产品的曝光率，让产品被很多潜在用户看到。但应注意判断网红的风格、帖子的内容和粉丝是否适合企业的产品和服务。

 示例

Dunkin'Donuts的网红营销策略

粉丝数介于 1 000~10 000 之间的网红称为"纳米网红"，他们虽是成长中的网红，但可别小看其威力。SKUKING 跨境电商独立站数据报告显示，有别于大网红的广泛影响力，小网红或纳米网红展现出绝佳的粉丝互动率，他们非常愿意与粉丝沟通，与粉丝有着更紧密的联系。咖啡品牌 Dunkin'Donuts 就抓住了这个特点，邀请小网红或纳米网红共同参与"Coffee First"品牌活动。从消费者的角度来看，网红就像身边的好友，同时由于他们的高参与互动率，让粉丝感觉更真实，也就产生了更好的营销效益。

实训任务——跨境电商营销活动策划

1. 实训目的： 了解几种常见的跨境电商营销活动，体会其中的优点与不足，基于上次的实训项目，尝试策划营销活动。

2. 实训内容： ①搜索一些跨境电商品牌的营销活动，分析其营销效果；②为自己的店铺策划营销活动：根据目标客户的特点，分析哪些营销形式效果更好并阐述原因，继而以打造爆品为目的，策划营销活动；③完成跨境电商营销活动策划书，内容应包括跨境电商领域常见的营销形式、用户分析、具体营销策划以及效果预期。

归纳与提高

本章以速卖通、亚马逊、易贝为例介绍了跨境电商平台营销策略，跨境电商独立站运营模式与推广策略，跨境电商社交媒体营销策略，以及 TikTok、Facebook、Instagram 的营销策略。

跨境电商营销既具有网络营销的一般特点，又由于跨关境的营销环境而具有全球性、复杂性、多边化、差异化等特点。跨境电商平台是跨境电商生态圈的中心，企业利用跨境电商平台开展营销活动，应熟悉平台促销活动和店铺促销工具，充分利用平台提供的营销工具和机会。跨境电商独立站是企业开拓境外市场的重要平台，企业应根据自身的资源和能力、营销环境选择合适的独立站运营模式，并做好独立站推广工作。社交媒体营销是建立关系和内容传播的主要渠道，是跨境电商企业最重要的营销策略之一。跨境电商企业应熟悉、掌握和实施国外主流社交媒体或合适的社交媒体的营销策略与技巧。

自测题

综合练习题

一、填空题

1. 被称为"国际版淘宝"，目标市场是非发达国家和地区的跨境电商平台是_____。
2. 速卖通平台的促销工具包括_____、全店铺打折、_____、店铺优惠券。
3. 亚马逊店铺促销的优势包括_____和_____。
4. 企业开展社交媒体营销可以遵循 4H 法则进行内容创作，4H 法则为_____、_____、_____、_____。
5. 跨境电商独立站的运营模式主要包括_____、_____、DTC 模式、垂直品类模式等。

二、简答题

1. 简述速卖通平台促销活动的类型。
2. 简述 DTC 模式的产品特点。
3. 简述跨境电商独立站推广策略。
4. 简述 Facebook 的营销策略。
5. 简述 TikTok 的用户特点及其营销策略。

第三篇 工具篇

第十一章 搜索引擎营销与 App 营销

上海佳园装潢本地百度营销推广

上海佳园装潢是集装饰设计、装饰材料、装饰施工为一体的一家实力型装饰企业，经过多年发展，已在上海各区开设多家分店。上海佳园装潢与百度营销合作，以寻求获客成本更低的营销方式。根据分析，百度搜索做了如下工作。

（1）添加四种类型的关键词。①地域词，如"浦东哪家装修好""附近装修公司"等；②价格词，如"装修费用""装修报价多少钱"等；③风格词，如"新中式装修""简欧风格装修"等；④效果词，如"三室一厅效果图""现代风效果图"等。

（2）根据关键词流量类型，分别撰写对应的创意承接词。①承接地域词，如"2021 年浦东新房装修来这，到店免费看样板房"；②承接价格词，如"在上海，三室一厅装修要多少钱？点击在线报价"；③承接风格词，如"2020 年大热装修风格，每一种都美到窒息"；④承接效果词，如"从毛坯房到精装修，这个效果图真是绝了。"

（3）其他方面的调整。落地页针对本地推广搭建门店营销活动页。首屏展示门脸图和地址以增强真实性，添加表单和电话组件，显示部分优惠信息。二屏详细介绍活动刺激点。三屏介绍主营业务及公司业务特色。四屏以表单收集结尾，锁定意向用户，并添加咨询、电话、预约到店的按钮。

通过投放本地推广加强落地页卡券和咨询引导，百度搜索页关于上海佳园装潢的记录点击率提升了 114%，ACP（Average Click Price，平均点击价格）降低了 15%，转化成本降低了 40%，吸引了大量潜在用户，并引导目标客群到店消费，同时帮助连锁品牌实现了快速和因地制宜的多店铺推广。

启发思考：（1）分析上海佳园装潢添加四种类型关键词的理由。（2）结合案例分析百度搜索营销的优势。

搜索引擎营销（Search Engine Marketing，SEM）是指根据用户使用搜索引擎的方式，利用用户检索信息的机会，尽可能地将营销信息传递给目标用户的营销模式。搜索引擎营销的基本思想是帮助用户找到信息，用户可通过点击搜索结果进入网站或网页，从而进一步了解所需要的信息。

App 营销即应用程序营销，是指通过智能手机、平板电脑等移动终端上的应用程序开展的营销活动。App 营销是移动营销的核心，具有精准性、互动性、强用户黏性和可重复性等特点。

第一节 搜索引擎营销

搜索引擎营销主要有两种形式，分别是搜索引擎竞价广告和搜索引擎优化。

一、搜索引擎竞价广告

按点击付费（CPC）是一种常用的网络广告计费方式。搜索引擎竞价广告一般采用按点击付费的方式，用户产生搜索行为的时候，广告在搜索结果页面上方以及右侧展现。目前，国内外众多搜索引擎都开发了搜索引擎广告系统。

以百度竞价广告排名为例，申请竞价广告排名的一般程序为：注册竞价广告排名用户账号；挑选产品关键词并提交；在竞价广告排名用户管理系统中提交关键词等相关信息；交推广费；开通账号。百度在收到款项并确认账号已提交关键词后，在两个工作日内审核提交的推广信息，审核通过即可开通账号。

在我国，自 2016 年 9 月 1 日起施行的《互联网广告管理暂行办法》规定，互联网广告应当具有可识别性，显著标明"广告"，使用户能够辨明其为广告。付费搜索广告应当与自然搜索结果有明显区分，这是搜索引擎竞价排名首次被定义为广告。在道德层面，搜索引擎竞价广告存在极大争议，人们认为这是企业的一种无社会责任感的行为。

案例 11.1

新科教育的搜索广告

新科教育是苏州地区规模较大的综合性教育产品服务商，拥有 6 种课程体系、40 余所分校，遍布苏、沪、皖等地。其主营业务为学历教育及职业培训，主要涉及学历提升报考、初级会计证报考、教师资格证报考等。面对庞大的毕业人群规模和职业培训行业旺盛的潜在需求，新科教育遇到的困境包括线下客流获取难、线上获客转化差、广告投放门槛高等。为了精准吸引网民线上留下联系信息并到线下校区转化，新科教育开始尝试百度本地搜索推广。

图 11.1　专属门店创意样式

百度搜索按照"校区+业务"搭建推广计划，清晰地呈现了各个门店的投放效果，再以价格词、学校词、疑问词等词性区分不同单元，并针对不同课程建立 oCPC 投放包，方便及时监控每门课程的流量及转化成本波动。为了进行本地定向，对关键词进行了长尾拓展，包括新建门店计划，添加地域词精准定向本地目标人群；推广地域投放校区周边 20km 以内，吸引距离较近、转化需求较强的人群。创意方面使用专属门店创意样式，展现到店距离，更可直接唤醒地图，打通用户到店全环节，如图 11.1 所示。落地页则搭建门店营销页，页面添加表单组件以吸引网民留下联系方式，涉及多课程产品的做课程详情页面，通过子链跳转加强导流。

新科教育投放本地推广 3 周后，消费、点击率、线索转化均整体呈现上升趋势，且转化成本相对稳定，其中点击率提高了 73%、转化成本降低了 15%。

启发思考：结合案例分析搜索引擎竞价广告的优势。

（一）搜索引擎竞价广告的特点

搜索引擎竞价广告最主要的特点是精准投放和按点击付费。

用户在搜索时输入的搜索词明确地表明了自己的意图——希望寻找某种信息或者购买某种产品等。通过搜索引擎竞价广告，企业可以将自己的产品或服务信息直接展现在潜在用户面前，精准的广告投放可以给广告主带来非常高的投资回报率。

> **课堂讨论**
>
> 如何避免被竞争对手恶意点击广告？

只有当用户点击了包含某个关键词的广告链接跳转到广告主的网站时，广告主才需要向搜索引擎服务商支付点击费用，因此广告成本低。由于采用的是竞价的方式，某些关键词的价格难免会水涨船高，竞争对手为了打击对方，可能会对对方的竞价广告进行恶意点击，加大对方的广告费支出。

（二）关键词选择策略

关键词用于定位有意向的用户，即广告主的潜在用户。在参与搜索引擎竞价的时候，广告主应将意义相近的关键词纳入同一推广单元，目的是确保同一推广单元内多个关键词与推广创意具有较高的相关性，从而达到更好的推广效果。选择好的关键词，意味着给网站带来极具针对性的访问用户，广告主可以利用搜索引擎的相关搜索功能选择更多关键词。

例如，一个卖鲜花的网站，除了选择关键词"鲜花"以外，还可以选择"鲜花速递""鲜花礼品""鲜花礼仪""鲜花网站""鲜花商店""电子鲜花""鲜花礼品店""订购鲜花""订鲜花""鲜花专卖""北京鲜花""上海鲜花"等关键词。这些关键词都是用户在各大搜索引擎中搜索过的。热门关键词每天会被用户检索成千上万次，冷门关键词虽然每天被检索的次数可能只有几次，但同样能带来用户，而且越是特别的关键词越能带来特别的用户。

一般可以采用以下几类常见的关键词。

1. 产品词

产品词可以是企业提供的产品/服务的大类，也可以是产品细类，还可以具体到产品的型号、品牌等。前者如"英语培训""鲜花""宠物用品"等，这类词的搜索量较大，能够覆盖更多的潜在用户，但竞争可能较为激烈；后者如"雅思听力班""买玫瑰花""皇家猫粮"等，这类词的搜索意图一般较为明确，广告主在创意中应该着重突出自己产品的特色，明确传递价格、促销等卖点信息，吸引潜在用户的关注。

对不同行业、企业来说，产品词的大类和细类的区分不同，如"雅思培训"对专门的雅思培训机构来说可能属于大类，而对代理各种培训业务报名的机构来说可能属于细类，这就需要企业根据自身的业务性质灵活把握。

由于网民的搜索习惯各不相同，对一些特定的产品名称，还可以考虑使用缩写、别称，如"雅思""雅思英语"与"IELTS"，"干洗机"与"干洗设备"等。

2. 通俗词

用户可能会使用口头用语进行搜索，搜索内容常以疑问句或陈述句的形式出现，如"我想开干洗店""哪家英语培训机构好""怎样才能学好英语"等。使用这类搜索词的一般为个人用户，他们搜索的目的一般以信息获取为主，对商业推广结果的关注程度不高，为企业带来的转化效果和商业价值也有限，广告主可以根据自身的业务特点选择通俗词。

3. 地域词

地域词是指产品词、通俗词等与地域名称的组合，如"北京法语培训班""上海同城速递"等。搜索这类词的用户的需求意向更为明确，广告主在创意中应该突出产品/服务的地域便利性。

4. 品牌词

品牌词指的是含有企业自有品牌的关键词（如"海尔""格力"等）或一些专有品牌资产名称（如企业拥有的专有技术、专利名称等）。

5. 人群相关词

用户未直接表达对产品/服务的需求，但搜索词会表达出其相关的兴趣点。如果企业把推广结果呈现在这些有潜在需求的用户面前，就会吸引他们的关注，激发他们的购买欲望。例如，关注韩国留学、韩企招聘的用户，可能有学习韩语的潜在需求，可能是韩语培训机构的潜在客户。

示例

百度搜索推广中的关键词质量度

关键词质量度主要反映网民对参与百度推广的关键词以及关键词创意的认可程度，对创意置左、关键词排名、点击价格和最低展现价格等有影响，一般采用 5 星 10 分制表示。质量度根据点击率、相关性、创意质量、账号综合表现、账号历史表现等因素综合计算得出。企业可以通过提高关键词的质量度，特别是优化关键词与创意的相关性，来降低最低展现价格以及点击费用。

百度推广成就装修业O2O龙头

土巴兔装修网成立于 2008 年，是一个集装修、建材、家居为一体的家居电商品牌，其主营业务是帮助业主找到可靠的装修公司并提供装修全程保障。2010 年，公司开始将营销重心放在百度推广上，投入百度竞价推广的费用占总营销费用的 70%以上。百度快速给其带来了订单和知名度，网站流量和装修订单数量大大提升，其被装修行业形容为"行业流量入口"。百度将土巴兔快速推向全国，以较低的成本为其带来了订单和知名度，使其快速发展为装修业 O2O 龙头，体现出搜索引擎竞价广告推广的巨大力量。

启发思考：（1）土巴兔重视网络推广，这与其互联网企业的身份是否存在联系？（2）近几年社交平台快速发展，土巴兔是否应将营销重心从百度推广转移至社交平台？

二、搜索引擎优化

搜索引擎优化是利用搜索引擎的搜索规则来提高网站在有关搜索引擎内的自然排名的一种手段。搜索引擎都有一套编辑、处理其所采集信息的算法，工程师根据算法设计出程序模拟人们的思维，决定收录的网站和内容，并在用户搜索的时候将适当的内容展现给用户。搜索引擎收录、排名等具体规则属于商业秘密，是非公开的，但是通过搜索引擎的优化指南和人们的经验总结，一般可以从关键词、网站结构、外链等方面进行搜索引擎优化。本书仅介绍关键词优化。

关键词研究是进行搜索引擎优化的基础，也是最重要的一环。关键词研究实际上是通过对客户、网站用户的行为进行分析，预测需求的变化，对市场的需求做出反应，以提供搜索者需要的内容、产品和服务信息。

（一）关键词的种类

1. 按搜索目的分类

（1）导航类关键词。用户想访问某个特定网站，通过在搜索框中输入品牌名或者品牌相关词来获取相关链接，这些搜索词就是导航类关键词。一般这类关键词拥有较高的搜索量，例如"淘宝网""网易新闻"等。正常情况下，这种关键词搜索结果中排在第一位的是官方网站，其他网站想通过优化这种关键词来成为排名第一是不容易的。

（2）事务类关键词。事务类关键词是指用户有明显的购买意向或目的而搜索的关键词，这种关键词是营销类网站定位的重点关键词，例如"××手机价格""京东空调优惠券"等。这类关键词在选择、布局及分配资源优化时，一定要以比较优质的产品来支持。

（3）信息类关键词。信息类关键词是指用户寻找某种信息时所使用的关键词，这类关键词一般表明用户无明显购买意向，也非寻找指定网站，例如"跑步姿势""中国 GDP""自制面包"等。

2. 按关键词长短分类

（1）短尾关键词。短尾关键词一般是由 2～4 个字组成的，例如，"手机""绿色蔬菜"等关键词的搜索量巨大，但由于涵盖的范围比较广，所以不能明确搜索者的真正目的。

（2）长尾关键词。长尾关键词一般在 4 个字以上，如"机械设备公司排名"，这类关键词的搜索量较少，且不稳定。但是这类关键词带来的搜索者转化为产品用户的概率比短尾关键词高很多，因为长尾关键词的目的性更强。

3. 按关键词热度分类

（1）热门关键词。热门关键词指搜索量比较高的词汇，例如上文提到的导航类关键词和短尾关键词。这类关键词的竞争强度比较大，是众多商家争夺的关键词。网站一旦有好的排名，就会获得非常可观的流量。例如，"热门小说""热播电视剧"等关键词都有较高的搜索量。

（2）一般关键词。一般关键词是指搜索量一般的关键词，即有一定搜索量但搜索量并不是很大的关键词。因为不像热门关键词和大部分短尾关键词那样有很激烈的竞争，并且相对比较精准，优化得好的话往往可以获得不错的精准流量，所以这类关键词往往成为众多商家关键词竞争的主战场，例如"笔记本电脑维修""男生短 T 恤"等。

（3）冷门关键词。冷门关键词是指用户搜索目的性很强，但是搜索量很小的关键词。这类关键词可能只是偶尔有几次搜索，但这类关键词的词量比较多，而且用户转化率也比较高，如"笔记本电脑性价比排行"等。

（二）关键词的确定

关键词的确定可以从最明显的词语开始，起初的时候不必考虑过多的创意，只需要尽可能地列出自己知道的，并且有可能被用户搜索的词语。

1. 目标关键词

确定关键词的第一步是选择目标关键词（主关键词），可采用如下步骤和方法进行选择。

（1）列出所能想到的关键词，例如网站如果是关于 PS 学习的，那么就可以列出"PS""Photoshop""PS 学习""学 PS"等作为关键词。

（2）检查网站的统计资料，分析之前的访客是通过什么关键词从搜索引擎或者其他链接进入网站的，从而更贴近访客的需求。

（3）访问竞争对手网站，下载它们的网页，查看 HTML 文件中所用关键词，以参考借鉴。

（4）与亲戚、朋友、同事讨论与网站相关的关键词，了解他们最关心的，以及在搜索时会使用的词语。

（5）查询关键词的搜索次数。利用百度指数、百度推广助手等工具查询用以上方法获得的关键词的搜索次数，选出其中搜索次数比较多的几十个关键词，并记录各平台的搜索次数，再列出这些关键词对应的竞争指数。

2. 关键词的扩充

在确定了目标关键词之后，如果得到的关键词数量非常有限，就可以将这些关键词分布在网站的首页和栏目页。但是如果只是优化这些页面的排名，就可能错失很多机会，由于一个网站有很多页面，因此这些页面的关键词可以通过使用目标关键词扩展而得到。

（1）长尾关键词。长尾关键词应用了长尾理论，一般不像目标关键词那样拥有较高的搜索量，竞争程度相对较低，但由一个主关键词衍生出来的长尾关键词，通过优化也可以带来可观的流量。一般长尾关键词采用"修饰词+主关键词"的形式。

 示例

洗衣机的长尾关键词

洗衣机厂商的网站，除了选用"洗衣机"这个关键词，也可以选用"滚筒洗衣机""全自动洗衣机""迷你洗衣机"等长尾关键词，这些搜索量相对较少的词语会更加接近用户的搜索意图，可以为企业带来更高的用户转化率。

（2）相关关键词。相关关键词是指跟目标关键词存在一定相关性，能够延伸或者细化它的定义，或者当用户搜索某个关键词时搜索引擎对其进行相关推荐的关键词。相关关键词可以使网站的关键词进一步延伸，在页面中适当地设置一些相关关键词，能够让搜索引擎更加精确地定位，给网站带来更好的排名。

示例

运动的相关关键词

搜索"运动"一词的用户可能只是想知道运动的好处或运动项目，但由于跑步和运动经常被人们提及，所以"跑步""跑步方法""跑步鞋"都与运动存在一定的关联性，它们都是运动的相关关键词。

（三）关键词的挖掘工具

关键词挖掘工具非常多，既有搜索引擎官方提供的，也有第三方开发的。

（1）百度指数。百度指数是以百度海量网民行为数据为基础的数据分享平台，利用百度指数可以研究关键词搜索趋势、洞察网民的兴趣和需求、监测舆情动向、了解受众特征。企业可以通过百度指数知道一个关键词每天在被多少人搜索。打开百度指数的首页，只需在搜索框中输入相应的关键词，就可以获得相关的数据与分析结果。

💻 **示例**

"无人机"的百度指数

如果需要知道一天大概有多少人搜索"无人机"这个词以及相关的一些数据，只需要在百度指数搜索框中输入"无人机"，即可得到图 11.2 所示的结果，可以从图中的曲线看出该关键词的搜索趋势变化。这个搜索结果涵盖了移动端和 PC 端的用户，还有与"无人机"相关的趋势研究和人群画像。

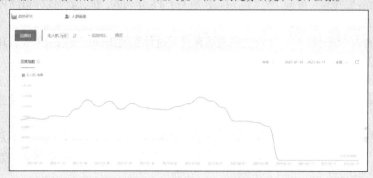

图 11.2　在百度指数中搜索"无人机"后的结果页面

（2）爱站网。爱站网是一个站长工具网站，提供了百度排名、关键词挖掘、友链检测、模拟抓取等一系列工具，可以利用它对网站进行分析，还可以用它来模拟搜索引擎，抓取网页。爱站网提供的关键词挖掘工具可以用来挖掘长尾关键词和相关关键词。

💻 **示例**

爱站网的关键词挖掘

图 11.3　爱站网关键词挖掘页面

在爱站网关键词挖掘工具搜索框中输入"无人机"，可得到"小米无人机""大疆无人机"等关键词（见图 11.3），这些关键词按照搜索量从高到低进行排序，并列出了搜索这些关键词后，目前排在百度搜索结果列表首页第一位和第二位的分别是哪个网站，以及这些关键词的优化难度等。

（3）搜索框下拉菜单。在搜索引擎搜索框中输入关键词，会出现下拉菜单，下拉菜单中提供的选项是与被搜索关键词相关度非常高的一些关键词。此外，搜索结果页面的底部也提供了一些相关的搜索词。

（四）关键词的处理

在使用关键词挖掘工具的时候，需要注意这些工具所提供的关键词并不一定都能满足网站需要，还需要通过一定的方法从中选取比较契合的关键词。

1. 关键词的选择策略

（1）选择与网站内容相关的关键词。网站需要的是有效流量，在网页上使用与内容无关的关键词带来的用户一般不能完成转化，而且会增加网站的负荷。例如，对一个专门销售耳机的商家来说，使用众多关于"窗帘""玫瑰花"之类的关键词，只会造成资源浪费。

（2）主关键词不可太空泛。每个页面的主关键词是页面内容的主旨，如果使用比较空泛的关键词并优化到搜索结果第一位，虽然可以获得较多的流量，但由于竞争程度较高、用户的搜索意图不明显和转化率比较低，反而会得不偿失。例如，"手机"这个关键词可能并不如"千元智能手机"的效果好。

（3）根据企业的实力和资源选择关键词。如果企业的资源或实力有限，可以考虑选择搜索量中等、竞争不大的关键词，如"管理类书籍"比起"管理"会更容易被优化并提升效果。

（4）选择搜索量大但竞争较小的关键词。这样的关键词可以降低优化成本，又能带来更多流量。但这只是一个理想的情况，一般搜索量较大的关键词的竞争也激烈。可以通过关键词工具去挖掘和分析，尽可能找到这类关键词。

示例

尚奇公司的SEO策略转变

起初，尚奇公司的营销策略不允许关键词中使用任何带有"cheap（便宜的）"字眼的词，因为该公司认为这个词对产品有负面影响。然而搜索引擎关键词分析数据显示，"cheap"是一个非常受欢迎的词。如"cheap cell phone"和"cheap mobile phone"都拥有较大的搜索量。经过一番论证后，该公司的营销部门同意使用这个词。

2. 关键词的分组

在选择了一系列的关键词之后，企业还可以根据前文的关键词分类，按照这些关键词的长度、搜索量、竞争强度、词性、商业价值及所属类别等因素，将这些关键词分成核心关键词、目标关键词、流量词和长尾关键词等。

（五）关键词的设置

1. 设置原则

每个页面只设置2~3个相关关键词，以此明确页面的主题；页面之间的关键词不可重复，也不可太相近，以避免搜索引擎认为网站中存在垃圾页面；对太相近的关键词或同义词进行组合，尽可能将其分配到一个页面中，但如果站内的资源丰富，则可以进行单独安排；除内容页外的其他页面，最好设置规范的关键词，不要使用太多修饰语。

 想一想
为什么建议除内容页外的其他页面使用没有太多修饰语的关键词？

2. 设置方法

网站首页和主要栏目页是一个网站的门面，搜索引擎会给予它们相对较高的权重，如果将一个关键词关联到网站首页或者主要栏目页，一般会比内容页更容易进行优化。所以企业可将一些高搜索量、高竞争强度、高行业地位的关键词分配给网站首页或者主要栏目页以进行优化。

专题页是指一个网站中集合了相关内容的页面，如在小米发布新产品的时候，新闻网站可能会建立一个专门的页面，这个页面里面涵盖了小米最新产品的相关图片、视频、介绍、链接等。搜索量有限的关键词、长尾关键词等应该布局到内容页、专题页等，因为将这类关键词分配到网站首页或主要栏目页的话，虽然容易进行优化，却是极不合理的。

实训任务——关键词选择

1. **实训目的**：通过分析、确定关键词，熟悉并掌握选择关键词的原则。
2. **实训内容**：

（1）了解搜索引擎竞价广告的一般操作步骤，掌握成本的计算方式。

（2）选择一家企业网站，为其选择关键词：①分析该企业网站选择搜索引擎营销的必要性；②在分析用户搜索习惯的基础上，根据该企业的产品或服务选择关键词，并记录；③根据该企业的产品或者目标用户行为等，划分关键词的类别，如地域、风格、价格等，并记录；④按照关键词的分类，列出关键词。

（3）完成所选企业网站的搜索引擎关键词个人报告，内容应包括：①搜索引擎营销的必要性；②目标用户搜索行为特点；③竞争对手分析；④关键词的选定。

第二节　App 营销

移动应用程序（App）的数量快速增加，App 之间的竞争也越来越激烈，其竞争平台主要是应用商店。若将 App 视作一个信息传播平台，那么应该采取一定的策略来提高在这个平台上传播信息的效率，同时减少对用户体验的不良影响。

一、App 应用商店优化

根据 App 应用商店的排序算法来优化 App 信息是十分必要的。可以优化的 App 信息如图 11.4 和图 11.5 所示。

图 11.4　App Store 支付宝 App 介绍截图

图 11.5　App Store 支付宝 App 描述截图

1. App 名称（标题）

（1）显示在移动终端上的名称应尽量短，以避免在终端上无法完全显示 App 名称。

（2）对于功能简单的 App，可以参照其功能拟订名称。如果功能复杂，可以拟订比较个性化的名称。有三种拟订 App 名称的方法：①造一个词作为 App 名称，如抖音；②使用创始人的名字命名；③用一个常用词语来归纳产品的最大特点，如快手。

（3）安装到终端上的对应文件夹名称可以不一样。显示在移动终端上的名称后面可以使用相应文字说明该 App 的核心功能和亮点，或者是一句能够打动用户的话。

（4）App 名称应包含关键词。关键词的字数应控制在 12 个字符以内，并且关键词应能详细描述 App 的应用场景，使用关键词的首要目的是便于用户搜索时记忆。

2. App 关键词

有数据显示，63%的下载量源于应用商店的搜索行为，App 应用商店优化（App Store Optimization，ASO）的执行人员一定要在关键词上下足功夫。

（1）建立关键词词库。建立关键词词库时应注意三个要点：关联性、难度和流量。关联性是指某个特定的关键词与 App 以及目标用户之间的相关性，不相关的关键词很难产生有效的转化率。难度反映某一特定关键词的竞争激烈程度。难度值越高，意味着排名进入前列越难。挑选关键词时一定要综合衡量关键词的难度，难度太大不利于改善排名。流量反映特定关键词的抢手程度，在搜索中被搜索的次数越多，这个值就越高。流量越大，意味着被搜索到的可能性就越大，所以选取关键词时应适度选择流量较大的关键词。在建立关键词词库时，可以借助工具，如百度指数，查找竞争对手所使用的关键词和潜在用户比较关注的关键词，然后再进行选择。建立关键词词库的目的就是要明确 ASO 的方向和覆盖面，这样便于以后的持续优化。

（2）使用关键词。应用商店将关键词列表的长度限制在 100 个字符以内，在这个有限的长度内，需要选择合适的关键词，目标是通过适当的关键词带来有效的下载量。一般情况下，高相关性+适当的难度+一般的流量=下载量的增加，应根据上述要点对词库中的关键词进行清洗，将相关度不高、难度较大和流量很少的关键词排除。根据难度可以将关键词分为目标关键词、备选关键词和排除关键词，其中目标关键词是首选关键词。

3. App 描述

App 的名称和关键词要瞄准和吸引目标用户，而 App 描述则用来推动下载量。优化后的标题和关键词会让 App 获得流量，但是真正推动用户下载 App 的是 App 描述，如图 11.5 所示。App 描述优化应注意以下三个方面。

（1）撰写优秀的文案，让 App 描述的内容便于理解和阅读。

（2）添加行动召唤，号召用户采取下一步行动，提醒目标用户接下来的步骤，使用"现在立即下载……"和"点击安装……"等短句。

（3）切记不要为了迎合应用商店排名算法而加入不相关关键词，否则会使 App 下载受阻。

4. App 图标

App 图标是用户做出是否下载应用决定的影响因素之一。对于已经了解过 App 基本情况的用户，图标能起到区分的作用；对于未曾了解过 App 的用户，图标良好的视觉效果是吸引用户的重要手段。App 图标的设计技巧有：不要在图标里面使用文字，因为已有 App 的名字项；不要使用高光；图标应简洁；一定要注意设计细节，高分辨率下的设计细节会更突出；图标与 App 的界面设计风格应该保持一致；有创意，这样易于被用户识别；添加边框，确保在各个场合看起来效果相同。

5. App 的截图及视频

一般在向应用商店提交 App 时，需要上传一些截图和视频，这些图片和视频起到对 App 进行进一步描述的作用。这些描述主要集中在用户体验上，好的截图能够体现出 App 的良好操作体验，反映出其先进的设计理念和对用户的吸引力。第一张截图应尽量展现 App 的独特价值，让潜在用户能充分了解这款 App。对 App 截图和视频进行优化时应注意：应尽量多上传 App 截图和视频，达到应用商店的最大限制数量；对截图和视频进行测试、分析和优化，不断挖掘吸引点；对于 App 中的操作难点可以在截图中进行说明，以便更好地引导用户使用。

6. 用户评价

用户评价是影响 App 下载转化的重要因素，对用户评价的反馈可以提高 App 的下载量。评价反馈主要是对一些可能的负面评价进行反馈。企业可以在应用商店中留下一个 App 支持地址或添加按钮，方便用户与 App 的开发者或运营人员联系。同时开发人员还应当详细列出 App 实际存在的缺陷，让用户有心理准备，使其不至于在产生不良体验时做出负面评价。

7. App 的安装量

App 的安装量在一定程度上体现了 App 在市场上受欢迎的程度，是决定 App 排名的重要因素。但是由于存在刷单现象，这个数据存在一定的虚高，其重要程度也有所弱化，但它仍然是 ASO 关注的重要方面。通过优化 App 可以逐步提升用户体验，App 在达到一定的下载量之后，其在应用商店中的下载排名会上升。这将进一步提升下载量，吸引更多的用户下载。

8. 活跃用户量或活跃用户的比例

活跃用户量或活跃用户的比例直接反映了一款 App 对用户的意义以及 App 运营人员对 App 的维护效果。应用商店的目的是向用户推荐最有价值的 App，因此，活跃用户量或活跃用户的比例具有十分重要的意义。

9. 社会化分享的数据

分享在一定程度上体现出用户对 App 的认可。用户的分享行为能够引导其他潜在用户下载并使用 App。积极地促进用户的分享行为也可以提升 App 的排名。

课堂讨论

以上各项优措施化的目的是什么？

二、App 应用商店的盈利模式

App 应用商店常见的盈利模式有以下几种。

1. 移动广告

移动广告主要以 App 作为广告平台，通过人们对 App 的下载和使用达到宣传的目的。如果移动广告产品能契合用户某一方面的需求，就能达到比较好的广告宣传效果。

2. 付费下载

付费下载是指开发者开发 App，并通过应用商店销售给使用者，该模式的重点是使销售额最大化。例如，某个 App 对特定群体来说很有用，但对大众来说不具有吸引力，那么将其价格定得较低也不会使 App 的销量有很大的提升，这时不如将价格定高一些，并通过适当的方式进行宣传，提高 App 的知名度，这样虽然销量有限，但是因为单价足够高，利润也会相当可观。另外，高价位还有打折促销的空间，可以通过优惠活动吸引价格敏感者购买。

3. 后期收费

后期收费是指除主程序外，持续推出可以额外付费下载的附属功能。这一模式在游戏类 App 中被广泛使用，如游戏中新场景的解锁和新道具的使用。

4. "月租"

想一想

是否还有其他的 App 应用商店盈利模式？

"月租"模式的使用者在持续使用 App 时向开发者定期支付费用。如果使用者需要持续使用，就必须定期支付费用。这种模式具有其他的变形，如根据使用量付费。

5. 收入组合

收入组合模式是付费下载模式的延伸，是指借助开发者开发的众多 App 中的一两个比较便宜的 App 吸引用户，然后顺势推荐其他 App 给用户，以提升整体销售额的一种盈利模式。

6. 游戏联运

游戏联运是指应用商店根据自身的资源情况与游戏开发商进行利润分成，常见的是五五分成模式。应用商店通过对游戏数据的分析，会将更优质的资源分配给盈利能力强的游戏，以实现收益最大化。

三、以 App 为载体的营销模式

以 App 为载体的营销模式包括以下七种。

1. 广告营销

在众多功能性 App 和游戏 App 中，植入广告是最基本的营销模式。广告主通过在 App 中植入动态广告栏链接植入广告，当用户点击广告栏时就会进入指定的界面或打开指定链接，从而可以了解到广告的详情或者参与活动。要想使 App 广告取得较好的营销效果，企业应尝试将用户被动接收的模式转换为吸引用户主动点击的模式，可以尝试提升广告的互动性、趣味性和实用性等，吸引用户主动关注广告，并分享广告内容。

2. 用户营销

用户营销可以让用户了解产品，增强用户的信心，提升品牌美誉度。企业把符合自己定位的 App 发布到应用商店内，供用户下载；用户通过下载 App 可以很直观地了解企业的信息。用户在获取企业信息的同时，会不断强化对品牌的印象。企业则可以精准收集用户信息，从而实施精准营销。用户营销模式的重点是培养忠诚用户。

3. 内容营销

内容营销模式主要是通过优质的内容吸引潜在的用户。企业可以通过 App 里的图片、文字、视频等传达企业产品或服务的相关内容，给用户信心，促进销售。企业 App 的内容营销应与企业其他自有媒体的内容营销保持一致。

4. 购物网站

购物网站模式是基于网上的购物网站，将购物网站移植到移动终端上，用户可以随时随地地浏览 App 获取所需商品信息、促销信息，进行下单。这种模式相对于移动端购物网站的优势是快速、便捷、内容丰富，而且对用户来说，这类 App 一般会有很多优惠活动。

5. 饥饿营销

饥饿营销需要品牌在大众中具有一定的影响力。各个行业都可以采用饥饿营销的方式。以大众点评 App 为例，其推出优惠活动，发放优惠券，通过数量有限和试用期有限的优惠券进行饥饿营销，从而增加使用大众点评 App 的用户数量。

6. 口碑营销

口碑营销主要通过 App 的线上产品在社交群体之间形成良好的网络口碑，进而将口碑传播至线下，共同实现 App 产品的营销。常见的口碑营销方式主要有三种：经验性口碑营销，继发性口碑营销，意识性口碑营销。

（1）经验性口碑营销。经验性口碑营销主要从用户的使用经验入手，通过用户的评论让其他用户认可产品，从而产生营销效果。

（2）继发性口碑营销。继发性口碑的来源是用户直接在 App 上了解相关的信息或宣传，从而逐步形成口碑效应。

（3）意识性口碑营销。意识性口碑主要由名人效应建立，同时名人的粉丝群体也会进一步提升产品和品牌的形象。

> **课堂讨论**
>
> 以 App 为载体的营销还有其他模式吗？

7. 互推营销

互推营销是指两个或多个 App 互相推广。每个 App 都有自身的渠道和特定的用户群体，两个或多个 App 可利用各自优势为对方提供便利，进行交叉推广。这是一种低成本、高效率的推广模式，可以使营销价值最大化。

案例 11.3

支付宝App年度晒单活动

支付宝 App 采用账单的形式记录了用户年度的收支情况，从购买用品、充值、出行、奖励金、信用守约、行走步数等方面进行统计，让用户感受到支付宝在生活中无处不在，树立了一个生活管家的形象，让用户有更多的认同感与信赖感。智能助理预测给出的用户年度关键词（贴标签形式）为账单增加了更多的趣味性，可以使用户在社交媒体上晒出自己的标签和解析。从产品本身来考虑，支付宝希望用户在看过账单以后，唤起自己对这一年中某个时刻、某个场景的回忆，从而对软件产生更深的情感，并且把这种感受分享出去，让更多的人喜欢这个软件。

支付宝"年度账单"发布后，马上在朋友圈刷屏了，在"晒账单""看排名""找槽点"等好奇和攀比心理下，强制用户升级软件版本的不良体验被忽略了。于是出现了这样的感叹："不敢相信，我居然花了这么多钱！"这又一次验证了在社交网络走红的秘诀：洞察人性并采取简易化操作，让大家在感兴趣的基础上玩得舒心、乐于分享。

启发思考：（1）总结案例中 App 营销所具备的特点。（2）案例中使用了哪些网络营销方法？分析它们的作用。

实训任务——App 应用商店排名分析

1. 实训目的：分析应用商店排名靠前的 App 的特点，为应用商店优化（ASO）奠定基础。

2. 实训内容：

（1）选择互为竞争对手的一对 App。

（2）在应用商店搜索两个 App 名称，打开两个 App 在应用商店的页面：①分析二者的关键词、应用描述、图标设计、应用截图、评论互动的异同；②用二者相同的关键词在应用商店搜索，得到二者在某关键词下的排名；③分析二者的排名与其关键词、应用描述、图标设计、应用截图、评论互动的关系；④再用二者相同的另一个关键词进行步骤②、③的工作；⑤分析在两个关键词下排名靠前的 App 在关键词、应用描述、图标设计、应用截图、评论互动方面的特点。

（3）完成 App 应用商店排名分析个人报告。

 # 归纳与提高

本章介绍了搜索引擎竞价广告、搜索引擎优化，App 应用商店优化、App 应用商店的盈利模式、以 App 为载体的营销模式。

搜索引擎竞价广告和搜索引擎优化是搜索引擎营销的主要形式。搜索引擎竞价广告的主要特点是精准投放和按点击付费，搜索引擎优化是提高网站搜索引擎自然排名的重要手段，应特别注意二者的关键词策略。App 营销是移动营销的主要内容，企业一方面应通过竞价排名或 App 应用商店优化使 App 在应用商店获得比较好的排名，另一方面可以充分利用 App 平台开展营销活动。

 # 自测题

 # 综合练习题

一、填空题

1. 搜索引擎竞价广告最主要的特点是_____和_____。

2. 常见的几类关键词有_____、通俗词、地域词、品牌词、_____。

3. 搜索引擎优化的基础是_____。

4. App 的关键词字符数应该限制在_____个字符以内。

5. 常见的口碑营销方式有经验性口碑、_____和_____。

二、简答题

1. 简述搜索引擎竞价广告的特点。

2. 简述搜索引擎优化中关键词的种类。

3. 简述关键词挖掘工具的作用，请举例说明。

4. 简述 App 应用商店的主要盈利模式。

5. 简述以 App 为载体的主要营销模式。

第十二章　网络视频营销

引导案例

蕉下《简单爱》展现轻量化户外生活方式

2023 年，蕉下携代言人周杰伦发布了第二部品牌广告片《简单爱》，展现了蕉下对其所倡导的轻量化户外生活方式的独特理解。视频开篇，一张写着"我们在等你"的纸条和一块石子牵引着周杰伦从城市来到户外，成为"我们"的一员。随着音乐缓缓响起，不同人群的户外生活景象一帧帧展现开来。视频没有复杂的剧情、没有厚重的情绪，但那份在户外轻松自在的品牌质感却给人留下了深刻印象。蕉下通过《简单爱》向观众呈现了精彩的户外群像，而每一帧轻松自在的画面，都是品牌"轻量化户外"的心智表达。

启发思考：（1）蕉下的《简单爱》为什么能打动网民的心？（2）网民喜爱的视频应具有什么特色？

高速发展的网络视频技术给全球传媒行业带来了巨大影响。网络视频带走了大批的电视观众，尤其是年轻的观众，并和电视媒体形成竞争的格局。网民的视频需求持续增长，因此形成了更具商业价值的消费群体，网络视频已成为企业重要的营销工具。

第一节　网络视频营销概述

网络视频营销是建立在互联网及其技术基础之上，企业或组织机构为了达到营销效果和目的而借助网络视频发布企业或组织机构的信息，展示产品内容和品牌活动，推广品牌、产品和服务的营销活动和方式。

> **课堂讨论**
>
> 你了解过哪些网络视频平台？它们分别有什么特点？

一、网络视频营销的优势

网络视频营销将"有趣、有用、有效"的"三有"原则与"快速"结合在一起，使越来越多的企业选择网络视频作为重要的营销工具。具体来说，网络视频营销具有以下优势。

1. 成本低

网络视频营销投入的成本远远低于传统的广告成本。一支电视广告往往需要投入几十万元甚至上千万元；而拍摄一支网络视频短片可能只需花费数千元，然后免费放到视频网站上进行传播。而且，低成本可以带来非常高的回报，一支广为流传的视频可以让企业以极低的成本获得极大的曝光量。Burst Media 的研究表明，56.3%的在线视频观众可以记起视频里的广告内容。

2. 目标精准

网络视频营销能够比较精确地找到企业的目标客户。例如，有的视频平台有"群"的设置，群是有相同视频兴趣倾向的网民的集合。视频平台通过目标锁定识别特定受众群，并通过有效的可行途径影响他们，发掘、培养他们的兴趣点。令人感兴趣的视频内容能吸引受众，而受众的不断支持、回复、上传又能促进产生良好的内容。广告商在特定的群投放广告，如在汽车群投放汽车广告，能取得不错的效果。

3. 互动+主动

网络视频营销具有互动性。网民可以对视频进行评论，也可以就其他网民的评论进行回复。网民的回复会为该视频造势，有较高回复率的视频的点击率往往也会飙升。网民还会把他们认为有趣的视频转发到自己的社交媒体账号中，主动让视频广告进行病毒式传播，让视频广泛传播出去，而不消耗企业的推广费用和精力。

4. 传播效果好

网络视频营销传播速度快、传播渠道宽广、感染力强，能达到更好的传播效果。借助互联网，网络视频能在网络上快速传播，能在各种智能终端跨屏传播和跨平台传播，而且网络视频相对于文字来说，更具有视觉冲击力，更容易打动消费者。

> **想一想**
> 网络视频营销还有哪些特点？

5. 效果可测

视频网站的访问量、视频的点击数和点击率、用户停留时间、转载量和转载率、评论数及评论情感倾向等都可以测量。根据这些数据可以精确评测企业网络视频营销的效果，为进一步的营销活动提供决策依据。

二、网络视频营销的发展趋势

网络视频营销的发展呈现出三个趋势：品牌视频化、视频网络化和广告内容化。

1. 品牌视频化

很多广告主将品牌广告通过视频展现出来，这一趋势越来越明显。企业可以通过视频将品牌的特色和内涵以动态的形式展现出来，使品牌更具可观性，给大众留下更加深刻的印象。

> **示例**
>
> **乐乐茶视频广告《我的快乐，就在此刻》**
>
> 这是一条观点密集但"爽感"十足的视频广告。视频形式借鉴了音乐圈陈珊妮老师的"无情的打字机器"文案，满屏的文案输出新奇有趣，如"面包是嚼得动的蹦床，奶茶是可以喝的童话"，从而成功引起了当代年轻人的情感共鸣。它通过对"快乐"进行拆解和洞察，鼓励大众拒绝接受社会建立的苛刻标准，及时抓住当下的快乐。俏皮大胆的视觉风格和态度鲜明的文案金句，与传统的广告形成了强烈的对比。

2. 视频网络化

随着互联网和移动网络的普及及其在人们生活中的广泛应用，视频的传播和分享也随着互联网和移动网络平台的发展，使网络视频营销的影响范围越来越广泛。

> **示例**
>
> **老乡鸡200元战略发布会**
>
> 2020年3月18日20点，老乡鸡土味战略发布会视频在微信发布，官方表示战略发布会预算200元，地址是村头舞台。戏剧性的预算投入和独特的反差性选址，以及简洁有趣的内容瞬间"引爆"微信，随后蔓延至微博，话题相关度一飞冲天，热度是前一天的10多倍。短短10分钟的战略发布会，一经推出，阅读量即超过10万人次。其核心文案只讲了三件事，即获得授信及投资10亿元，并开始进军全国市场。

3. 广告内容化

与在电视节目间隙插入广告不同，网络视频营销更多的是将广告植入视频，让其成为视频的组成元素，或者成为剧情的纽带。此方法常用于产品功能展示、品牌文化诠释等。

案例 12.1

美团外卖母亲节短片《妈妈爱花，我们爱她》

花被单、花坐垫、花戒指、花头像……世界上哪个妈妈不爱花？

在2022年母亲节来临之际，美团外卖鲜花业务携手SG胜加（上海的一家广告公司），以"妈妈爱花"为主题，开展了一次"花"的营销。短片通过举例来体现妈妈爱花——家里的灯、手上的戒指、微信的头像和表情包等，全天下恐怕没有比妈妈更爱花的人，并通过"妈妈爱花，我们爱她"自然地引出在母亲节通过美团外卖的鲜花业务给妈妈送花这一行动，从而达到营销的目的。片子通过"发现感"视角，以多场景、多人物、多性格来还原影片中出现的每一个妈妈，而每一个不同的妈妈都爱着花，以此在画面多样性上形成了统一。此外，影片中出现的每一位妈妈都是普通人，每一张照片都是真实存在的，这种对真实生活的呈现，极大地削弱了视频的商业味，同时"童谣感"的叙事节奏也为短片增加了趣味性。这种为生活增添色彩的手法也是美团标语"美好生活小帮手"的体现。

启发思考： （1）结合案例分析网络视频营销的优势。（2）网络视频广告会成为广告的主要形式吗？为什么？

实训任务——网络视频营销案例收集与评析

1．**实训目的：** 通过分析和对比案例，达到熟悉网络视频营销应用的目的。

2．**实训内容：** ①收集网络视频营销案例，筛选出至少三个网络视频营销案例；②对比这些网络视频营销案例的异同，分析它们的优缺点，评价它们的实施效果，提出改进建议，总结网络视频营销的优势。

第二节　网络视频营销的表现形式

网络视频营销的表现形式不断创新和发展，日益丰富。本节介绍网络短视频营销、网络视频短剧营销、微电影营销、视频博客营销和鬼畜视频营销。

一、网络短视频营销

短视频即短片视频，一般指在网络新媒体传播的时长在几秒到5分钟的视频，适合人们在移动状态和短时休闲状态下观看。随着移动终端的普及和网络的提速，短平快的大流量传播内容逐渐获得各大平台、粉丝和资本的青睐。短视频内容有技能分享、幽默搞怪、时尚潮流、社会热点、街头采访、公益教育、广告创意、商业定制等主题。主要的短视频平台有抖音、快手、微视等。

不同于微电影和直播，短视频制作不具有特定的表达形式和团队配置要求，具有生产流程简单、制作门槛低、参与性强等特点，且比直播更具有传播价值。超短的制作周期和趣味化的内容对短视频制作团队的文案以及策划功底提出了一定的挑战，优秀的短视频制作团队通常依托于成熟运营的自媒体或IP，它们除了有高频稳定的内容输出外，还拥有众多的粉丝。短视频丰富了新媒体原生广告的形式。

示例

"西直门三太子"成了北京动物园"顶流"

"出来了，它出来了！"人群中不知谁喊了一声，像千层糕一般的队伍立刻骚动起来，纷纷高举起各种拍照设备，把焦点和目光瞄准在玻璃墙后黑白相间的身影上，一顿狂拍。它就是大名鼎鼎的北京动物园明星——国宝"萌兰"，被网友们称为"西直门三太子"。2023年4月，萌兰晋升为北京动物园"顶流"，吸引了大批游客和熊猫粉丝。2023年"五一"节，北京动物园凭借着"顶流"熊猫的魅力，以46.78万人次的游客接待量，成为北京市属公园总游客接待量第三名。萌兰成为"顶流"既离不开央视网"iPanda熊猫频道"等媒体的报道，也离不开粉丝随手拍摄的短视频宣传，萌兰种种可爱瞬间经过剪辑，配上《阳光开朗大男孩》的BGM（背景音乐），使萌兰一跃成为熊猫界的"社牛""熊猫界的整活代表"，成功收获了大量关注。

二、网络视频短剧营销

网络视频短剧是指网民或专业视频制作团队制作的拥有完整故事情节，通过网络传播，以达到吸引消费者注意或实现企业传播和营销目的的一种短剧形式。网络视频短剧的剧情轻松，演员、导演年轻，所以整体风格时尚、简洁、幽默、贴近生活，受到年轻一代的欢迎。网络视频短剧制作灵活，软性宣传效果好，深受广告主的青睐。网络视频短剧能充分与消费者沟通互动，在保证品牌曝光度的基础上，确保消费者对品牌的黏性、喜好度，让消费者与品牌保持密切、良好的沟通。

（一）网络视频短剧的优势

和传统意义上的短剧相比，网络视频短剧具有以下优势。

（1）节目时间短。网络视频短剧一般片长 10 分钟以内，从 30 秒到 10 分钟不等。网络视频短剧的出现满足了人们利用碎片化空闲时间观剧的要求。

（2）以网络媒体为载体。网络视频短剧可以借助网络媒体进行病毒式传播，传播速度快，传播范围大，观看短剧的网民数量呈几何级数增长。网络视频短剧由网民主动传播，营销效果较好。

（3）强调"身边人演身边事"，即强调本土化和大众参与。无论是网络视频短剧的导演还是演员，都是专业队伍与非专业队伍相结合，符合互联网时代大众乐于参与和互动的特点。

（4）网络视频短剧的故事既可相互关联，又可独立成篇，机动灵活，常变常新。

（5）制作成本低。与传统电视剧的高投入相比，网络视频短剧的投入非常低，收回成本的速度也比传统电视剧快很多。

（6）制作与播放的过程配合。网络视频短剧采取的是边拍边播的模式，一边通过网络互动搜集网民的意见，一边改写剧本，进行快节奏拍摄。这种方式便于与网民充分互动，可以不断汲取广大网民意见中的精华，迎合网民的需求，取得较好的传播效果。

> 📺 **示例**
>
> **一封献给打工人的动人情书**
>
> 2022 年岁末，东阿阿胶暖心短片适时到来，戳中了人们的内心痛点，触发了大众深度情感共鸣。短片开篇即抛出一个拷问灵魂的问题："你有多久没有好好照顾自己了？"
>
> 画面中，常年"996"连轴转的中年男人，去完医院还想着硬撑，在妻子面前，他偷偷收起了报告单；离乡打拼的青年，穿着厚重的令人喘不过气的人偶服匆忙解决三餐，在电话那头，却和母亲说着善意的谎言；失恋的女孩，沉浸在悲痛的情绪中无法自拔，夜里睁着泪眼苦苦等待天明；哺乳期的新手妈妈，被宝宝的到来打破了平静的生活，失去了自己的生活重心。四位不同年龄、不同职业的主角的人生境况，正是普通人的真实生活写照。东阿阿胶用朴素不加修饰的镜头语言，高度还原了不同人群的"疲惫"状态，伴随着与画面适配度极高的温暖歌声，带领观众走进品牌搭建的情绪场景中，让观众沉浸式观看并勾起回忆，增强了代入感，与品牌达成了情感共振。

（二）网络视频短剧的植入营销方式

从网络视频短剧植入营销的效果，即需要推广的产品与视频的契合程度来看，网络视频短剧的植入营销方式可分为三个层次：简单植入、整合植入和焦点植入。

1. 简单植入

简单植入类似于普通的软广告形式，将产品标志、品牌孤立地呈现在视频中，品牌或产品特征与视频内容几乎没有发生关联，常使用冠名、赞助、标版形式。由于品牌可以随意替换，简单植入的产品与剧情关系不密切，广告的效果不是特别明显。

2. 整合植入

整合植入是指利用不同的植入方式，将品牌植入网络视频短剧，在不影响节目质量的同时，吸引网民的注意力，传播品牌形象。这种将品牌与广告整合植入的方式是植入式广告的中级层次，也是一种比较含蓄、潜在的广告方式。

3. 焦点植入

焦点植入较整合植入更进一步，不仅植入的产品在气质上要契合网络视频短剧的风格，同时也要通过视频情节的展开把产品的诉求展现出来，让消费者更深刻地感知到产品的特点及品牌的精神内涵。

虽然植入营销方式的三个层次所达到的传播效果不同，但是考虑到不同产品和品牌在传播过程中的需求不同以及企业运作能力的限制，三个层次的植入营销方式在网络市场处于并重的地位。网络视频短剧植入式营销的优势在于对品牌理念的深度挖掘和对品牌内涵的高层次元素的体现和展示。

> **示例**
>
> ### 百草味新春短片《分享年味，分享百草味》
>
> 百草味虎年新春短片《分享年味，分享百草味》以分享为切入点，邀请火"出圈"的"何同学"（一位"UP主"），为消费者搭建了情感输出的窗口，从而推出相应的年味主题活动。
>
> 春节可以说是中国最重要的节日，然而对于年轻人而言另外一场无声的节目也会登场，那就是长辈们的问候，其中最经典的场面就是对职业的问候，《分享年味，分享百草味》便是基于对这样的场景的洞察。"何同学"拍摄的这支短片，还原了年轻人春节期间与长辈真实的对话，比如一开头爷爷问"何同学"是做什么的。当"何同学"说自己做的是自媒体时，爷爷的真实反应是：听过关东煮、卤煮，但是不知道"阿朴煮"是什么。而当"何同学"说是分享时，大家都发表了见解，并要求"何同学"也分享点他们能看懂的东西，从而顺势推出百草味新春产品。
>
> 以年轻人的视角表达年味，借助过年场景和喜欢的方式，从视觉和听觉入手，让用户沉浸在年味的氛围中，短片内容虽然并不是很新鲜有趣，但却能让观众有代入感，引起情感共鸣。

三、微电影营销

微电影即微型电影，是指在各种新媒体平台上播放的、适合在移动状态和短时休闲状态下观看的、具有完整策划和系统制作体系支持的具有完整故事情节的短片。与传统意义上的电影相比，微电影具有以下几个特点。

（1）放映时间短。微电影的放映时间一般从30秒到几分钟不等。

（2）制作周期短。一般来讲，微电影的制作周期为几天或一两个星期。

（3）小规模投资。每部微电影的投资可能在几千元到几万元。

微电影不仅是一种艺术传播形式，也是一种网络营销模式，为网络营销开辟了新的领域。微电影由于短小而精美，一方面填补了人们紧张工作之余的碎片时间，另一方面又满足了人们的审美情趣。它将企业的品牌推广需求与观众的娱乐休闲需求相结合，可以说是广告与电影的中间物，将广告与电影的核心优势融合在了一起。

对于企业，微电影是完全为企业打造的，本质是通过故事情节来打动观众，让观众在非常愉悦的心境下接收企业的相关信息。对于观众，微电影以情节制胜，这点与电影相似，而植入营销又比普通的影视更加自然、合理。影视植入的只是桥段，因为影视的大环境、大情节已经提前拟订好了，不会因为广告的植入而改变。而微电影可以围绕企业专门设定情节，而这些情节又能满足观众的娱乐休闲要求。微电影可以比较轻松而自然地将企业的品牌信息融入短片情节。

> **示例**
>
> ### 《兔爷回家》
>
> 2023癸卯兔年来临之际，由姜文执导并参演的《兔爷回家》贺岁片围绕"回家"这一主题送来了新春祝福。这是由金典、安慕希推出的"万福金安"贺岁系列微电影中的一部。这部取材于中国古典神话传说的动画片，巧妙融合了现代元素，从传统年味出发，找到了微电影营销正确的打开方式。《兔爷回家》将场景定位在回家过年，背后是对年末在外打拼人群期盼回家的情绪洞察。在每个人的记忆里，家是有味道的。在影片结尾，多年未回家的兔爷找到自己家门口时，摇身变成可爱的小兔子，它说："一回到家就会变成兔宝宝。"家是时间的胶囊，一到过年，我们就变回那个长不大的孩子。《兔爷回家》无疑激起了观众的情绪共鸣。

四、视频博客营销

（一）视频博客的概念及其营销属性

视频博客（Vlog）是博客的一种，即视频网络日志，是博客的变体。视频博客的作者（Vlogger）以视频代替文字或图片写个人网络日志，并与网友分享。视频博客多为记录视频博客作者个人生活日常的视频，主题广泛。人们通过后期拼接剪辑，再加上字幕和音乐，制作成具有个人特色的视频生活记录。相比娱乐类型的短视频，视频博客没有花哨、华丽的画面或者跌宕起伏的情节，但这种节奏平缓的内容也同样吸引着人们，视频博客已成为网络营销工具中的新锐。

视频博客的营销属性及优势如下：①时长灵活，视频博客短的只有3～5分钟，长的有10多分钟，时长相对灵活，且视频博客的内容可呈现的时间/空间跨度均大于普通视频，创作者发挥的空间比较大；②内容广泛，视频博客内容的展现方式多样，可以实现多场景的呈现，内容普遍侧重于拍摄生活日常细节、城市风光、消费购物、情侣对话等，多为视频博客作者个人的生活记录，更加生活化，具有真实性和个体性，大多没有精心编排的剧本和紧凑的故事情节；③主题鲜明，视频博客一般有固定的主题；④拍摄视频的要求高，视频博客强调"转场"，讲求自然切换到下一个场景，对拍摄的设备和技术都有很高的要求，且视频博客作者对镜头语言、时长、配乐、剪辑节奏都要把握得很好，每次剪辑都会耗费不少精力；⑤用户黏性高，通过观看视频博客作者发布的视频，受众可以借助别人的视角收获一种不一样的人生感受。同时，基于认同视频博客作者的生活方式，通过视频了解视频博客作者，受众会对视频博客作者产生超强的黏性，对其价值观等方面的认同感也会不断上升，由此视频博客作者的影响力和号召力可以得到强化。

示例

Vlog《我的可乐倒带回忆录》

博主Catson曾在可口可乐40周年的时候，为可口可乐推出的限量版迷你罐礼盒制作了一支名为《我的可乐倒带回忆录》的Vlog。Catson以礼盒中记载的1978—2018年可口可乐点滴时光的贴纸册上的问答和贴纸为主线，从第一人称的角度出发，回忆了自己与可口可乐的点点滴滴，巧妙地让可口可乐40周年"时光在变，在乎不变"的品牌标语在消费者心中不断渗透，利用自己与可口可乐的回忆勾起了大家的购买欲望。

（二）视频博客营销的内容主题

通常而言，以旅行、美食、学习等为主题的内容容易被拍成视频博客，这些内容也是视频博客营销的热门主题。

1. 旅行类

与旅游类节目不同，旅行视频博客的内容可以贯穿视频博客作者的整个行程，而不是只涉及作者在旅途中的所见所闻、目的地的风土人情。旅行视频博客更强调过程记录，而不是展开叙述，其内容可以是坐飞机、吃饭、住宿等各种琐碎的小事。在对时间要求高的视频平台上，旅行视频博客几乎两三秒就切换一个镜头，而要在短时间内呈现丰富的内容和有趣的个人风格是重点，也是难点。

2. 美食类

美食类视频博客在内容上都是围绕美食展开，但在细节上千差万别。有的记录做饭，有的记录吃饭，也有的记录从做饭到吃饭的过程。例如，有些博主推出一系列美食视频博客，把做饭、吃饭的过程一并记录下来，倍速效果搭配清新的配乐，俏皮又温馨，既展示美食的做法，满足观众对实用性的需求，又展示享受美食的场景，满足观众对视听效果的需求。

3. 学习类

视频博客用户整体偏年轻化，考研、考公务员、考证书的用户数量很多。这类群体中的不少人想寻求学习伴侣，以便互相鼓励，一起度过枯燥的学习期。学习类视频博客的内容很简单，通常展现的就是博主的学习过程，如看书和做题的场景。

4. 生活类

生活类视频博客主要记录生活的点点滴滴，可以是普通人的生活，也可以是名人、明星的生活，原汁原味地展现真实生活是这类视频博客吸引人们的看点。如某位艺人在出国求学之后，选择用视频博客的形式在微博上记录她的国外生活，她将这个系列视频的主题定为"NABI'S SCHOOL LIFE"，其每个视频的点赞数都极为可观。

（三）视频博客的营销形式

1. 定制品牌主题

有大量粉丝支持的博主，往往具有非常鲜明的个性。品牌经营者应根据品牌理念，找到与品牌形象高度契合的博主，拟出创作主题，激发他们的创造力，让品牌广告迸发出无限的创意。博主结合自身经历，将品牌倡导的精神理念在视频博客中通过软性、巧妙的方式呈现出来，这种形式能让粉丝更容易产生情感共鸣。

示例

营销效果斐然的品牌主题定制Vlog

OPPO 推出 R17 Pro 时，发起了"发现夜的美"主题活动，引导十余位 Vlogger 根据个人特色在该主题下创作多个 OPPO 品牌的 Vlog。Vlogger 们在东京、纽约和香港三个城市通过使用这款 OPPO 手机拍摄城市中的美景，将主题"发现夜的美"完美地展现了出来。通过博主们叙事式的镜头语言，受众可以更好地感受到创作者的情绪，对 OPPO 手机的夜景拍摄效果也能了解得更透彻，并且 OPPO 的这些 Vlog 都保留着鲜明的个人色彩。

竹子是一个倾向于以创意形式与品牌合作，并能从品牌指定的主题中寻求灵感的 Vlogger。在与时尚电商品牌 W Concept 合作时，竹子根据品牌方提出的"勇敢做自己"的创意点，去英国农村挑战跳伞项目，制作了一个充满勇敢气息的 Vlog。这个 Vlog 既满足了粉丝们对未知世界的好奇，又通过视频的内容将"勇敢做自己"的品牌理念传递了出来。

2. 品牌发布会

博主通过记录品牌发布会的现场体验、使用新产品的感受，以及对场景的捕捉，直接而又非常生活化地将品牌发布会的信息呈现给用户。

示例

华为nova 8发布会：一场巧妙聚焦Vlog的线上发布盛典

华为"nova 8 系列线上新品发布会"是一场送给所有年轻人的冬日礼物。nova 8 系列带来了"Vlog 双视频镜头"，开启了手机 Vlog 时代。如何讲好 Vlog 是打造本次发布会的创新锚点，从广告语"我，由我掌镜"可以看出它更强调每一个我的感受，主创团队设定双视角（发布会正片视角和彩蛋视角），用不同的视角和镜头语言生动诠释"世界眼中的我"和"我眼中的世界"，而每一个观众都可自主选择 Vlog 视角观看发布会，从而获得更多意外和惊喜。

3. 产品展示与测评

视频博客以产品展示与测评为传播内容，可多角度展现产品性能和特征，为用户提供产品指南，凸显产品特性和品牌优势。此方法适用于新品上市、产品展示、产品测评等以增加产品曝光量为营销目的的应用场景。

4. 沉浸式体验

商家通过邀请博主亲身深度体验，记录目的地的坐标、路径及自然景色，品牌服务和生活状态等，能够更加直观地让观众看到细节。此方法适用于线下到店、沉浸式体验、品牌展示等需要告知目的地坐标、路径和需要深度展示相关场景的情况。

沉浸式体验Vlog

西安君悦大酒店邀请微博情侣 Kat 和 Sid 进行酒店深度体验，体验 3 万元一晚的总统套房。他们为酒店制作了一个 Vlog。跟随视频中营造了搞笑氛围的 Kat 和 Sid，观众可以了解到酒店的房间环境和特色服务，消除了对 3 万元一晚高价总统套房的距离感。

五、鬼畜视频营销

鬼畜视频是指通过对严肃、正经的图片、视频、音乐进行修图、剪辑、调音等再创作的视频作品，其创作目的是颠覆经典、解构传统、张扬个性、强化焦点、讽刺社会弊端等。在 B 站的鬼畜区，B 站的"UP 主"奖励机制刺激了"UP 主"对鬼畜视频作品源源不断地进行创作和发布。质量上乘、别出心裁的鬼畜视频往往会有几十万次、几百万次甚至上千万次的播放量。鬼畜视频成为新的二次元营销方式，对扩大企业品牌的影响力有非常显著的作用，其主要特点如下。

（1）题材广泛。鬼畜视频的原素材来源广泛，网上各种综艺节目、电影、电视剧、动漫以及社交媒体上用户公开发布的视频都可以被用作原素材，这使鬼畜视频可以覆盖人们生活的各方面。

（2）趣味性。很多鬼畜视频通过另起炉灶或者先破后立的方法颠覆经典，打破固定的形式，或形成恶搞和洗脑的效果，以此表达自己的态度和情感，并制造一种欢乐的气氛。

（3）类似于"同人"作品。鬼畜视频虽然都是通过对原素材的拼贴、剪辑制作的，但是整个作品主要还是依赖于"UP 主"的构思、调音或创作，有点类似于"同人"作品。

鬼畜视频广告分为简单的重复型广告和较复杂的介绍型广告。重复型鬼畜视频广告是通过重复广告语连续推出的一种广告形式，如连续重播的"恒源祥，羊羊羊"广告；另一种是广告画面或广告镜头、广告内容频率极高的重复，如优信二手车广告。介绍型鬼畜视频广告不再是简单重复某几句台词以达到对消费者洗脑的目的，而是将产品的相关信息编成歌词或诗词在作品中吟唱出来，其中会涉及产品的具体参数、特点或对消费场景的描述，更接近于一般的鬼畜视频作品，如百度推出的鬼畜视频《你说啥》。

只要"米粉"喜欢，就是我们的正业

雷军在小米 4i、小米手环印度发布会演讲中的一句"Are you ok"，被 B 站的网友用作剪辑鬼畜视频的素材，其魔性的旋律引起病毒式传播。2018 年 3 月 1 日，小米官方账号在 B 站推出了雷军 2018 年鬼畜单曲《只要"米粉"喜欢，就是我们的正业》，看似是对批评雷军和小米公司不务正业的回应，但更像是讲述雷军创办小米的艰辛之路。整个歌曲中说到最多的就是小米对"米粉"们的感谢：小米的正业就是做"米粉"喜欢的产品；只要"米粉"喜欢，就是小米的正业。这首鬼畜单曲一经发布就迅速获得"米粉"的追捧，到 2023 年 8 月在 B 站的播放次数超过 71 万次，弹幕超过 5 000 条。

实训任务——网络视频营销策划与实践方案 1

1. **实训目的：** 通过为具体的品牌制订并实施网络视频营销方案，熟悉网络视频营销的表现形式和实际操作。
2. **实训内容：**

（1）选择品牌：小组合作，从市面上的品牌中选择一个需要进行网络视频营销的品牌。

（2）分析品牌：分析该品牌的目标消费者、过往广告形式、品牌特点、品牌愿景等。

（3）撰写网络视频营销策划方案：确定本次网络视频营销的目的、目标消费者等，构思本次网络视频营销的内容脚本。

（4）拍摄并剪辑视频：基于策划方案，小组协作拍摄并剪辑视频。

第三节 网络视频营销策略

有效地实现网络视频营销是企业所关注的，而利用一定的营销策略，可以促进网络视频有效传播，提高网络视频营销的效率和效益。

一、整合传播营销策略

网络视频的整合传播营销是指在整合营销的基础上进行整合传播，是一种系统化的传播。这种传播以产品和服务为核心、以消费者为中心和目标、以网络视频为媒介，整合多种形式与内容，可以达到立体传播的目标。网络视频整合传播营销的具体策略包括以下两种。

1. 网络视频营销类型与模式的整合传播

网络视频营销模式有病毒视频营销、贴片广告、植入式视频营销、UGC视频营销、体验式视频营销等，网络视频营销的类型有直播、短视频、视频短剧、微电影、视频博客、鬼畜视频等。将这些不同类型的网络视频营销模式和类型进行组合，可以形成整合营销传播方案。

2. 视频网站的整合传播

国内视频网站非常多，用户较多、口碑较好的有抖音、快手、B站、优酷视频、爱奇艺视频、搜狐视频、腾讯视频等。国内的视频网站可以划分为四种类型，即视频分享网站、视频点播/直播类网站、P2P播放平台，以及视频搜索平台。企业进行视频营销时，要考虑视频网站的类型及其特点，整合不同的视频网站资源，做到有点有面、辐射面广、系统传播。

二、创意营销策略

在多元化的网络营销环境背景下，网络视频营销要想脱颖而出，创意营销十分重要。创意营销的具体策略如下。

1. 内容创意营销策略

（1）内容为王。内容为王已经成为网络媒体的共识，网络视频也不例外。为用户提供优质的内容是视频网站的根基，优化用户体验是视频网站建设和生存的关键。

（2）从利用事件到策划事件。网络视频营销有从单纯利用事件到策划事件的趋势。企业要将自己的被动地位变为主动地位，主动出击，制造话题，利用口碑，引起目标人群的关注。

 示例

2022年世界杯特仑苏视频广告《相信更好的力量》

提及2022年世界杯营销关联的主角，人们想到的是卡塔尔、梅西、姆巴佩，或者明星球队。毫无疑问这些都带着"主角光环"，对于品牌来说，选择这些主角无异于拿到了好的剧本，将更稳妥和有更大流量。然而特仑苏却反其道而行之，其推出的视频广告《相信更好的力量》，把聚光灯照向了世界杯幕后工作人员，由此带给大众耳目一新的营销体验。这支视频折射出台前幕后的每个人都有让自己变得更好的力量，从而把"更好"理念刻进了品牌的DNA里，长线建立起品牌对于消费者精神支持的角色，同时也打造出属于自己的世界杯记忆符号。

（3）巧妙叙事，出奇制胜。要想在众多的网络视频中脱颖而出，吸引受众的注意力，视频一定要会讲故事，而且故事情节要跌宕起伏、故事结果要出人意料，只有这样才能吸引和留住网民。

示例

vivo视频广告《有爱，无碍》

vivo的视频广告《有爱，无碍》将镜头对准了生活在无声世界的人群，以"有爱，无碍"为主题，通过科技力量跨越声音障碍，在无声之处，让这群人听见爱的回应。短片讲述了一名听障父亲的故事：女儿婚礼在即，听障父亲想在宾客宴席上给女儿送上祝福。他苦练语言修复，不厌其烦地照着书本一遍遍地练习，甚至用玩具"收买"小朋友为师，可惜效果微乎其微。偶然间，父亲发现了vivo。通过手语识别和语音转换功能，他把多年的心里话以及对新人的叮咛和祝福一一说出，让在场宾客都听到了一位听障父亲的心声，从而给了女儿一个圆满的婚礼。短片选取了一个重要的人生时刻作为切入口，以点带面揭露了大部分听障群体的生存现状和困境。vivo化身听障人士的生活小帮手，陪伴和见证着特殊群体用户的人生时刻，展现出品牌的人文关怀精神，引发了消费者心灵上的共鸣。

2. 形式创意营销策略

有了创新的内容后，形式的创新也很关键。现有的视频形式多种多样，并不断地推陈出新。形式创意营销是指在已有传播形式的基础上开发和尝试新的传播形式，将有创意的内容以更具创意的形式传播出去。形式创意营销策略的运用，需要营销和视频创作人员不断发掘。形式创意营销的发展也需要依靠网络技术的不断进步。

三、连锁传播营销策略

连锁传播营销策略主要是从传播渠道进行考虑的。单一传播渠道的网络视频营销的效果可能不明显。连锁传播营销策略是指企业在进行网络视频传播运营时，采用多渠道、多链接、环环相扣的连续性、连锁性传播方式。网络视频连锁传播营销的具体策略包括以下两种。

1. 纵向连锁传播营销策略

纵向连锁传播是指在网络视频构思、制作、宣传、发布、传播等每一环节都有相应的传播策略，在每一个环节都找准传播点和传播渠道对该网络视频进行推广。在网络视频制作初期，可以发布消息告知网民该视频将要推出，可用新闻营销的方式推广视频。在制作阶段，可以剪辑预告片发布到网上，进行预热。在整个拍摄制作过程中，也可以不时发出与该视频有关的新闻稿件。在视频正式上线后，企业要大力、深度宣传。视频在网上播出一段时间后，后续传播也不能少，要持续保持视频的热度。

2. 横向连锁传播营销策略

横向连锁传播贯穿整个纵向传播过程，纵向传播的每一个环节都可以同时进行横向传播。横向连锁传播是指选择多平台进行传播。企业可以利用社交平台进行病毒式营销传播，也可以使用企业的自有媒体，自主发布视频链接，还可以利用社会化媒体宣传视频信息。连续在每个环节都采用横向连锁传播策略，可以扩大传播的幅度和广度，让连锁传播营销的影响尽量延伸。纵横连锁传播营销策略结合使用，可以获取最佳的传播效果。

四、互动体验营销策略

网络视频的互动体验营销是指网络视频在网络传播过程中，及时与受众及相关各方进行互动沟通的营销方式，以及提供给受众多种体验的手段。网络视频的互动体验营销策略具体包括以下内容。

1. 选择多样化的互动渠道

互动渠道一般由视频平台提供，视频制作方也可以在视频中开设互动渠道。企业若希望更多网民参与互动，提升影响力，就应选择多样化的互动渠道。企业可以选择有多种互动渠道的各种平台发布视频，也可以在企业的自有媒体发布视频，并开发与网民互动的渠道。

2. 设计多方位的体验方式

网民体验可以分成很多类型，企业应为网民提供良好的视频体验。视频体验包括视觉体验、听觉体验、心理体验和互动体验。

（1）视觉体验。网络视频营销以视频作为媒介，通过镜头和画面表达视频主题，企业拍摄和制作具有良好效果的视频是网络视频营销的关键，高质量的视频可以给网民带来良好的视觉体验。

（2）听觉体验。添加声音、对白、环境音、背景音乐等也是表达视频主题的重要手段。视频制作方应在前期制作时尽量呈现最佳音效，给网民带来最佳听觉体验。

（3）心理体验。企业在制作或投放网络营销视频时，应从网民的角度去思考、策划、设计、发布，应让网民产生愉悦的心理体验。

（4）互动体验。互动体验设计应有针对性，应以目标受众需求为基础设计互动体验形式。企业可以让网民成为视频的主角，如网民可以把昵称、图片、声音等多种自身元素加到视频中，也可以成为创作者的一分子，提出自己的观点或者参与视频创作。

3. 采用多元化的互动形式

网民与企业的互动行为有很多种，如分享、评论、留言、发弹幕、转发、"顶"或"踩"、收藏等，具体互动形式与传播平台有关。企业在进行网络视频营销时注意选择有多元化互动形式的平台，让网民能够及时便捷地表达自己的意见。

五、病毒式营销策略

网络视频是视听合一的多媒体传播工具，更适合用于开展病毒式营销。病毒式视频营销具有传播速度快、被接受程度高、渠道多、成本低等优势。实施病毒式视频营销时，企业需要找到适合品牌诉求的"视频病毒"，并配以一定的推广手段。企业在开展病毒式视频营销时，可以融入搞笑、幽默、新奇等因素，这样能更好地吸引网民。

📺 示例

一汽奔腾的系列微电影《让爱回家》

一汽奔腾《让爱回家》系列微电影自 2011 年开始推出，每年一集，到 2022 年已拍摄完成第十二集。一汽奔腾希望通过《让爱回家》，传递品牌温度，用温情拉近与车主、网友们心中的距离。2022 年《让爱回家之奔腾中国年》由新华网与一汽奔腾联合发布。该片诠释出世间大爱与家庭小爱的相融、相通，是对中国传统文化的弘扬与传承，同时也表达出奋斗不息的一汽奔腾希望与"悦享新升代"行在一起、拼搏向上的决心。

十二年如一日，一汽奔腾将《让爱回家》系列微电影作为每个农历新年开启时的一件要事去做，从《别让父母的爱，成为永远的等待》到《珍惜相聚的每一刻，就是爱最好的表达》，从《家天下，爱无涯》到《让爱回家·拾年》，每一集都是匠心打造的成果，其中既有对过去一年的回望，也有对未来一年的展望。

六、传统影视节目二次传播策略

由于网络视频平台对电视观众的分流，很多具有新闻性、可欣赏性的电视节目被视频平台、网民或意见领袖主动发布到视频平台进行二次传播，视频的二次传播可以使发布者和网民进行深度交流。传统媒体与新媒体从竞争变为合作，媒介之间互为补充、互相拓展、共同延伸，实现了全方位、立体化的整合推广，从"一次传播"迈进了"二次传播"。

电视媒体开始有意识地、积极主动地利用各种传播途径和技术手段推广电视节目，以达到提高节目知名度和收视率的目的。媒体制造热点话题，进行病毒式传播，其传播速度之快、覆盖面之广、影响力之大，远远超出了人们的想象。如今，视频平台已成为很多电视节目的传播平台，很多深受欢迎的电视节目在各大视频网站上开设专区，使受众群体和节目影响力得以极大扩张和提高。

🏊 实训任务——网络视频营销策划与实践方案 2

1. 实训目的：通过设计并实践网络视频营销的传播方案，熟悉网络视频营销的传播策略。

2. 实训内容：

（1）传播渠道的评估与选择：评估网络视频营销的传播渠道，分析各渠道的优劣。

（2）设计传播策略：结合在上一个实训中制作的视频，根据视频特点，设计传播策略。

（3）实施传播策略：将制作好的视频按传播策略进行传播。

（4）评估本次网络视频营销的效果：评估本次网络视频营销的曝光与转化情况，总结本次网络视频营销中的收获与不足，形成网络视频营销总结分析报告。

 归纳与提高

本章介绍了网络视频营销的优势、发展趋势，网络短视频营销、网络视频短剧营销、微电影营销、视频博客营销以及鬼畜视频营销，网络视频营销策略。

网络视频营销具有成本低、目标精准、互动+主动、传播效果好、效果可测的优势，并呈现出品牌视频化、视频网络化、广告内容化的发展趋势，使得网络视频成为企业越来越青睐的营销工具。网络视频表现形式多样，企业应选择合适的网络视频表现形式开展视频营销，同时注意综合运用网络视频营销策略。

 自测题

 综合练习题

一、填空题

1．网络视频营销发展趋势为品牌视频化、＿＿＿＿、＿＿＿＿。

2．网络视频营销的表现形式有网络短视频营销、网络视频短剧营销、＿＿＿＿、＿＿＿＿、微电影营销等。

3．连锁传播营销策略主要是从＿＿＿＿进行考虑的。

4．视频体验包括视觉体验、＿＿＿＿、＿＿＿＿、互动体验。

5．网络视频短剧的植入营销方式可分为＿＿＿＿、＿＿＿＿、＿＿＿＿。

二、简答题

1．简述网络视频营销的优势。

2．简述网络短视频营销与网络视频短剧营销的区别。

3．简述微电影营销的特点。

4．简述视频博客的营销属性。

5．简述整合传播营销策略的主要内容。

第十三章　网络直播营销

引导案例

Teenie Weenie品牌的直播营销

Teenie Weenie 原本是韩国依恋集团旗下的品牌，以卡通形象维尼熊为核心 IP 创意，定位为高端新复古学院风，被中国锦泓集团收购后，走上了互联网线上发展的道路，定位为年轻校园风格，后在抖音平台开展短视频直播营销，Tennie Wennie 携青春校园风系列新品登录"抖in超级品牌日"，以 JK 系列为抓手，深度结合抖音内容属性与产品属性，通过挖掘"青春校园"话题点，关联"变装"这一玩法，直播36小时实现了 3 400 万元销售额。

在"互联网直播+"时代背景下，作为一把新的营销利器，直播营销为企业营销打开了一扇新的大门。随着一大批网红出现和艺人直播效应的凸显，直播这一形式也成为很多企业营销的选择。

启发思考：直播营销为什么吸引消费者？企业开展直播营销需要具备哪些条件？

第一节　网络直播营销人货场的构建

网络直播具有实时互动、感官体验极佳、强大的话题创造能力、能与消费者产生情感共鸣，以及低成本、高效传播的优势，通过网络直播进行营销，能获得良好的营销效果。网络直播营销以网络直播平台为载体，可使企业达到提升品牌形象或促进销售的目的。

一、网络直播营销模式

从秀场直播、游戏直播、娱乐直播到电商直播，直播营销是一种营销形式上的创新，有多种模式，以下四种比较常见。

1. 品牌+达人+直播

达人是某一领域非常专业、出类拔萃的人物。例如各平台的头部主播，他们拥有大量的粉丝，粉丝信任他们推荐的产品，他们能为品牌带来可观的销量。在企业直播营销模式中，"品牌+达人+直播"属于相对成熟、方便执行、容易成功的一种模式。

其中"品牌+艺人+直播"模式效果更为显著，艺人庞大的粉丝群可以为品牌带来巨大的流量。但应注意，大部分艺人很难创造影响较为深远的话题，且艺人直播已被大量企业运用，观众对艺人的好奇心被大量消磨之后，其产生的效益会大幅减少。企业在运用这种直播模式时，要学会把握时机、适当运用。

2. 品牌+企业日常+直播

相比于包装出来的各种宣传大片，消费者有时反而对企业日常更感兴趣。企业日常指企业设计、研发、生产产品的过程，或者企业开会的状态、员工的工作餐等。这些对于企业来说稀松平常，甚至还有点琐碎的小事，对于消费者来说却是掩盖在产品光环下的"机密"。企业可以通过挖掘企业日常，多角度向消费者展示企业、品牌，以剑走偏锋的方式引起消费者的兴趣。

3. 品牌+发布会+直播

越来越多的品牌通过线上直播的方式发布新品，"品牌+发布会+直播"不仅可以帮企业节省场地费、搭建费，同时可以覆盖全世界的用户，大大提升了品牌粉丝的参与度和互动度。但发布会直播对于直播流程的策划，主播的临场反应能力、表达能力都有很高的要求。

4. 品牌+分销+直播

品牌可利用直播带货，由分销商在线下获得流量，然后由线上直播间完成转化。线下分销商有专门的识别码（如二维码），在分享直播消息的时候，系统可以通过识别码判断是由哪个分销商带来的流量，一旦用户产生购买行为，就给该分销商提成。

 示例

格力的"品牌+分销+直播"模式

2020 年 4 月 24 日，董明珠进行了抖音的直播带货首秀，当晚直播间累计观看人数达 432 万，峰值在线人数达 21.6 万，销售额达 23 万元。两周后，董明珠再次尝试直播带货，这一次实现了超 3 亿元的销售额。在 2020 年 6 月 1 日的"格力健康新生活"直播活动上，董明珠再度上阵，最后全天成交额达 65.4 亿元。格力傲人的成绩，与其采用的"品牌+分销+直播"模式密不可分。格力拥有 3 万多个线下门店，每个门店拥有多个销售员，全国销售员规模达到几十万人，构成了庞大的消息分发矩阵。6 月 1 日的直播开播前，格力经销商及其销售人员将二维码分发给用户，直播开播后用户扫码进入直播间。系统通过二维码识别用户是由哪个经销商带来的流量，一旦用户产生购买行为，格力就给相应的经销商分成。经销商负责为直播引流，董明珠在直播间完成销售转化，再返利给经销商，这种互惠模式使销售转化闭环顺畅完成。

二、常见的直播平台

直播营销可以自建平台直播，但一般是在第三方平台上进行直播。常见的直播平台如下。

（一）电商平台

1. 淘宝直播

淘宝用户大多有精准的购物意向，有深度的购物习惯，故流量的精准性高。用户进入淘宝直播间的目的是购物，淘宝直播是一个纯购物场景，这意味着它对直播技巧的要求并不是特别高，对内容的要求也相对较低。

2. 京东直播

京东平台的用户大多收入水平相对较高，消费欲望强，消费能力也强，并且用户的忠诚度较高。用户更追求产品的品质，京东的品类集中在 3C 数码、家电及中高品质的消费品、日用品、服饰鞋包等方面。京东平台的直播企业需要做好人群定位及用户画像分析，有针对性地选择产品及直播方式。

3. 拼多多直播

拼多多以下沉市场为主，因其拼单团购的属性，所以拼多多具备社交电商的基因。其直播货品多以客单价较低的小商品、农产品或者地方特产为主，非常大众化，有相当数量的忠诚用户，对有下沉需求的品牌而言拼多多直播是一个值得尝试的流量池。

（二）内容平台

1. 抖音直播

抖音对优质内容的流量扶持力度大，着力于为用户打造沉浸式体验。在直播方面，彰显用户体验的互动行为成了抖音流量倾斜的标志，对团队运营能力、主播能力要求高。目前成熟的抖音直播人才还不多，企业需要培养能快速掌握平台玩法和紧跟其变化的直播团队。抖音推行的是去中心化的流量分配机制，只要能够把用户留住，不管是大品牌还是小企业都能在平台分得一杯羹。同为字节跳动旗下的西瓜视频直播已被合并到抖音直播，进一步拓展了抖音直播用户人群。

2. 快手直播

快手平台用户以三四线城市人群为主，大部分主播是草根出身。快手平台的分发偏社交属性，粉丝与内容同步分发，因此快手直播中，粉丝非常重要，这对团队和主播人设的塑造、粉丝的维护要求很高。目前，直播业务收入是快手的主要收入来源之一。其直播变现方式主要为面向观众销售虚拟物品获得收入，观众购买虚拟物品后通常会将其作为礼物赠送给主播表示支持和赞赏。

3. 小红书直播

小红书社交"种草"和笔记基因较强，主要为 Plog（Photo-blog，图片博客）分享生活记录，其用户以年轻女性为主。小红书直播以笔记+直播双向"种草"为核心，是重要的用户转化渠道。小红书直播取得流量的关键是将散落的私域流量和公域流量汇聚在一起，将用户青睐的产品通过"种草"笔记宣传曝光。

4. 哔哩哔哩直播

哔哩哔哩（Bilibili）平台简称 B 站，用户主要为"Z 世代"，平台用户对于网络使用非常熟练。他们更重视商品价值与服务，不局限于实物消费，对于虚拟物品的消费水平较高。

课堂讨论
这几个平台都适合什么类型的产品直播呢？

（三）社交平台

社交平台直播如微信视频号直播。视频号直播依托社交软件微信，以庞大的微信用户群为基础，且视频号直播可以分享到微信群、朋友圈，分享给好友，用户一键点击即可进入直播间观看，无须注册和登录，因而视频号直播被认为极具发展潜力。目前视频号端推荐到直播间的公域流量相对不多，在私域流量中转化效果更好，可以通过视频号维系老客户或者通过朋友圈、微信群、好友转发而引发微信好友之间的裂变。

三、直播定位与目标人群分析

开展直播营销需要有长久运营的思想，其前提是要做好符合品牌形象及目标购买人群的直播定位。

1. 直播定位

直播营销首先要明确直播账号的类型。

（1）品牌型。品牌型直播账号除了要完成销售产品的任务外，还要发挥品牌形象展示、品牌宣传的作用。

想一想
哪一种直播类型更容易做呢？

（2）产品型。产品型直播账号以售卖产品为核心，直播间的布置和直播内容输出都与产品及其销售强关联。

（3）IP 型。IP 型直播账号一般通过输出优质的品牌文化打造品牌 IP，或者通过建立被大众广泛认可的人设打造个人 IP，吸引大量的粉丝，提升粉丝黏性，从而实现变现。

直播账号要有明确的定位，其中人设的定位至关重要。依据对粉丝影响力的不同，可以将直播账号人设分为三类。①高能位人设。例如专家型、偶像型，通过人设建立粉丝信任度，对人的要求高，对内容发布质量的要求也高。②中能位人设。表现得像闺蜜和好友，目的是拉近与粉丝的距离，方便推荐式销售；直播内容的设计，应围绕相似人群的偏好进行。③低能位人设。表现得像推销员，目的是营造好的销售氛围；直播重点是商品本身，包括商品的功能、使用场景以及促销政策等；直播的核心诉求是凸显商业价值，以此激发用户对商品的兴趣。

2. 目标人群分析

直播营销是针对目标人群进行的，如抖音平台将用户分为八大人群类型，即小镇青年、小镇中老年、精致妈妈、都市银发、都市蓝领、Z 世代、新锐白领、资深中产。企业应针对不同的人群策划不同的直播营销活动。直播营销确定人群的方法可以根据企业顾客的特征进行确定，也可以借助直播平台的数据软件查看同类型账号的人群画像。

四、直播团队组织架构与配置

直播需要多人配合才能很好地完成营销，直播间在不同的发展阶段，需要不同的人员配置。目前的主流直播平台往往也是短视频平台，做直播营销不仅需要做直播，还需要做短视频营销，短视频和直播的人员配置不同。短视频团队的人员配置如表 13.1 所示。

表 13.1　短视频团队的人员配置

所属团队	岗位角色	角色介绍	岗位职责	任职资格
短视频团队	文案策划	策划短视频内容并撰写文案	负责对短视频内容进行创意和策划；负责分镜脚本撰写；协同后期完成拍摄和制作	具备短视频选题策划和脚本撰写能力；具备营销思维，精通短视频社区的运营技巧，熟知短视频平台特性、用户喜好、内容玩法
	摄像	根据内容策划进行短视频拍摄	根据创意脚本和前期人员的需求进行拍摄	具备拍摄器材、灯光的使用能力；熟悉短视频平台的玩法和基本技巧，具备一定创新意识和审美能力
	达人	在短视频中出镜表演或进行知识分享	参与短视频选题内容策划与出镜拍摄的工作	形象气质佳，具有一定的镜头表现力，具备表演能力，擅长角色演绎；在某一垂领域具备专业知识
	剪辑	为拍摄的短视频做剪辑	负责短视频后期制作，根据视频脚本进行剪辑	具备视频剪辑软件使用能力；熟悉短视频后期工作流程，会基础摄影摄像
	账号运营	负责短视频账号日常运营，提升关注数和短视频播放数	负责账号的日常投放，实时跟踪投放数据及评估效果，为引流和转化结果负责	熟悉新媒体平台推广形式；具备数据敏感度和分析能力；熟悉短视频平台机制、运营策略等

直播团队的配置会影响直播间的流量与销售，具体的人员配置如表 13.2 所示。

表 13.2　直播团队的人员配置

所属团队	岗位角色	角色介绍	岗位职责	任职资格
直播团队	主播	进行商品直播讲解及销售	负责在直播中介绍、展示商品，与用户进行互动；负责直播后复盘，总结话术、情绪、表情、声音等	具备主播职业心态建立能力、形象包装能力和话术技巧运用能力；开朗、自信，拥有良好的镜头感
	副播	协助主播进行补充讲解，回答与直播相关的问题	直播中负责协助主播介绍、展示商品，回答用户问题，带动直播间气氛；直播后协助复盘	熟悉直播流程、商品信息及脚本内容
	直播场控	提升直播间粉丝活跃度和氛围，处理突发状况	负责直播节奏把控、直播间布局规划，调节氛围；负责直播前设备调试、产品活动设置、中控台操作；及时解决直播突发问题	具备直播间场景搭建能力；熟悉中控台操作，具备应变能力，思维反应敏捷
	直播投放	负责投放，提升直播间 ROI	负责直播过程中的投放工作、流量检测、监控及追踪；能够通过数据分析进行投放优化，调整推广策略，为 ROI 数据负责，根据主播沉淀能力准确评估投放量	拥有直播投放经验，熟悉短视频平台及其他媒介；具有较强的逻辑思维和数据分析能力
	直播运营	从整体上进行直播策划和数据提升	负责直播运营，总结和分析产品及活动中的问题，及时调整运营策略并推动落地，给予主播直播建议；研究用户需求和转化特征，促进直播间引流和转化	具备直播运营能力；熟悉直播行业营销方法；对数据、市场敏感，具备市场分析、判断能力；具备团队管理及策划能力

在初创阶段直播团队有 3～4 个人就行，主要配备直播运营、主播、副播、直播场控。在发展成熟期或者直播间的矩阵发展阶段，需要灵活调配岗位，以打造一个配合良好的直播团队。

想一想

如果从事这个行业，你喜欢哪个岗位呢？

五、直播场景与设备灯光布置

直播营销是实时动态的营销。一场直播需要人、货、场整体发力，团队成员之间要密切配合，货品和销售场景要对目标人群具有吸引力。对一场直播而言，好的场景能够增加用户的停留时长，更有效地促进用户的转化。

直播间场景是主播状态、产品道具、直播间背景等展示在直播镜头前的所有元素的合理构建，直播间的搭建通常包括背景、设备、灯光、陈列四大要素。直播间场景一般分为户外直播和室内直播。

1. 户外直播

户外直播适合户外旅游、生鲜水产、野外科普等品类。这一类直播的共同点是在户外进行，不可控因素较多，优势是能够让用户更贴近原产地，增加信任感。

案例 13.1

猕猴桃户外直播

陕西省西安市周至县的猕猴桃是国家地理标志产品。随着电商行业的发展，政府牵头，企业和农户开启了直播营销，也开展了"百名主播陕西果业产区行"的活动，40多名网络主播通过各电商平台将猕猴桃直接从果园卖向全国。猕猴桃鲜果的部分直播是在果园进行的，工作人员在果园采摘猕猴桃，主播在果园里进行走播，或者在果园里搭建场景现场直播售卖。粉丝下单，工作人员直接在果园打包封箱并贴上快递单，让粉丝看到自己买的水果是新鲜采摘后立即封箱发货的，该做法取得了很好的效果。直接将直播间搭建在采摘基地，能够让粉丝直观地看到水果的质量，很好地降低了信任成本。

启发思考：如果卖猕猴桃果干，可以在什么场景下进行直播呢？

在户外进行走播展现基地面貌的时候，可以选择用手机进行直播。如果不需要走动，采取固定形式的直播可以选择用电脑直播，并且通过推流软件实现在线直播。在户外可以搭配动圈话筒，灯光方面一般需要对面光进行补充。此外，还需要注意现场的布置，比如陈列桌、桌布、小摆件、商品、活动信息展示牌等的布置。

2. 室内直播

室内直播应选择独立、安静的空间，面积够用即可，一般为10~30平方米，可以是演播厅、办公室、家里或者店铺的隔间、单独搭建的直播间。演播厅可以适配很多行业，目前教育类、科普类行业选用演播厅比较多。

直播间应遵循简洁、大方、明亮的原则进行打造，宜选择浅色、纯色的背景墙，不要太花哨。抖音直播间多以灰色系为主，灰色是合适的背景颜色，不会过度曝光，视觉上让人舒适，有利于突出服装、妆容、产品的颜色。

服饰类直播间可以摆放衣架或者衣柜，衣服要摆放整齐。直播间相对来说空间要大一些，这样方便展示衣服，能够让用户看得清楚。美妆类的直播间可以摆放陈列货架。

和户外直播一样，室内直播的设备可以为手机或电脑。不过收音建议使用心形指向性的电容话筒，以减少其他噪声的干扰。灯光是室内直播的核心，直播间灯光立体组合布置方法如图13.1所示。

服饰类和美妆类的直播间适合使用5 700K的白光，比较接近自然光的色温，便于在镜头前展示衣服和化妆品、护肤品等产品的真实状态。美食类和家居类的直播间适合使用3 000~4 000K的暖光，偏暖色的光可以把食物衬托得看上去更加美味，可以让家居、家纺类产品看上去有温度、更加温馨有爱。

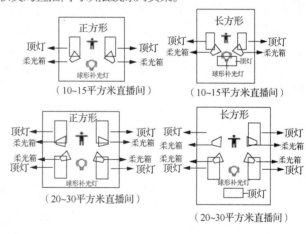

图13.1 直播间灯光立体组合布置示例

如果颜色不均匀，可以用辅助背景灯，一般情况下要安装在主播身后的背景墙上，作用是装饰和烘托氛围。刚开始直播的时候，一部手机、一副耳机、一个手机支架即可。直播设备可以后续添置，没必要刚开始直播就追求高品质的设备。

想一想

还有什么类型的产品适合白光和暖光呢？

六、直播间选品与排品策略

选品是决定直播间和主播绩效的重要因素之一。直播间选品应遵循与直播账号定位一致的原则，同时要在综合考虑大盘数据、渠道热点、粉丝偏好等因素的基础上选择粉丝需求量大、产品卖相好、消费门槛低、辐射能力强的货品。

1. 选品出发点

直播间选品应以用户需求为核心，具体出发点包括：①从用户需求出发选品，在洞察用户需求及其变化的基础上进行选品；②从主播人设出发选品，选择的产品最好能匹配主播的标签；③从产品质量出发选品，质量好是直播间对"货"的基本要求，应特别注意品控监管；④从地域、季节出发选品，从地域、季节等角度寻找有差异性的"货"，选择特色货品。

2. 选品策略

选品策略如下：①选择钩子产品（有诱惑性的产品），用钩子产品做福利吸引用户；②选择高权重产品，即选择爆款产品；③选择关联度高的产品，产品之间要具备关联性或者相互之间可以搭配使用；④避免同质化，产品之间的同质化程度不能太高，否则会让用户失去观看兴趣。直播间的爆品一般具备受众多、高转化、高咨询、低退款、低差评、高复购、多场景、多互动等特点。

3. 货品结构

直播间的货品一般分为五种。①畅销品，是直播间的核心产品，也是活动的主打品；一般为当季产品，流量高、主搜占比高且性价比高，符合绝大部分的用户需求；毛利率一般为10%～30%。②福利品，主要用于吸粉，互动引流，提高互动率；一般为性价比高、流量高的产品，但非主推产品；毛利率一般为-10%～10%。③新品，直播间通过不断上新养成用户回访习惯；一般为流量欠佳但功能新，横向对比性价比更高且可能成为爆款的产品；根据定位不同，毛利率一般为20%～60%。④常规品，产品趋向日常化，符合部分用户的需求；一般采用常规定价。⑤利润品，是直播间的盈利品和销售主力；一般为利润高，但转化率低，需要强引导的产品，毛利率一般为30%～60%。直播间货品的核心是畅销品和福利品。

4. 排品策略

直播间排品的原则是让合适的产品在合理的时段创造最大的价值。在排品的时候要控制产品的数量，要遵循一定的逻辑并且货品要不断地迭代更新。图13.2的直播间排品顺序可供参考：首先推出福利品，用于开播预热，以回馈粉丝；其次推出畅销品，推荐爆款，通过洗标签将低价的粉丝转化为中高价位的粉丝；再次推出利润品，以拉高利润；然后推出常规品，也可以同时推出新品，以丰富款式；接着第二次推出福利品，以进行热场，并借此热度抓住时机推出新品，以开拓新品的市场；最后第二次推出畅销品，达到增加销售额的目的；进一步推出常规品丰富款式，最后再次推出利润品拉高利润。

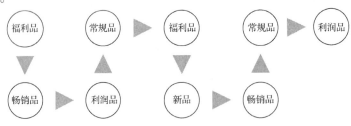

图13.2　直播间排品顺序

产品的配置结构一般是50%的热销款，30%的直播专享款，20%的平销更替款。热销款为引流和保基础销量的产品，可对其进行详细讲解，主要目的是留存直播间新观众；直播专享款一般在固定时间段进行快频销售，用来培养粉丝观看习惯，或为当天的直播冲销量；平销更替款，即每天推出新款让粉丝有新鲜感，同时拉动店铺平销款的销量，一般服务于日常积累，稳定老顾客，用内容推动拉新。

实训任务——抖音直播（达人和带货）分析

1. 实训目的： 了解抖音直播风向趋势，掌握直播分类（达人和带货）信息收集，并根据所收集到的直播信息（数据）分析现状与存在的问题，针对直播中的主播和选品提出优化搭配策略。

2. 实训内容：

（1）登录蝉妈妈数据分析网站，注册账号并领取七天专业版：①进入直播库选定"达人分类"或"带货分类"；②在选定的两个分类中选取意向"达人"或"带货"；③进入选取的"达人"或"带货"详情页并记录信息（数据）。

（2）整理和汇总直播信息（数据），包括但不限于观看人次、人气峰值、平均在线人次、本场销售额、销量、客单价、UV（Unique Visitor，独立访客）价值等。

（3）分析直播信息（数据）。根据收集到的信息，了解信息所代表的含义并运用本节所学的直播定位和产品配置结构进行分析。

（4）撰写抖音直播（达人和带货）分析报告。报告内容包括：①标题；②收集整理的数据；③数据详细情况；④数据分析方法及过程；⑤抖音直播（达人和带货）现状分析；⑥抖音直播中的主播和选品优化搭配策略。

第二节　直播营销活动与话术策划

直播营销不能把直播间做得像产品发布会或者产品说明书一样，纯介绍产品的直播间消费氛围不浓，需要配合营销活动才能让粉丝产生消费意愿，而直播营销活动需要按流程逐一完成。

一、直播营销活动流程

1. 明确整体思路

在准备直播营销策划方案前，需要综合产品特色、目标用户、营销目标，提炼出此次直播营销的目的；再根据企业或品牌的调性，在明星营销、稀有营销、利他营销中，选择一种或多种进行组合；最后对场景、产品、创意等模块进行组合，制定直播策略。

2. 直播策划与筹备

明确直播目的之后，就需要进行直播策划，进行脚本创作，之后再按照直播方案进行筹备。要将直播过程中用到的软硬件设备提前测试好，并尽可能降低失误率，防止因筹备疏忽而影响最终的直播效果。为确保直播人气，可以对此次直播活动提前进行预热宣传，提醒粉丝提前或准时进入直播间。

案例 13.2

直播筹备

如果某女装品牌要在抖音平台开展直播营销，其筹备阶段的 SOP（Standard Operating Procedure，标准作业程序）通常是：首先根据服装的风格来装修直播间，其次根据产品情况组建团队，最后准备直播起步阶段的福利品。第一步，确定所选品牌中一款线下卖得较好的 T 恤作为福利品；第二步，确定直播间需要上架的 20～30 款产品；第三步，从这些产品中选择 3～5 款作为起步阶段的主推品；第四步，选择 2 款雪纺衫和 3 款裤子作为首推品；第五步，准备与首推品搭配的产品（如同风格的平底鞋、配饰、包包等）；第六步，确定起号（新号对于系统来说就是一张白纸，起号就是给账号打标签，目的是让系统知道给账号推送什么人以及给账号推送多少人）的策略（例如，新号开播全场买二送一）；第七步，主播准备话术，与团队进行流程彩排，直到团队配合比较默契就可以正式开播了。表 13.3 所示为直播筹备阶段的 SOP。

表 13.3　直播筹备阶段的 SOP

标准作业程序	计划完工截止日期	完成情况	未完成原因	备注
直播间装修（硬装、软装、顶灯光源）		√		
设备与灯光调试		√		
运营与主播人员确定，团队组建		√		
福利品准备		×		
上架产品确定（20～30 款）		√		
主推品确定（3～5 款）		×		
首推品确定及其搭配品准备（服装搭配与配饰）		×		

标准作业程序	计划完工截止日期	完成情况	未完成原因	备注
起号策略确定		✓		
起号话术与流程彩排		✗		

启发思考：顺畅的流程有助于更好地开展直播营销，是否每一场直播都要有这样的流程？

3. 直播执行

为了达到预期的直播营销目的和效果，团队应尽可能地按照直播营销方案执行，将直播开场、直播互动、直播收尾等环节顺畅地推进，确保直播的顺利完成。

4. 做好二次传播

直播结束并不意味着营销的结束，还需要将直播涉及的图片、文字、视频等进行再次包装、加工，通过互联网进行二次传播，让其触达未观看直播的粉丝，以实现直播效果最大化。

5. 直播复盘

直播完成之后需要统计数据进行直播复盘，统计完数据之后，要与之前的营销目标进行比较，判断此次直播营销的效果，组织团队讨论、总结此次直播的经验与教训，做好团队经验备份。每一次直播营销结束后的总结与复盘，都可以为下一次直播营销提供优化依据或策划参考。

想一想
脚本还可以将直播的哪些事项写上去呢？

二、直播活动脚本策划

要做一场高质量、高转化的直播，需要进行前期的准备和直播脚本的制作。一次完整的直播活动脚本策划可以参考以下步骤。

（1）明确直播目的。直播的目的通常有新品上市、回馈粉丝、提升销售额、提升直播间流量等。

（2）定位直播受众。直播策划应建立在明确的目标人群基础之上，要做好粉丝画像，明确直播受众的年龄、性别、购物喜好等基础信息，针对人群的喜好度选择产品并进行产品组合及营销活动。

（3）确定直播节奏和看点。要做好产品讲解与福利活动顺序和节奏的安排、每种产品讲解时长和整场直播时长的控制、福利活动的频率等，同时要注意看点的策划以吸引粉丝。

（4）确定直播预热方案。直播运营要预估为直播引流多少，要确定预热引流的方法和预热引流的备选方案。例如，是产品福利预热还是短视频预热？是多方案预热还是简单预热？

（5）确定直播团队。根据直播性质和需求合理配备直播人员，并分工合作。

（6）进行设备调试。提前准备好直播设备、道具，布置好背景，并做好设备调试。

（7）控制直播预算。中小卖家可能预算有限，所以要注意控制单场直播成本，控制好直播预算。应注意估算福利品可能亏损的金额，以及广告投放的费用、优惠券、红包、赠品等的支出。

案例 13.3

直播活动脚本

直播前，应对直播活动进行详细的活动策划。一场直播活动的脚本（局部）如表 13.4 所示。

表 13.4　直播活动脚本（局部）

活动内容	时间	团队	中控	主播职责	副播职责	直播场控职责
福利款说明+限时购、捡漏玩法	7:00—7:05	团队与粉丝打招呼；引导粉丝转发直播间简介、重点商品及玩法，鼓励"游客"关注直播间	推出限时购款、福利款、主推款	推出限时购款、福利款、主推款	样品+道具（赠品等），配合主播营造气氛	赞美主播，询问商品特性，引导节奏
利润款	7:06—7:10	试穿外衣，内搭毛衣	上优惠款链接	讲解款式，推出优惠	引导新进直播间人群关注、点击、点赞	刺激消费，展现产品价值

启发思考：为什么在直播开场时要设置一个福利款呢？

三、直播间产品讲解话术

直播营销最终的目的是实现转化，而影响直播转化效果的核心要素就是主播的表现力、表达力、互动力、销售力，主播能力的高低直接决定了一场直播的销售额。直播间产品讲解话术能较好地引导粉丝跟着主播的讲解思路走，更好地将粉丝带入主播的讲解中，从而提升销售转化率。

产品讲解话术一般包括八个步骤：第一步，找出痛点，引导需求，吸引粉丝的注意；第二步，放大痛点，刺激需求；第三步，引出产品；第四步，介绍产品及品牌（突出卖点）；第五步，塑造产品价值；第六步，介绍售后服务保障；第七步，引导用户评价；第八步，推出限时限量优惠。在实际讲解过程中，视情况也有可能不做品牌介绍，或将引出产品与介绍产品融为一体，或将介绍售后服务保障或推出限时限量优惠弱化，变成六步或五步。

实训任务——带货直播类型喜好分析

1. 实训目的：通过访谈六个及以上爱好观看带货直播的观众，汇总其喜欢观看的带货直播类型，整理分析出带货直播观众的喜好。

2. 实训内容：

（1）确定访谈对象：①制定访谈对象标准；②确定访谈对象搜寻范围——可在直播间观众中确定；③建立有效的沟通方式。

（2）拟订访谈提纲：①确定访谈对象基本信息；②确定访谈具体问题和整体框架；③确定受访者对带货直播喜好类型的访问逻辑。

（3）访谈过程：①选择有效的沟通方式（如即时通信社交软件、论坛或电话等）；②做好访谈记录。

（4）整理访谈资料并撰写带货直播类型喜好分析报告，报告内容包括：本次访谈背景、过程和目的概述；带货直播类型简介；带货直播类型喜好分析；带货直播类型总结；附件（访谈记录）。

第三节　打造高人气和高转化率直播间策略

直播电商并不是单纯地向用户介绍产品，还需要通过主播的专业知识提升直播间用户的参与感，让用户与主播进行互动。直播间用户的热情越高，越容易带动新进入直播间的用户参与到直播活动中来，从而打造高人气、高转化率的直播间。

一、直播封面图与标题策略

很多直播平台用户在多个流量渠道首先看到的不是直播间而是封面图。封面图相当于实体店的招牌和橱窗，可以提升直播间的进入率。

封面图（见图13.3）的设计要符合平台的规范，否则平台就不会将直播间展示给意向用户看。如淘宝直播要求封面图不能有文字或电话号码，不可以是拼接图、边框图，图片不能侵权等。淘宝直播封面图尺寸为750像素×750像素，最小封面图尺寸不能小于500像素×500像素。封面图应干净、高清、突出人设特点，需要根据直播主题更换。

直播标题和封面图一般同时出现，会共同影响用户是否进入直播间。直播标题更吸引人的直播间，人气往往也会更高。一般可以用反向思维、技能教学、制造悬念及制造紧迫感等方式来写标题。如标题"油性肌肤救星来了""教你卸妆不伤肤的小技巧"等。

图13.3　直播封面图示例

二、直播预热策略

多数直播间不会像艺人或者网红的直播间一样，一开播就有很多人涌入，所以直播需要预热，刚开播的时候需要暖场，直播间人数变多之后才能更好地卖货。直播预热一般有以下三种方式。

1. 站外预热

站外预热指通过直播间所在平台以外的其他平台进行宣传，例如通过微博、公众号、社群等第三方平台，对自己的直播间进行预热宣传。

2. 个人昵称和个人主页预热

这是一个简单但有效的方法。在账号昵称后面加上直播时间和品牌，如××今晚八点××品牌宠粉专场、×月×日福利节。同时在个人主页上补充更多详细的信息，让粉丝知晓直播内容和品牌。

3. 短视频预热

开播前宜发布多个宣传短视频，找出点播量大的视频进行重点传播，如投放 Dou+（抖音内容加热和营销推广工具）。在制作预热短视频时，不需要将直播的所有精彩亮点都提前告诉大家，但应注意预热短视频的文案要有悬念，能引发用户的好奇心或触及用户的痛点，同时应告诉用户通过这场直播他们能获得的利益（即这场直播的价值）。

三、开场话术策略

开场话术一般是先欢迎粉丝，再进行自我介绍。自我介绍的内容包括三方面，第一要表明自己是一个什么样的主播，第二要告诉粉丝直播间是做什么的，第三要告诉粉丝本次直播的主题是什么。

示例

开场话术

"欢迎刚进咱们直播间的姐妹，工厂直播间开播了，刷到我直播间的姐妹，先不要着急划走，今天我要给新进直播间的姐妹送见面礼。我身上这件小高领内搭是德绒面料，保暖效果特别好，外面可以搭卫衣、羽绒服、羊绒大衣，颜色有黑色、白色、卡其色，喜欢哪个颜色就把颜色刷起来。这件德绒小高领内搭只要 39 元，暖风出不去，冷风进不来。大家点一点关注，就给大家上链接啦……"

四、调动直播间人气策略

直播开场预热可以拉高开播的人气，由于直播的时长一般在 2 个小时以上，如何能持续不断地保持直播间的人气，是直播营销的重点。要调动直播间人气可以采用如下五步法。

1. 剧透互动

一个好的开场会事半功倍。开始直播时观看人数较少，这时主播可以通过剧透直播产品进行预热，热情地与用户进行互动，引导其选择喜欢的产品。用回复快捷口令，如"1"，进行快捷评论，调动直播间的气氛，为之后的直播爆发蓄能。

示例

回复快捷口令示例

"各位姐妹，今天是我们开播一周年的日子！今天我们全场福利送不停，姐妹们想要先抽红包的扣'1'，想要口红的扣'2'，想要包包的扣'3'。"

2. 以"宠粉款"（引流款）开局

预热结束之后，直播间的氛围已经开始升温，主播这时可以宣布直播正式开始，并通过一些性价比较高的"宠粉款"商品继续吸引用户，激发其互动热情，让用户养成等候主播开播的习惯，增强用户黏性。

3. 以爆款打造高潮

在这一步，主播要想办法营造直播间的火爆氛围。主播可以利用直播最开始的剧透引出爆款商品，并在接下来的大部分时间里详细介绍爆款商品，通过与副播或直播场控的互动来促成爆款商品的销售，将直播间的购买氛围推向高潮。

4. 以福利款制造高人气

在直播的下半场，即使观看直播的人数很多，还是会有不少用户仍然没有关注主播。为了让这些用户关注主播，或让新用户持续关注主播、留在直播间，主播就要推出福利款商品，推荐一些超低价或物超所值的精致小商品给用户，引导用户积极互动，从而制造直播间下半场的小高潮。

案例 13.4

粉丝福利示例

在某场直播中，为了进一步活跃直播间气氛，主播推出粉丝福利。即新款包包邮免费送，条件是要求直播间的人点关注，成为粉丝并踊跃互动，如让粉丝在评论区输入"1"，倒计时 3 分钟，最后主播抽取幸运粉丝送出福利。这个粉丝福利一经推出，直播间迅速涨粉、互动热烈，为此场直播制造了一个高潮。

启发思考：除了免费送的方式，还有什么其他方式可以制造高人气呢？

---

5. 完美下播

在下播时可以引导用户点赞、分享直播，使用与用户聊天互动等方式，在下播之前再制造一个小高潮，给用户留下深刻的印象，使用户感到意犹未尽。同时，主播还可以利用这一时间为下次直播预热，简单介绍一下下一场直播的福利和商品。

五、互动策略

1. 以互动话术提升人气

互动留人是指主播在直播过程中与粉丝互动，延长粉丝的停留时长，利用从众效应，让新进直播间的人参与互动。

（1）选择性互动。主播给粉丝抛出一个选择题，给出答案，粉丝选择任何一个答案都可以，只需快捷回复选择的答案代码。这种方式能够快速吸引粉丝参与直播互动。如"想要黑色的扣'1'，想要白色的扣'2'"。

（2）发问式互动。这类问题的答案只能是肯定或者否定，粉丝只需快速地打一两个字进行答复，主播也能很快看到粉丝的答案，不至于冷场。如"刚刚给大家分享的小技巧，大家是否学会了？"。

案例 13.5

发问式互动示例

"姐妹们，平时你们在网上买衣服是不是经常遇到模特穿起来显高、显瘦，自己拿回去穿上就完全没有这种效果的情况？是的姐妹扣'1'。"

启发思考：如果是食品或者别的产品应该如何进行发问式互动呢？

（3）拉新互动。拉新互动是为了促进主播与新进直播间的粉丝互动而设计的话术。例如"今天是不是有很多新来的姐妹，第一次来的给主播发一个'新来的'，新人见面礼，马上安排。"

（4）点对点互动。点对点互动即直接说出直播间粉丝的名字进行互动。一般人们在别人叫到自己的名字时，会特别关注。例如"欢迎路西来到咱们的直播间，今天直播间有活动，赶紧报名参加。"

（5）标杆互动。标杆互动即对直播间某粉丝的典型行为进行表扬，以让其他人学习标杆粉丝的做法，从而为直播间带来好处与利益。

> **想一想**
>
> 这几种互动方式可以在直播的什么阶段使用呢？

标杆互动示例

"我们家丽丽说收到货非常好用，是来回购的。来，运营登记一下，给丽丽送一条价值 59.9 元的毛衣链，直播还有没有其他老粉也是来回购的？来，买到了回来给主播扣'买到了'，给你们加送运费险加毛衣链一条。"

启发思考：本案例是在粉丝已经购买了产品后进行标杆互动，此外还可以在直播的哪个阶段进行标杆互动呢？

（6）高情商回答式互动。直播过程中，有些粉丝的问题不好回答，主播需要灵活应对。

案例 13.7

高情商回答式互动

如果粉丝问："这条裤子身高 155 厘米的人能穿吗？"这时，主播不能简单地回复能或者不能。不要给出机器人式的回复，回复越长，粉丝会觉得主播越重视他，其黏性就越高，并且后进入直播间和之前有同样疑惑的粉丝也能听到答案。

主播可以这样回复："刚刚××说身高 155 厘米能穿吗？能穿！主播身高就是 158 厘米，身高 155 厘米的姐妹去拍 S 码，2 号链接，点进去就能看到码数，对应码数是标准码数，放心，我们 7 天无理由退换货。这一款呢，高个子、矮个子都能穿呢。"

启发思考：如果你遇到这个问题，你会如何回答呢？

2. 以活动话术提升氛围

活动是直播过程中非常重要的留存与转化手段。活动的方式一般包括买就送、满减、满返、搭配销售、发放优惠券、打折、拼团等。活动效果需要主播通过话术去实现。好的话术可以让粉丝觉得参加活动很值。

案例 13.8

活动话术示例

若主播想要用发放优惠券的活动吸引人，可以运用以下三种话术。

话术 1："各位亲，先加购，然后领屏幕上方弹出的 10 元优惠券，领券后下单立减 10 元，非常划算。"

话术 2："要购买的亲，先去店铺的首页领取一张 10 元优惠券，领券后再下单更加划算，可享受我们直播间粉丝专享福利价格。"

话术 3："各位亲，点击左下角的购物袋，找 1 号客服领取 10 元无门槛优惠券，再下单更加划算。"

启发思考：这三种话术，哪一种更好呢？针对其他几种活动（买就送、打折等），怎么说更吸引人呢？

除了常见的营销活动外，还可以通过抽奖的方式提升直播间的氛围与转化率。目前常见的抽奖方式有现场截屏抽奖、超级福袋、盲盒抽奖、随机抽奖等。超级福袋是抖音平台的一种抽奖方式，即后台发送一个福袋在屏幕上，系统按设置好的开奖时间自动开奖。

案例 13.9

超级福袋活动话术示例

"欢迎新进直播间的姐妹，咱们刚刚开播，福利来一波，点击左上角福袋领取一下抽奖资格，福袋里面有价值 199 元的护肤大礼包，礼包里面有氨基酸洁面乳 100g、清爽护肤水 80mL、保湿面霜 30g、眼霜 15g。皮肤干的姐妹可以使用，容易出油的姐妹也可以使用。平时这个套装在专柜都是 199 元一套，但是今天咱们刚开播，直接送。欢迎新进直播间的姐妹，咱们的福袋还有 1 分钟就要开了，福袋领完咱们还有红包……来，运营，给姐妹们上一个红包。"

启发思考：如果是别的抽奖方式，主播应该怎么说呢？

3. 以打消疑虑话术或送福利话术提升转化率

转化是指让粉丝在直播间购买产品，是直播带货的最终目的。转化受直播间人、货、场及主播话术等综合因素的影响。要了解粉丝为什么不购买，是对产品有疑虑还是觉得产品优惠还没有达到预期。如果是粉丝对产品有疑虑，主播可以通过承诺的方式打消其疑虑。如果是粉丝觉得产品优惠还没有达到预期，主播可以从福利方面，以送福利话术去塑造产品价值。在直播过程中，主播可以多制造紧张的氛围来提升转化率，如："来！姐妹们，这个口红两支只要××元，赶紧去买，只有今天才有，库存有限。"

🖥 示例

打消疑虑话术示例

"这款丝袜质量真的好，它不会勾丝，你们看我这么长的指甲去刮它，它一点也不勾丝。关节的地方也不容易起褶皱，你们可以看一下，真的没有褶！所以你们可以放心买。"

4. 高转化直播话术公式

（1）"核心卖点+场景痛点+比较优势+催单催付"。核心卖点是提炼出产品2~3个核心亮点，用多种表现方法来佐证，比如用做类比、讲故事等方式打动观看直播的用户。如男装裤子的卖点：修身不紧身、高端商务。场景痛点是结合产品的使用场景，利用故事化的描述，设身处地描述用户使用产品的一个场景，让用户相信自己需要这个产品。如男装裤子的场景痛点：久坐办公室需要修身不紧身的裤子；有大肚腩需要一条高弹力的裤子。比较优势即和其他电商平台、线上专柜的产品做对比，凸显价格优势。催单催付可以通过倒计时福利、库存不足来制造稀缺感，让用户尽快下单付款。

（2）"产品价值+活动设计+互动策略+快速成交"。这种话术结构适合只卖一种产品、循环讲解的直播间；也适合有很多种产品，每款产品讲解时间不长，讲完一款就讲下一款的直播间。

（3）"人设塑造+场景设计+产品价值+过品策略"。这里的过品策略是指产品一个一个地过，一个讲解完，换下一个继续讲解，即不断地过品。这种话术结构比较适合客单价比较高、产品比较丰富、工厂型的直播间。主播常将自己塑造为某个角色（例如厂长、服装设计师、珠宝鉴定师等），从而让粉丝产生更高的信任度，进而产生购买行为。

🏊 实训任务——直播间人气分析

1. 实训目的：通过对直播间弹幕的爬取并结合弹幕时间与主播实时话术关系整理和总结出主播话术与弹幕的互动联系，深度体验直播互动的氛围提升和人气转化。

2. 实训内容：

（1）了解与安装八爪鱼采集器：①进入八爪鱼采集器官网，下载并安装客户端；②了解八爪鱼采集器免费版的使用方法（官网首页有采集教程）。

（2）爬取直播弹幕：挑选一个自己喜欢的直播间并运用八爪鱼采集器爬取一定时间内的直播弹幕，导出为Excel格式进行分析。

（3）分析与撰写报告：针对出现大量相同弹幕的时间，结合主播实时话术，分析话术与直播间弹幕的互动关系，体验直播互动的氛围提升和人气转化，思考主播话术技巧与氛围调动并撰写直播间人气分析报告。

第四节　直播数据复盘分析

直播复盘是为了给后期的直播提供参考依据，复盘是重新梳理一遍直播过程，即总结经验、吸取教训。直播复盘包括人员复盘、产品复盘和数据复盘。人员复盘包括主播、直播场控、直播运营、副播、客服等整个直播团队的复盘，目的是清晰地了解直播过程中每个人的工作是否执行到位。产品复盘即根据后台数据分析产品的吸引力，以优化选品，具体包括：筛选销售得最好的产品，以便下一场直播增加库存或增加类似款；筛选粉丝最喜欢的产品，下一场直播可以用来做福利款以增加人气；筛选退货率最高的产品，将其从直播产品目录中移除。数据复盘要重点关注流量、互动和转化三个维度的数据。本节主要介绍直播数据复盘。

一、直播数据复盘分析的步骤

直播数据复盘分析包括以下三个步骤。

第一步：记录直播数据。直播结束时，直播运营应该记录好直播中的重要数据。任何一场直播的数据复盘分析，都需要一张数据复盘总表。

第二步：直播团队各岗位人员总结自己在本场直播中做得好与不好的地方。

第三步：根据数据分析结果和存在的问题，团队进行讨论，从主播、直播运营、直播场控、货品、话术等方面制订优化方案。

二、直播数据复盘分析常用指标

直播数据复盘时应重点关注流量、互动和转化三个维度的数据。

1. 流量数据

（1）流量来源数据。直播流量来源有自然推荐、搜索、个人主页、付费、短视频等渠道，应重点关注直播自然推荐和短视频。这两个来源的流量比例越大，越有可能获利，因为二者属于系统推荐的自然流量。直播自然推荐占比 60% 为及格，90% 为优秀。如果一场直播流量很大，但粉丝增长情况不佳，一般是因为流量来源不精准。如引流视频内容标签不够精准，所带来的直播观众就可能不容易留存。另外，通过直播间粉丝停留时长、互动率等数据也可以判断出流量的精准度。

（2）单场观看量。简称为场观，即观众总数，它不仅代表了直播间所在的流量层级，也代表了直播间的能量。如抖音直播间流量层级可以分为 6 级，E 级是百人级别的场观；D 级是千人级别的场观；C 级是万人级别的场观；B 级是十万级别的场观；A 级是几十万级别的场观；S 级是百万级别的场观。

（3）平均在线人数。平均在线人数会影响带货效果。一般平均在线人数在 100 人以内应主要采取留存策略，不要急于卖货；100～300 人采取边留存边卖货策略，50% 的时间留存，50% 的时间穿插利润款；超过 300 人可以采取重卖货、轻福利策略，用小活动穿插全程，重点推爆款，中间穿插利润款以提高销售额。

2. 互动数据

（1）转粉率。转粉率=新增粉丝数／场观。一般转粉率达到 3% 为及格，达到 5% 为优秀。

（2）评论率。评论率=评论人数／场观。一般评论率达到 5% 为及格，达到 10% 为优秀。

（3）停留时长。一般停留时长达到 30 秒为及格，达到 2 分钟为优秀。

3. 转化数据

订单转化率是检验直播间带货效果的重要指标。具体应注意以下数据。

（1）商品点击率。商品点击率=用户实际点击商品的次数／场观，反映的是用户点击进入商品详情页的情况。

（2）商品点击付款率。商品点击付款率=用户实际点击付款商品的次数／用户点击商品的次数，反映的是用户点击商品后付款的情况。

当点击率和点击付款率之间存在明显差异时，可能是由于产品不丰富、价格不够有优势所致，主播的销售话术需要优化。其中点击率表明了主播的引导能力和产品的吸引力。

三、直播数据复盘后的优化调整

要善于对直播数据进行复盘分析，挖掘数据背后的信息，评估直播效果，从而有针对性地进行提升改进。

1. 流量差

流量差的原因可能是私域流量不够或者是公域流量的权重小，也有可能是终端传达页信息不精准。改进要点是把主要精力放在引流上。流量主要有两种：付费流量和免费私域流量（或者可以是依靠主播的 IP 流量、站外流量）。但是有了流量之后，IP、话术、整个直播场景以及产品能不能够承接流量，也是最终转化的关键。

2. 成交率低或者客单价低

成交率低或者客单价低意味着用户对主播缺乏信任。并非观看一次直播，受到主播影响，用户就会在直播间消费，因此主播要持之以恒地直播。成交率与单价有直接的关系，单价越高，就越需要用户信任；单价越低越容易成交。另外，如果直播间抽奖过于频繁，虽然观看的用户增加了，但也容易让用户产生来直播间占便宜的不良心理，从而不利于转化。

3. 互动率低

如果互动率较低，主播可以通过引导增加互动，如发放福袋就是一种很好的互动活动，它不仅可以增加观众和主播的互动，还能增加观众的平均停留时长。

4. 转化差

选品问题、比价问题、非刚需、流量不精准、卖点形容不突出等都可能造成转化率低。如果商品的转化率较低，可能是因为选择的产品与账号粉丝画像存在差异，即选品与粉丝需要的产品不匹配，无法吸引粉丝购买，或者是因为客单价、性价比出了问题，需要更新产品。

5. 停留时长过短

用户在直播间的停留时长短，也就是完播率低，往往是直播间人群标签不精准、直播间太没特色、主播用户留存话术力度不够等原因造成的。要解决这个问题，可以通过短视频以及投放与目标人群相似的达人广告快速给直播间打上精准的人群标签；通过创新打造特色直播间，增加直播间的吸引力；优化主播用户留存话术，尽可能延长用户在直播间的停留时长。

 实训任务——直播行业研究报告总结

1. 实训目的： 通过收集和阅读最新的直播行业研究报告，了解当前直播行业趋势并深入学习直播基本知识和技术技巧。

2. 实训内容：

（1）收集直播行业研究报告并制作相关索引：①进入洞见研报官网并注册账号；②每天（一周时间）阅览三份直播行业研究报告并整理汇总；③根据自我理解分类汇总报告并制作相关索引。

（2）直播行业研究报告提炼：深入学习直播基本知识、技术技巧。

（3）根据提炼的知识撰写直播行业研究报告，内容包含但不限于：直播行业最新相关名词，直播行业营销方式和商业模型，直播 SOP 和话术，选品相关知识，等等。

📖 归纳与提高

本章介绍了网络直播营销人货场构建、直播营销活动与话术策划、打造高人气和高转化率直播间的策略，以及直播数据复盘分析。

人货场构建是直播营销的基础，企业应在做好直播定位与明确目标人群的基础上，选择合适的网络直播营销模式和直播平台，组建直播团队，布置直播间，做好直播间选品与排品。企业开展直播营销应做好直播营销活动与话术策划，并特别关注打造高人气和高转化率直播间的策略。直播营销活动结束后应注意做复盘分析，总结经验，吸取教训，以为后续的直播营销活动奠定良好的基础。

 自测题

 综合练习题

一、填空题

1. "品牌+艺人+直播"模式效果更为显著，艺人庞大的粉丝群可以为品牌带来巨大的流量。但应注意，大部分艺人很难创造影响较为深远的_____，且艺人直播已被大量企业利用。

2. 拼多多直播以下沉市场为主，其直播货品以客单价较低的小商品、农产品或者地方特产为主，非常大众化，其也有一定数量的忠诚用户，拼多多对有_____需求的品牌而言是一个值得尝试的流量池。

3. 直播营销最终的目的就是实现_____，而影响直播转化效果的一个核心要素就是主播的表现力、表达力、互动力、销售力，主播能力的高低直接决定了一场直播的销售额。

4. _____是指通过直播间所在平台以外的其他平台进行宣传，例如通过微博、公众号、社群等第三方平台，对自己的直播间进行预热宣传。

5. _____是重新梳理一遍直播过程，即总结经验、吸取教训。

二、简答题

1. 简述网络直播营销模式的主要类型。
2. 简述直播营销活动的流程。
3. 简述调动直播间人气的策略。
4. 简述直播数据复盘分析常用指标。
5. 简述直播数据复盘后的优化调整策略。

第十四章　自媒体营销

母女斗嘴成就的自媒体

2022 年 1 月，广西姑娘玉凤鸣回到家乡，家里的甘蔗熟了，她回家帮忙砍甘蔗。砍甘蔗时，她常和母亲斗嘴，她觉得干农活太辛苦，又不赚钱。玉凤鸣平时喜欢录一些视频片段发在抖音上，她觉得一边砍甘蔗一边和母亲斗嘴很有趣，于是就录下来并发到了抖音上。没想到一段母女斗嘴的生活片段视频会突然火起来，一个星期她的抖音账号就涨了 200 万粉丝。第一条视频火了之后，她趁热打铁，发了不少和母亲在地里干活时斗嘴的内容。视频中，她和母亲代表两类不同的人：她代表那些不熟悉农村生活、嫌干农活累的年轻人；母亲代表勤劳的农民，语言泼辣接地气，但又经常能说出一些朴素的哲理。她们的斗嘴贴近生活、幽默有趣，给人轻松的感觉，受到网友的关注和喜欢。截至 2023 年 8 月，玉凤鸣的抖音账号@玉凤鸣（广西母女）已有 888.9 万粉丝，1.1 亿次点赞。玉凤鸣将自己定位为"乡村守护者"，她希望通过短视频、直播的方式，让更多人了解真实的农村。她也带货卖广西本地的一些农产品，包括甘蔗、芒果、百香果、香蕉等，她希望尽自己所能，帮助家乡，开展助农直播活动，让广西的农产品通过直播电商走得更远。

启发思考：分析玉凤鸣（广西母女）自媒体的特点和营销价值。

2003 年，谢因波曼与克里斯·威理斯两位学者提出了"We Media（自媒体）"，并对其进行了非常严谨的定义："自媒体是普通大众经由数字科技强化、与全球知识体系相连之后，一种开始理解普通大众如何提供与分享他们本身的事实及获取新闻的渠道。"自媒体即私人化、平民化、普泛化、自主化的传播者，以现代化、电子化的手段，向不特定的大多数或者特定的个人传递规范性及非规范性信息的新媒体的总称，也叫个人媒体。

自媒体的发展经历了三个阶段：第一阶段是自媒体初始化阶段，以 BBS 为代表；第二阶段是自媒体的雏形阶段，主要以博客、个人网站、微博为代表；第三阶段是自媒体意识觉醒时代，主要以微信公众平台、今日头条为代表。目前自媒体的发展正处于雏形阶段向自媒体意识觉醒时代的过渡时期。

第一节　自媒体营销概述

自媒体营销，是指企业或个人入驻自媒体平台，包括社会化网络、在线社区、博客、短视频、微博、微信、今日头条、百度百科、搜狐、知乎、百家号等平台或者其他互联网协作平台和媒体，生产有价值的内容，并进行内容发布、传播、沟通等的营销模式。

一、自媒体营销的特点

1. 独立且自由度大

独立是自媒体最显著的特点，它不受组织的约束，只要在法律及相关规则框架内进行独立表达，就可以达到传播信息的目的。这种独立表达，相比传统媒体对稿件的要求，要自由许多。传统媒体对新闻稿的内容审核比较严格，从活动主题到稿件的遣词造句都有严格的审核标准，许多企业新闻稿件常常被主流媒体拒之门外，自媒体在这方面相对自由许多。

2. 迅速而高效

自媒体在时效性方面值得称道，自媒体营销没有时间、空间的限制，任何人在任何时间、任何地点都可以经营自己的自媒体账号，向大众传播自己想要传递的信息。自媒体的信息内容从制作到发布通常耗时很短，其迅速、高效的特点是大多数传统媒体无法比拟的。自媒体的交互性使得受众在接收到信息后更乐于也更迅速地将信息传播出去，使口碑效应进一步被放大，实现病毒式传播。

3. 交互而平民化

交互性是自媒体的基本属性，自媒体发展出了互动营销模式。自媒体创作者在自己的平台上向受众提供充分的分享、探讨、交流、互动等多元化体验，从而满足受众使用自媒体的核心目的。自媒体的受众无论是与自媒体创作者沟通交流还是彼此沟通交流，都更加方便、顺畅。和传统媒体相比较，自媒体的受众更加大众化，不少自媒体创作者就是普通民众，自媒体是从普通大众中、从每一个人中发展出来的，是一种平民化的营销工具。自媒体依靠网络，以草根的方式向大众传递信息，让营销更加平民化。

4. 个性化、碎片化

自媒体张扬了普通大众的个性。自媒体营销针对用户的个性化需求提供产品和服务，对市场进行细分，对不同的人群制定不同的营销策略，从而迎合用户个性化消费观念，更好地满足用户的个性化需求。另外，受众越来越习惯和乐于接收简短的、直观的信息，这是整个社会信息传播的趋势，而自媒体的出现正是迎合了这种趋势，自媒体能够满足用户在闲暇等碎片化时间查阅内容和评论、探讨等需求。

5. 呈现形式多样化而独特

自媒体平台，有的以图文形式为主，有的以视频形式为主，但是由于短视频平台备受用户喜爱，因此，现在这些自媒体平台一般都添加了视频功能。因此自媒体内容的关键表现形式涵盖文字、图片、视频和音频等，呈现形式非常多元。同时，自媒体在内容发布方面，可以根据产品特性、宣传目的、需求定位等进行独一无二的策划，实现引人注意的效果。

6. 成本低

自媒体营销不需要企业花费成本建设市场销售渠道，使得一些中小型企业在网络营销中摆脱了资源的限制，大大降低了营销成本。自媒体营销不仅节省了人力成本，而且使得营销活动更加便于管理。自媒体行业门槛较低，不需要具备高深的专业知识，人人都可以进入，人人都可以去做，这也是自媒体发展极其迅速的重要原因之一。

📺 示例

引领全民健身操运动的刘畊宏

2022年4月，刘畊宏凭借《本草纲目》毽子操火遍全网。靠着快乐健身的理念，刘畊宏和妻子在抖音直播间鼓励男孩、女孩们"健身改变人生"。一个月涨粉500多万人，两个月粉丝破7000万人，刘畊宏成为2022年上半年全网涨粉最快的主播。如今，在刘畊宏直播间跳操的人数已大幅减少，但刘畊宏和妻子早已通过品牌代言、直播带货、参加综艺、创建个人品牌、打造"畊练团"等形式，将个人IP价值发挥到最大化。

二、自媒体营销策略

1. 自媒体定位与布局

自媒体账号涉及的领域和发展方向需要精准定位，明确受众群体，把握受众的内容需求，寻求自媒体定位与受众内容需求之间的契合点，从契合点切入开展自媒体营销，同时还要做好自媒体布局，建立自媒体矩阵。自媒体人可运营多个合适的自媒体平台账号，实现流量最大化。如短视频不仅能发到视频号，也能发到百家号、芒果等平台，因而能充分利用各种平台，实现多平台推送。

2. 以内容为重心

自媒体成功与否，内容起着决定性的作用，所以自媒体人应以内容为工作重心。真实、优质、独特的内容是对自媒体营销的基本要求。

3. 积累种子用户

可以通过社群、与粉丝互动、口碑传播，把种子用户服务好，种子用户是刚开始做自媒体营销时最重要的宣传资源，非常重要。后续营销活动的展开，都需要将这批种子用户作为基础。

4. 加强与粉丝的互动

自媒体营销的主体是用户，加强与粉丝的互动交流，了解粉丝的真实需求，才能更好地促进营销。在与粉丝互动交流的过程中，需要积极主动地听取粉丝的意见，要以满足粉丝的需求为主。加强与粉丝的互动，保持粉丝黏性是保障营销效果最有力的方法。

5. 全方位推广

要扩大自媒体粉丝流量和影响力就必须对自媒体进行全方位推广，自媒体推广策略非常多，如可以利用微信群推广自媒体：以分享干货的名义推广自己的自媒体链接，平时在群里发言活跃，有机会的时候就在群里分享自己的作品；除了跟自媒体主题相关的，还可以收集一些交流群，或者带有行业性质的交流群，这样的推广比较精准。可以线下开展活动推广自媒体：可以借助电视广告、报纸、书刊等渠道，可以借助产品包装、名片、小礼品等方式，还可以利用贴吧或论坛推广自媒体，在一些跟自媒体相关的社区渠道发布、推广自己的作品。

6. 多种变现模式

自媒体应设计多种变现模式，可以是产品变现、知识变现等。在变现方式上，一定要多样化，不能过于死板。在与粉丝互动的过程中，要注意了解粉丝的需求，尤其是一些个性化的需求，可以设计不同的付费方式去满足这些需求。

7. 效果监测

自媒体营销被很多企业运用到营销工作中，但是面对复杂的互联网环境以及负面舆情的冲击，有时却很难达到理想的营销效果。因此在自媒体营销全过程必须进行效果监测，出现问题及时进行策略调整。

三、自媒体内容营销与创意出发点

（一）自媒体内容营销策略

自媒体营销过程实质上是内容的生产、传播、分享、互动、变现的过程，内容营销是自媒体营销的核心。要做好内容产出，可以采用如下策略。

1. 追求内容的价值性

目前自媒体已达到一定程度的饱和，用户选择阅读和关注的账号越来越挑剔。自媒体要吸引粉丝，就必须向粉丝展示有价值的内容。看完自媒体内容，应能让粉丝有所收获。自媒体应了解自己的优势和定位，从粉丝的角度出发，提供能够满足粉丝现实需求的解决方案。如今自媒体平台对内容的审核极其严格，因此内容一定要合法合理，合乎自媒体平台对内容的要求。

2. 内容原创

原创内容是自媒体生命力的表现。如果不制作原创内容，就只是在帮助他人传播内容。自媒体营销一定要注意内容的原创性，原创是自媒体人创新能力、专业水平的体现，能够帮助自媒体人吸引更多的粉丝群体。

3. 内容垂直而专注

自媒体平台希望自媒体人持续创作某一领域的作品，自媒体平台垂直的内容往往能得到更大的推荐量。专注做垂直内容，也能让自媒体人在垂直领域知名度越来越高，积累人气和流量。一直做垂直领域的内容还有助于逐渐搭建新媒体矩阵，从而在多个平台接触到用户。

4. 寻求内容差异化

自媒体创作者极多，竞争非常激烈，要想避免雷同，实现内容差异化，只能从独特性维度找突破口。做到内容具有独特性、差异化的方法很多，如可以试试从元素匹配入手，假设某自媒体人的主方向是时尚，则可以尝试穿插绘画等元素。自媒体人不要禁锢思想，只要找到擅长的内容就有可能出奇制胜。

5. 注意内容的时效性

自媒体的内容不管是不是热点话题，内容都需要具有时效性。首先应保证首发。保证内容在每个自媒体平台上都是首发，这样原创值就会高，如果内容只在一个平台上发布，其他人就会将内容转发到其他平台上。其次注意不发表过时的内容，发布已经过时的内容会被平台判定为旧闻新发。最后需要注意发布内容的时间，完成内容就马上发布，以抢占流量先机。

6. 持续生产内容

自媒体内容生产和传播是一个持续的过程。不断产出新的优质内容，才能留住粉丝、保持自媒体账号的活力。但是应注意内容风格的变与不变，内容风格的稳定往往铸就了自媒体的独特性，但是一成不变的风格容易让人审美疲劳，自媒体应做到稳中求变，可以对某些元素进行改造或更新，也可以变换元素的组合。

示例

话题裂变加速新品营销

2022 年 3 月，智能家居品牌科沃斯与"抖音电商超级品牌大赏"合作，推广"扫地机器人 T10"和"多功能空气净化机器人 Z1"，仅 10 天时间品牌的销售额就突破了 1.1 亿元。为了更好地扩大品牌营销活动的影响力，科沃斯还与变形金刚跨界联动，强化"机器人"品牌概念，更精准地吸引年轻群体的关注，这部分用户正好贴合科沃斯 25～40 岁的核心用户群。在新品话题裂变方面，科沃斯首先发布了"召唤机器人朋友"的品牌任务，用户使用指定话题模板并关联话题，即可瓜分现金。头部网红虎哥说车、聂小雨等也参与了活动，为新品带来了更多曝光量。同时，科沃斯还联合"抖音电商超级品牌大赏"，发起了话题"多懒才算懒？"，通过互动剧情、街采等内容形式，突出"能好好说话，就绝不动手"的主题，侧面烘托出科沃斯只需要召唤智能机器人就能轻松解决问题的品牌核心卖点。

（二）自媒体内容创意出发点

自媒体内容可以从各方面进行创意，如热点事件、品牌等。

1. 热点事件

搭乘热点事件的便车进行内容创作是一种非常有效的创意，自媒体人应善于抓住实时热点事件，寻找品牌或产品与热点的契合点，将品牌或产品与热点结合起来。自媒体人需要挖掘创意，创作出不一样的、符合用户偏好的内容，满足用户的真正诉求，提升品牌影响力。但是需要注意的是，借势热点，并不是借势所有的热点，有些热点可能会影响自己的品牌。因此借势热点需要把握好一个度，不要借势对自己品牌不利的热点。

2. 品牌

品牌是内容创作很好的立意点，深入挖掘品牌特点和深层寓意，可以进行相关内容创作，也可以在此基础上，建立品牌与其他事物的深层联系进而创作内容。如将品牌与世界杯进行紧密联系，从而挖掘运动员与品牌的深层联系，将运动员努力、拼搏、奋斗等体育精神融入品牌内容创作中，让人们形成鲜明的记忆点。

3. 娱乐

人们往往更乐于接受有娱乐元素的内容。自媒体人可以在品牌、产品和服务中加入一些娱乐元素，这样创作的内容或许可以达到更好的效果。娱乐营销将"产品实体、媒介载体、消费者"三者结合，实现三位一体，可以让人们在享受快乐的过程中接受内容并产生共鸣。

4. 时尚

时尚总是会让人们关注和追逐，尤其吸引年轻人。深入了解消费者行为，分析消费需求，把消费行为中的时尚元素与品牌、产品联系起来，挖掘其中的内容创作点，这样能满足目标人群的心理需求，创造产品和品牌价值，赢得市场青睐。

5. 文化

文化为内容创作提供了无限创意。目前我国的亚文化已经形成了明显的圈层化、封闭化现象，消费和娱乐色彩也较为明显，亚文化，特别是网络亚文化，是自媒体内容创作中经常运用的创意点。多数网络亚文化呈现出"偶然创造→突然流行→日益淡化→渐被遗忘"的传播规律，也有一些积极的网络亚文化能够被主流文化所接纳，成为网络主流文化的重要组成部分，如二次元文化、网文圈等亚文化"反哺"主流文化，客观上推动了网络文化的多样性和创新性发展，进一步丰富了青少年的精神世界。

案例 14.1

王饱饱邀你给食物写首小诗

王饱饱（杭州的一家燕麦片公司）根据目标人群的媒体接触习惯，选择小红书、抖音等年轻人喜爱、乐于观看的平台，以图片+文字、幽默视频等形式，深挖内容传播策略。除了深耕早餐场景，王饱饱还曾探讨饮食焦虑的社会议题。王饱饱曾与青年志拍摄纪录片，讲述三位女性和饮食之间的紧张关系，希望大家能在吃这件事上抱有更轻松的心态。王饱饱深谙网红打造之道，借势网红效应，铺天盖地式地"种草"。据统计数据，王饱饱先后与200多位网红、达人有过合作关系，覆盖粉丝达4000多万。

2023年1月，王饱饱与青年志再次合作，发起"给食物写首小诗"第一届诗歌大赛，邀请用户用文字书写食物，让用户可以重新审视每天所食之物，把对食物的种种情感写成一首首小诗，将自己和食物的关系通过文字表达出来，以更平和的视角看待它们。诗的形式和载体都不受限制，用户可尽情发挥想象力进行创作，大赛评选出十首最佳诗歌，最佳诗人会得到大赛授予的"饱藏诗人"称号，王饱饱将承包最佳诗人未来一年的早餐。

启发思考：（1）分析王饱饱内容创意的出发点。（2）分析王饱饱内容营销策略的优势。

实训任务——小红书内容营销策划

1. **实训目的**：了解小红书平台的相关规定，分析热门笔记的特点，掌握小红书内容营销策略。

2. **实训内容**：

（1）注册小红书账号：没有小红书账号的同学注册小红书账号，并了解小红书平台关于笔记发布的相关规定。

（2）笔记内容定位：确定小红书账号笔记内容类型及标签。

（3）用户定位：确定目标受众群体，分析目标受众内容需求。

（4）分析热门笔记特点：学习热门笔记的优点。

（5）笔记内容规划：基于笔记内容定位及受众定位，结合热门笔记优点，进行笔记内容规划。

（6）笔记创作：在遵守平台相关规定的前提下创作笔记，注意笔记关键词的设置。

（7）笔记发布与传播：根据目标受众的小红书使用习惯选择发布时间，运用社会化媒体进行笔记分享和传播。

（8）评论区互动：积极与目标受众在评论区进行互动。

（9）传播效果评价：分析笔记点赞、收藏数据和评论情况，评价传播效果。

（10）撰写小红书内容营销策划书：策划书包括上述内容。

第二节　微信营销

微信已成为网络营销的主流工具。随着微信不断升级，其功能越来越多元化和日益完善，给用户带来了很好的体验，同时也为企业的营销活动提供了重要的渠道和工具。本节主要介绍目前网络营销中常用的微信朋友圈、公众号、小程序、视频号等功能。

一、微信朋友圈营销

微信朋友圈作为微信的特色功能之一，可以使用户分享的内容（包括自拍图片、图库图片和公众号图文、视频等）被通讯录里的授权好友看到，这些好友能对分享的内容予以点赞、评论，同时用户也可以实时查看朋友圈里其他好友分享的内容。朋友圈满足了用户进行信息分享，同时得到其他人关注的潜在心理需求。由于朋友圈强大的信息分享和传播能力，微信在朋友圈引入了原生广告。这种广告类似于在朋友圈展示的好友原创或转发的内容，可以点赞和评论，与朋友圈内容毫无违和感，能对用户产生潜移默化的影响。

很多微信用户喜欢在朋友圈分享生活点滴，每天刷一刷朋友圈已经成为很多人的日常，所以如果能做好朋友圈营销，对企业或个人的引流转化有很大的帮助。朋友圈是基于熟人社交的产品，朋友圈营销只有在建立信任后，才能实现最终营销目的。

（一）微信朋友圈营销的重要性

1. 塑造品牌形象

用户可以在朋友圈打造个人或企业形象，可以对外传达用户的性格和形象，可以得到更多用户的喜欢和信任，在这个基础上再去营销推广自己的产品，成功的可能性更大。在朋友圈塑造的个人或企业形象，也属于品牌 IP 形象，是一种品牌无形资产。

2. 推广品牌活动

微信拥有海量月活跃用户，在朋友圈推出的品牌活动可以实现海量品牌曝光，传递品牌文化，强化品牌形象，并配合精准定向，让更多用户参与品牌活动，实现品效合一。

（二）微信朋友圈营销核心逻辑

朋友圈营销主要存在两方面的核心逻辑。

1. 人设建立是为了培养一对多的信任

以往做朋友圈营销，方式是围绕产品来输出价值，但是这种方式容易引起用户的反感。目前比较有效的方式是围绕人设来输出产品。通过朋友圈塑造一个积极、阳光、正向的形象，会逐渐培养用户的信任感，有信任基础就有了成交的可能性。发朋友圈的内容应进行规划，多发与品牌或产品相关的具有知识性、趣味性的内容，并将营销信息融其中。如做美容护肤，可以定期在朋友圈发布与美容行业有关的信息，或者发布自己的护肤经历、感受，这样会更有说服力。

2. 朋友圈是在讲故事、讲生活

微信用户查阅朋友圈往往是为了打发时间，或者想了解圈子里朋友的生活现状，而人是最容易被故事所吸引的。发朋友圈的内容应以讲故事、讲生活为主，可以 80% 来源于生活话题；20% 是产品广告；可以多发一些生活中有趣的事情，如参加的聚会、阅读的书籍、"打卡"的美食店等，切记不要发消极低俗的内容。

（三）微信朋友圈营销方式

微信朋友圈主要有付费推广和免费推广两种营销方式。

1. 付费推广

微信朋友圈付费推广即采用朋友圈原生广告进行的推广。对于广告主来说，朋友圈原生广告有以下优势：具有海量用户、可做到系统化投放、可打造闭环生态，可精准触达用户。朋友圈广告可由广告主在线申请投放或者由第三方代理服务机构代为投放，可基于微信大数据分析，针对目标群体进行精准广告投放。朋友圈广告支持图文广告、视频广告、基础式卡片广告、选择式卡片广告、与广告主互动广告、橱窗广告等广告产品形态，支持品牌活动推广、门店推广、商品推广、App 推广、公众号推广、游戏推广、派发优惠券和收集销售线索等功能。图文广告是最常见的朋友圈广告产品形态，可包含广告主头像和昵称、外层文案、外层图片、文字链接、用户社交互动等。本地推广图文广告还包括门店标志。

与传统的互联网广告模式一样，朋友圈广告支持排期购买和竞价购买两种购买方式，按曝光次数收费。除朋友圈本地推广广告外，其他图文广告均支持排期购买和竞价购买。朋友圈本地推广广告仅支持竞价购买。排期购买需要提前1～28天锁定曝光量，同时提前冻结账户里所预定排期的账号金额，是一种保价、保量的合约购买方式。通过排期购买的朋友圈图文广告，单次投放最低预算为5万元，曝光单价由广告投放地域决定。投放地域目前分为三档：核心城市、重点城市和普通城市，不同城市的等级其CPM定价略有不同。

2. 免费推广

免费推广一般是通过打造个人IP进行营销的，即：朋友圈营销的不是产品，而是用户自己，如果用户能成功地把自己营销出去，得到其他用户的信任，无论营销什么都有了成功的基础。但是打造个人IP是一项复杂的工程，需要一层层地解剖自己。要分析朋友圈的目标用户喜欢哪种类型，就以什么样的形象展示在其面前，只有这样才能引起其关注。

（四）微信朋友圈免费推广营销策略

1. 打造朋友圈专家形象

朋友圈的营销对象大多数是熟人，朋友圈营销是依靠信任后进行营销的一种运营方法，打造专家形象有利于提高信任度。打造专家形象要从朋友圈真实性设置开始：①微信头像用真实头像，最好是职业照，让人感觉专业、可信任；②微信名字用真实名字，这样才能取得朋友圈内朋友的信任；③微信朋友圈封面可以选择与企业、品牌、工作相关的精美照片，最好不用风景照、卡通照、非主流照片等。

2. 注重内容营销

微信朋友圈发布的内容是抓住用户、刺激消费的重要影响因素。需要根据自己的定位进行内容规划和发布，不要给人广告刷屏的感觉。发布高质量内容有两种方式：一是以塑造个人专业形象为主，以分享生活价值为辅；二是以间接式营销为主，以塑造个人专业形象为辅。具体内容包括品牌宣传、产品展示、成交案例展示、效果展示、客户好评展示、团队形象展示、行业动向发布等。注意朋友圈发布的内容，不能是过于敏感、过激的话题，以及容易引起人们误会的话题。

朋友圈内容形式宜采取图或短视频配文形式，切忌只发文字，或只发图片没有文字。文字内容要精练，1～6行字较为适宜，不要超过100字。分享照片或图片时应注意：一是挑选有代表性的照片或图片；二是按照重要性依次排列照片或图片；三是采用有趣的技巧或方法，如在朋友圈发布一张图片，可以先利用切图软件把这张图片切成九张切图，再把九张切图拼成九宫格发至朋友圈。用户在朋友圈见到的是九宫格组成的一张图，每一张切图点开后却有不一样的内容，这样可以增加趣味性。朋友圈发布的短视频可以是产品简介、品牌简介、产品操作演示、商品使用感受等，短视频应用心策划和拍摄制作。

3. 做好互动营销

微信朋友圈的营销推广应特别注意与朋友圈内朋友的互动交流。互动交流包括以下几点。

（1）群发消息提醒朋友看你的朋友圈，也可以@朋友看你的朋友圈。在发微信朋友圈时，能@十个朋友看你的朋友圈。被提示的人，可以是用户、潜在用户，或是你想要他看这一条信息内容的人。

（2）认真、及时回应朋友的评论，与评论的朋友进行沟通交流。

（3）点赞朋友发布的朋友圈内容，并积极进行评论，既可以加深对方的印象，也可以促进朋友圈互动。

（4）采用自评来带动互动。

（5）组织周期性活动、测试游戏等，一方面可以增加朋友互动，另一方面也可以测一下朋友的质量。如给第8、第18、第28位点赞的朋友送礼品，或者让转发海报的朋友免费报名参加某知名老师主讲的公开课。测试游戏不能直接公布各答案的解读内容，只有参与者参与回答才告诉他解读内容。如果直接告诉参与者解读内容，无形之中就减少了很多互动的机会。

4. 共享所在位置

在分享微信朋友圈时，可以显示位置信息，方便客户线下寻找；也可以通过定位显示位置信息，提高好友对品牌的认知度；还可以把自己的广告语植入"所在位置"，具体操作为：点开"所在位置"再点击"搜索附近位置"，然后输入广告语，按提示填写后再点击"完成"，继续发朋友圈，就能在"所在位置"里，找到所设计的广告语。

5. 注意发布时间

发微信朋友圈时要学会把握黄金时间。7—9点，起床或上班时段，大多数人在上班途中喜欢刷朋友圈、公众号文章等，可以发1~2条早安问好的内容，配上图片。12—13点，午餐或午休时段，很多人都会在这个时间段看看朋友圈的最新动态，可以发布2~3条品牌宣传、行业动态、产品展示、团队形象等方面的内容。16—18点，下班前后，可以发布2~3条成交案例、效果展示、客户好评、交流现场、个人形象等内容。21—22点一般是大多数人一天中最放松的时间段，看朋友圈的朋友会多起来，可以发布1~2条团队形象、个人形象、日常生活等内容。

6. 把握发布频率

每天发6~8条为宜，太少难以引人注意，太多则会让人感觉是在刷朋友圈，可能会影响好友看朋友圈。特别应注意的是，原则上每天的朋友圈硬广告不要超过2条。

二、微信公众号营销

本书所称微信公众号特指微信公众平台的服务号和订阅号。小程序营销将在本节第三部分介绍，企业微信是企业办公管理工具，本书不进行探讨。微信公众号（简称"公众号"）作为微信的一种独特功能使微信成为一个强大的网络信息集散中心，是重要的微信内容营销平台。

（一）账号类型

公众号平台账号分为服务号、订阅号、小程序和企业微信四种类型。

1. 服务号

服务号能为企业和组织提供强大的业务服务与用户管理能力，主要偏向服务类交互，功能类似12315、114热线等，可提供绑定信息、服务交互功能，适用人群为媒体、企业、政府或其他组织。服务号1个月（按自然月）内可群发4条消息。

2. 订阅号

订阅号可为媒体和个人提供一种新的信息传播方式，主要功能是在微信端给用户传达资讯，功能类似报纸或杂志，提供新闻信息或娱乐趣事，适用个人、媒体、企业、政府或其他组织。订阅号（认证用户、非认证用户）1天内可群发1条消息。

3. 小程序

小程序具有开放性，开发者可以快速地开发一个小程序。小程序可以在微信内被便捷地获取和传播，同时具有出色的用户使用体验。开放注册范围包括个人、企业、政府、媒体、其他组织。微信公众号平台提供一系列工具帮助开发者快速接入并完成小程序开发。

4. 企业微信（原企业号）

企业微信是企业的专业办公管理工具。企业微信提供与微信一致的沟通体验，提供丰富免费的办公应用，并与微信消息、小程序、微信支付等互通，可助力企业高效办公和管理。

（二）营销优势

1. 精准营销

微信公众号营销能够精准地获取目标客户和分析目标客户的需求，实现精准营销。公众号实现了 100%的推广达到率，可以使信息自动推送，用户也可以根据自己的需求自行搜索和寻找。通过公众号后台管理功能可以对用户进行数据分析。公众号后台的数据统计功能可用于用户的数量增长情况和属性分析，帮助企业通过直观的图表来分析粉丝的增加数量、减少数量、属性、接收信息偏好、回馈等信息；也可以用于对用户的阅读方式（如图文页阅读、原文页阅读、分享转发等）进行分析；还可以帮助企业确定自己的运营策略、指标，以及运营风向标，通过数据分析不断改进、修正以使内容符合公众号的定位。有了完整详细的数据，企业微信公众号营销可以更加有针对性，所发布的信息能更符合目标人群的选择和需求。

2. 承载海量信息

公众号可承载大量的、类型多样化的信息，已成为企业进行内容营销的重要工具。虽然系统对公众号每天推送的信息量有明确限制，但这不会弱化用户的阅读需求。公众号信息不断累积，不会因时间的推移而流失。而且公众号支持文字、图片、音频、视频等，这样不仅能拉近和用户之间的距离，还能让营销变得更加生动有趣、更有说服力。

3. 多元化营销形式

微信公众号平台可以将线上线下、PC 端和移动端很好地结合起来，由此拓展了营销渠道。利用公众号进行营销，可以采用各种形式的活动来吸引用户关注、参与和分享，具体形式包括纯线上活动、以线上为主线下辅助，或以线下为主线上辅助。公众号营销的主要任务是宣传和推广企业的产品及树立品牌形象、销售产品或服务。

4. 有效互动

公众号的运营重点是内容，手段是互动。内容能吸引用户、留住用户，互动则能增强与用户的感情，让用户变成粉丝。企业通过公众号可以即时向公众推送信息，用户可以像与好友沟通一样与企业公众号进行沟通互动。公众号每日推送一次消息，亲民但不扰民，且实现了世界各地的同步传播，用户还可以查看历史消息。公众号在互动的同时透着人性化，公众号实质上也是一种社群，人们有着文化符号认同以及情感归属，公众号运营全过程都体现着人性化。即使是兴趣和爱好很小众化的人也可以在公众号找到认同感，随之自然地进行沟通与交流，这就是强交互效果。

5. 低营销成本

利用公众号进行营销可降低营销成本。对于卖方，微信及其各种功能都是免费使用的，注册一个公众号账号就可在微信平台上实现和目标群体进行文字、图片、音频、视频的全方位沟通和互动，基本不需要费用。因此公众号的创业成本、犯错成本低。在公众号平台创业，最昂贵的是时间成本。对于用户而言，操作简单易行。用户关注公众号，只需扫二维码或查找公众号，再点关注即可。

（三）营销策略

1. 公众号定位

微信公众号营销首先要明确公众号定位，并进行前期准备工作。一是要确定公众号定位，明确要做什么样的公众号。二是要明确用户定位，分析目标用户需求。三是要根据定位为公众号命名，命名一定要符合定位，命名的作用是让用户明确公众号在做什么，这也更有助于公众号收获粉丝。四是要写一个清晰的介绍，告诉用户公众号主要提供什么内容、核心思想是什么、可以带来什么价值等，帮助用户了解公众号。

2. 内容营销

对于用户而言，公众号的价值主要在于其推送的内容，内容规划、生产与传播是公众号运营的核心工作。公众号是为用户服务的，内容规划既要结合企业、品牌、产品的特点，又要从用户的角度着想。公众号的内容可以采用"1+X"模式，"1"指的是最能体现账号核心价值的内容，"X"则代表了内容的多样性，可以迎合和满足用户的需求，增强内容的吸引力。公众号的内容营销可以借助一些话题来展开，如对社会上的热点问题进行介绍、评论、讨论，并推荐一些用户可能感兴趣的相关内容。

但应甄选出恰当的话题，建立话题与公众号本身的联系，同时还要注意话题的时效性。内容形式应多元化，宜综合使用文字、图片、音频、视频等，关键是内容要能引发用户思考，形成良好的互动效果。

3. 互动营销

与用户的互动交流是提高用户活跃度的重要方法。与公众号用户互动时应注意以下事项。

（1）选择互动方式。与用户互动时，互动内容、方式的选择十分重要，最好能给予每位粉丝一种独特的体验。可以通过话题讨论、寻求帮助或约稿等方式与用户进行沟通交流。

（2）把握互动时机。与用户互动应注意时机，什么时候该做什么事，都要把握一个度。

（3）掌握互动频率。一般来说，一周推送不要超过三次，太多了就会打扰用户。内容推送在于精而不在于多。

（4）做好推文的页脚。页脚即指公众号文章下的分享、收藏、在看、赞图标。分享、转发、收藏是互动的主要手段之一，推文页脚最重要的功能就是提醒用户转发分享、关注和收藏。

（5）利用评论功能。评论功能有助于提高用户的黏性，要注意关注和回复用户的评论。

（6）用好关键词回复功能。公众号运营时间长，就会积累很多内容，为了不让这些内容沉下去，应建立丰富易查的关键词回复系统。设置关键词回复能方便用户快速看到需要的内容，同时还能增强互动。

4. 公众号推广

粉丝是企业微信公众号营销的基础，只有具有一定的粉丝基础，企业才能实现其运营公众号的目的。公众号推广可以采用的策略主要有以下几个。

（1）促销活动。这是公众号营销的重要表现形式，是吸引粉丝参与、促成交易的重要手段。它有抽奖、赠送、优惠、折扣、免费、发红包等形式。其中免费是非常重要的一种促销形式，如关注公众号就有机会收到有价值的行业干货资料、礼品、护肤品体验装等，通过免费活动可增加粉丝的黏性和新粉丝，也能给自己的商品做推广。

（2）微信集赞送礼。微信一直在打击集赞行为，但是打击的对象是用强制或恐吓等粗暴的方式来强迫粉丝的分享行为。微信官方表示：我们没有禁止公众号的合法推广行为，我们禁止的是通过利益诱导进行恶意推广、强制要求朋友圈分享等行为。集赞送礼推广应注意两点，一是活动文案要有创意，二是礼品要有特色，能够引起粉丝的兴趣。

（3）微信投票活动。让粉丝在公众号设定好的页面投票，票数最多者可获得一定奖励。粉丝会为自己拉票，让朋友、同事等为自己投票，还会去拉陌生人来投票，无形中推广了公众号，吸引了新粉丝。粉丝参与进来，不仅是为了小礼品，还是为了自我满足感的获得，只有这样的心理才能够让粉丝自发地进行宣传，使活动得以快速传播，公众号也随之推广开来。

（4）扫描二维码活动。用户只需扫描二维码，成功关注公众号，便可享受一定的优惠。

（5）长期策略。企业微信公众号的运营要做好长期奋斗的准备，要耐得住寂寞、经得起考验，不能因为阅读量不够而倦怠，也不能因为订阅量不足而不及时更新推送消息。

5. 数据分析

公众号平台有数据分析工具，通过这个工具可以查看粉丝基础数据、阅读状况、分享状况等。公众号运营者应对这些数据进行仔细分析，把握公众号运营状况，分析公众号的优势及缺陷，在对数据分析的基础上不断提升公众号。

 示例

> **GQ实验室的《红了！》**
>
> 2022年8月11日，GQ实验室推送了一篇公众号文章——《红了！》，该文章在朋友圈刷屏。这篇文章以"美"为主题，用150句话的文案诠释了150种不同的美，每句话都以一种自动弹出的方式呈现给读者，实际上这篇文章是为资生堂150周年直播造势的一篇软文。这篇文章不仅轻松收获超10万阅读量，更是在发布后

24 小时内斩获 3.6 万次点赞。150 句话，总有一句能让读者产生共鸣和认同感，再加上微信排版的创意，读者看后往往会迫不及待地进行分享。

三、微信小程序营销

微信小程序是一种连接用户与服务的工具，可以在微信内被便捷地获取和传播，同时具有出色的用户使用体验，无须下载即可使用。微信小程序进一步扩展了二维码的功能，实现了应用的触手可及。安装、卸载、使用小程序，就像关注、取消关注、进入公众号一样简单，不用安装 App，不必有安装 App 带来的流量耗用与存储空间占用的顾虑。

（一）微信小程序的功能

微信小程序具有以下功能。

（1）线下扫码。用户除了使用微信打开小程序之外，还可以在线下使用微信"扫一扫"功能打开小程序。

（2）对话分享。用户可以分享小程序或其中的任何一个页面给好友或群成员，好友或群成员通过点击分享的小程序或页面即可打开小程序。

（3）消息通知。企业可以发送消息给接受过服务的用户，用户也可以在小程序中联系客服，小程序支持用文字和图片交流，非常人性化。

（4）小程序切换。用户可以在使用小程序的过程中快速返回聊天界面，无须等待，切换即用。

（5）公众号关联。微信小程序可与公众号进行关联，关联起来使用更方便。

（6）历史列表。用户使用过的小程序会被放入列表，方便下次使用。

（7）搜索。用户可直接根据小程序名称或品牌名称搜索小程序。

（8）附近小程序。用户可以搜索到 5km 以内的小程序，小程序同时还能够帮助线下门店更快速、直接地接触到用户。

（9）挂起状态。来电话时可以先接，接完后直接使用小程序进行相关操作，不会有任何冲突。

（二）微信小程序的营销策略

1. 吸引精准用户使用小程序

（1）采取精准对接目标群体的定制营销。企业应对目标群体进行精准定位，通过搜集相关数据描绘用户画像，将满足目标群体需求作为小程序设计的核心考虑因素。小程序图标要有新意，名称要简短并能直接说明小程序的功能，尽量符合用户搜索习惯。

（2）线上线下结合推广。对于线下门店来说，外观独特的小程序码可以吸引用户眼球，门店运营人员可以将小程序二维码放入线上线下的营销活动中加以推广。为了能够沉淀用户，应尝试让用户关注公众号或者加入微信群，并通过社群运营来提高用户黏性。

（3）向好友精准转发或者在微信群内分享。小程序不管是在微信群还是在微信朋友圈传播都十分方便，但应注意转发或分享的应是小程序页面，而不是直接发送小程序。小程序页面可以直接为用户提供服务，能让用户感受到其价值，更容易得到认可。用户可以通过小程序所设定的搜索引擎和关键词搜索企业的产品，另外企业还使用小程序的信息模板与用户交流。服务于本地化生活的小程序，可以将微信群分享的范围限制在当地。

（4）微信公众号关联小程序。公众号是小程序推广和引流的好帮手，尤其是内容优质的公众号能有效地推广小程序。企业可以在公众号后台管理系统中关联小程序，关联完成之后，可以在公众号推文底部添加小程序卡片。用户通过阅读高质量的文本内容，被指引点开小程序卡片自动跳转到小程序，这样可以把公众号粉丝引流到小程序。公众号关联小程序，还可以将小程序关联绑定到公众号菜单栏，用户点开公众号菜单栏时，可以自动跳转到小程序。电商、出行、观影等工具类的小程序，在公众号等渠道中投放往往会有不错的效果。

（5）高权重渠道推广小程序。企业可通过微博、贴吧、社群等渠道推送小程序二维码，引导用户扫二维码登录小程序。

2. 促进用户持续使用

（1）让用户感受到小程序的价值。除了通过小程序页面接触小程序的少量用户，大部分用户首先看到的是小程序首页。为了优化用户体验，企业应该将小程序首页做得简洁明了，让用户能够直接体验小程序的核心服务，让用户感受到其价值。

（2）尽量避开轻型工具。日历、时钟、计算器等这些轻型工具对用户价值极低，因为人们通过智能手机就可以方便快捷地获取这些服务，小程序应尽量避开这些工具。

（3）注意内容的丰富性和娱乐性。当对小程序进行图文推广时，应将内容做得丰富而有价值，并注重娱乐体验。

（4）利用小程序的营销功能。企业可以通过小程序的营销功能进行营销活动策划，如小程序直播、砍价活动、团购等，增加小程序营销的灵活性和娱乐性。同时应注意实时检测活动效果。

3. 加速用户裂变

（1）以活动吸引更多用户。企业可以开展邀请送好礼等活动，让老用户邀请新用户。

（2）线上线下结合。线上可为用户提供信息服务，实时解答用户提出的各种问题。线下可由地推人员为目标群体细心演示，或者向目标用户发放小程序流程指导图。

（3）优化小程序的服务。小程序页面应能让用户清晰地了解到企业提供的全部服务项目，直接将服务与后台客服串联起来。

4. 小程序要能为企业发展提供参考

（1）对用户行为、数据等进行详细记录，并以日、周、月、季为单位制作小程序运营报表。

（2）对用户行为及数据进行详细分析，描绘用户画像，然后结合企业的实际发展情况，制定战略决策。

（3）要强化所有组织成员对小程序的认识，即便和小程序运营无关的部门，也应该掌握小程序的相关知识，小程序运营成功需要企业各部门之间的协调配合。

案例 14.2

微信小程序游戏《羊了个羊》

《羊了个羊》这款号称通关率不足 0.1% 的消除类游戏，在 2022 年 9 月 14 日冲上微博热搜榜第一位之后，开始"引爆"全网，流量之大令服务器两天崩了三次。截至 2022 年 9 月 16 日，微博"羊了个羊"话题有 25.4 亿次阅读量；9 月 19 日，微信指数达到峰值，关键词热度近 3.9 亿。在游戏刷屏的同时，两张流传在微信群关于收入的图片令游戏更加"出圈"。图片显示这款游戏单日收入 468 万余元人民币，但马化腾随后辟谣称图是处理过的。

根据创始人的采访，这款游戏最早是 2022 年 8 月在抖音上线的，但做了一个月数据一般，项目组已经放弃了。后来应一些粉丝建议，出了一个微信版本，才于 9 月在微信小程序上线。上线第一天，仅有 100 多位用户，大多是游戏开发人员向家人和朋友分享。经过 10 天左右，游戏已经裂变到将近 100 万日活（日均活跃人数），这款游戏在大学生圈层开始成为热门。比起游戏本身，社交性与话题性才是《羊了个羊》走红的根本原因，2 天 12 次登上微博热搜榜，每一次都令这款游戏进一步"刷屏"和"出圈"。

启发思考：为什么说社交性与话题性是《羊了个羊》"出圈"的根本原因？

四、微信视频号营销

微信视频号自 2020 年 1 月上线内测迭代至今，视频号的内容和商业生态已基本完成。视频号和朋友圈一样，创作门槛比较低，视频号的位置被放在发现页，与朋友圈并列。视频号内容形式并不局限于视频，而是视频和图片皆可，现在还增加了直播、电商等功能。

（一）微信视频号营销的特点

1. 微信公域流量入口

微信视频号让用户跳出了封闭的朋友圈，打开了微信公域流量入口。用户可以通过视频号学到很多东西、获取很多信息，也可以通过视频号进入更多圈层。视频号面对的是微信平台的公域流量，只要视频内容足够垂直、有价值，平台就会将视频推荐到整个微信流量池，相比朋友圈广告，能让企业获取到更多的粉丝和潜在客户。

2. 以社交推荐算法为主

视频号推荐算法的推荐逻辑主要与三个方面有关，即用户、内容、互动。视频号与抖音、快手最大的区别是视频号采用的是社交推荐算法，社交推荐算法会根据用户的社交关系，综合筛选出合适的推荐内容列表，这就是视频号首页顶部导航三大信息版块的"关注""朋友（点赞）"和"推荐"。对创作者来说，社交推荐更有利于账号涨粉、引流。从理论上来说，一条视频号的视频不停地在各个圈层间传播，可以触达的潜在人群边际是无限的。另外，内容方面，社交推荐算法会启动安全过滤、生态保障、内容去重等干预机制，屏蔽不合适的内容，然后再对合适的内容启动兴趣打散，并根据兴趣标签推荐给目标用户；互动方面，社交推荐算法会根据互动数据来评判该内容是否需要继续推荐，判断依据包括点赞率、评论率、分享率、完播率。

3. 自动匹配和推荐

视频号平台会根据内容进行自动匹配和推荐。企业可以做垂直内容，以内容吸引微信平台的精准粉丝和用户，这些大多是企业的潜在客户。只要创作与发布的内容足够垂直，且具有足够的价值，视频号平台就会将内容推荐到整个微信流量池，这充分体现了公域流量的魅力。

（二）微信视频号的营销策略

1. 设置视频号封面

用户大都是通过封面来了解内容的，无论是主页封面还是视频封面，吸引用户眼球十分重要。视频号主页封面图，1 080 像素×1 080 像素是最佳尺寸；视频背景图，竖屏 1 080 像素×1 260 像素是最佳尺寸。视频封面设计风格应与内容一致，采用视频封面+文案方式，可让用户不用打开视频就能大致了解内容。主页简介应尽可能显示可吸引用户关注的信息，同时应凸显账号特色，除了定位介绍，在简介中还可说明福利优惠、联系方式、更新时间等，让用户了解更加详细的信息。

2. 做好内容规划

内容规划是视频号营销的关键工作。首先应定位视频号目标人群，单个视频号只在一个垂直领域深耕，有助于定向培养粉丝，沉淀私域流量池。接着应分析目标人群的痛点、兴趣点，有针对性地进行内容规划。要特别注意把控内容价值，主要体现在商家价值、用户价值、平台价值等方面。另外视频号要想持续不断地产出内容，就要做到内容标准化和可复制化。

从营销视角来看，视频号内容可以为：①行业干货，可采用口播形式讲解干货知识；②品牌宣传，可采用情景剧形式讲述品牌故事、历史，传播品牌理念；③活动信息、新品推介、产品介绍，封面设计需吸引眼球，结尾设计要有引流环节。文案非常重要，可通过提炼热点、设置悬念，吸引用户观看视频和阅读文案。视频和图片及其所提供的信息要能够吸引用户的眼球。同时应搭配合适的背景音乐，好的背景音乐也是视频上热门的关键，可借助抖音的热门背景音乐，增加视频号的热度。还可以参与视频号的话题挑战，为发布的视频添加上适合的话题，有助于平台在用户搜索时精准推荐，以使视频号获得更多的新用户和更好的曝光效果。

3. 了解并利用视频号推荐算法

视频号以社交推荐算法为主，企业可以充分利用社交裂变进行冷启动。新的视频作品只有达到一定热度才会获得平台推荐，而平台推荐前的基础播放量，需要通过基于创作者社交关系的收藏、转发、点赞、评论分享才能获得。视频号的社交推荐算法机制和抖音相反，它将抖音的"算法+人工"变为"人工+算法"。创作者不必过分担心算法，好的收藏、转发、点赞、评论数据才是评价作品好坏的根本。需注意的是，应避免采用加入"互赞群"、付费推广等方式，这些方式往往效果并不明显，却有被系统降低权重的风险。

4. 利用公众号获得商业机会

一方面，可以借助公众号为视频号引流。可以直接在自己的公众号进行视频号推送，也可以通过公众号互推的方式来进行。采用公众号互推方式，可以找阅读量和自己的公众号相似的账号来进行互推，阅读量不对等时可以采用更改头/次条的位置或改变推广次数的办法。寻找互推的公众号时，尽量寻找不同类型的公众号，这样可以尽可能扩大用户覆盖范围。也不应局限于一对一的互推，可以多对多，在一篇文章中同时推广几个不同类型的视频号，但是推广的数量也不能太多。

另一方面，可以把视频号的流量引到任何公众号，包括广告主的公众号。开通视频号发布权限后，每发布一个视频，就可以添加一个公众号文章链接，且是已群发过的文章，素材库的文章链接不支持添加。这样视频号就成了产品和项目的流量入口，可以将其视作自媒体来运营，将流量引导到有产品二维码、个人微信二维码、产品链接等内容的公众号文章。

5. 充分利用朋友圈与社群推广视频号

被朋友点赞的动态会在"朋友（点赞）"版块出现，并有红点提示视频更新。引导用户点赞，有利于让播放量实现裂变。发布作品之后自己点赞然后在朋友圈进行推广，如果好友足够多，朋友圈运营得不错，视频号前期的观看量就不会太少，这样就可以手动将视频号动态送上"朋友（点赞）"版块。

也可以在自己所在的社群推广视频号，配上发群文案，这样推几次基本就能筛选出社群中对这个视频号感兴趣的用户。自己的社交圈筛选完了之后，还可以像公众号一样寻求互推，毕竟一个人的社交网毕竟是有限的，能够辐射的范围很小。和公众号互推的方法一样，要找和自己好友数、粉丝数差不多的账号、社群进行合作互推，量级不一样时就调整推广的次数。

6. 视频号评论区引流

评论区留言互动也能够带来一定的流量。可以寻找和自己的账号用户画像比较接近的账号，最好其点赞和播放量持续稳定在比较高的水平，并且能够稳定更新，在这些视频号评论与视频内容相关的内容，其他人可以在看到你的评论后，点击你的视频号名称，直接到达你的视频号主页。这时视频号主页是留住用户的关键，在视频号主页里用户的关注率由这几个因素共同影响：内容的数量和质量、一眼就可以看到的视频封面和文案首行、自我介绍文案（我是谁、关注我能获得什么）。应将这几个因素做到最优化，以引导用户关注。

7. 利用外部平台进行推广

除了微信生态内的流量，还应主动寻找微信生态外的流量，如知乎、B 站、豆瓣等平台的流量。如在知乎寻找关于视频号的问答讨论，回答关于视频号的提问，分享运营视频号的经验，并植入自己的视频号账号信息，这种方式在豆瓣、简书、今日头条等平台也可以使用。选择 B 站则可以直接发布视频号的内容，能吸引一部分粉丝。通过外部平台引流不会在短时间内实现流量大爆发，但是只要坚持下去就能持续地为视频号导流。

8. 争取微信视频号认证

视频号认证可以增强账号的专业性和可信度。对于用户，官方认证可以增加用户的信任度。对于企业用户，官方认证可以彰显企业的真实性，对品牌曝光也有好处。另外，在搜索权重方面，已认证的账号，内容的曝光度会更高，在搜索上有较为明显的优势。视频号认证分为兴趣认证、职业认证以及企业和机构认证三类。注册企业号选择企业和机构认证，注册个人号可以根据情况选择兴趣认证或职业认证，每种类型一年有 2 次认证机会。认证通过可以获得认证标志，在头像和名称位置会有蓝 V、黄 V、灰 V、白 V 认证标志。其中蓝 V 认证针对企业、机构，黄 V 认证针对有效粉丝数量超 10 000 的用户，灰 V 认证针对有效粉丝数量超 5 000 的用户，白 V 认证针对有效粉丝数量超 1 000 的用户。

B站与莫言的《不被大风吹倒》

2022年5月4日中国共青团成立100周年,很多品牌推出借势营销视频,如B站的《不被大风吹倒》、快手的《青春十万米》、伊利的《苏神》、飞鹤奶粉的《奋斗者!正青春》、匹克的《脑动》、金典的《人间》、TCL的《想象力》、网易云音乐的《敢于》、京东的《何为青春》等。B站与莫言的《不被大风吹倒》很快刷屏了,当天下午5点,这个视频在微信视频号的播放量破千万次,转发量近40万次,远超B站站内的数据。值得一提的是,视频中的信是莫言写的,而非广告公司代笔。莫言通过回应一个来自年轻人的问题"人生遇到困难,该怎么办"讲述了两个小故事,让人感觉朴实而温暖。

实训任务——公众号、视频号关联运营

1. **实训目的:** 熟悉公众号、视频号运营规则和技巧,并能对后台数据进行分析,对公众号、视频号现有问题进行诊断并提出优化方法。

2. **实训内容:**

(1)注册公众号并开通视频号:了解注册公众号和开通视频号的程序,完成注册和开通;了解公众号平台和视频号平台的相关规定;做好命名、撰写简介、设置头像等基础工作。

(2)公众号与视频号定位:确定公众号与视频号共同的定位及各自的定位。

(3)用户定位:确定公众号与视频号的目标受众,分析目标受众的内容需求。

(4)内容规划:基于公众号与视频号定位和受众定位,进行内容规划,包括二者共同的内容规划和各自的内容规划,注意二者内容的关联性。

(5)创作公众号文章:按内容规划搜集文章素材并进行创作,完成2篇推文创作。

(6)短视频创作:按内容规划创作短视频脚本,组织短视频拍摄所需人员和物资;注意短视频内容与公众号推文的相关性;短视频时间长度为30~60秒;完成2支短视频创作。

(7)公众号文章与短视频发布与传播:根据目标用户的公众号和视频号使用习惯选择发布时间,运用社交媒体进行分享和传播;尤其要注意二者的关联推广。

(8)评论区互动:积极与用户在评论区进行互动。

(9)传播效果评价:分析公众号文章和短视频点赞、收藏等数据和评论情况,评价传播效果。

(10)撰写公众号、视频号关联运营报告:运营报告包括上述内容。

第三节　微博营销

微博营销以微博(如无特别说明,本节均指新浪微博)月活用户突破5亿、具备全营销链路服务能力、数据赋能精准营销、深度广告追踪等优势,已经成为品牌和广告主常态化运营平台。企业可在微博平台进行品牌传播、客户服务、产品调研、产品销售、危机公关、广告宣传等工作,微博是企业重要的网络营销工具。

一、微博营销概述

1. 微博账号的类别

从新浪微博账号注册来看,微博账号包括官方账号和个人账号两种类型。

(1)官方账号。微博官方认证类型包括政府、企业、媒体、网站、机构、公益组织等,微博官方账号已成为社会组织发布和获取信息的重要渠道。其中,企业官方微博账号是企业重要的传播工具,代表着企业的官方形象和官方话语权,甚至比官网更具用户黏性。企业微博的迅猛发展带给企业海量数据,企业不仅能准确地了解消费者的性别、年龄、城市等社会属性,还能了解消费者的兴

趣爱好、社交活动，甚至消费信息。

（2）个人账号。个人微博账号的运营优势主要有三点。第一，以现实人际关系为基础，个人微博的人际网络有现实人际关系做依托，比网络关系更牢固，传播效果更好。第二，个人微博的延伸性更强，无须专注于某一领域，个人是具有真情实感的个体，从情感角度来看不容易与粉丝产生距离感，粉丝会更加愿意倾听或与之交流。第三，个人微博的真实性更强，因为个人微博比企业微博少了很多运营痕迹，让人觉得更加真实。

个人微博与企业微博可以相得益彰，很多粉丝正是因为喜欢某个企业家才喜欢其企业，很多时候个人微博在取得成功的同时也成就了企业微博。

2. 微博营销的 SICAS 模型

SICAS 模型是全景模型，即品牌与用户互相感知（Sense），产生兴趣并形成互动（Interest & Interactive），用户与品牌、商家建立连接并相互沟通（Connect & Communication），产生购买行动（Action），体验与分享（Share）。用户行为、轨迹分析在这样一个生态里是多维互动的过程，而非单向递进过程。

SICAS 模型的核心驱动力是基于连接对话的非广播式的广告营销。对话、微众、耦合、关系、感知网络等是微博营销的关键词。在快速移动的碎片化环境中动态实时感知、发现、跟随、响应一个个"人"，能够理解他们，并且与他们对话，成为提高企业营销效率的关键。进行微博营销的企业应具备基于位置服务随时随地感知响应能力、基于社交网络的沟通能力、基于实时数据流的需求实时响应能力等核心能力。

示例

微博营销：杜蕾斯广告成为行业榜样

要说广告作品中的翘楚，非杜蕾斯广告莫属。杜蕾斯紧抓热点，在微博第一时间推出与时事结合的有内涵的广告，让人啼笑皆非的同时又不得不对广告设计师竖起拇指。如今杜蕾斯的官方微博粉丝已达 300 多万，视频累计播放量 7 000 多万人次，杜蕾斯广告的效果无疑是显著的。

二、微博营销产品介绍

微博平台拥有丰富的营销产品，平台方面的营销产品有广告数据管理平台、程序化广告交易平台、微博开放平台等，产品方面的营销产品有广告产品、达人推广、微博电商、官 V 认证、品牌号、粉丝头条等，工具方面的营销产品有舆情通、微指数、微热点、微博云剪等。本节仅介绍以下营销产品。

1. 微博开放平台

微博开放平台是基于微博海量用户和强大的传播能力，接入第三方合作伙伴服务，向用户提供丰富应用和完善服务的开放平台。企业将服务接入微博平台，有助于推广产品、增加网站/应用的流量、拓展新用户、获得收益。其优势包括以下几点。一是微博拥有海量的用户资源。二是拥有丰富的接口资源，有超过 200 个数据接口，不限语言、不限平台自由接入，不收取任何费用。多种 SDK（Software Development Kit，软件开发工具包），以及发微博、读取微博等功能的实例代码，可帮助开发者快速掌握调用 API 的方法。三是提供完善的服务支持，微博开放平台提供了应用卡片、消息通道、页面推荐位、运营活动等丰富的推广渠道。四是拥有无限潜力，微博开放平台应用频道的日活跃用户量，特别是无线应用日活跃用户量，以及开发者数量快速上升，接入微博开放平台，无线应用将获得更好的发展。

2. 官 V 认证

微博认证体系包括个人认证和机构认证。个人认证有身份认证、兴趣认证、超话认证、金 V 认证、视频认证、文章/问答认证。机构认证有企业认证、内容/IP 机构认证、政府认证、媒体认证、校园认证、公益认证。微博官 V 认证可以让用户更信任博主，也能让企业更容易获得粉丝，企业应积极进行微博官 V 认证。

3. 品牌号

品牌号是微博提供的品牌营销工具，目的是促进企业从公域传播到私域聚合营销转变。品牌号针对品牌营销活动不易留存、品牌优质内容不易产生长尾效应、数据及社交资产沉淀难以实现等品牌营销的痛点，推出互动营销，以激活潜在兴趣人群。品牌号提供的营销方案包括粉丝经营、品牌经营、内容经营和品牌挚友。粉丝经营以"任务+奖励"的形式激励粉丝高效互动，扩大粉丝流量，实现私域流量向公域转化。品牌经营以稳定入口展现品牌内容及产品，可实现品牌资产沉淀和积累。内容经营以稳定的社交资产沉淀、优质内容聚合、软性原生塑造影响力，实现公域流量向私域转化。品牌挚友可建立品牌与 KOL 之间的强关联，投放挚友内容，释放"品牌+明星"信息以获得粉丝，实现挚友公域流量向品牌私域流量转化。品牌号推广场景包括明星代言人、产品上新、游戏场景、直播场景，为品牌推广提供了有效的平台。

4. 粉丝头条

粉丝头条是新浪微博官方推出的轻量级推广产品，以粉丝关系为核心，帮助客户实现博文阅读量、转评赞数量提升，助力粉丝迅速增长，提高粉丝变现效率。当某条微博使用粉丝头条后，在 24 小时内，它将出现在博主所有粉丝微博首页的第一位，粉丝在打开微博后第一时间就会看到。同时系统会将博文推送给所属领域但不是粉丝的用户，展示位置一般在关注页第三条位置。粉丝头条主要功能是提升阅读量、曝光量和吸引粉丝。粉丝头条包括三部分产品，即营销推广（投放自己的博文）、内容加热（投放自己的博文）、帮上头条（帮别人投博文）。

用户选中某条原创或转发的微博，选中"推广"，微博会根据粉丝量、用户阅读数、博文内链接（含微博内链如"新浪博客"等可享优惠）等，通过算法计算出此次推广价格。粉丝数量或想获得的阅读数越多，价格就越高；反之，价格越低；最低 5 元起投。参与粉丝头条活动，可以获取各种优惠券。确认价格后，用户可通过微博支付，选择支付宝或网银付款。支付成功后，粉丝头条服务随即生效。

5. 超级粉丝通

超级粉丝通是微博的广告产品之一。超级粉丝通平台依据用户属性、社交关系及内容关联，助力广告主营销内容高效触达目标用户，全方位影响用户心智，助力企业开展社交内容营销，可以满足企业实现推广品牌活动、推广博文、收集销售线索、推广 App、推广网店等营销目标。超级粉丝通的优势包括以下三点。

（1）针对微博优势流量场景，穿插展现卡片、横版视频、竖版视频、短图、长图、正文页 Banner 等多种广告形式，契合用户阅览体验，吸引用户，促进转化。

（2）"边……边……"系列，包括边看边下载、边看边 H5、边看边关注、边图边下载、边图边 H5、边图边关注等，强化普通博文（视频、图片）导流转化功能，内容浏览与推广页面结合呈现，可实现广告博文与自然流量完美融合，缩短转化路径，提升转化效率。

（3）全方位多维度定向模式，能助力企业的营销内容精准触达目标人群。

 示例

上汽奥迪＆微博——oCPX品效进取之路

2022 年 12 月上汽奥迪携手微博，通过官宣@X 玖少年团肖战 DAYTOY、合作微博头部 IP《光环之下》和赞助微博电影之夜，实现品牌新生；通过 oCPX（是拼多多场景的一种出价方式，基于商家设置的预期成交出价，系统自动根据平台及商品历史数据积累进行出价优化，精准触达高转化人群，从而在稳定投放效果的同时，稳步提升曝光量及订单量）实现精准人群沟通转化，延续品效进取之路。

6. 微指数

微指数是微博数据中心的产品，旨在通过对微博数据的整理与挖掘，呈现热词整体趋势、实时变化、地域解读、人群属性分析等功能。微指数分为热词指数和影响力指数两大模块。

热词指数是基于关键词每日的微博热议度，以关键词为统计对象，科学分析并计算出各个关

想一想

　　思考上述微博营销工具的使用场景。

词在新浪微博平台中的长期热议趋势，并以曲线图的形式展现的指标。热议度是基于关键词的提及频率，考虑反垃圾机制及舆情口碑后综合得出的指数指标。热词指数主要有热词趋势、人群分布、对比分析三个功能。

　　影响力指数包括政务指数、媒体指数、网站指数、名人指数。政务指数是基于微博影响力的数据，包括政府、公安、交通、医疗、司法、市政、工商税务等在微博平台的整体发展运营指标。媒体指数是报纸、杂志、电视、电台等媒体类微博影响力指标，可以直接查看总的媒体类别的影响力指数，也可以查看行业内不同类别之间的影响力指数对比。网站指数包括文化教育、潮流时尚、行业资讯、休闲娱乐、医疗健康等行业网站的微博影响力指数分析，可以查看趋势、内部对比，以及相关推荐的行业类别榜。名人指数是指在微博中的名人用户的微博影响力指标。

三、微博营销策略

　　企业开展微博营销时，可以利用以下策略。

　　1. 以精准定位引领定向内容输出

　　微博营销首先要进行官方微博账号的定位：根据企业品牌和产品定位，做好微博营销用户定位，构建用户画像。可以通过微博账号后台数据分析企业微博粉丝画像，包括粉丝质量、粉丝基础信息、粉丝偏好、粉丝重合博主等内容，了解粉丝性别分布、年龄构成、粉丝标签及关注、重合博主等数据，依据数据判断企业微博的粉丝群体是否与目标用户匹配。

　　找到与定位匹配的精准用户后，应根据博主的特色和用户特色进行定向内容输出，打造针对精准用户的精准内容。对于企业微博来说，粉丝质量比数量更重要，定位准确才能吸引有价值的粉丝。只有根据定位，围绕企业目标用户关注的相关信息打造和发布内容，才能吸引目标用户的关注。

　　2. 以内容实现价值传递

　　企业微博是一个给予平台，能给用户传递价值的微博才能达到预期的商业目的。内容是微博营销的根本，持续输出品牌专属的原创内容，并考虑用户的感受，对用户有价值，才能让用户记住品牌。有学者提出，品牌信息不能超过微博信息的10%，最佳比例在3%～5%。同时应注意微博形式的多样化，可以采用文字+图片、文字+视频、文字+头条文章、文字+投票、文字+话题等形式。每一种形式有不同的效果，图片、视频直观，头条文章传播性较好，投票和话题能提高粉丝参与度，促进拉新。微博价值传递也体现于用户的分享转发，微博是口碑营销最适合的平台之一，微博的信息传播迅速以及它的及时性为口碑营销提供了天然的条件，企业应充分利用微博的这一特点，鼓励用户分享，促进价值传递。

　　3. 以专业提升有效性

　　企业微博定位专一很重要，但是专业更重要。在竞争中只有足够专业才可能超越对手，持续吸引用户关注，专业是企业微博重要的竞争力指标之一。微博不是企业的装饰品，如果不能做到专业，只是流于平庸，作为一个"零距离"接触的交流平台，微博会让负面的信息与不良的用户体验迅速传播开，为企业带来不利的影响。

 示例

鱼跃医疗的官方微博

　　以"帮患者减轻痛苦，助医生提升医术"为使命的鱼跃集团在2022年年底因为血压仪和制氧机而广为人知。截至2023年2月，鱼跃医疗的官方微博粉丝已达33.4万人，视频累计播放量达1 404.9万次。依托鱼跃医疗在医疗和医疗器械方面的专业基础，其官方微博推出的博文涉及医疗各方面，向用户传递和普及医疗知识，如博文"'糖友'如何缓解心理压力""家庭氧疗有两个最佳吸氧时间段，你做对了吗？"，等等，这些都得到了用户的关注和分享。

4. 以情感和话题促进互动

微博的魅力在于互动，互动性是微博持续发展的关键。要强化微博的互动性，首先，企业微博应注重情感营销。在微博中融入情感元素，给人感觉像一个人，有感情、有思考、有回应、有自己的特点与个性。有情感的微博可以在一定程度上增加粉丝的稳定性，有个性的微博才会具有高粉丝黏性，才能持续积累粉丝，拉近与粉丝之间的距离，并依托微博社交的特点，与粉丝建立起个性化沟通体系。其次，话题和活动营销是促进互动的有效策略。企业微博应有几个自己的话题，如拳馆微博的话题可以涉及学员风采、教练指导、粉丝福利等。话题的作用是将同类型的内容进行整合，用户可以就话题发表自己的言论，也可以看到所有关于此话题的内容，找到兴趣相同的人。微博话题的设定、表达方法也很重要。如果博文是提问性的，或是带有悬念的，能够引导粉丝思考与参与，浏览和回复的人可能就多，也容易给人留下印象。而如新闻稿的博文，则会让粉丝想参与却无从下手。"活动内容+奖品+关注（转发/评论）"的活动形式是微博互动的主要方式，有时奖品往往比要宣传的内容更吸引粉丝的眼球，而相较奖品，认真回复留言、用心感受粉丝的思想，则能换取情感的认同。因此最好能做到情感与"利益"（奖品）完美结合。

另外，品牌代言人也能促进互动。品牌代言人的粉丝与企业微博粉丝应具有一致性，品牌代言人与其粉丝之间零距离交流，既可以带动其他微博粉丝参与互动，也可以提高微博粉丝的忠诚度，增强其归属感。

案例 14.3

海澜之家官微力推《中国乒乓之绝地反击》

由海澜之家代言人许魏洲等领衔主演的《中国乒乓之绝地反击》于 2023 年 2 月上映，该电影取材于 20 世纪 90 年代初国乒男队低谷时期的故事，面对内外质疑，国乒男队终于在 1995 年世乒赛上演了精彩的绝地反击，重新夺得斯韦思林杯。2022 年 12 月 30 日，许魏洲发布微博"#中国乒乓新年新海报#去拼吧！听到我的呐喊了吗？"海澜之家官微从此开始密集宣传该电影，海澜之家及其代言人与粉丝就此话题进行了积极互动。2023 年 1 月 21 日海澜之家官微发布的该电影的宣传视频，获得大量转发、评论和点赞。海澜之家官微开展了推广活动：关注@海澜之家，转发本条（即电影宣传微博）微博并@两位好友，送《中国乒乓之绝地反击》电影票！春节期间，从 1 月 24 日（大年初三）起，连续 5 天，每天抽 170 个幸运鹅（幸运者），每人各送一张。

启发思考：（1）结合案例分析品牌代言人对企业微博的作用。（2）结合案例分析企业微博营销活动的作用。

---

5. 以系统布局达成持续效果

企业要想微博持续发挥效果就要将其纳入整体营销规划中，进行系统布局。单独账号运营起来难度相对较大，应建立微博社交圈，采取矩阵式运营。一方面，企业可以建立官方微博、分公司微博、个人（创立者、CEO、员工）微博等，各微博账号相互配合。另一方面，可与其他相关组织、名人或网红微博建立合作关系，与同行联手非常重要，只有相互帮助才能一起成长。

课堂讨论

思考微博营销的其他策略。

微博营销也要注重定时、定量、定向发布内容，让用户养成观看习惯。微博发布频率应注意既能保持微博的活跃度，又不刷屏令人反感。博主要避免微博内容繁多而连续刷屏，也不能几天才更新一条微博。较为合理的微博发布频率是一天 3~5 条，间隔最少半小时。

实训任务——个人微博账号运营

1. **实训目的：**熟悉个人微博账号注册，进行内容策划，撰写博文并推广；了解微博平台主要的营销工具，确定个人微博账号可以用到的营销工具；利用这些工具推广个人微博账号及其博文。

2. **实训内容：**①了解微博账号注册程序并完成注册；做好命名、撰写简介、设置头像和封面等基础工作；②确定微博账号定位；③确定微博账号的目标受众，分析目标受众的内容需求；④基于微博账号定位和受众定位，进行内容规划；⑤按内容规划搜集文章素材并进行博文创作，完成4篇博文创作；⑥利用社会化媒体推广微博账号及其博文；⑦积极与用户在评论区互动；⑧分析微博账号粉丝数据及博文传播数据、评论情况，评价传播效果。

第四节 其他自媒体营销

自媒体平台类型繁杂、数量繁多，本节仅介绍知乎、小红书、今日头条等平台的自媒体营销。

一、知乎营销

知乎是中国最大的知识社交媒体平台，用户群体以高学历、高收入、高消费的高净值人群为主，在网络口碑建设和品牌深度传播方面很受企业的青睐。知乎聚集了互联网科技、商业、影视、时尚、文化等领域最具创造力的人群，用户分享着彼此的知识、经验和见解，知乎已成为综合性、全品类且在诸多领域具有关键影响力的内容平台，构建起了以广告和会员为主的商业模式。

（一）知乎用户画像

知乎用户画像突出的特点是男女均衡、高学历、接受长文字内容、平均浏览时间长等。知乎男女用户比例较为均衡，但在大部分人的认知中，知乎的主要用户为男性、互联网从业者，这就产生了市场认知盲点，品牌消除这种认知盲点就可能获得巨大的红利。美妆、家居等以女性为主要目标群体的品牌在知乎可能会获得超预估的高收益。知乎用户大多拥有高等教育背景，本科及以上学历的用户占比超过八成。知乎是一个以文字为主的平台，其用户日均浏览时长超过60分钟。对于知乎用户来说，纯文字内容的吸引力，不输给短视频内容。而这些用户，一般被认为具备更高的受教育水平。

根据知乎用户画像，适合在知乎进行营销的品类应具有高客单价、高认知门槛、长决策链的特点。高收入和高消费人群是知乎的主要目标群体，因此适合高客单价的品类。知乎以长文字内容为主，相比短视频和直播，长文字陈述更清楚，能够帮助用户做出理性决策，因此具备一定认知门槛的品类更适合知乎。长决策链有着较长的决策周期，而非冲动决策。由此可见，适合在知乎进行营销的品类主要包括两种：一是大众消费品，包括数码、美妆、护肤、母婴、日化、家电中的高端产品；二是谨慎消费品，如家居、教育、保险、房产、理财等具有高认知门槛、长决策链特点的产品。

（二）知乎营销的特点

1. 采用复合式信息元

知乎的信息元由"一个问题，多个回答"组成，不同于图文或视频平台的信息元为单一信息元，如一条微博、一篇公众号文章、一段抖音视频，这些都是个体独立的信息元。其他平台，如微信、微博、抖音，都是围绕单一信息元进行提升和优化的，可以放大传播效果。而在知乎复合式信息元架构下，流量分发特点明显不同，不仅需要看信息元的内容质量、曝光数据和转化率，还需要兼顾问题和回答的关系、回答排序等多种因素。

2. 追求长期效应

知乎营销是国内自媒体营销长期效应最明显的，其营销内容分发周期长、分发人群准。知乎上的营销动作，假如执行完成后当时的营销结果（曝光、阅读、转化等）为 X，那么一年后带来的真实营销效果约为 $4X$。在长期效应的作用下，知乎营销的综合成本，实际为执行完成后当时呈现数据的1/4。

3. 采用威尔逊积分算法

问题下的回答排序是知乎的关键分发机制之一，任何一个回答，只有排名靠前，才能获得更多的曝光机会。知乎的核心算法是威尔逊积分算法，按照此算法，回答排序由每个回答的权重决定。每个回答的权重计算公式可以简化表达如下：

$$每个回答的权重=原力+上浮力-下沉力$$

其中原力指的是回答者在该问题所属品类下的账号权重，即知乎盐值，知乎盐值从基础信用、内容创作、友善互动、遵守规范、社区建设五个维度进行综合计算；上浮力包括点赞、收藏、编辑推荐、专业勋章等因素；下沉力包括反对、没有帮助、举报等因素。由上述公式可知，影响回答权重的因素都和内容质量高度相关，因此提升内容质量是知乎营销的第一准则。从原力可以推出知乎营销的第二准则，即回答者账号所属品类与问题所属品类是否契合。

示例

谁的点赞更重要

假设知乎上有个问题：有哪些化妆品和护肤品，你知道好用，但是用过之后才发现竟然这么好用？假如我回答了这个问题，并植入了产品。有两位知乎作者，A是拥有3万粉丝的美妆"小V"，B是拥有30万粉丝的汽车"大V"，哪位给我点赞，对我的回答的作用更大？答案是A。因为此问题与美妆品类相关，A在此品类下的账号权重远高于B，因此A在此问题下的点赞权重也大于B。

4. 三种流量分发

知乎的流量主要可以分为公域流量、私域流量和精准流量。公域流量包括推荐流、热榜，私域流量主要包括关注流、私信；精准流量则主要来自搜索框分发。知乎不同于其他平台，知乎的推荐流和搜索框的分发，都会带来源源不断的长尾流量，这是知乎的一个重要特点，在营销中如果运用得好，可以极大地提升ROI。

5. 搜索引擎曝光

知乎在百度和搜狗等搜索引擎拥有很高的内容权重。用户在这些平台上搜索关键词时，很可能总是会从前几个搜索结果中看到知乎问答。

（三）知乎营销工具

知乎营销工具非常丰富，下面主要介绍如下几种工具。

1. 知乎热榜

知乎热榜拥有巨大的门户流量。热门列表根据问题的受欢迎程度分发网站的内容，榜单上的问题通常有极佳的人气。可以策划全新的爆点话题或者营销事件，通过话题、事件吸引用户关注，从而达到营销效果，让品牌可以在短时间内获得大量的曝光量。关键点在于能把话题搞热，能与品牌的诉求完美结合，但实际执行难度偏大。

2. 问答置顶

知乎平台上所有用户可以针对某一话题一直进行回复讨论，关注度最高的回答排在最上面。在某一领域关注度比较高的话题下做高质量的跟帖回复，然后通过推广维护让回答置顶，可获得更多曝光量，有益于企业品牌的口碑推广。此工作的关键：一是文案的质量，高质量的回答内容才有可能登上第一位；二是结合知乎自身的一些排序规则把自己的回答顶上第一位。

3. KOL推广

知乎平台的"大V"拥有大量的粉丝，他们发声会对大量用户产生影响。企业可以找到适合自己企业营销的"大V"，通过高权重、粉丝多的"大V"推广，迅速提升品牌在知乎用户中的认知度和认可度。

4. 知乎关键词排名优化

用户搜索关键词往往是对该关键词有潜在消费意向，企业可以通过优化知乎文章第一行获得比较好的搜索关键词排名。这种推广方式成本低，盈利能力强。

5. 好物推荐

好物推荐是通过自己的购物心得或者经验,分享专业的知识,帮助知乎用户找到自己心仪的商品,为他们节省时间、精力。

6. 知乎 Live

知乎 Live 是知乎推出的实时问答互动产品,相当于直播形式,分享自己的知识、经验和见解,实现和用户互动。通过知乎 Live 可以收集知乎用户关注的话题、问题,整理好内容,从而推广产品。

7. 知乎信息流

知乎信息流是集品牌曝光、精准定向、内容传播等多重优势于一体的方式。它可以通过数据分析出用户的属性,如性别、年龄、消费爱好等,进行精准投放。

8. 知乎知+

知+是知乎官方为企业和个人用户提供的最符合知乎内容生态和平台价值的内容商业化解决方案。知+按 CPC 计费,适合偏效果的投放,是以原生内容作为支撑的载体。选择投放知+有四方面优势:一是解决选题问题,知+可以帮助企业提升选题策划效率,过滤用户不感兴趣的话题;二是解决内容输出难题,缺少内容输出团队的企业可以借助知+、热榜、搜索等内容创作工具输出优质内容;三是加速内容曝光,知+能够加速内容曝光及流转,把内容推送给精准用户;四是加速产品转化,在知+内容中增加转化组件,实时引导用户,实现用户自主变现,知+支持外链页、小程序、微信转化、下载、商品页等转化渠道,与优质内容互融提升转化效果。知+的推荐路径有三类:一是首页推荐,根据用户兴趣、关注话题进行首页推荐,内容形式同时支持文章和问答推荐;二是问题下回答,进入问题后的第一条回答为推荐位;三是搜索推荐,用户在搜索栏输入关键词进行搜索后,通过结果展示进行分发。知+内容创建工具有热门问题推荐工具"吐司"和优质内容合作工具"芝士"。"吐司"主要用于用户自己创作内容,可以输入关键词查询相关的热门问题,让用户在回答时有方向。"芝士"主要用于选择优质的内容,在内容中植入广告信息,操作相对"吐司"要复杂一些,但效果很好,值得品牌关注和使用。

(四)知乎营销策略

知乎作为高知人群的网络问答社区,一直是企业网络营销工作的重要阵地,做好知乎营销意味着企业将拥有良好的品牌形象和良好的品牌认知。

1. 以"话题+KOL"或"KOC+热榜"实现品牌推广

在知乎平台进行品牌推广可以采取如下步骤。

(1)话题策划。可以策划一个相对垂直、适合品牌植入的话题,如"有哪些小众的国内家居品牌格调不输宜家?"。知乎平台上有带货能力的话题可以分成三类,即功效型话题、品类型话题、人群型话题。功效型话题如"如何有效防晒?",品类型话题如"扫地机器人哪个更好用?",人群型话题如"30 岁的宝妈怎样做到一边上班一边带娃?",这三类话题实质上是相同的,品牌可以先尝试进行功效型话题和品类型话题策划,在知乎站内寻找适合自己人群,再使用人群型话题,实现精准内容推送。

💻 示例

康尔馨酒店家纺话题

康尔馨品牌曾在知乎打造酒店家纺产品概念,利用知+加速优质内容的曝光与触达,逐步在目标客户心中建立起卧具床品的新兴细分消费场景,实现让酒店风格家纺逐渐从小众范围走向大众视野。康尔馨联合行业 KOL 推出十多篇文章与回答,通过知+实现内容的加速布局,其中"为什么五星级酒店的枕头外面很难买到?""为什么希尔顿、万豪、洲际等豪华酒店里的床睡起来那么舒服?"回答内容精准触达目标群体。内容末尾处结合知+插件软性植入相关产品推荐，以分享角度将产品推荐给用户，实现了消费场景的闭环流通，缩短了消费者购买决策链路，达成了店铺引流与消费转化。

（2）KOL 或 KOC 投放。邀请相应领域的优秀 KOL 在话题下回答，KOL 负责在话题下进行优质内容写作与品牌内容植入；邀请 KOC 在品牌话题下分享使用体验，增加品牌正面回答的数量，以完成个人信用背书，影响头部，从而扩大整个品牌声量。

（3）上热榜。借助热榜，企业可进一步推广品牌。

通过话题策划，KOL 或 KOC 投放、上热榜三大步骤可以达到让品牌被更多知乎用户知道的效果。

2. 以关键词优化助力品牌营销活动

知乎营销与品牌其他营销活动联动（如配合小红书笔记、抖音短视频或直播等）可产生助力效果。知乎的搜索功能非常强大，不仅能够根据关键词进行搜索，还能够根据用户的兴趣进行推荐。有数据显示，知乎平均每天会产生 6 000 多万次搜索，其中有 10%与品牌产品相关，数据透露了部分用户的消费习惯，即在购买前上知乎查看 KOL 及其他用户的评价。因此在知乎上做好品牌内容营销，能有效支持品牌在其他平台进行的营销活动。而且知乎在搜索引擎拥有很高的内容权重，运营好知乎上的品牌话题可以帮助相关关键词在搜索引擎上产生很好的搜索结果。

关键词优化可以帮助问题或回答在知乎搜索或搜索引擎中获得更高的排名，使问题或回答能够得到更多关注。提出的问题一定要使用关键词，这样话题内容在搜索引擎中才能更容易被找到。在选择关键词时应注意选择适合品牌内容植入的词，尽量避免使用过于生僻的词。回答的关键词优化主要包括回答内容优化和关键词标签优化。回答内容优化即通过对回答内容进行关键词优化来提高回答在搜索引擎中的排名。关键词标签优化主要是通过对回答内容使用合理的关键词标签来影响搜索引擎对回答内容进行抓取、分词和排序。

3. 以"知+和好物推荐"实现转化

知+本质上是一款内容性产品，在优质内容中植入转化组件和投放流量，转化组件支持 App、表单、微信、小程序等。品牌方能通过 CPC 计费方式，将植入了转化组件的内容，精准分发给目标用户，获取流量；还可通过 KOL 植入商品进行好物推荐，好物推荐与知+的区别是好物推荐可以与天猫、京东等电商平台进行直接链接跳转。知+和好物推荐让知乎具备了转化的能力，但其转化又有其特色。知乎带货的前提是内容要专业，对内容质量有着较高的要求，只有经得住推敲的内容才能撑起后期的内容带货。

（五）知乎回答问题注意事项

1. 关注的人

在回答知乎第一个问题的时候，需要有内容来源，知乎首页已经推荐了一些话题，但可能是非行业相关的，这时候你就需要去关注一批人。可以关注相关话题下回答得比较好的答主，通过他们来获取第一批精准内容。优秀答主可以通过在搜索框搜索相关关键词找到。

2. 回答的时间

在选取问题的时候，回答时间可以根据热点来定。如果没有很多行业热点话题或新闻，选择什么时间点来回答问题就不重要。如果所在行业发生一些比较重要的事件，就应采取借势策略。应多关注主流媒体、微博等渠道资讯，关注与热点事件相关的问题，等知名答主们陆续回答的时候就可以去回答。

3. 回答的频率

最好一天不要回答超过两个问题，有些人为了能够得到更多关注和点赞数，一天回答好几个问题，甚至几十个问题，这样反而会适得其反。按知乎推荐算法机制，如果内容比较好，初期得到一部分人点赞，官方就会把这个答案推荐给更多人。但是如果刷题，在短时间内回答了好几个问题，知乎的算法就会默认你有频繁刷题的作弊行为，严重的会被拉黑，轻一点的会被限制回答问题，同时这个号的权重还会受到影响。所以要适当控制回答的频率，秉承"要质不要量"的原则。

4. 回答的字数

一般优质回答字数大多为3 000~4 000字，这个字数的答案点赞数较高。回答时可以一句话直击重点，也可以从资源、理论、故事角度来回答。一句话回答应戳中要害或者调侃到位（最好用在时事上），资源枚举应全面，故事和理论的细节要经得起验证。细节来自理论拆解、案例分析、个人经历等，以个人经历为最佳。

5. 话题标签和问题质量

在挑选问题时，应注意选择话题标签和关注人数多的问题。话题标签关注人数多，只要你的答案质量高，就能够被推送给关注这个话题的用户，话题标签用户基数越多，你的答案被推荐的次数就越多；关注问题的人越多，话题被推荐给其他用户的概率也越大。

6. 文末署名

可以采用三种类型的文末署名，即干货引导型、扩展阅读型、场景应用型。也可以采用"卖乖取巧"等其他署名方式，这样做的目的都是为了吸引更多的用户关注自己。

7. 活跃互动

与用户和"大V"互动很重要。互动时应注意如下两方面。

（1）回答完问题后，有用户在评论区求助或者提问，应积极进行解答。如果你是一个比较亲和且能够有问必答的专业人士，普通用户就容易发展成为粉丝，他们更愿意帮助你进行口碑传播。

（2）在浏览一些行业相关干货资讯的时候，可以适当地跟行业"大V"互动。如果你在某个问题下提供了比较好的答案，刚好这个"大V"跟你互动过，可能就会不自觉地给你点赞，这样带来的流量可能很大。

 示例

回答问题的角度

知乎平台上有个问题：男生如何看上去干干净净、清清爽爽？如果某男士个护品牌欲回答此问题，首先应对问题进行分析。此问题包括两方面内容，即人群和功能，回答应从这两方面进行设计。从人群来看，回答这个问题有两个角度，一是男生本人的角度，二是女友的角度。同时结合使用产品带来的效果，从男生本人的角度写使用产品前后的变化，或者以女友的视角去讲述男朋友的变化。

案例 14.4

知乎好物100

2022年"知乎好物100"活动期间内容浏览量达18亿次，在知乎站内累计获得1 400万次点赞及收藏。"知乎好物100"于2021年首次发布，在2022年进一步升级。2022年10月20日至10月31日，"知乎好物100"以线下展的形式出现在全国18个城市，还原了清单中的好物及背后的故事，让用户拥有了更好的线上线下融合体验。本次"知乎好物100"的故事清单，经由3.5万名用户参与提案，提案者来自各个领域的头部答主、专业科研人员、各行从业者，故事清单从近6万条内容中脱颖而出，涵盖食品饮料、家居家电、休闲娱乐、美妆个护、数码3C等多个与日常生活息息相关的品类。相比其他好物榜单，"知乎好物100"并非单纯商品推荐，而是更加突出了人和好物之间的故事。此次活动，知乎在带货上仍相对克制。无论是线上榜单还是线下概念店内，都不直接售卖商品，更多的是突出好物及背后的故事分享。不过，这并不意味着知乎无带货之心。事实上，近年来知乎一直希望利用答主的专业知识来推荐商品从而增强带货能力，实现多元变现。知乎也曾通过小蓝星评选、答主好物推荐等方式进行"种草"。

启发思考：（1）分析"知乎好物100"的营销价值。（2）分析知乎"种草"、带货的优劣势。

网络营销——基础、策略与工具（视频指导版 第3版）

204

二、小红书营销

小红书是年轻人的生活方式平台和消费决策入口，是一个真实用户口碑分享社区，是知名的社交媒体和电商平台。在小红书社区，用户通过文字、图片、视频笔记的分享，记录了这个时代年轻人的正能量和美好生活，触及了消费经验和生活方式的方方面面。小红书平台有众多的艺人以及优质达人进行内容输出，是国内知名的营销平台，备受企业重视。

课堂讨论

你在什么情况下会用小红书？你认为小红书对你的购物行为有什么影响？

（一）小红书用户画像

年轻化、消费能力强是小红书用户的重要特征。性别分布以女性用户为主。近年来，美食、旅行等中性化内容，以及科技数码、体育赛事等偏男性内容快速发展，带来了男性用户的快速增长，小红书男性用户比例已达三成。

小红书六大用户画像如下。①Z世代。人群标签为兴趣社交、追逐潮流、网络游戏、学习"打卡"。②都市潮人。人群标签为时尚、注重形象、崇尚独立、有观点。③精致妈妈。人群标签为生活品质、注重形象、高端消费。④新锐白领。人群标签为经济独立、热爱工作、积极活泼。⑤单身贵族。人群标签为经济独立、注重享受、追求品质。⑥乐享一族。人群标签为娱乐至上、兴趣消费、追求体验。

小红书重点用户画像如下。①流行男女。无年龄限制，紧跟热门趋势，对穿搭、美妆、娱乐资讯等内容关注较多。②大学生。处于读书阶段，除了关注学习、科普知识，也紧跟潮流，对时尚穿搭、护肤、娱乐等有一定关注。③爱买彩妆者。18～30岁，爱美、爱生活，除了关注精致的妆容、彩妆用品，也喜欢穿搭、美发、摄影等展现自己美的事物。

在上述用户画像背景下，小红书热门领域包括美妆、美食、母婴、家居、穿搭、宠物、减肥健身等。

（二）小红书营销工具

小红书平台提供了非常丰富的营销工具，按照不同的目的和用途，小红书的营销工具可分为四大类：①品牌自有工具，包括专业号、品牌合作、商业话题；②品牌商业推广工具，包括薯条、信息流广告、搜索广告；③品牌广告与活动工具，包括开屏广告、小红屏、惊喜盒子、定制贴纸、品牌专区、火焰话题、搜索彩蛋；④针对不同行业的其他工具，包括小程序、留资页、活动H5、原生落地页、私信、短信提醒工具。下文主要介绍前两类营销工具。

1. 专业号

专业号是品牌在小红书的专属阵地，聚合了多种运营及营销工具，品牌可以通过专业号发布笔记，展示小红书店铺、线下门店，群聊等。专业号的主要作用是官方信息展示，它是品牌与用户沟通的主要窗口，也是商业推广的入场券。专业号的权益主要包括社区运营、店铺运营、商业推广，共13项细分权益。

2. 品牌合作（蒲公英）

小红书的达人投放，分为报备合作和非报备合作。非报备合作指通过联系博主私下进行的合作，报备合作指通过小红书官方品牌合作后台蒲公英平台的合作。这里主要介绍报备合作。用专业号账号登录小红书蒲公英平台或在专业号中心点击"品牌合作"，即可查看创作者相关数据、联系创作者进行宣传推广。蒲公英平台的合作模式有三大类，分别是定制合作、共创合作和招募合作，其中招募合作又包括置换招募和探店两种细分合作模式。为了提升品牌商家的达人投放效果，针对招募合作，蒲公英平台还推出了两种辅助的效率工具——优效模式和评论区组件。

3. 商业话题

开通了专业号的品牌，可在App端申请一个免费商业话题，该话题与专业号绑定，将展示在专业号页面。需要注意的是，每个账号仅能免费申请一个商业话题；申请成功后，可在此入口查看话题页数据、话题笔记数据；话题上线后，不支持修改名称或取消话题。

4. 薯条

薯条是一种笔记发布后给笔记加热的付费推广工具。薯条主要有两个功能，内容加热和营销推广。内容加热支持推广非营销笔记，如日常生活、经验分享笔记等，适用于发布时间在 90 天内，笔记内容符合内容加热推广规范的公开笔记。营销推广支持以广告形式推广营销笔记，如商品卡片笔记，笔记需要符合内容规范及《广告法》，可以投放历史笔记，可以投广告类内容，可以添加营销组件。但应注意薯条并不是每一篇笔记都可以使用，只有笔记符合平台的流量推荐规定，才可以使用薯条推广，质量一般的笔记内容不能使用薯条推广。

5. 信息流广告

信息流广告是指出现在首页信息流中的带有"赞助"和"广告"字样的笔记，可以实现品牌商的产品推广和销售、客资收集、直播带货等营销诉求，是品牌高效推广的利器。信息流比较适合品牌前期推广，让更多的用户先了解品牌，积累品牌势能。信息流广告最大的作用是对优质笔记进行放量投放，投放时可选择用户性别、年龄、地域、兴趣等标签，以精准获取人群。信息流广告位在发现页频道，信息流广告随机出现在发现页从第 6 位起顺位+10，依次递增，信息流产品操作后台是聚光平台。

6. 搜索广告

搜索广告是指广告主根据自己的产品或服务的内容、特点等，确定相关的关键词，撰写广告内容并自主定价投放的广告。40%的小红书用户会主动搜索。小红书搜索声量与全网搜索呈高相关性，搜索营销空间巨大。搜索广告可以帮助企业锁定高消费意愿用户，实现关键词卡位与拦截，即在锁定企业品牌关键词、品类关键词的同时拦截竞品流量。搜索广告出现在社区搜索结果页从第 3 位起顺位+10，依次递增，在商城搜索结果页从第 1 位起顺位+5，依次递增。

（三）小红书流量推荐

目前小红书流量来源主要有关注、发现（推荐、视频、直播等）、附近、搜索等入口。其中推荐是小红书最重要的流量来源，能决定笔记 CES（Community Engagement Score，社区参与评分，用于衡量笔记的受欢迎程度）和搜索排名位置，其中 CES 是小红书内部的评分体系，即

$$CES=点赞数×1 分+收藏数×1 分+评论数×4 分+转发数×4 分+关注数×8 分$$

小红书流量推荐主要有个性化推荐、社交裂变推荐和搜索关键词推荐等三种类型。

1. 个性化推荐

小红书的个性化推荐，即垂直推荐，其推荐机制包括初筛、精筛、微调等三个阶段，笔记发布后，经过初筛删除违法违规笔记，正常通过的笔记进入精筛，笔记会被系统打上一系列标签，尝试性地推荐给对这些标签感兴趣的粉丝。如果笔记在初始推荐中 CES 高于大盘，笔记会被推入更大的曝光池，若在更大的曝光池中依旧能获得好的 CES，则会被继续推送给更大的曝光池，形成阶梯式算法推荐。以此类推，直到这篇笔记在对应的流量池的评判分值低于该流量池的推荐阈值，平台才会停止推荐。得分高的笔记，还会进一步得到来自小红书站内搜索，以及百度搜索等流量的加持，这类流量的持续性很强。在这里小红书推荐机制主要是 CES 评分，分值越高就越可能进入更大的流量池，而人为通过机器来进行点赞、评论，也极易被系统监测到。

2. 社交裂变推荐

小红书社交裂变推荐主要有博主点赞和收藏推荐两种形式。

（1）博主点赞。博主点赞是最常见的社区媒体裂变行为，小红书会将笔记推荐给同类型博主，同笔记圈层博主点赞也会被他的粉丝看到，这样就会形成裂变效应。根据此逻辑，运营前期应多结交同领域的博主，发布笔记后多与这些博主互动，有利于实现社交裂变式传播。

（2）过万收藏推荐。收藏对小红书内容的长尾价值非常高，笔记收藏一旦过万，笔记在平台内部会有特殊标识志，算法会将笔记推荐到推荐页进行大量曝光。

3. 搜索关键词推荐

小红书搜索关键词推荐主要针对搜索界面。笔记的 CES 分值越高，搜索关键词时，笔记也会排在更靠前的位置。

从小红书流量推荐机制来看，第一关键点是垂直推荐，第二是关键点用户点赞、评论。因此开展小红书营销首先是要让用户了解和发现博主，这样就需要选择大品类下的细分关键词，需要更聚焦。关键词聚焦的主要方法如下。①聚焦到人群：如美食关键词"减肥餐""宝宝辅食"。②聚焦到成本：如穿搭关键词"百元穿搭""拼多多零食"。③聚焦到效果：如美妆关键词"黄皮必备""油皮必备"。④聚焦到方法：如健身关键词"有效减肥法""睡前健身"。⑤聚焦到产品：如咖啡关键词"挂耳咖啡""速溶咖啡产品"。⑥聚焦到合集：如母婴关键词"玩具合集""奶瓶合集"。

聚焦可以多次组合使用，如平价玩具合集、平价挂耳咖啡合集。聚焦越细，粉丝就会越精准，笔记也更容易上热门。

示例

刘大大的穿搭笔记

穿搭类博主刘大大，截止到 2023 年 3 月已发文 622 篇，粉丝 46.8 万。其笔记类型全部是图文，且笔记一直坚持室外拍摄风格。其亮点如下。①真实。照片都是站在室外拍摄的。②垂直。一直发布搭配内容，内容垂直化让笔记看起来简洁统一，更容易形成复利。③坚持。持续更新，几乎每天 1 篇笔记，账号始终保持较高的活跃度。

（四）小红书营销策略

小红书营销能快速筛选出目标用户，完成广告的高效转化，提高品牌知名度。小红书中内容、互动和营销方式都非常重要。具体包括如下策略。

1. KOL "种草"

小红书的 KOL 拥有很多粉丝流量和较高的粉丝关注度，对内容的输出以及把控能力也相对较强，具有强大的话语权和影响力。KOL 如果有 MCN（Multi-Channel Network，多频道网络传媒，是一种网红经济运作模式）运作或者有成熟团队，对接或者是合作都比较省时省力，推广营销效果也不错。缺点是 KOL "种草" 推广的方式价格比较贵，而且 KOL 经常接商业化广告，推广信息太多太杂，粉丝的信任度会降低。

KOL "种草" 具体步骤为：首先经过大数据分析、目标人群画像分析及同行竞品关键词数据构思并发起话题；接着约请 KOL 发 "种草" 笔记，可以同时约请多位 KOL，打造 UGC 氛围；同时让 KOL 与粉丝进行互动，鼓励粉丝点赞、评论、转发，借助粉丝扩大话题影响力；再依据小红书平台的内容引荐机制将话题推至热门，经过层层联动将品牌商品链接植入 KOL "种草" 笔记中进一步提升转化率。

2. KOC "种草"

小红书是一个特别适合 KOC "种草" 的平台。小红书 KOC 推广方式的性价比相对 KOL 较高，KOC 非泛指粉丝量少的小号，而是真正有价值的 KOC。这种账号虽然粉丝少，但是其内容丰富、对产品的理解比较透彻，而且拥有非常强的带货能力。KOC 更加贴近用户，在讲解产品的时候，能让用户感觉到真实性。缺点是 KOC 没有 KOL 那样的商业逻辑，在内容创作方面如果需要量产可能会有一定的难度。

3. 明星引荐

明星引荐是小红书的一大特点，被引荐的产品或品牌被赋予了明星专属引荐的标签，一般可以获得比较好的传播和转化效果。明星的小红书引荐笔记一般商业味不浓，更多的是个人化引荐。这些个人化引荐的产品或品牌经过明星以图文、视频等方式的笔记引荐出来，提高了用户对产品或品牌的信任度，更容易转化为产品或品牌的直接购买力，有利于带动流量，打造全网爆品。

4. 发现页信息流广告投放/查找关键词优化排名

发现页中信息流广告以算法引荐形式进行内容分发，可以帮助品牌更好地加大优质笔记曝光，触达更多用户。查找广告，则能够经过品牌词、品类词、行业词等关键词精准触达目标用户，促进转化。

5. KFS 内容营销组合策略

小红书灵感营销推出 KFS 内容营销组合策略，即"KOL 优质内容引爆+Feeds（信息流广告）精准触达提效+Search（搜索推广）强化搜索拦截"策略组合。也可以这样理解，K 指借助数据洞察，先选品，再定营销场景，最后找到产品的推广人，让"种草"产品深入人心；F 指精准触达人群，提升经营效率，帮助品牌降本增效；S 指守住搜索需求，以用户行为为牵引，指导内容策略、投放策略，触发用户购买意向。KFS 内容营销组合策略遵循用户浏览与决策逻辑，让优质内容借势商业产品，从而更精准地触达用户、影响决策、卡位转化。

📠 示例

伊利金典娟姗的KFS策略

伊利善于通过内容营销来贴近年轻群体生活场景。2022 年金典娟姗有机纯牛奶高端新品推出之际，伊利赞助了《乘风破浪的姐姐3》，同时想要在小红书站内延续热度，深度对话年轻一代并实现心智"种草"和口碑裂变。在小红书，用户对娟姗的"高蛋白"产品价值点认知几乎空白，伊利需要结合内容趋势热点，绑定产品卖点，实施体系化内容营销策略。

通过小红书灵感营销数据洞察发现，2022 年夏天露营、夜跑等健康生活方面的内容在小红书持续走红，伊利筛选出站内高热"姐姐"（KOL），产出露营、早餐等生活场景笔记，建立了用户对产品的高端认知；在信息流广告（Feeds）投放上，锚定"娟姗""有机"等核心关键词，定向触达高净值人群，完成精准高效追投，加速流量流转；再辅以互动产品及搜索推广（Search）以承接用户主动搜索需求。最终娟姗新品收获了用户的强认知，品牌沉淀了大量优质笔记内容，在品类中形成了压倒性的优势。

---

6. 专业号运营与入驻小红书商城

企业应积极注册专业号，基于专业号进行品牌宣传，如针对品牌优势撰写笔记，可以吸引用户并提高品牌曝光度。企业还可以考虑注册小红书店铺，这样不仅便于用户直接在小红书品牌商城购买产品，企业也能够在笔记中直接添加购买链接。

🦢 课堂讨论

分析今日头条最吸引你的一则今日推广的特点。

三、今日头条营销

作为新闻资讯自媒体平台，今日头条是一个高质量的内容生产和内容消费平台。在今日头条，每周有超 200 万位创作者、媒体发文，每天发超 150 万条内容，每天内容阅读/播放量超 50 亿次。今日头条也是企业极为重视的营销推广平台，其算法优势造就的精准触达是今日头条突出的特点，也是整个行业与市场区分今日头条和其他平台的最重要标签。

（一）今日头条用户画像

今日头条的用户广度大，其价值不单在于用户体量，更在于对一二线城市的全面覆盖，以及对三四线城市的高度覆盖，具有很强的用户人群基础。在用户年龄分布方面，31～50 岁这一社会消费中坚人群位于今日头条的用户首位，24～30 岁这一职场新锐人群是今日头条的精英用户，50 岁以上人群同样也是今日头条的强力用户之一。在用户性别分布方面，男女用户在今日头条上的占比接近，不存在品牌对话受限问题。今日头条的用户广度从地域到年龄都相对全面和完整，其人群标签有都市中产、打工人、精英白领、小城青年、小城中老年等。品牌能够根据较为匹配的受众和地域进行营销布局，满足各种营销取向，从而做到有的放矢、构建营销闭环。

极高的内容黏性也是今日头条用户的突出特点。使用时长达到 30 分钟以上的用户占比，今日头条居于同类平台首位。今日头条具有高频次、使用时长长的用户使用优势，用户已形成高黏性的使用习惯。

今日头条用户兴趣较为广泛和均衡。今日头条作为新闻资讯平台，用户对社会、娱乐、国际、财经等方面的消息相对比较感兴趣。广告主在利用今日头条进行广告推广时可选择面相对其他平台多一些，不用担心平台用户兴趣单一而造成"营销拥挤"。

🖥 示例

今日头条的广告短片《后背》

2022 年春节期间，今日头条推出广告短片《后背》。该短片别具匠心地选取了电影威亚师、短道速滑陪练、备选航天天员三个不被人熟知、在幕后奉献的职业，既给大家介绍了这些职业，又借由"后背"的意象和引申义串联故事。从默默付出的三个平凡人身上，观众能联想到身边的亲人。短片以优质内容为基础，搭配"知名导演+大咖艺人+顶级宣发"的豪华阵容，于春节之际在各大社媒体掀起刷屏热潮，并得到人民网点赞，最终创造了高达 15 亿人次的海量曝光量，成为整个春节营销期间的经典案例之一。

（二）今日头条营销工具与内容营销全链闭环

1. 营销工具

今日头条平台提供的营销工具非常丰富，其核心流量产品包括品宣渗透产品和品效联动产品。

（1）品宣渗透产品，包括以曝光为目的的开屏广告、信息流广告，原生内容的头条号外、头条号外 PLUS、每日必看频道、头条话题，搜索闭环的品牌专区、搜索彩蛋、专题卡，创新非标类的 App 首屏频道第五位、App 右下角浮层挂件。

（2）品效联动产品，包括竞价信息流类的图文/短视频信息流、图文/短视频带货、Feed 直投直播间，竞价搜索类的竞价广告关键词。

2. 内容营销全链闭环

依托丰富的内容生态、多元主流消费人群与业内领先的精准推荐算法，今日头条已经形成了从用户运营、内容运营、流量运营到交易转化的内容营销全链闭环，可全面满足品牌内容营销诉求。今日头条提供了相对完善的内容营销思路，在从流量运营到用户运营的思维迭代中强化和凸显了内容的作用，让品牌能够更加主动地布局内容营销，吸引和沉淀目标用户。

今日头条为品牌营销提供了两个完整的内容营销链路。①以优质内容为基点，构建从"品牌内容定制→内容发酵→形成热点→跨平台认知"的内容传播路径，既可以将用户的认知转化为对品牌的认同，也可以帮助品牌做平台级的背书，在多平台形成内容共振，极大地提升品牌定制化内容的价值。②从品牌内容到电商转化的链路。今日头条提供了商品卡、小程序等平台推荐的转化组件，品牌不但可以利用优质内容吸引用户，同时还可以利用转化组件促进用户方便地完成电商转化。

🖥 示例

OPPO Find X5×《科技上新了》

《科技上新了》是今日头条科技数码 3C 新品发售的一站式内容营销解决方案。2022 年配合 OPPO Find X5 新机发售，OPPO 与《科技上新了》合作进行新机爆款内容独家策划，为新机首销蓄能。

在前期策划期间，品牌方依托巨量云图前置洞察目标用户对上一代机型的反馈及痛点，明确新机的自研芯片、影像力、科技力等核心卖点，结合今日头条目标用户内容偏好，制定营销策略。在发布会当天，通过与官方直播栏目《朋友多 一起看》联动，三大数码大咖带领头条用户一探新机发布，同时，独家策划了OPPO Find X5 产品线总裁在今日头条首发新机开箱视频，引发了今日头条用户广泛关注，成功刷屏头条热榜。发布会后，数码、科技、财经等多圈层优质创作者持续进行内容共创，并通过挑选优质原创内容投放头条号外，扩大内容覆盖受众，持续影响潜在目标人群。最终活动总曝光超 2.7 亿次，话题阅读量达 1.4 亿人次，登上多个头条热榜。

（三）今日头条营销策略

真正激活内容平台价值的关键是"瞄准目标人群×优质营销内容×反复精准触达×可衡量的效果"，这也是今日头条营销的关键。

1. 锚定用户特征

今日头条汇聚了海量高知、高价值、一线和新一线城市的成熟主流消费群体。在他们眼中，今日头条拥有丰富多元的综合内容，兼顾大众与权威性，视角多元、内容健康向上、值得信赖。他们对今日头条的满意度较高，喜欢在今日头条关注社会热点、娱乐资讯，更喜欢在今日头条消费文史、泛生活、科技、财经、汽车等垂直类兴趣内容。他们是当下拥有消费话语权的各大社会主流消费群体，品牌应锚定各类目标用户的喜好，向用户推送其可能感兴趣的品牌或商品相关内容，提升转化率，达到精准营销效果。

2. 优化内容

今日头条是一个内容平台，包括图文、视频、微头条、直播等多种内容类型，涵盖科技、体育、健康、美食、教育、三农、国风等超过 100 个内容领域。对于品牌而言，开展今日头条内容营销的关键是：围绕目标用户在今日头条内容生态内的消费偏好，充分激活今日头条商业生态全链路，实现品牌长效转化。从用户行为路径来看，在今日头条，用户以深度阅读为起点，在兼顾公私域的精准算法推荐下，阅读海量感兴趣的优质内容，自发形成互动转化与主动搜索，并通过落地页、内容电商及外链，在潜移默化的心智影响中，完成消费转化。其中，优质的兴趣内容是引起目标用户注意，激发消费行动的核心。

今日头条有很多内容组合形式，每个品牌擅长的领域不同，组合形式也不同，主要有以下几种模式。

（1）文章+微头条+话题。这是目前比较流行的模式：文章配合微头条来触达用户，产生裂变，加上话题的导入，实现更精准的触达。

（2）文章+问答。采用这种模式，品牌可以和用户产生深度的互动，通过内容及问题，达到品牌渗透的目的。品牌可以通过社区问答的方式和用户互动。

（3）头条号+主题+话题。这种模式需要品牌配合专业人士输出内容，吸引用户，起到沉淀内容的作用。

（4）微头条+直播。品牌可以通过这种模式和粉丝产生实时互动，增强粉丝黏性。

3. 运营头条号

头条号获得的流量多少与头条号指数的高低有密切关系，头条号指数由原创度、健康度、活跃度、专业度以及互动度五个维度组成，这五个维度的分值越高，头条号指数就越高。提高头条号指数的方法主要有以下几个。

（1）针对原创度，坚持原创，提升内容质量。运营者不仅要坚持推出原创内容，内容的质量也很重要，质量好的内容才能降低跳出率，吸引用户用心看完，只有这样原创才有意义。

（2）针对健康度，图片美观，内容不涉及黄赌毒，不做"标题党"。头条号健康度主要从图片大小和美观度、内容是否涉及黄赌毒、文章标题和内容是否严重失实三个方面考核。

（3）针对活跃度，应定时更新。运营者如果能每天定时更新一篇文章到头条号且审核通过，账号活跃度就会提升。

（4）针对专业度，文章和专业领域应一致。注册头条号时要准确选择专业领域，产出的文章越专业、垂直，推荐就越精准。

（5）针对互动度，尽量增加和读者的互动。当读者评论文章时，应主动回复，这样能增加头条指数的互动度。除了与读者互动，还应主动去评论别人的文章，得到较多认可的评论就有机会被推荐到首页，从而为自己带来更大的曝光量。

4. KOL 营销

品牌营销很重要的一部分工作依赖于平台 KOL，如果一个品牌想在某个内容平台上有所作为，一定要有大量 KOL 帮助品牌背书，今日头条平台本身具备这样的特性。很多 KOL 在今日头条上分享干货内容，呈现出专业内容大众化的特征，且内容的形式也越来越丰富多样。"深度评价"和"专家科普"是最受用户喜爱的"种草"形式。很多用户对今日头条的高黏性，除了来自新闻类内容之外，更多的是来自庞大的创作者群体不断输出的内容矩阵，海量的内容能够持续不断地满足用户千差万别的阅读需求。这对品牌而言，就相当于拥有了一个多元、丰富的内容库，其可以自由选择创作者来实现自身所需要的风格创意和"种草"策略。

示例

欧尚合作《众行远方》拉新"种草"

《众行远方》是今日头条首个汽车中视频口碑项目，以"车生活"为主题，以"汽车创作者+跨界创作者"式组合，带领用户通过中视频场景化体验车型，发起全民车旅路线新探索征集活动，带动海量优质创作者参与共创，实现全民场景化营销。

2022 年欧尚 Z6 在新车发售之际与《众行远方》合作，进行拉新"种草"。在预热期，品牌蓝 V+经销商蓝 V 开启矩阵式直播预热，展示 Z6 新车风采，并针对目标和潜在人群进行定向投放，有效提升了新车用户转化率。在上市期间，通过今日头条、抖音双端进行新车话题内容共创，最大化实现新车"种草"转化。最终，新车今日头条话题阅读量超 1.5 亿人次，抖音话题播放量超 1.3 亿人次，人群总资产投后增长约 1 倍，A2A3 人群吸引人群及"种草"人群拉新超 60%，远超竞品，有效收集总线索量超 4 000 条。

实训任务——知乎平台营销机会评价

1. **实训目的**：调查知乎平台营销机会点，并进行评价。

2. **实训内容**：①下载知乎 App，注册知乎账号；②制订调查计划，包括调查目的、调查对象、调查方法、时间安排等内容，其中调查对象应包括知乎 App、知乎官网；③对调查对象进行调查，并做好记录；④对记录的资料进行筛选和整理；⑤对调查资料进行归纳、分析，将知乎营销机会点进行分类、整合；⑥对知乎营销机会进行评价；⑦撰写知乎营销机会评价报告，报告须包括上述内容。

归纳与提高

本章介绍了自媒体营销的特点、策略、内容营销与创意出发点，微信营销、微博营销，以及知乎营销、小红书营销、今日头条营销。

自媒体营销的实质是内容生产、传播、分享、互动、变现的过程，内容营销是其核心内容。自媒体内容营销应注意追求内容的价值性、内容原创、内容垂直而专注、寻求内容差异化、注意内容的时效性、持续生产内容等，可以从热点事件、品牌、娱乐等方面进行内容创意。企业应根据实际需要选择合适的自媒体平台开展营销活动，并且要注意自媒体平台的特点、提供的营销工具及其营销策略。

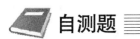 **自测题**

 综合练习题

一、填空题

1. 自媒体成功与否，_____起着决定性的作用。
2. _____是自媒体生命力的表现。
3. 微信公众号平台账号分为服务号、订阅号、_____和企业微信四种类型。
4. 微信公众号营销首先要明确_____，并进行前期准备工作。
5. 小红书是一个特别适合_____"种草"的平台。

二、简答题

1. 简述自媒体营销的特点。
2. 简述微信视频号营销的特点。
3. 简述微博营销策略。
4. 简述知乎营销的特点。
5. 简述小红书流量推荐的类型。

第十五章　网上平台营销

引导案例

年销售利润超百万元的袜子卖家

某淘宝店铺卖家，靠袜子年销售利润超百万元。

该卖家选择袜子作为店铺的商品，主要是因为袜子作为非标品，有议价权，而做标品，竞争到最后往往就是价格战。店铺建立之初，该卖家使用淘宝平台的生意参谋进行选品，从行业交易指数、天猫和 C 店的占比、同行店铺的流量构成、关键词四个维度进行选品，最后确定店铺的主营商品是袜子。在袜子的价格定位上，20 元以下的袜子竞争激烈，表现为低价促销，打价格战；50 元以上的袜子以品牌居多，以提高运动水平为卖点，要求有一定的技术含量。卖家结合行业和自身的条件，最后将袜子的价格定位在 20~50 元，以 29.9 元的价格为主。在实际运营中，卖家通过理解淘宝的算法机制，利用淘宝平台的营销推广工具进行引流，如站外用垂直内容挂淘宝链接引流，积累销量和评价，通过直通车或超级推荐将目标消费者圈出来，最后实现销售。卖家积极利用站外推广工具进行店铺宣传和商品销售，在短视频平台进行带货视频拍摄，实现年销售利润超百万元的业绩。

启发思考：（1）卖家为什么选择袜子作为店铺商品？（2）卖家是如何对店铺内的商品进行宣传的？

搜索平台和电子商务平台都拥有大量的用户和丰富的营销资源，本章重点介绍以百度为例的搜索平台，以及以淘宝、京东、拼多多为例的电子商务平台的常用营销工具。

第一节　搜索平台营销

百度致力于向人们提供"简单，可依赖"的信息获取方式。百度如今已不仅仅是一个搜索引擎，其产品和服务已经覆盖社区、游戏、软件、电商、营销等众多领域，但公司的大部分利润仍来自其搜索营销服务。百度搜索（百度一下）巨大的搜索流量给百度带来了商机，百度逐步将这些流量商业化，推出了搜索流量、网络联盟流量、行业流量、品牌流量等营销服务。本节主要介绍百度联盟推广和百度知识营销相关内容。

一、百度联盟推广

网络联盟是指网站的广告联盟。平台根据用户的 Cookie 分析其是不是广告主的目标客户，并把广告主的广告推送到相应的行业网站上，计费模式一般为 CPC 模式。百度联盟推广是其中的典型代表，它通过多种定向方式帮助客户锁定目标人群，并以丰富的形式将客户的推广信息展现在目标人群浏览的各类网页上，在其上网过程中对其产生深入、持久的影响，从而有效提升品牌知名度和客户的销售额。

（一）联盟推广与搜索推广的关系

搜索推广主要是将广告放置在搜索结果列表中，但联盟推广的广告主要是以文字、图片、Flash 动画等形式出现于加入联盟的网站上。联盟推广使得用户在使用百度搜索某一方面的内容后，在之后的一段时间里，在百度旗下某些产品或者其他网站中，可以看到相关的广告内容。

示例

百度联盟推广广告

某用户在百度搜索"招聘网站"，之后几天他在百度的其他产品上就可能会看到招聘机构的广告。

在生活中，用户会通过搜索引擎搜索信息，但这只占用了其一小部分的上网时间，用户的大部分上网时间通常会用在社交、看视频、听音乐等其他方面。如果企业能够利用好相关渠道进行推广，就会获得更多的机会。

百度通过大数据分析技术及其在搜索领域的流量优势，可以分析每个用户的搜索需求，主动在每个用户上网时的页面空间、移动设备上实施精准、高频次的品牌展示推广，逐步形成用户认知和品牌影响力，使营销变得更主动、有效、完整，从而提升营销效果。因此，百度搜索是在用户搜索的时候将广告展现出来，让用户自己找到需要的产品或服务。联盟推广则是试图帮企业找到潜在用户，将广告展现在他们眼前。

 课堂讨论

联盟推广对用户存在怎样的利弊？

（二）推广账户的优化

推广账户的良好结构和推广设置是有效推广的基础。推广账户的基本优化主要针对展现量、点击率和账户健康度进行优化。

1. 展现量优化

展现量是指客户推广信息的展现次数，代表了推广信息的曝光度。展现量越高，说明客户的推广信息的曝光量越大，越有利于其宣传品牌价值，也有利于其吸引潜在受众。如果客户分配好单日预算和点击单价，通过最合适的推广组设置将它的推广信息展现在更多的网站上，那么推广信息的展现量也将达到更优的结果。企业可以通过投放站点/地域和出价对展现量进行优化，如果选择的推广地域过少，建议扩大网站选择范围。

2. 点击率优化

点击率是指推广信息的点击量与展现量的比值，可以用来评价推广信息对目标用户的吸引度。点击率越高，说明潜在用户点击推广信息的可能性越大，即推广信息对潜在用户的吸引力越大。如果企业在最合适的时间、通过最合适的网站将它的推广信息展现给最直接的目标用户，那么企业推广信息的点击率也将达到最优。企业可以调整投放的站点和优化推广创意对账户的点击率进行优化。

3. 账户健康度优化

账户健康度是对账户结构的一个评价指标，是设置账户结构、获得良好推广效果的基础。对联盟推广来说，一个健康的账户应至少包括2个推广计划、5个推广组、10个推广单元。账户健康度的改善，是指从账户结构的层面对账户进行优化，这是企业获得良好推广效果的第一步。

（三）提升转化率的方法

在用户点击行为发生后，广告主还有很多的工作需要去做，以提高投资回报率，具体包括以下几个方面。

1. 分行业投放与监测

广告主在进行推广时会发现，相同的推广信息在不同的站点上点击率差异巨大。因为不同类型的网站拥有不同的用户群，这些用户拥有不同的兴趣点。广告主只有通过分析自己的品牌、产品、用户之后，寻找能够接触自己目标用户的行业网站并进行广告投放，才能达到事半功倍的效果。小型网站的曝光量虽没有大型网站那么多，但是其用户更加小众，而且竞争强度也没有那么大，所以其点击率可能更高。

此外，在广告投放一段时间之后，通过分析后台的数据，广告主应重点关注点击率高的站点，并加大广告投放力度；而对于点击率较低的网站，可以选择减少广告投放或者放弃。这样做可以帮助广告主获得更优的推广效果。

2. 为目标用户量身打造广告

每一个用户的关注点都存在一定程度的差异，一个广告并不能吸引所有潜在用户。随着大数据和云计算的发展，网络广告的最终目标就是做到千人千面，即对每个潜在用户专门制作一个广告。但是，目前广告平台尚无法做到这一点。

广告主虽然还无法做到针对每个潜在用户专门制作一个广告，但是可以通过年龄、性别、所在地区、身份等属性对用户进行细分，并针对不同的投放行业与站点设置不同的广告，从而达到为细分目标人群量身打造广告的效果，这样也能有效地提升广告的转化率。

3. 优化着陆页与流程

着陆页是指潜在用户点击广告或者利用搜索引擎搜索后显示给用户的网页。该页面主要是用来让用户访问网站的其他页面、购买产品或服务、与企业联系或者进行注册等。

如果用户点击广告，发现着陆页打开速度慢甚至不能打开，或者进入之后发现页面非常杂乱，并不能了解其所需要的某些内容，他们通常会选择关闭页面，对他们来说这是一次糟糕的体验，所以广告主对着陆页进行优化是非常必要的。广告主可以通过优化网页代码、压缩图片、删除多余的元素来提高着陆页的加载速度，还可以通过减少不必要的信息而突出主要信息来迎合用户需求。

复杂的操作也会导致潜在用户的流失并造成广告费的浪费，如当需要寻求客服帮助的时候，却找不到藏在页面角落里的咨询按钮或者电话号码，用户只能选择放弃。广告主应站在用户的角度，设计简单的注册、购买、留言咨询等流程，并提供简单便捷的帮助入口。

4. 持续性的广告投放

当用户发现自己存在某方面的需要，并在百度上产生搜索行为时，一系列数据就会留存在百度的数据库并被分析，然后数据分析结果又会被提供给广告主，使广告主可以根据这些数据进行精准的广告投放。

联盟推广的广告反馈周期相比搜索推广更长，但是覆盖面广，持续性的广告投放可以使品牌广告不断地出现在目标用户面前并影响他们，吸引他们对产品、服务进行了解，并促成其从知晓到购买的转化，因此持续性的广告投放可以有效提升推广效果。

二、百度知识营销

知识营销是指通过有效的知识传播方法和途径，将企业所拥有的对用户有价值的知识，包括产品知识、专业研究成果、经营理念、管理思想以及优秀的企业文化等，传递给潜在用户并使他们逐渐形成对企业品牌和产品的认知，从而将潜在用户最终转化为现实用户的过程和营销行为。百度知识营销能很好地将客户商业推广效果与用户浏览体验相结合，百度知道是非常突出的知识营销平台。

（一）百度知道营销的展现形式

百度知道作为国内最大的问答平台，由于其权重高而被很多专业网络推广人士所青睐，是见效快、投资回报率高的平台，具有原生营销、口碑营销、影响决策等营销作用。做好百度知道营销推广，可以让关键词迅速出现在搜索引擎首页，给网站带来巨大的流量，同时能快速提高产品知名度和销售业绩。由于百度知道对回答的监测力度越来越大，所以在答案中插入推广信息的难度也越来越高，很多情况下推广信息都会被其程序或人工直接删除。企业可以通过与百度进行合作，在回答页面插入产品或服务的硬广告。

当用户在百度知道栏目下进行搜索的时候，页面上会展现出相关的问答和广告主信息，将广告主及相关信息进行曝光，可以达到吸引搜索用户注意力的效果。

 示例

高顿财经ACCA的百度知道营销

在百度知道栏目下搜索"考ACCA"，广告主的广告将出现在结果列表中，如图15.1所示。搜索结果页面列出了问题和一段答案,最后一行显示回答的广告主及广告主的信息。单击进入结果页(见图 15.2),在顶部有一个 Banner,答案底部有企业 Logo、名字,还有企业产品,右侧是企业简介,下面还显示了企业微信的二维码。广告主可以通过专属问题页面上大量的图片广告位增加品牌曝光率,从而锁定目标消费群体,最终促成转化。

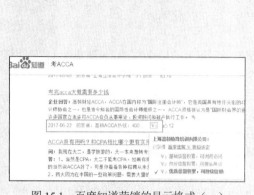 

图 15.1 百度知道营销的显示格式(一)　　　　图 15.2 百度知道营销的显示格式(二)

(二)优化建议

百度知道营销的运行流程如图 15.3 所示,当用户在百度知道进行提问,百度知识营销系统对问题进行分析之后,会将该问题推荐给合适的广告主。广告主可以通过业务系统选取相应的问题进行回答,相应的广告主信息在广告主对问题进行回答之后就会出现在知道检索页、知道问答页或者网页搜索结果中。

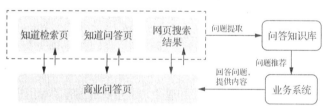

图 15.3 百度知道营销的运行流程

为了提升营销效果,广告主可以在问题选取、答案和结果页三个方面进行优化。

1. 问题选取

选取问题是实现最优广告效果的基础,广告主只有通过分析,选取与自己的产品和服务息息相关的问题,才能接触到更加匹配的潜在消费者。如企业的产品是牙膏,选择"儿童蛀牙""口臭"之类的问题进行回答将可能获得与自己产品相匹配的搜索者的关注。广告主也可以使用系统提供的关键词订阅工具来获取系统推荐的问题,但是对推荐的问题也需要进行二次筛选。

2. 答案

用户提问是为了寻找某些信息,如果发现答案不是自己所需要的,他们通常就会直接关掉网页。广告主不能一味地在答案中推广自己的产品和服务,而应在帮助用户解决实际问题的基础上将广告内容融入答案之中。广告主应优化好答案的结构和排版,一般应采取"问题回答—推广产品/服务—官方信息"这一形式。例如,对于"儿童游泳馆加盟哪个好"这一提问,广告主可以先告诉搜索者哪些因素比较重要、加盟费大概是多少,然后再介绍自己的品牌和产品。

3. 结果页

结果页顶部的 Banner 应采用动态的形式,并且要展示企业的活动、促销等信息;底部的企业产品应选取与问题息息相关且比较有代表性的产品;右侧的企业简介应通过图文结合的形式,突出企业产品的特点。结果页是连接百度与企业网站的中间页,做好结果页才能吸引网民点击并对企业进行深入了解。

实训任务——百度经验营销策划

1. 实训目的： 了解百度知识营销的主要方式，分析百度经验的特点，并为企业策划百度知识营销。

2. 实训内容：

（1）了解百度知识营销的主要方式，重点分析百度经验的特点、营销价值、用户画像、营销机会等。

（2）根据百度经验用户画像选择需要策划百度经验营销的企业或品牌，分析该企业或品牌进行百度经验营销的可行性与必要性。

（3）登录百度账号，并打开百度经验，从悬赏令中挑选适合企业或品牌营销的问题。

（4）回答问题：撰写短文回答问题。回答问题的短文应能为用户提供问题的解决方案，通常包括概述、工具/原料、步骤/方法、注意事项、参考资料等几个部分，一般有丰富清晰的图文。用户可以按照文字和图片的指导，一步步操作直至解决问题。写作短文时应巧妙地将企业或品牌信息植入其中。

（5）评估营销效果：查看一周后的系统数据，分析传播效果。

第二节　电子商务平台营销

电子商务平台（电商平台）为平台内店铺提供了一系列营销工具，不同电商平台提供的营销工具各有特色，为店铺推广带来了各种便利。本节以淘宝、京东、拼多多为例，分析其主要的营销工具。

一、淘宝营销工具

按付费与否进行划分，淘宝提供的营销工具可以分为付费推广工具和免费推广工具。

（一）付费推广（一）——直通车

直通车是淘宝按点击付费的营销工具，用户通过在淘宝进行关键词搜索或者淘宝分类搜索，商品的图片和文字简介就会显示出来。在给商品带来曝光量的同时，精准的搜索匹配还为商品带来了精准的潜在买家。直通车通过管理关键词的排名，以搜索竞价的方式，按次展现商品，并根据点击量的多少，收取一定比例的费用。目前直通车是淘宝平台使用最广泛的付费推广工具之一。

使用直通车时，一件商品可以设置多个关键词。卖家可以自由定价以及设置投放时间，一般而言，出价高的会优先展现。如果用户点击并购买了直通车推广位上的商品，系统会根据卖家设置的价格扣款。如果卖家需要出新品或打造爆款，可以使用直通车进行推广。通过这种推广方式，卖家可以较为精准地将目标客户引流到店铺，促使其浏览店铺的其他商品。

1. 直通车的展示位置

根据使用设备的不同，直通车的展示位置分为PC端核心资源位和手机淘宝核心资源位。

（1）PC端核心资源位。淘宝搜索结果页，左侧有1～4个标识"广告"字样的展示位，页面右侧16个和页面底端5个标识"广告"字样的展示位，这些是PC端直通车展示位，即PC端核心资源位。

（2）手机淘宝核心资源位。手机淘宝搜索结果页，第1个、第7个、第13个（前三个展示位间隔5个商品）有标识"广告"字样的展示位，以及第13个商品后每间隔10个商品有1个标识"广告"字样的展示位，这些是手机淘宝直通车展示位，即手机淘宝核心资源位。

2. 直通车的展现逻辑

直通车是根据关键词质量分和出价获取综合得分并根据综合得分确定商品排名的。具体计算公式如下：

$$综合得分=出价×质量分$$

提高质量分和出价，就可以改变直通车的排名顺序，综合得分越高，排名越靠前。

质量分是衡量关键词与推广商品和淘宝用户搜索意向三者之间相关性的综合指标，为10分制，是系统按照规则经过四舍五入后得出的数字。影响质量分的因素包括创意质量、相关性及买家体验三方面。创意质量是推广创意图片的反馈效果，包含推广创意的点击反馈、图片质量等；相关性是关键词与商品类目、属性、标题等相符程度；买家体验是买家在店铺的购买体验和账户最近的推广效果，包含直通车转化率、收藏和加购量、关联营销、详情页加载速度、好评率和差评率、旺旺反应速度等影响购买体验的因素。

3. 直通车的扣费原理

直通车按点击扣费，扣费金额不高于卖家的最终出价。

$$单次点击扣费=（下一名的出价×下一名的质量分）/你的质量分+0.01 元$$

因此，卖家的质量分越高，所需付出的费用就越低。当用公式计算得出的金额大于出价时，将按照卖家设置的关键词的实际出价进行扣费。

💻 示例

淘宝直通车实际扣费和综合排名的变动

甲、乙、丙三位卖家对某个关键词的竞价如表15.1所示。

根据表15.1中的数据，甲的综合得分是1.9×7=13.3，乙的综合得分是2×6=12；丙的综合得分是1.5×7=10.5，因此，综合排名的顺序是：甲、乙、丙。

甲的实际扣费=（乙的出价×乙的质量分）/甲的质量分+0.01 元=（2×6）/7+0.01≈1.72（元）；乙的实际扣费=（丙的出价×丙的质量分）/乙的质量分+0.01 元=（1.5×7）/6+0.01=1.76（元）。

由此可知，在淘宝直通车中，关键词的出价并不是决定商品排名的唯一因素，但实际扣费始终小于或等于出价。

（1）质量分对排名的提升。结合表15.1，在其他条件保持不变的情况下，乙提升了质量分，如表15.2所示。此时，甲的综合得分为=1.9×7=13.3，乙的综合得分=2×9=18，丙的综合得分=1.5×7=10.5，因此，综合排名的顺序是：乙、甲、丙。相应的实际扣费也会发生变化，如表15.2所示。

表15.1 关键词竞价的排名和扣费（一）

卖家	排名	出价/元	质量分	实际扣费/元
甲	1	1.9	7	1.72
乙	2	2	6	1.76
丙	3	1.5	7	—

表15.2 关键词竞价的排名和扣费（二）

卖家	排名	出价/元	质量分	实际扣费/元
甲	2	1.9	7	1.51
乙	1	2	9	1.49
丙	3	1.5	7	—

表15.3 关键词竞价的排名和扣费（三）

卖家	排名	出价/元	质量分	实际扣费/元
甲	2	1.9	7	1.72
乙	3	2	6	—
丙	1	2.5	7	1.91

（2）出价对排名的提升。结合表15.1，在其他条件保持不变的情况下，丙提高了出价，如表15.3所示。此时，甲的综合得分=1.9×7=13.3，乙的综合得分=2×6=12，丙的综合得分=2.5×7=17.5，因此，综合排名的顺序是：丙、甲、乙。相应的实际扣费也会发生变化，如表15.3所示。

由此可见，在保持其他条件不变的前提下，可以通过改变出价和提高质量分来改变综合排名。但是在实际操作中，由于卖家不知道其他卖家的出价和质量分，只能通过不断测试和调整去了解其他竞争对手，之后再对关键词进行竞价。

4. 利用直通车打造爆款

直通车如果使用得当，能帮助卖家打造爆款，但是此过程风险大，投入资金多，所以卖家需要有强大的心理素质和抗压能力。利用直通车打造爆款时，需要注意以下问题。

一是选款。即确定需要打造成爆款的商品。选款要选择受大众欢迎、符合大众审美的商品，而且性价比要高，具体可以通过生意参谋或阿里指数等工具对整个行业的趋势进行分析。所选择的爆款商品应确保有足够的利润以及充足的货源。

二是测款。在选定商品后，需要对商品进行测图测词，确保主图有吸引力，能吸引用户点击，主图点击率要高于同行均值，测试阶段要有成交量，商品收藏加购率不小于 7%，停留时间最好大于 30 秒，跳失率要低于 80%；详情页能详细说明商品的细节和其他卖点，以利转化；要确保直通车关键词的投入产出比接近或高于盈亏平衡点。

三是推广。推广阶段对商品流量的爆发有至关重要的作用，在推广阶段要关注点击率、收藏率、加购率、转化率等数据。在此阶段，要确保点击率稳定，上下浮动不超过 2%，每天能实现点击量递增20%～30%。

四是维护。流量爆发以后，如果不能较好地进行维护，高流量也不能确保高转化率。在此阶段，要关注跳失率、动态评分（DSR）等数据。在高流量下，店铺要做好关联销售，一方面能降低跳失率，延长用户停留时间；另一方面，可以提高转化率。

卖家在使用直通车进行爆款打造时，要把握好推广布局、推广节奏以及推广策略。在初期，要注重维护老客户及商品的测试，优化商品的标题、主图、详情页、关键词等信息；在中期，要注重留住新客户，提升转化率。使用直通车打造爆款，要做好全局规划和节奏把控。

（二）付费推广（二）——引力魔方

引力魔方是整合了超级推荐和钻石展位等资源，覆盖淘宝首页"猜你喜欢"流量、淘宝聚焦图等各类优质的精准流量的推广工具。引力魔方运用全新的资源场景全覆盖地打造淘宝内外的媒体，包括手机淘宝（简称手淘）首页焦点图场景、信息流场景，以及高德地图、优酷、支付宝等淘宝内外核心资源。相对于"超级推荐"，引力魔方人群更精准、出价更智能、创意更省心、分析更方便。

引力魔方聚合了平台大量优质的资源位，具体资源位如下。

（1）淘系焦点图，是淘宝首页的焦点位置，适合店铺在日常推广中开发新客户。手淘展示位如图 15.4 所示，淘宝网页版展示位如图 15.5 所示。

（2）首页猜你喜欢信息流，位置在手淘第二屏，属于超级推荐资源位，具体位置如图 15.6 所示。

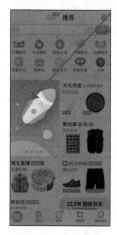
图 15.4 手淘展示位

图 15.5 淘宝网页版展示位

图 15.6 首页猜你喜欢信息流

（3）微详情，适合使用者为女性用户的商品，可以较低的竞争价格获得流量，具体位置如图 15.7 所示。

（4）购中购后猜你喜欢，适合非标品及快消品属性且具备高复购率的商品，具体位置如图 15.8 所示。

（5）红包互动权益场，适合店铺扩流及大促活动节点流量补充使用，曝光量大，需要匹配有吸引力的创意素材进行投放覆盖，具体位置如图 15.9 所示。

以上为不同资源位的具体展示位置。不同资源位，对创意的尺寸要求不一样。

图 15.7　微详情　　　　　　图 15.8　购中购后猜你喜欢　　　　图 15.9　红包互动权益场

（三）付费推广（三）——淘宝客

淘宝客推广采用的是 CPS 计费模式。淘宝客就是一批帮助卖家推广淘宝商品赚取佣金的个人或网站，是卖家和买家之间的桥梁。淘宝客从淘宝客推广专区获取商品代码，买家通过淘宝客分享的链接或二维码购买商品后，淘宝客就能从中赚取佣金，不同商品的佣金不同，具体的佣金由销售该商品的卖家设置。

1. 参与角色

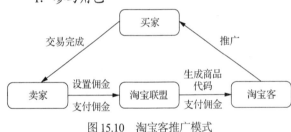

图 15.10　淘宝客推广模式

在淘宝客推广模式中，有淘宝联盟、卖家、淘宝客以及买家四个角色，如图 15.10 所示。淘宝联盟作为一个中介，连接了卖家和淘宝客，卖家通过设置佣金吸引淘宝客推广其商品；在买家通过淘宝客推广的链接购买商品并完成交易后，淘宝客就可以获得卖家支付的佣金。

2. 淘宝客的招募

卖家需要通过不同的方式和途径招募淘宝客，充分发挥淘宝客的能力，扩大品牌的影响力，提高商品销量。常见的淘宝客招募方式如下。

方式一，阿里妈妈社区招募：卖家通过淘宝联盟进行商品推广佣金的设置，可以到阿里妈妈社区进行淘宝客的招募。

方式二，论坛招募：卖家可以去淘宝论坛官方社区进行招募，也可以去淘宝客聚集网站招募，如站长之家。

方式三，自有媒体招募：卖家可以通过微信朋友圈、微博、博客等自有媒体进行淘宝客招募。

3. 商品选择策略

由于加入淘宝客推广的卖家数量较多，所以淘宝客有很大的选择余地。卖家为了吸引淘宝客推广自家店铺的商品，可以按照以下策略选择合适的主推商品。

策略一，选择有一定利润空间的商品。卖家主推商品的佣金比例不可以太低，不然商品再好也会被淹没，因此主推商品应选择利润空间较大的商品，在允许的范围内将更多的佣金回馈给淘宝客，实现双赢。

策略二，选择店铺热卖商品。卖家良好的销售记录可以给淘宝客和买家信心，选择店铺热卖的商品，可以吸引淘宝客进行推广，在将买家引入店铺后，还可以带动店铺内其他商品的销售。

策略三，选择适时的商品。那些季节性和节日性的商品，如服装、挂历、年画等，往往只有在相应的季节或节日，才能吸引淘宝客对其进行推广。

除了以上的付费推广工具以外，卖家也可以参与淘宝平台的活动，通过报名参加促销活动，获取流量和促进销售。卖家可以进入后台，单击"营销"功能模块，在"营销活动"中单击"活动报名"，即可查看平台活动。

（四）免费推广

免费推广，是指淘宝买家主动访问网店，这种行为带来的流量即为自主访问流量。自主访问流量是所有流量中质量最高的流量，具有极高的转化率。自主访问流量主要来自直接搜索、购物车、商品收藏、店铺收藏、已买到的商品。

1. 直接搜索

直接搜索是指买家在淘宝搜索栏中通过关键词搜索进入网店的行为。买家在淘宝搜索栏中可以对商品或店铺进行搜索。如在搜索栏中以关键词"连衣裙"进行搜索，便可以查看该关键词下的商品。买家点击图片即可进入商品详情页。搜索页展示了该关键词下的所有商品，主图、价格等信息都集中在一个页面。卖家若想吸引买家点击商品，则需要设置有吸引力的主图和商品价格。

2. 购物车

购物车是买家在淘宝网购物时使用的一个便捷功能。当买家在多家店铺挑选不同的商品时，可以将不同店铺的商品加入购物车，然后再一起付款，这极大地方便了买家寻找拍下的商品，使得购物更便捷、有效率。通过购物车访问商品的买家，往往对该商品具有很强的购买欲望，但却由于价格或其他考虑因素仍未付款。针对这类买家，卖家可主动联系，通过商品讲解或发放优惠券等方法，促使买家下单。

3. 商品收藏

商品收藏是指买家对某款商品进行收藏的行为。买家可以通过"收藏夹"—"宝贝收藏"进入。商品收藏的功能类似于备忘录，买家看到心动的商品，由于各种原因，暂时没有购买，通过商品收藏，就可以把商品收藏起来，当时机成熟时，通过"宝贝收藏"的入口再次浏览。商品收藏人气是商品收藏人数和关注热度的综合评分，对该商品和网店的综合评分是有影响的，卖家可以通过活动或文字提示，如"收藏宝贝优先发货"，增加商品的收藏数。

4. 店铺收藏

店铺收藏与商品收藏一样，都是通过收藏夹入口进入。通过"店铺收藏"进入店铺的买家，一般对该店铺具有一定的忠诚度，卖家应该通过加入会员等活动增强买家的黏性。

5. 已买到的商品

已买到的商品是指买家已经购买成功的商品，在"我的订单"页面可以找到。买家可以通过"我的订单"中的商品链接再次购买，或点击订单列表中的商家直接进入店铺。通过"我的订单"对商品或店铺进行访问的买家购物目的明确，且该类买家是店铺的回头客，具有很强的黏性，对店铺商品的质量、物流或服务满意，再次购买的欲望强。如果店铺销售的是快消品，应根据买家的购物频率在相应的时间通过发送优惠券或活动信息等促进买家的再次消费。

以上淘宝的免费推广途径需要卖家不断优化店铺、不断提升服务质量以及商品质量。自主访问流量是所有流量中最优质的流量，卖家应充分利用这部分流量促进商品销售，提升网店的转化率。

二、京东营销工具

京东提供的营销方式也可以划分为付费推广和免费推广。京东商城付费推广渠道可以分为营销产品和场景产品，其中营销产品主要有京东快车、购物触点、京东展位、京东直投、京挑客、京搜客、京任务；场景产品主要有京东海投、合约展位以及联合活动等。

（一）付费推广（一）——京东快车

京东快车是基于京东站内推广，按点击付费的实时竞价类广告营销产品。通过对搜索关键词或推荐广告位出价，将商家的推广商品、活动或店铺展示在京东站内丰富的广告位上。京东快车的优势有精准投放、多维数据、智能推荐。

1. 京东快车的竞价逻辑

决定排名的主要因素包括但不限于出价、点击率、转化率。其中，影响点击率的主要因素是定向设置和素材制作质量；影响转化率的主要因素是商品详情页、活动等。点击价格由下一位商家的出价和质量分以及商家的质量分决定，其计算公式如下：

$$单次点击费用=（下一位商家的出价 \times 下一位商家的质量分）/ 商家的质量分 +0.01 元$$

2. 京东快车的广告展示位

根据京东快车推广类型的不同，展示位有所不同。

（1）京东快车—普通计划—商品推广。展示资源位在 PC 端，分搜索结果页和推荐位两种展示位进行展示。

搜索结果页主要展示在左侧"商品精选"、底部"商品精选"、右侧商品列表原生广告，每页最多展现 6 个广告。例如，以"空气净化器家用"为关键词进行搜索，在左侧"商品精选"和搜索页面的第一个位置就是广告位，如图 15.11 所示；图 15.12 所示则是在搜索结果页底部的"商品精选"的广告位。

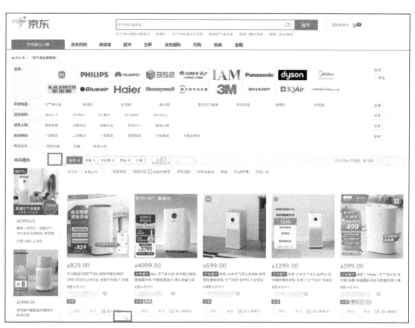

图 15.11 商品推广资源位

图 15.12 底部"商品精选"资源位

推荐位主要在三级类目列表页展示，如顶部"热卖推荐"、左侧"商品精选"、底部"商品精选"、右侧商品列表原生广告，每页最多展现 6 个广告。图 15.13 所示为三级类目列表页顶部的"热卖推荐"展示位。

图 15.13　热卖推荐展示位

在移动端，同样分搜索结果页和推荐位两种资源位进行展示。

① 搜索结果页。在京东 App、京东微信小程序的关键词搜索结果页都包含信息流广告，搜索结果每页默认为 11 个 SKU，其中包含 1 个广告位，右下角标注"广告"字样。例如，以"空气净化器"为关键词进行搜索，在搜索结果页中出现信息流广告，如图 15.14 所示。

② 推荐位。京东 App 首页、购物车、我的京东、商品详情页都有推荐位。图 15.15 所示左下展示位为京东 App 首页焦点展示位。

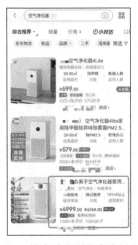
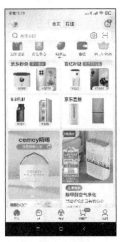

图 15.14　搜索结果页信息流展示位　　图 15.15　京东 App 首页焦点展示位

（2）京东快车—普通计划—活动推广。该展示位集中在 PC 端，展示位包括搜索结果页中左下侧"商家精选"、三级类目列表页中的左下侧"商家精选"、商品详情页、页面左侧底部。图 15.16 所示为搜索结果页中左下侧"商家精选"展示位。

（3）京东快车—普通计划—店铺推广。该展示位主要集中在移动端，在 App 搜索结果页中穿插展示位，展现机制为自动抓取近半年内店铺销售额较高的三个 SKU。例如，以"华为手机"为关键词进行搜索，在搜索结果页中会出现店铺推广的展示位，如图 15.17 所示。

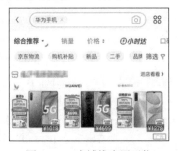

图 15.16　"商家精选"展示位　　　　图 15.17　店铺推广展示位

3. 京东快车的运营技巧

京东快车主要有以下四种运营技巧。

技巧一，关键词的选择。在运营京东快车的前期，选择关键词时可以适当选择人气适中、与商品或店铺属性比价吻合和精准的关键词，避免一开始就使用行业热词，因为行业热词竞争大、单价高。可以选择二、三级关键词，这两种关键词流量相对精准，体量上比行业热词小，竞争力稍弱，性价比较高，这些词当然也要有一定的搜索热度、点击热度和转化指数。

技巧二，提升权重。京东快车提升权重最重要的指标是点击率，通常所设关键词的点击率要高于行业的1.5~2倍，否则京东快车的权重很难得到提升。在提升权重期间，可以添加一些点击率高的关键词，确保关键词获得足够的展现量，然后将点击率效果不好的关键词删除。

技巧三，用京东快车进行测款。使用京东快车进行测款，主要是测试商家所选的商品是否适合打造为核心商品或者爆品。在测款时，可以添加10~12个关键词。关键词的选择可以参考行业关键词流量榜单中的关键词流量排名、平均出价和点击率等数据。在测款期间内，主要通过展现量、点击率和加购数等数据评判，如果这些数据都高于行业平均数据，则可以尝试将该商品打造为核心商品或爆款。

技巧四，使用京东快车测图。在测图时，主要看点击率，点击率高，则说明图片吸引力强。测图时，可以同时开展两个计划，分别放置两张不同的图片，可以选择行业里搜索热度最高的关键词。对于标品的测图，影响点击率的主要是关键词的位置，所以要确保不同图片中的关键词位置一样。对于非标品，测图时要侧重人群的选择，人群过于广泛，会影响点击率。

（二）付费推广（二）——京东展位

京东展位汇集了京东站内最优质的营销推广位置，是一款支持精准定向的站内图片展示类广告营销产品，能让品牌或商品在短期内得到海量的曝光，主要用于店铺推广、单品推广、活动推广以及 App Push 活动推广，从而达到品牌宣传造势的目的。

图 15.18 App Push 活动推广

（1）京东展位推广类型有以下几种。①图片店铺推广，主要用于推广店铺，提升店铺的销量。②单品推广，主要用于推广店铺内的商品，适用于打造爆款、推广新品以及日常销售等场景。③活动推广，用于活动页的引流。④App Push 活动推广，通过京东消息通知栏推广活动，点对点触达用户，但是仅可推广活动类落地页。App Push 活动推广能将活动信息直接发送到用户的手机消息通知栏，如图 15.18 所示。

（2）京东展位展示逻辑。京东展位的展示逻辑是按照实时竞价的高低进行排名，价高者优先展现。用户访问商城页面时，系统会基于定向匹配广告，预估该条广告的 CTR/CVR（点击率/转化率），然后对广告按 CPM 进行排序，出价高的 CPM 广告获得展现，然后系统再进行费用结算。

京东展位是按照 CPM 模式进行计费的，具体的计算方式如下：

$$实际扣费=下一名的 CPM 出价+0.1 元$$

 示例

京东展位竞价计费案例

A 广告与 B 广告同时竞价同一个资源位，B 广告对资源位的 CPM 出价是 9 元，A 广告对资源位的 CPM 出价是 13 元，由于 A 广告的 CPM 出价高于 B 广告的 CPM 出价，所以 A 广告获得展示的机会。根据京东展位竞价的计费公式，系统对 A 广告的扣费计算公式如下：

$$A 的实际扣费=B 的 CPM 出价+0.1 元=9+0.1=9.1（元）$$

系统对 A 广告的扣费为 9.1 元。

（3）京东展位广告展示位。①移动端焦点图第2、3、5、6帧展示位，如图15.19所示。②移动端分类Banner展示位，如图15.20所示。③PC端焦点图、移动端订单详情页以及其他PC端图片展示位。图15.21所示为PC端焦点图展示位。

图15.19　移动端焦点图展示位　　图15.20　移动端分类Banner展示位　　图15.21　PC端焦点图展示位

（三）付费推广（三）——京东直投

京东直投是一款覆盖主流社交媒体资源和移动资讯资源的广告投放产品。其通过整合各大平台的广告资源，降低广告主在不同媒体投放的成本，与各大平台进行数据合作，可有效提升广告定向精准度，帮助京东平台的广告主在各渠道建立投放优势。

（1）京东直投广告资源位。京东直投广告资源位分为PC端和移动端。PC端的广告资源位主要集中在每日精选、QQ客户端的文字弹出广告、QQ空间个人中心左下角和左上角的广告位置、QQ空间应用使用页右侧。移动端的广告资源位则按照合作平台分为腾讯渠道资源位、头条渠道资源位、百度渠道资源位、京东渠道资源位、新资源位五种。

> **示例**
>
> **京东直投腾讯渠道资源位**
>
> 京东直投腾讯资源位主要包含腾讯新闻、腾讯视频、QQ空间、微信等应用，全面覆盖社交、媒体、搜索和联盟四大渠道资源。核心资源位有微信朋友圈、腾讯新闻、腾讯视频、浏览器等，广告的呈现方式更是紧跟时代的潮流，不断创新玩法，如腾讯视频前贴片、微信公众号视频贴片、小程序激励视频等，整合了微信资源+小程序落地页的新玩法，可助力品牌沉淀用户资产，实现品效合一。

（2）京东直投扣费原理。京东直投采用CPC的竞价模式。广告免费进行展示，只有用户点击广告后才扣费，扣费金额在下一名的出价基础上加价。每次点击产生的实际扣费小于或等于商家的出价。具体计算公式如下：

单次点击费用=下一名的出价×（下一名的质量分/自己的质量分）+0.01元

质量分主要受广告素材质量、广告效果等影响。

> **示例**
>
> **京东直投广告扣费**
>
> A与B同时使用京东直投平台在腾讯渠道资源位中的同一位置进行广告投放：B对资源位的出价是0.8元，质量分是4；A对资源位的出价是1元，质量分是8。由于A的出价高于B的出价，所以A获得展示的机会。根据京东直投竞价的计费公式，系统对A的扣费计算公式如下：
>
> A的实际扣费=B的出价×（B的质量分/A的质量分）+0.01元=0.8×（4/8）+0.01=0.41（元）
>
> 系统对A的扣费为0.41元。

（四）付费推广（四）——京挑客

京挑客类似于淘宝客，是一款帮助商家提升销售额，以最终成交订单计算佣金的站外引流工具。

京挑客从京东联盟网站的推广专区获取商品的链接或二维码，通过社交媒体或网站分享，消费者通过链接或二维码购买商品后，京挑客就能从中赚取佣金。不同的商品，其佣金不同，具体的佣金由销售该商品的卖家进行设置。

1. 计费方式

京挑客的计费方式是CPS。商品通过京挑客推广并被下单后，完成订单按佣金比例进行计费。其中，佣金比例由商家自行设置，具体的费用计算公式如下：

$$广告费用=服务费比例×商品实际成交价格$$

📊 示例

京挑客计费案例

A商家为店铺里的某商品进行京挑客渠道的推广，填写后台推广信息后，将该商品的服务费比例设置为10%，售价为69元。随后，该商品由京挑客B进行了站外推广，并被消费者下单购买。根据京挑客推广的计费公式，系统对A的扣费计算公式如下：

$$A的广告费用=服务费比例×商品实际成交价格=10\%×69=6.9（元）$$

系统对A的扣费为6.9元。京挑客的佣金费用在订单完成后T+1日结算。

2. 商品投放逻辑

京挑客的推广涉及商家、京挑客、用户、平台四方，通过业务逻辑关系，形成闭环的推广圈。商家通过京挑客平台推广店铺的商品，并为推广的商品设置佣金。

京挑客通过京东联盟和京粉等推广平台，获取推广内容或链接，通过网站、App、社交媒体等推广商品。

用户通过分享的链接点击广告，并在15天内完成购买。

平台主要负责设置规则，审核商家和站长的操作是否符合规则，并将京挑客的佣金发放到其账户中。

3. 京挑客的招募

京挑客的招募，分为官方渠道招募和第三方渠道招募。

官方渠道主要指京享榜和各类目的CPS收品人员，该类人员会上报京享榜或者平推。这类渠道除了CPS的广告费用外，无需额外的服务费用。京享榜是京东官方的微信公众号，是京东推手的聚集地。

第三方渠道，主要指推手团队，需要收取除平台CPS的广告费用外的服务费，如指导联盟、京推推等。商家可以与推手团队合作，其自主性比较高。

（五）免费推广

京东的免费推广和淘宝的免费推广一样，是消费者的自发行为，这种行为带来的流量即为自主访问流量。自主访问流量是所有流量中质量最高的流量，具有极高的转化率。在京东平台上，自主访问流量主要来自直接搜索、购物车、商品收藏、店铺关注、我的订单、浏览记录。

三、拼多多营销工具

拼多多平台提供的营销工具同样可以分为付费推广工具和免费推广工具。

（一）付费推广

1. 多多搜索

多多搜索类似于淘宝直通车，是按点击付费的营销工具，通过关键词的购买和排名，展示商品。卖家可以通过多多搜索让自己的商品排名靠前，得到优先展示的机会，从而获得更多的流量。

（1）多多搜索广告资源位。在拼多多展示页面上，从第1个开始，每6个就有1个搜索推广广告位。图15.22所示为搜索"干花保存框"后出现的搜索结果，标注处就是需要推广的展示位。

（2）多多搜索的排名规则。拼多多根据关键词质量分和关键词出价计算综合得分，公式如下：

综合得分=关键词质量分×关键词出价

提高质量分和关键词出价，可以提高综合排名，以便商品能优先展示。质量分的高低主要取决于关键词本身的质量、关键词和商品的相关性。在商品推广单元中，关键词的点击率和转化率是影响质量分的关键因素。

（3）多多搜索推广的扣费规则。拼多多的搜索推广扣费公式如下：

单次点击扣费=（下一位的出价×下一位的质量分）/自己的质量分+0.01元

扣费标准以卖家设置的关键词价格进行扣费，若通过公式计算得出的金额高于商家的出价，则以公式计算出的实际价格为准。

图15.22　搜索推广展示位

2.　多多场景

多多场景是一种流量推广方式，按点击收费，其扣费计算公式同淘宝直通车，并以千人千面的方式展示出来。千人千面是指根据每个用户不同的需求和特征，进行商品页面的匹配，即每个用户都有专属于符合自己浏览习惯的页面。图15.23所示为拼多多平台首页场景。

（1）多多场景广告资源位。多多场景中的广告资源位可以分为四种：类目商品页、商品详情页、营销活动页、优选活动页。具体如表15.4所示。

图15.23　拼多多首页场景

表 15.4　多多场景广告资源位

资源位	资源位定义	多多场景广告位
类目商品页	各类目及子类目的展示页面	1+6N
商品详情页	商品详情页最下方"相似商品"展示页面	3+6N
营销活动页	平台活动集合页，如免费领水果、签到等	全部
优选活动页	投放效果突出的活动页面，如高额奖励的拼单页面	全部

注："1+6N"是广告位的计算，即1+6乘以N。

（2）多多场景的人群定向。多多场景里有3类11种人群可供卖家选择，具体如表15.5所示。

表 15.5　人群定向

人群类型	人群名称	人群定义
智能推荐人群	商品潜力人群	近期购买、收藏、浏览过商品的人群
	相似商品定向人群	近期浏览过相似商品的人群
	访客重定向人群	近期浏览或购买过店铺商品的人群
	相似店铺定向人群	近期浏览或购买过相似店铺商品的人群
	叶子类目定向人群	近期有浏览或购买店铺商品所属叶子类目行为的人群
平台定制人群	高品质商品偏好人群	偏好价格高的商品的人群
	大促敏感人群	平台大促活动期间高活跃、高购买率的人群
	爱分享人群	乐于分享商品、社交属性强的人群
自定义人群	兴趣点定向人群	通过系统推荐的兴趣点标签组合，进行人群定向
	地域定向人群	分地域进行人群定向
	DMP人群	通过DMP工具，圈定人群进行定向

3. 明星店铺

明星店铺是为企业店铺推出的一种新的推广方式。商家成功申请品牌词、提交创意，在审核通过之后，可以创建明星店铺的推广计划，通过系统的计算，店铺将会在所申请的品牌词和相关关键词的搜索结果页面获得展示机会。用户在平台搜索某个品牌或商品时，搜索结果页顶部会展现该品牌店铺广告，买家点击即可进入店铺主页查看所有商品。这种推广方式可为受众提供集"品牌曝光、品牌体验、品牌活动、商品展示"于一体的纯品牌多维度体验感受，塑造品牌形象。目前，明星店铺可以展示在拼多多手机客户端和拼多多 H5 商城。

（1）明星店铺的优势。①精准流量推广，增加用户购买选择，刺激用户购买。明星店铺展现的前提是用户搜索了品牌词，这些用户本身具有较强的购买意愿，当搜索结果页展现了明星店铺，不仅能让用户看到店铺的创意，宣传品牌形象，同时又能展现店铺内热销的 4 个商品，让用户有更多的购买选择，刺激用户的购买。②推广成本可控。明星店铺按展现收费，出价由卖家设置，能有效控制推广成本。③不同品牌词可展现不同的创意，增加店铺的吸引力。如果公司旗下有多个品牌的商品，搜索不同的品牌，搜索结果页展示的内容则不同。④店铺助推品牌。有效让用户对店铺产生印象，提升用户对品牌以及店铺的忠诚度，为其后续的购买行为做铺垫。

（2）明星店铺的展现规则。用户搜索相关品牌词和商品名称时：当店铺内商品数大于或等于 4 个时，则展示店铺热销商品；当店铺相关商品不足 4 个时，系统会自动选取全店热销商品进行补充。

（3）明星店铺的计费规则。明星店铺的计费按每展现千次的出价计算费用。千次展现的出价必须为 20～300 元的整数。系统会根据店铺品牌授权状况和千次展现出价计算得分，选择得分排名最高的店铺在搜索结果页顶部展现该店铺的创意，而得分排名是实时计算更新的。

4. 多多进宝

多多进宝类似于淘宝的淘宝客，是按成交付费的推广工具。商家通过设置佣金，将商品给到多多客进行推广，获取站外流量。

拼多多的许多推广工具都对店铺的销量有一定的要求，而多多进宝对商品销量没有要求，门槛较低，对销量较低的商家而言，能够快速提升销量。使用多多进宝，可进一步拓宽流量渠道，实现站内站外的全方位推广。

（1）多多进宝佣金结算。多多客通过分享商品，在消费者购买商品后，就能获取相应的佣金。多多进宝的佣金结算方式分为以下四种情况。

第一种是消费者付款后，即按照商家设置的佣金比例将钱划到多多客账户中。

第二种是消费者确认收货 14 天后，多多客才可提现账户所得现金。

第三种是消费者确认收货 14 天内发生退货退款的，则商家承担退款金额，多多客返还佣金。

第四种是消费者确认收货 14 天后发生退货退款的，则商家承担所有的退款金额，但是多多客的佣金不需要退还。

多多进宝平台会在每月 20 日结算当月 15 日前审核通过的订单，该部分订单的佣金会直接打到多多客的账户中。

（2）多多进宝的选品。商家参加多多进宝推广活动时，应考虑以下四个因素。

① 高佣金的商品。多多进宝主要依赖于多多客，多多客会偏向于推广高佣金的商品，这样他们能获取更高的收入，更愿意帮助商家分享和推广。

② 有高额优惠券的商品。有高额优惠券的商品，对多多客和消费者的吸引力度大，成交的概率也大。

③ 高质量的商品。要保证长期稳定的销售额，高质量的商品是根本。

④ 低价格的商品。在保证商品高质量的基础上，较低的价格在一定程度上具备优势，能吸引消费者购买。

（3）佣金和优惠券的设置技巧。多多进宝的佣金和优惠券的设置不是固定的，可以根据商品的不同推广阶段设置不同的佣金和优惠券。在测款初期，可以设置高佣金和中等额度的优惠券，吸引多多客的推广，获取更多的站外流量。在推广中期或爆发期，可以设置高佣金和高额度的优惠券，吸引多多客的推广以及消费者的购买，提高转化率。在商品的余热期，可以适当降低优惠券的额度，让成交价在消费者可接受的范围内，设置合理的佣金，鼓励多多客持续推广。

除了上述所列的付费推广方式以外，商家也可以根据实际需要，参加平台的活动，如9块9特卖、大促活动、百亿补贴等。

（二）免费推广

拼多多的免费推广与淘宝的免费推广一样，是消费者自发的行为，这种行为带来的流量即为自主访问流量，具有极高的转化率。在拼多多平台上，自主访问流量主要来自直接搜索、商品收藏、店铺收藏、我的订单、历史浏览。直接搜索、商品收藏、店铺收藏、我的订单的访问操作同淘宝类似。与淘宝不同的是，在拼多多平台中，没有购物车，商品只能拼单购买或直接购买，不能存放到购物车中一并结算。另外，拼多多平台增加了"历史浏览"入口，通过这个入口，消费者就能找到以前浏览过的商品，并进行购买。

> **想一想**
> 为什么拼多多不设置购物车？

实训任务——淘宝店铺的开店与推广

1. **实训目的**：了解淘宝店铺的开店流程和店铺装修方法，并掌握淘宝店铺推广的营销工具。
2. **实训内容**：
（1）开店。按照淘宝店铺开店的要求和流程开设店铺，并选择经营商品的类目。
（2）装修。根据商品的特性，确定装修风格并进行店铺装修，分析同类型商品其他店铺的装修风格，分析自己店铺装修风格的优势。
（3）上传商品。根据所经营的商品类目，上传商品，分析商品标题的关键词应如何设置、商品详情页应包含什么内容、详情页内容应如何进行排版。
（4）策划店铺活动。内容包括优化关键词、增加店铺收藏量、增加商品收藏量、参与平台活动、进行付费推广等。

归纳与提高

本章以百度为例介绍了搜索平台营销，主要介绍了百度联盟推广和百度知识营销；以淘宝、京东、拼多多为例介绍了电子商务平台营销。

百度旗下有非常丰富的产品，搜索服务、导航服务、社区服务、游戏娱乐、移动服务、站长与开发者服务、软件工具等系列产品为企业营销提供了许多实用的营销工具，如百度联盟、百度知道等。电子商务平台为企业开展营销活动提供了丰富、多样化的营销工具，企业应根据营销目标和营销实际情况选择营销工具。

自测题

综合练习题

一、填空题

1．_____是指通过有效的知识传播方法和途径，将企业所拥有的对用户有价值的知识，包括产品知识、专业研究成果、经营理念、管理思想以及优秀的企业文化等，传递给潜在用户并使他们逐渐形成对企业品牌和产品的认知，从而将潜在用户最终转化为用户的过程和营销行为。

2．京东商城付费推广渠道可以分为营销产品和_____，其中营销产品主要有京东快车、购物触点、京东展位、京东直投、京挑客、京搜客、京任务；_____主要有京东海投、合约展位以及联合活动等。

3．拼多多的多多搜索是按点击付费的效果营销工具，通过_____的购买和排名来展示商品。

4．淘宝平台中，店铺收藏与_____收藏一样，都是通过收藏夹入口进入。

5．百度联盟推广的计费模式一般为_____模式。

二、简答题

1．简述百度联盟推广中提升转化率的方法。

2．简述百度知道营销的展现形式。

3．简述利用淘宝直通车打造爆款时需要注意的问题。

4．简述淘宝客商品选择策略。

5．简述多多进宝选品时需要考量的因素。

更新勘误表和配套资料索取示意图

说明1：本书配套教学资料存于人邮教育社区（www.ryjiaoyu.com），资料下载有教师身份、权限限制（身份、权限需网站后台审批，参见示意图）。

更新勘误及意见
建议记录表

说明2："用书教师"，是指订购本书的授课教师。

说明3：本书配套教学资料将不定期更新、完善，新资料会随时上传至人邮教育社区本书相应的页面内。

说明4：扫描二维码可查看本书现有"更新勘误记录表""意见建议记录表"。如发现本书或配套资料中有需要更新、完善之处，望及时反馈，我们将尽快处理！

咨询邮箱：13051901888@163.com

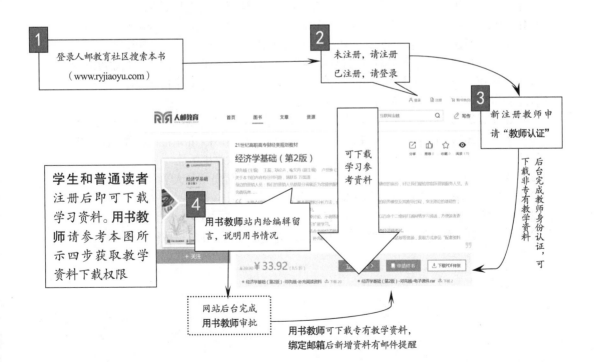

参考文献

[1] 白东蕊，岳云康，2019. 电子商务概论[M]. 4 版. 北京：人民邮电出版社.

[2] 曾卉，2023. 互联网大数据营销[M]. 北京：清华大学出版社.

[3] 查菲，查德威克，2022. 数字营销：战略、实施与实践[M]. 王峰，韩晓敏，译. 7 版. 北京：清华大学出版社.

[4] 陈楠华，2017. 口碑营销[M]. 广州：广东经济出版社.

[5] 窦文宇，2021. 内容营销：数字营销新时代[M]. 北京：北京大学出版社.

[6] 杰斐逊，坦顿，2019. 内容营销：有价值的内容才是社会化媒体时代网络营销成功的关键[M]. 耿聃聃，林芳，译. 2 版. 北京：企业管理出版社.

[7] 郭国庆，陈凯，2019. 市场营销学[M]. 6 版. 北京：中国人民大学出版社.

[8] 纪伟娟，贾昆霖，2020. 搜索引擎营销实战教程（SEO/SEM）[M]. 北京：人民邮电出版社.

[9] 蒋晖，2019. 网络营销运营之道[M]. 北京：北京大学出版社.

[10] 科特勒，阿姆斯特朗，2020. 市场营销：原理与实践[M]. 楼尊，译. 17 版. 北京：中国人民大学出版社.

[11] 李东进，秦勇，陈爽，2021. 网络营销：理论、工具与方法[M]. 2 版. 北京：人民邮电出版社.

[12] 宁芳儒（Moss），2022. 跨境电商亚马逊是如何运营的[M]. 北京：人民邮电出版社.

[13] 秦绪文，2020. 自媒体营销与运营实战[M]. 北京：人民邮电出版社.

[14] 秦阳，秋叶，2019. 微信营销与运营[M]. 2 版. 北京：人民邮电出版社.

[15] 秋叶，萧秋水，刘勇，2022. 微博营销与运营[M]. 北京：人民邮电出版社.

[16] 渠成，2021. 全网营销实战：开启网络营销 4.0 新时代[M]. 北京：清华大学出版社.

[17] 施维茨，2023. 场景营销[M]. 王瑜玲，古嘉莹，译. 北京：中信出版社.

[18] 苏朝晖，2023. 直播营销[M]. 北京：人民邮电出版社.

[19] 田辉，2022. 危机公关：逆境中如何掌握声誉主导权[M]. 杭州：浙江大学出版社.

[20] 万飞，2022. 社会化媒体营销：效果衡量与运营策略[M]. 北京：企业管理出版社.

[21] 王玮，2022. 网络营销[M]. 2 版. 北京：中国人民大学出版社.

[22] 王震，2020. 网络营销与网上创业[M]. 北京：首都经济贸易大学出版社.

[23] 吴学刚，2021. 跨界营销实战[M]. 昆明：云南人民出版社.

[24] 杨连峰，2023. 网络广告理论与实务[M]. 2 版. 北京：清华大学出版社.

[25] 仲新，张国伟，2023. 直播营销与推广运营[M]. 北京：中国财政经济出版社.